RaumFragen: Stadt – Region – Landschaft

Reihe herausgegeben von

Olaf Kühne, Forschungsbereich Geographie, Eberhard Karls Universität Tübingen, Tübingen, Deutschland

Sebastian Kinder, Forschungsbereich Geographie, Eberhard Karls Universität Tübingen, Tübingen, Deutschland

Olaf Schnur, Stadt- und Quartiersforschung, Berlin, Deutschland

RaumFragen: Stadt – Region – Landschaft | SpaceAffairs: City – Region – Landscape

Im Zuge des „spatial turns" der Sozial- und Geisteswissenschaften hat sich die Zahl der wissenschaftlichen Forschungen in diesem Bereich deutlich erhöht. Mit der Reihe „RaumFragen: Stadt – Region – Landschaft" wird Wissenschaftlerinnen und Wissenschaftlern ein Forum angeboten, innovative Ansätze der Anthropogeographie und sozialwissenschaftlichen Raumforschung zu präsentieren. Die Reihe orientiert sich an grundsätzlichen Fragen des gesellschaftlichen Raumverständnisses. Dabei ist es das Ziel, unterschiedliche Theorieansätze der anthropogeographischen und sozialwissenschaftlichen Stadt- und Regionalforschung zu integrieren. Räumliche Bezüge sollen dabei insbesondere auf mikro- und mesoskaliger Ebene liegen. Die Reihe umfasst theoretische sowie theoriegeleitete empirische Arbeiten. Dazu gehören Monographien und Sammelbände, aber auch Einführungen in Teilaspekte der stadt- und regionalbezogenen geographischen und sozialwissenschaftlichen Forschung. Ergänzend werden auch Tagungsbände und Qualifikationsarbeiten (Dissertationen, Habilitationsschriften) publiziert.

Herausgegeben von
Prof. Dr. Dr. Olaf Kühne, Universität Tübingen
Prof. Dr. Sebastian Kinder, Universität Tübingen
PD Dr. Olaf Schnur, Berlin

In the course of the "spatial turn" of the social sciences and humanities, the number of scientific researches in this field has increased significantly. With the series "RaumFragen: Stadt – Region – Landschaft" scientists are offered a forum to present innovative approaches in anthropogeography and social space research. The series focuses on fundamental questions of the social understanding of space. The aim is to integrate different theoretical approaches of anthropogeographical and social-scientific urban and regional research. Spatial references should be on a micro- and mesoscale level in particular. The series comprises theoretical and theory-based empirical work. These include monographs and anthologies, but also introductions to some aspects of urban and regional geographical and social science research. In addition, conference proceedings and qualification papers (dissertations, postdoctoral theses) are also published.

Edited by
Prof. Dr. Dr. Olaf Kühne, Universität Tübingen
Prof. Dr. Sebastian Kinder, Universität Tübingen
PD Dr. Olaf Schnur, Berlin

Weitere Bände in der Reihe https://link.springer.com/bookseries/10584

Diedrich Bruns · Olaf Kühne · Louise Leconte ·
Corinna Jenal

Landschaftshandeln

Grundzüge, Potenziale und Zukunft der
Europäischen Landschaftskonvention

Diedrich Bruns
FB 06 Architektur – Stadtplanung –
Landschaftsplanung
Universität Kassel
Kassel, Deutschland

Louise Leconte
Abteilung Umweltplanung
Umwelt- und Gartenamt
Kassel, Deutschland

Olaf Kühne
Geographisches Institut
Universität Tübingen
Tübingen, Deutschland

Corinna Jenal
Stadt- und Regionalentwicklung
Universität Tübingen
Tübingen, Deutschland

ISSN 2625-6991   ISSN 2625-7009 (electronic)
RaumFragen: Stadt – Region – Landschaft
ISBN 978-3-658-01470-4   ISBN 978-3-658-01471-1 (eBook)
https://doi.org/10.1007/978-3-658-01471-1

Die Deutsche Nationalbibliothek verzeichnet diese Publikation in der Deutschen Nationalbiblio-grafie; detaillierte bibliografische Daten sind im Internet über http://dnb.d-nb.de abrufbar.

© Springer Fachmedien Wiesbaden GmbH, ein Teil von Springer Nature 2022
Das Werk einschließlich aller seiner Teile ist urheberrechtlich geschützt. Jede Verwertung, die nicht ausdrücklich vom Urheberrechtsgesetz zugelassen ist, bedarf der vorherigen Zustimmung des Verlags. Das gilt insbesondere für Vervielfältigungen, Bearbeitungen, Übersetzungen, Mikroverfilmungen und die Einspeicherung und Verarbeitung in elektronischen Systemen.
Die Wiedergabe von allgemein beschreibenden Bezeichnungen, Marken, Unternehmensnamen etc. in diesem Werk bedeutet nicht, dass diese frei durch jedermann benutzt werden dürfen. Die Berechtigung zur Benutzung unterliegt, auch ohne gesonderten Hinweis hierzu, den Regeln des Markenrechts. Die Rechte des jeweiligen Zeicheninhabers sind zu beachten.
Der Verlag, die Autoren und die Herausgeber gehen davon aus, dass die Angaben und Informationen in diesem Werk zum Zeitpunkt der Veröffentlichung vollständig und korrekt sind. Weder der Verlag noch die Autoren oder die Herausgeber übernehmen, ausdrücklich oder implizit, Gewähr für den Inhalt des Werkes, etwaige Fehler oder Äußerungen. Der Verlag bleibt im Hinblick auf geografische Zuordnungen und Gebietsbezeichnungen in veröffentlichten Karten und Institutionsadressen neutral.

Planung/Lektorat: Cori Antonia Mackrodt
Springer VS ist ein Imprint der eingetragenen Gesellschaft Springer Fachmedien Wiesbaden GmbH und ist ein Teil von Springer Nature.
Die Anschrift der Gesellschaft ist: Abraham-Lincoln-Str. 46, 65189 Wiesbaden, Germany

Inhaltsverzeichnis

1 Einleitung: Inhalte und Vorgehensweise 1
2 Programm: Handlungsaufträge der Europäischen
  Landschaftskonvention 7
  2.1 Ziel- und Zweckbestimmung, Geltungsbereich, Begriffe 7
  2.2 Aufgaben der Vertragsstaaten 13
  2.3 Aufgaben der Vertragspartner 17
  2.4 Anwendungsbeispiel „Plan de paysage" 19
      2.4.1 Politische, rechtliche und administrative Regeln 19
      2.4.2 Plan de paysage von Blois-Agglopolys 20
      2.4.3 Ziele erstrebenswerter Landschaftsqualität 22
      2.4.4 Von den Landschaftsqualität-Zielen zur kommunalen
            Landschaftspolitik 22
      2.4.5 Von der Vision zum Einsatz von Instrumenten und zur
            Umsetzung von Maßnahmen 23
      2.4.6 Übertragbarkeit 23
  2.5 Zusammenfassung 24
3 Einordnungen: Landschaft und Landschaftsbegriffe, Gesellschafts-
  und Wissenschaftsverständnisse 29
  3.1 Wesentliche Kontextualisierungen und Darlegung des eigenen
      Landschaftsverständnisses 30
  3.2 Die individuelle und soziale Konstruktion von Landschaft – eine
      knappe Einordnung 31
  3.3 Die Entwicklung der sozialen Konstruktion von Landschaft im
      deutschen Sprachraum 34
      3.3.1 Die historische Entwicklung des Verständnisses von
            ‚Landschaft' im deutschen Sprachraum 34
      3.3.2 Die aktuelle soziale Konstruktion von ‚Landschaft' im
            deutschen Sprachraum 37
  3.4 Verständnisse von ‚Landschaft' außerhalb des deutschen
      Sprachraums 42

		3.4.1 Begriffe von Landschaft im europäischen Vergleich	42
		3.4.2 Sprachen ohne Landschaftsbegriffe	44
	3.5	Die Landschaftsverständnisse der Europäischen Landschaftskonvention	47
	3.6	Die veränderten Verhältnisse von Politik, Wissenschaft und Zivilgesellschaft	55
		3.6.1 Landschaftsgovernance	55
		3.6.2 Der Übergang von Modus 1- zu Modus 2-Wissenschaft	57
	3.7	Zwischenfazit	59
4	**Entstehung: Motivationen und Visionen**		**61**
	4.1	Nachhaltige Entwicklung	61
		4.1.1 Vorbemerkung	61
		4.1.2 Demokratische Prinzipien	62
		4.1.3 Nachhaltige Entwicklung	62
		4.1.4 Pan-europäische Kooperation	64
	4.2	Qualität und Vielfalt Europäischer Landschaften sichern	64
		4.2.1 Methodische Grundlagen der Landschaftskonvention	67
		4.2.2 Gesetzliche Grundlagen der Landschaftskonvention	68
	4.3	Alle Landschaften einbeziehen und Interessenvielfalt berücksichtigen	68
	4.4	Landschaft Rechtskraft verleihen	70
	4.5	Zusammenfassung	71
5	**Praxis: Anwendung der Konvention, erzielte Wirkungen**		**77**
	5.1	Beteiligte Stellen und Akteure	77
	5.2	Aktivitäten des Europarats	81
	5.3	Politische, rechtliche und administrative Aktivitäten der Vertragsstaaten	86
		5.3.1 Handlungsaufträge 1 und 2: Legaldefinition Landschaft und Entwicklung von Landschaftspolitik und -recht	86
		5.3.2 Vier Umsetzungsbeispiele: Frankreich, Niederlande, Norwegen und Polen	88
		5.3.3 Administrative Aktivitäten; Zuständigkeit für Landschaft	91
		5.3.4 Handlungsauftrag 3: Regeln für Verwaltungsverfahren mit öffentlicher Mitwirkung (Artikel 5)	92
	5.4	Bewusstsein stärken	95
		5.4.1 *Beispiel für Bewusstseinsschärfung*, Gletscherweg Morteratsch, Schweiz	96
		5.4.2 Bewusstseinssteigerung im Rahmen öffentlicher Mitwirkung	96
		5.4.3 Beispiel Landschaftspreis Rouen, Frankreich	97
	5.5	Ausbildung, Bildung und Schulung	98

		5.5.1	Fachausbildung und -schulung	98
		5.5.2	Aus-, Fort- und Weiterbildung	99
		5.5.3	Fachausbildung	99
		5.5.4	Beispiel Frankreich	100
	5.6	Beschreibung, Analyse und Beurteilung von Landschaften		101
		5.6.1	Vorlagen und Vorbilder	101
		5.6.2	Identifikation von Landschaften	104
		5.6.3	Methode zur Erstellung von Landschaftsatlanten in Frankreich	105
		5.6.4	Beobachtung von Landschaftsveränderungen	107
		5.6.5	Beispiel „Observatoires Photographiques de Paysage" Frankreich	107
		5.6.6	Analyse und Beurteilung von Landschaften	108
	5.7	Bestimmung von Zielen anzustrebender Landschaftsqualität		109
		5.7.1	Beispiel Niederlande	110
		5.7.2	Beispiel Norwegen	111
		5.7.3	Beispiel Frankreich	111
		5.7.4	Zusammenfassung	112
	5.8	Schutz, Management, Planung und Entwicklung von Landschaften		112
		5.8.1	Allgemeines zu Schutz, Management, Planung und Entwicklung von Landschaften	112
		5.8.2	Beispiel plan de paysage von Blois	113
	5.9	Fazit		115
6	**Potenziale: Perspektiven und künftig erreichbare Wirkungen**			119
	6.1	Vorbemerkungen		119
	6.2	Landschaftshandeln als eigenständigen Bereich koordinieren		122
		6.2.1	Landschaft als eigenen Belang definieren	123
		6.2.2	Landschaftshandeln als ressortübergreifende Aufgabe definieren und koordinieren	124
		6.2.3	Übertragbarkeit von Koordinationsstrategien	126
		6.2.4	Übertragbarkeit horizontaler Koordinationsstrategien	128
		6.2.5	Vertikale Koordinationsstrategien	129
		6.2.6	Übertragbarkeit vertikaler Koordinationsstrategien	131
		6.2.7	Transversale Koordinationsstrategien	132
	6.3	Verfahrensmanagement als eigene Aufgabe entwickeln *Verwaltungsverfahren*		133
		6.3.1	Verwaltungsverfahren, politischer und rechtlicher Rahmen	133
		6.3.2	Verfahrensmanagement	133
		6.3.3	*Plan de paysage von Blois-Agglopolys* (vgl. Abschn. 2.4)	134
		6.3.4	Übertragbarkeit	135

		6.3.5	Verfahrenskoordination durch einen Projektbeirat, Beispiel „Rheintalbahn"	136
		6.3.6	Übertragbarkeit	138
		6.3.7	Fazit	138
	6.4		Landschaftsentwicklung als Teil persönlicher Biografien verstehen	139
		6.4.1	Beteiligungs- und Präventionsparadoxa überwinden	140
		6.4.2	Beispiel „forbedre de faktiske kunnskapene om egne landskap", Norwegen	141
		6.4.3	Übertragbarkeit und Weiterentwicklung	142
		6.4.4	‚De landschapsbiografie'	143
		6.4.5	Übertragbarkeit und Weiterentwicklung	144
		6.4.6	Biografie einer Industrielandschaft	144
		6.4.7	Weiterentwicklung	146
		6.4.8	Zusammenfassung	148
		6.4.9	Fazit: Landschaftsentwicklung als mit dem eigenen Leben verbunden erleben	149
	6.5		Nachhaltige Landschaftsentwicklung messen	150
		6.5.1	Erwartungen und Perspektiven	150
		6.5.2	Perspektive 1: Über Generationen hinweg relevante Handlungsfelder	152
		6.5.3	Perspektive 2: Ursache-Wirkung-Beziehungen in aussagekräftiger Abbildung	153
		6.5.4	Perspektive 3: Fortschritte nachweisen und messen	156
		6.5.5	Perspektive 4: Laufende Berichterstattung	168
	6.6		Für Nachhaltige Landschaftsentwicklung lernen	174
		6.6.1	Landscape Education for Democracy	175
		6.6.2	Interkulturell.real für eine situationssensible Planung	177
		6.6.3	Übertragbarkeit, Strukturen und Ressourcen	179
	6.7		Fazit	180
7	**Fazit und Ausblick: Zukünfte der Europäischen Landschaftskonvention**			**181**
	7.1		Einordnung in den Kontext aktueller gesellschaftlicher Entwicklungen	181
	7.2		Stärkung der Konvention durch Benchmarking	182
	7.3		Stärkung der Ziel- und Maßnahmenplanung als geregeltes Verfahren	184
	7.4		Forschung und Entwicklung durch Konventionsanwendung	186
		7.4.1	Forschung für und über Konventionsanwendung	187
		7.4.2	Forschung durch Konventionsanwendung	188
		7.4.3	Theorien, Herangehensweisen, Methoden	189
	7.5		Novellierung der Landschaftskonvention	191
		7.5.1	Definition von Landschaft in der Landschaftskonvention	193

	7.5.2 Ziele und Zweck der Landschaftskonvention präzisieren	194
	7.5.3 Geltungsbereich	195
	7.5.4 Verfahrensregeln ergänzen	195
7.6	Schlussbemerkung	196

Anhang 199

Literatur 223

Abbildungsverzeichnis

Abb. 2.1	Zwei Dimensionen der Demokratisierung; eigene Darstellung nach Dahl (1971, S. 6)	9
Abb. 2.2	Das Verhältnis von Liberalisierung, Inklusivität und der damit verbundene Demokratisierungsgrad; eigene Darstellung verändert auf Grundlage von Dahl (1971, S. 7)	10
Abb. 2.3	Handlungsprogramm der Landschaftskonvention. (Eigene Darstellung)	15
Abb. 3.1	Relative Häufigkeiten der Antworten zu der offen gestellten Frage „Nennen Sie bitte drei Worte, die Ihrer Meinung nach mit dem Begriff Landschaft bedeutungsmäßig verwandt sind". Berücksichtigt sind Antworten, die häufiger als dreimal genannt wurden (2004: n = 424; 2016 n = 387; schriftliche Haushaltsbefragung im Saarland; nach: Kühne, 2018c)	39
Abb. 4.1	Entstehungsphasen der Landschaftskonvention, Chronologie des Auftritts von Akteuren (eigene Darstellung)	64
Abb. 5.1	Aufgaben der Vertragspartner der Europäischen Landschaftskonvention. (Eigene Darstellung)	79
Abb. 5.2	Beratung, Konsultation und Kooperation zwischen Akteuren der Konventionsanwendung. (Eigene Darstellung)	82
Abb. 6.1	Anordnung der Stelle für Landschaftspolitik im Ministerium für Umwelt. (Darstellung Leconte, adaptiert von https://www.ecologique-solidaire.gouv.fr/sites/default/files/organigramme-MTES_Web.pdf)	126
Abb. 6.2	Inter-agierende Kräfte landschaftlicher Transformation (Eigene Darstellung)	142
Abb. 6.3	Visualisierung räumlicher Dichte positiver emotionaler Bewertungen (Münderlein, 2020)	163
Abb. 6.4	Heatmap „Symbolik und Assoziation" (Münderlein, 2020)	163

Abb. 6.5 Snapshot for Science, Besucher tragen zur Dokumentation von Landschaftsveränderungen bei. (Foto: Diedrich Bruns) 165

Abb. 6.6 Studierende im „Go-along Interview" mit Schulkindern und ihren Eltern (Eigene Aufnahme) 177

Tabellenverzeichnis

Tab. 2.1	Handlungsrahmen der Europäischen Landschaftskonvention. (Eigene Darstellung)	14
Tab. 2.2	Handlungsrahmen der Europäischen Landschaftskonvention (eigene Darstellung)	18
Tab. 2.3	Handlungsrahmen der Europäischen Landschaftskonvention. (Eigene Darstellung)	28
Tab. 3.1	Die Matrix des Landschaftsbewusstseins nach Ipsen (2006)	33
Tab. 3.2	Unterschiede der Bewertung angeeigneter physischer Landschaft in Abhängigkeit von unterschiedlichen Urteilsdimensionen. (Leicht verändert aus Hunziker, 1995, 2010)	41
Tab. 3.3	Das Verständnis von Landschaft/Kulturlandschaft in unterschiedlichen (professionellen) Kontexten, im Vergleich des deutschen zum französischen Sprachraum. (Nach: Gailing, 2014)	45
Tab. 4.1	Vor 2000 in Kraft getretenes internationales Recht mit Landschaftsbezügen. (Eigene Darstellung)	63
Tab. 4.2	Von der Idee zur Konvention, Stationen auf dem Weg zur Europäischen Landschaftskonvention. (Eigene Zusammenstellung)	72
Tab. 5.1	Mit Anwendung der Landschaftskonvention erreichte und erreichbare Wirkungen. (Eigene Zusammenstellung)	116
Tab. 6.1	Perspektiven und Impulse wirkungsvoller Konventionsanwendung	122
Tab. 6.2	Drei Säulen und vier Ebenen französischer Landschaftspolitik. (Eigene Darstellung auf Grundlage von Ministère de la Transition Écologique, 2021)	127
Tab. 6.3	Beispiele für hoch aggregierte Indikatoren zur Messung gesundheitsförderlicher Landschaftsqualität	158
Tab. 6.4	Berichterstattung über Fortschritte beim Erreichen angestrebter Landschaftsqualität. (Eigene Zusammenstellung)	167

Tab. 6.5   Bezugsrahmen für Beobachtung von Landschaftsveränderungen und Berichterstattung. (Eigene Zusammenstellung) 169

Tab. 6.6   Allgemeine und gebietsspezifische Anwendung ausgewählter Indikatoren nachhaltiger Entwicklung. (Eigene Darstellung auf der Grundlage von Schönthaler et al., 2003) 171

Einleitung: Inhalte und Vorgehensweise 1

Vor rund 800 Jahren begannen einige Menschen Mittel- und Nordeuropas damit das Gebiet, in dem sie leben, sich zusammengehörig fühlen und gemeinschaftlich nach eigenen Vorstellungen und Regeln handeln, eine Landschaft zu nennen. Wie dies geschah, untersuchen Geografie, Politik-, Rechts- Sozial- und Sprachwissenschaften.

Vor rund 500 Jahren begannen einige Maler Europas damit, die von ihnen ins Bild gesetzte Beschaffenheit einer Gegend als Landschaft zu bezeichnen. Sie wählten aus, interpretierten und idealisierten, und ihre Bilder verfestigten sich im Laufe der Zeit im Gedächtnis vieler Menschen. Wie dies geschah, untersuchen Ästhetik, Kulturgeschichte, Sozial- und Kunstwissenschaften.

Vor rund 200 Jahren setzte insbesondere in Intellektuellenkreisen und dem Bildungsbürgertum die Bewegung ein, besondere Landschaftsgemälde als Vorbilder ‚guter Landschaft' zu definieren. Dieses führte zu Bemühungen zur Bewahrung bestimmter Gebiete, damit diese bestimmten Vorstellungen von guter Landschaft entsprechen. Auch begann das Bildungsbürgertum bestimmte Gebieten zu bereisen, um ihre Vorstellungen von guter Landschaft weiterzubilden, darüber zu berichten und das Repertoire idealisierter Bilder zu erweitern. Wie dies geschah, untersuchen Landschaftsgeografie, Landschaftsgeschichte, Tourismusgeschichte, Landschaftsplanung, Rechts- und Sozialwissenschaften.

Unterdessen wechseln Gesellschafts- und Staatsformen, Produktions- und Handelsformen, Wohlstand und Krisen, Kriege und Migration, Nutzungs- und Siedlungsformen. Bald lassen sich die einst gefestigten Bilder ‚guter' Landschaft im Alltag kaum noch erkennen. Freizeit und Reisen bieten Voraussetzungen, um einige von ihnen in der „Fremde" zu erleben. Wie dann Tourismus zur Ausbildung von Lieblingsdestinationen führte, untersuchen Freizeitwissenschaften, Geografie, Tourismus-, Betriebs- und Volkswirtschaft, und weitere Gesellschaftswissenschaften.

© Springer Fachmedien Wiesbaden GmbH, ein Teil von Springer Nature 2022
D. Bruns et al., *Landschaftshandeln,* RaumFragen: Stadt – Region – Landschaft,
https://doi.org/10.1007/978-3-658-01471-1_1

Wissenschaften und Verwaltungen, die sich mit Landschaft befassen, wurden immer zahlreicher und sie alle begannen immer mehr Regeln aufzustellen, um das, was gesellschaftlich wie individuell unter Landschaft verstanden werden kann, zu beschreiben, zu analysieren und zu entwickeln. Anstatt zu versuchen, sich in Vorstellungen von Menschen hineinzuversetzen, die in als ‚Landschaft' betrachteten Räumen leben, verfolgten landschaftsbezogene Expertinnen und Experten an die romantisierende ‚traditionelle' Sichtweisen auf ‚Landschaft' anknüpfend vielfach die Strategie der Idealisierung, Typisierung und Klassifizierung, womit eher kognitive Zugänge und stereotype Ästhetiken verstärkt, und emotionale Annäherungsformen weniger berücksichtigt wurden – etwa im Rahmen heimatlicher Normallandschaften, die weniger dem Modus stereotyp ‚schöner' Landschaften unterliegen, sondern vielmehr dem Modus der Vertrautheit (Kühne, 2009b; Kühne & Spellerberg, 2010).

Vor rund 30 Jahren riefen einige Gemeinden und Regionen Europas zum Neuanfang zum Umgang mit Landschaft auf. Ihre Idee: Nicht wenige landschaftsbezogene Expertinnen und Experten wie bspw. aus Planung, Verwaltung, Politik etc., sondern wieder wir alle befinden und entscheiden darüber, wie unsere Umgebung und die Welt unseres Alltags – bzw. was wir unter Landschaft verstehen – beschaffen sein soll. Zur Jahrtausendwende präsentieren sie ihren Vorschlag für eine Europäische Landschaftskonvention als Instrument handlungsfähiger Menschen, die es verstehen Entwicklungen ihrer Welt selbst zu beeinflussen, mit anderen gemeinsam tätig zu sein. Diese Konvention, Ausdruck der Möglichkeit gemeinschaftlichen und persönlichen Handelns, trat am 1. März 2004 als völkerrechtlicher Vertrag in Kraft und findet seitdem Anwendung.

Heute stellt sich die Frage, welche mit der Landschaftskonvention verbundenen Erwartungen erfüllt und wie Ende der 1990er Jahre formulierte Ziele erreicht wurden, welche Anpassungen nach zwanzigjähriger Anwendungspraxis zu empfehlen und welche Impulse für künftige Entwicklungen zu geben sind. Die Frage stellt sich auch, wessen Erwartungen erfüllt werden konnten, denn die Urheber der Konvention gehöre jenen landschaftsbezogenen Expertenkreisen zu, die Landschaft bisher meist von externer Warte betrachten und nun von der Annahme ausgehen, dass Menschen ihre Umgebung – sozusagen von innen heraus – als Landschaft konstruieren, dass sie sich mit ihr als Teil einer „lokalen Kultur" identifizieren, dass sie über die Qualität dieser Landschaft selber „aktiv" bestimmen oder zumindest mitbestimmen wollen.

Erstes Ziel vorliegenden Buchs ist, zu untersuchen, wie klar Ziel, Zweck und Aufgaben der Konvention beschrieben sind, um eine aus den Konventionsbestimmungen abgeleitete Praxisanwendung zu gewährleisten. Zu untersuchen ist dabei auch, welche Wirkungen die entsprechende Praxisanwendung auf der Grundlage der Konventionsbestimmungen grundsätzlich entfalten kann. Aus hierzu gewonnenen Erkenntnissen sind Empfehlungen zur Anpassung einzelner Bestimmungen der Konvention abzuleiten.

Zweites Ziel ist, aus 20 Jahren Erfahrung mit der Konventionsanwendung zu lernen und zu untersuchen, welche Teile bisheriger Anwendungspraxis Ziel, Zweck und Aufgabenbestimmung der Konvention ganz, teilweise oder nicht erfüllen. Zu untersuchen ist dabei auch, an welchen Stellen die Praxis neuer Impulse bedarf, etwa aus experimenteller Anwendung und Forschung. Es gilt Potenziale zu erkennen, um künftig, sowohl bei politischer und rechtlicher Anwendung als auch bei der Umsetzung einzelner Bestimmungen der Konvention noch mehr zu erreichen.

Drittes Ziel ist, die Konvention hinsichtlich ihres Landschafts- und Gesellschaftsverständnisses zu untersuchen, welche landschaftlichen Vorstellungen und normativen Vorstellungen gesellschaftlicher Entwicklung ihr zugrundeliegen.

Bei weiteren Überlegungen zu berücksichtigen ist, wie sich gesellschaftliche und sonstige Verhältnisse rund 30 Jahre nach Beginn der Vorbereitungen zu diesem europäischen Vertrag über Landschaft verändert haben, und wie sie sich auch weiter verändern. Neue ökologische, ökonomische und soziale Herausforderungen sind zu erkennen und einzubeziehen. Auch wird auf die Frage zurückzukommen sein, ob und wie weit es, wie von Urhebern der Konvention angenommen, zu Annäherungen zwischen elitären und alltäglichen Weisen der Landschaftskonstruktion kommen konnte, hin zu einer Landschaft, die nicht allein Ausdruck spontaner Alltagspraxis ist, sondern auch Ergebnis politischer und sozialer Projekte, die zielgemäß konzipiert und vollzogen werden.

Sachlich bezieht sich das Buch auf den derzeitigen und potenziellen Geltungsbereich der Landschaftskonvention, also nicht nur auf die 40 Unterzeichnerstaaten der Konvention (Stand 11/2020), sondern auf die Gebiete aller 47 im Europarat vertretenen Staaten. Der Blick ist auf den deutschsprachigen Raum und die Bedingungen und Aussichten gerichtet, Grundsätze, Ziele und Aufgaben der Konvention auch in Ländern zur Anwendung zu bringen, die den Vertag bisher nicht unterzeichnet und ratifiziert haben. Das vierte Ziel ist daher, Handlungsgegenstand, Handlungszwecke, Anwendungsmöglichkeiten, Wirkungen und Potenziale, sowie Überlegungen zur Zukunft der Europäischen Landschaftskonvention in deutscher Sprache aufzubereiten. Es gilt, Verständnis- und Kommunikationsschwierigkeiten in Bezug auf die Konvention anzusprechen und miteinander in Bezug zu setzen, da auch die hier vertretenen Autor~innen ebenso in unterschiedlichen Disziplinen arbeiten und entsprechend auch unterschiedlichen Terminologien zuhause sind.

Ziel der Europäischen Landschaftskonvention ist, ‚Schutz' (Erhaltung und Pflege), ‚Management' (Erhaltung und nachhaltige Entwicklung) und ‚Planung' (Aufwertung, Wiederherstellung, Gestaltung) von Landschaften zu fördern sowie die europäische Zusammenarbeit in Landschaftsangelegenheiten zu organisieren. Erhalten, Pflegen, Entwickeln, Aufwerten, Wiederherstellen, Gestalten und Zusammenarbeiten sind Handlungen, die sich unter dem Begriff *Landschaftshandeln* zusammenfassen lassen (Leconte, 2019). Landschaftshandeln – im Anschluss an Max Weber (1972) hier verstanden als auf ‚Landschaft' bezogenes sinnhaftes Verhalten – steht im Mittelpunkt der Konvention und daher im Titel dieses Buchs.

Kap. 2 stellt das *Handlungsprogramm* der Landschaftskonvention im Überblick dar, benennt Gegenstand und Geltungsbereich, Zweckbestimmung und Ziele, erläutert Handlungsrahmen und Handlungsaufgaben, sowie Grundsätze und Begriffe. Die Anwendung des Handlungsprogramms wird anhand eines Praxis-Beispiels illustriert.

Kap. 3 geht auf *Landschaft als Gegenstand* der Konvention näher ein und stellt die Konvention in den Kontext aktueller Diskussionen um ein gewandeltes Verhältnis von Politik, Administration, Wissenschaften und übriger Gesellschaft. Dabei untersucht die Frage, welche Landschaftsbegriffe in der Umgangssprache sowie in Politik, Wissenschaft und Praxis auszumachen sind, und wie sich diese zu Begriffen der Landschaftskonvention verhalten und wie sich die Umsetzung der Konvention im Kontext aktueller wissenschaftstheoretischer Diskussion verorten lässt.

Kap. 4 stellt die *Geschichte der Konventionsentstehung* dar und geht der Frage nach, welche Visionen und Ziele ihr zugrunde liegen und wie es dazu kam, dass nicht mehr nur Landschaften von besonderem Interesse, sondern alle Landschaften als Gegenstand der Konvention definiert wurden und beim Landschaftshandeln alle Interessen Geltung haben.

Kap. 5 untersucht mit der *Anwendung einzelner Handlungsaufgaben der Konvention erzielte Wirkungen*. Von Interesse ist, wie sich bei der Konventions-Anwendung einzelne Aufgaben in vorhandene politische und rechtliche Systeme und Strukturen sowie Zuständigkeiten einfügen und welche Vorgehensweisen und Methoden sich bei der Umsetzung bewährt haben. Anhand von Beispielen wird illustriert, was nach 20 Jahren Konventionsanwendung als allgemein anwendbare und an den spezifischen Bedarf jeweils anzupassender Standard gelten kann. In mehreren Ländern gemachte Erfahrungen werden einbezogen.

Kap. 6 zeigt noch nicht ausgeschöpfte *Potenziale und Entwicklungsmöglichkeiten* auf. Es führt Ergebnisse der Untersuchung über Begriffe und Landschaftsverständnisse (Kap. 3) mit jenen über die praktische Anwendung und Wirkungen (Kap. 5) der Konvention zusammen, um dann Perspektiven künftigen Landschaftshandelns herauszuarbeiten. Bisher in einzelnen Beispielen Erprobtes gilt es womöglich in weiteren Fällen anzuwenden und dabei im Sinne der Landschaftskonvention weiterzuentwickeln. Beispiele praktischer Konventions-Anwendung und in ihnen erkennbare Potenziale bieten Ansätze für Übertragbarkeit auf vergleichbare Fälle.

Kap. 7 gibt *Ausblicke auf mögliche künftige Entwicklung der Konvention*. Es macht Vorschläge zur Beobachtung der Konventionsanwendung, zum Verfahren der Ziel- und Maßnahmenentwicklung und zur Forschung. Es unterbreitet Vorschläge zur Novellierung der Konvention.

Zahlreiche Studien und Publikationen sind über, für und zur Landschaftskonvention in verschiedenen Sprachen erschienen (stellvertretend für viele; Jones & Stenseke, 2011; Jørgensen et al., 2016; Luginbühl, 2001; Ministère de l'Écologie, du Développement durable et de l'Énergie, 2015). Auf diesen baut vorliegendes Buch auf, ebenso auf einschlägigen Publikationen, auf Verlautbarungen und Protokollen des Europarats, insbesondere der dort für die Landschaftskonvention zuständigen Abteilung „*Kulturelles Erbe, Landschaft und räumliche Planung*" der Generaldirektion IV, sowie auf persönlichen Notizen (sowie Erinnerungen) der Autor~innen. Als weitere Grundlagen wurden verschiedene Fach- und Verwaltungsveröffentlichungen, Konferenzergebnisse (und zum Teil auch Sitzungsprotokolle), Gesetze und Ausführungsbestimmungen zur Landschaftskonvention sowie weitere Quellen aus verschiedenen Regionen Europas ausgewertet. Die meisten Quellen und Beispiele stammen aus Ländern, welche die Konvention anlässlich der Eröffnungskonferenz am 20.10.2000 in Florenz und weiteren, die sie innerhalb der ersten 5 Jahre nach 2000 unterzeichnet hatten. Diese Länder verfügen über langjährige Erfahrungen mit der Konventionsumsetzung (vgl. Baas et al., 2011; Bloemers, 2007; Bruns & Leconte, 2016; Bruun, 2016; Daugstad, 2011; Jørgensen et al., 2016). Ein Schwerpunkt liegt auf dem Vergleich zwischen Auffassungen, Vorgehensweisen und Perspektiven künftiger Entwicklung in Deutschland und Frankreich.[1]

Die Landschaftskonvention heißt in den beiden amtlichen Sprachen des Europarats „*European Landscape Convention*" (ELC) und „*Convention Européenne du Paysage*" (CEP). Vorliegendes Buch bezieht sich auf beide Fassungen. Zwar finden sich seit 2006 auf den Internetseiten des Europarates 43 „inoffizielle" sprachliche Fassungen („non official translations") der Landschaftskonvention, darunter auch eine deutschsprachige Fassung mit dem Titel „*Europäisches Landschaftsübereinkommen*" (Council of Europe, 2000). Diese Fassung weist als Übersetzung einige im Vergleich mit den amtlichen Fassungen sinnverändernde Begriffe und Passagen auf. Für vorliegendes Buch kommen daher zum Teil eigene Übersetzungen des in französischer und englischer Sprache veröffentlichten Konventionstextes zum Einsatz. Auszüge aus offiziellen Fassungen sowie Abweichungen von der in deutscher Sprache verfügbaren Fassung der Konvention sind durch *kursive Schrift* gekennzeichnet.

Schon geringe Abweichungen von den amtlichen Fassungen können, wie zu zeigen sein wird, nicht nur bei zentralen Begriffen wie Landschaft, Wahrnehmung, Management und Planung zu Missverständnissen führen. Sie können darüber hinaus auch zu verschiedenen Verständnissen von Grundsätzen und Paradigmen führen; diese bedürfen der Klärung. Zum Beispiel enthält die inoffizielle deutschsprachige Fassung in Artikel 5 C 1b das Idiom „betroffene Bevölkerung", womit (meistens) durch Handlungen Dritter berührte oder belastete Personen und Gruppen bezeichnet werden. Tatsächlich im Vordergrund stehen die „Interessierten Parteien", Personen und Gruppen, die etwas angeht. In der französischen Version heißt es „acteurs concernés" und „*populations concenées*", in der englischen „parties with an interest" und „population concerned". Die

---

[1] Grundlage für diesen Vergleich ist die 2019 abgeschlossenen Doktorarbeit „Landschaftshandeln in Frankreich und Deutschland. Die Europäische Landschaftskonvention als gemeinsamer Rahmen?" von Louise Leconte (Leconte, 2019). Diese Forschungsarbeit ist ein Beitrag zur Anwendung von Abschnitt III „Europäische Zusammenarbeit" der Konvention, insbesondere von Artikel 8 „Gegenseitige Unterstützung und Austausch von Inforationen".

Konvention bringt ein Verständnis von Demokratie und Rechtsstaatlichkeit zum Ausdruck, die Klärungen des Verständnisses dieser Begriffe und ihrer Verwendung erfordern. Weiter enthält die deutschsprachige Fassung in Artikel 6 C die Begriffe „Erfassung und Bewertung". Das Begriffspaar „Erfassung und Bewertung" findet sich in den offiziellen Fassungen nicht; es ist in Deutschland fachspezifisch verortet, mit bestimmter Praxis und hier als ein mit bestimmten Inhalten und bestimmten Vorgehensweisen konnotiert (vgl. Usher & Erz, 1994). Die Konvention verlangt aber Fachgrenzen überwindendes und öffentlich-partizipatives Handeln. Dementsprechend für alle interessierten Kreise offen ist in der französischen Version von „Identification et qualification", in der englischen von „Identification and assessment" die Rede.

Seit gut 30 Jahren wird der europäische Diskurs um die Landschaftskonvention hauptsächlich in romanischen und angelsächsischen Sprachen geführt; Französisch ist die im Europarat täglich am häufigsten verwendete Alltagssprache. Diskussionen um die Konvention in deutscher Sprache sind weitgehend, mit Ausnahme der mehrsprachigen Schweiz, auf den deutschsprachigen Raum und eine hier eigene Begriffswelt beschränkt geblieben (Bruns, 2007; Marschall & Werk, 2007). Mit diesen Parallelentwicklungen und auf Sonderwegen entstandene Missverständnisse gilt es anzusprechen. Ziel sorgfältiger Übersetzung muss sein sicher zu stellen, dass Inhalt und Bedeutung der Landschaftskonvention nicht durch Auffassungen und Begriffs-Assoziationen ausgehöhlt werden, die einerseits den Absichten der Initiator~innen und Autor~innen der Landschaftskonvention zuwiderlaufen, und anderseits zur Festigung von Unverständnis der Konvention gegenüber führen.

2 Programm: Handlungsaufträge der Europäischen Landschaftskonvention

Um ein grundlegendes Verständnis zu ermöglichen, werden wir uns zunächst einmal mit Ziel- und Zweckbestimmung, Geltungsbereich, Begriffen auseinandersetzen (Abschn. 2.1), um darauf folgend eingehender auf Aufgaben der Vertragsstaaten (Abschn. 2.2) bzw. der Vertragspartner (Abschn. 2.3) einzugehen. Im Anschluss erfolgt dann auf Grundlage der bisherigen Ausführungen die Darstellung eines ausgewählten Anwendungsbeispiels ‚Plan de paysage' in Abschn. 2.4, um abschließend mit einem Ausblick zu schließen (Abschn. 2.5).

2.1 Ziel- und Zweckbestimmung, Geltungsbereich, Begriffe

Der Vertragstext besteht aus einer Präambel und vier Abschnitten mit insgesamt 18 Artikeln. Während Abschnitt I mit den Artikeln 1–3 allgemeine Bestimmungen wie Ziele, Geltungsbereich und Definition zentraler Begriff umfasst, zielt Abschnitt II mit den Artikeln 4–6 auf die Aufträge der Vertragsstaaten – dazu gehören Verteilung von Zuständigkeiten sowie allgemeine und spezifische Aufträge. Abschnitt III regelt in den Artikeln 7–11 die europäische Zusammenarbeit, dazu gehören internationale Politik und Programme, gegenseitige Unterstützung und Austausch von Informationen, grenzüberschreitende Landschaften, Beobachtung der Anwendung und Umsetzung der Konvention sowie Landschaftspreis des Europarats. Gegenstand in Abschnitt IV, Artikel 12–18, und zugleich Schlussbestimmung, ist das Verhältnis der Landschaftskonvention zu anderen Instrumenten, Verfahren zur Annahme der Konvention und damit in Zusammenhang stehende Themen, sowie der Novellierung der Konvention, Bekanntmachung über Ratifikationen und Änderungen.

Die Präambel und Bestimmungen der Abschnitte I bis III sind Inhalt vorliegenden Buchs. Ergänzend werden Möglichkeiten künftiger Novellierungen der Konvention gemäß Abschnitt IV, Artikel 17 diskutiert (vgl. Kap. 7).

In Artikel 1 der ELC ist Landschaft als *Regelungsgegenstand* der Konvention „ein von *Menschen* als Landschaft wahrgenommenes Gebiet, dessen Charakter Ergebnis des Wirkens und *Zusammenwirkens* natürlicher und/oder menschlicher Faktoren ist". Nach dieser Definition ist der Regelungsgegenstand Landschaft ein bestimmter Ausschnitt der Erdoberfläche *(partie de territoire)*, der eine Landschaft mit eigenem Charakter durch menschliche Wahrnehmung wird und folgt in diesem Sinne einer positivistischen Annäherung an Landschaft. Der Charakter entwickelt sich in einem aus natürlichen und kulturellen Faktoren bestehenden Beziehungsgefüge. Mit dem Idiom „*as perceived by people / telle que perçue par les populations*" stellt die Konvention menschliches Wahrnehmen in den Mittelpunkt, womit jedoch gleichzeitig auch eine cartesianische Subjekt-Objekt-Trennung vorgenommen wird. Sie geht von Wahrnehmung als Vorgang aus, bei dem Menschen etwas auffassen und verstehen, dies sowohl sinnlich als auch emotional z. B. im Sinne von erleben und spüren.[1] Individuelle Vorstellungen von Landschaft bilden sich innerhalb gemeinschaftlicher und gesellschaftlicher Kontexte heraus (Aschenbrand, 2017; Gailing, 2012; Jenal, 2019b; Kühne, 2006a, 2018d, 2019b; ein Beispiel vertiefend vgl. Thaßler, 2016). Für die weitere Diskussion des Begriffs Landschaft siehe Kap. 3.

Artikel 2 und 15 wird der *Geltungsbereich* der ELC definiert, entsprechend gilt nach Artikel 2 die Europäische Landschaftskonvention „für das gesamte Hoheitsgebiet der Vertragsparteien und erstreckt sich auf natürliche, ländliche, städtische und verstädterte Gebiete. Es schließt Landflächen, Binnengewässer und Meeresgebiete ein. Es betrifft Landschaften, die als außergewöhnlich betrachtet werden können, ebenso wie als alltäglich zu bezeichnende oder *degradierte* Landschaften". Nach Artikel können Vertragsstaaten den Geltungsbereich der Konvention innerhalb ihrer Staatsgrenzen geben. Dass die Konvention sich auf alle Landschaften bezieht, ist Ergebnis eines gegen Ende der 1990er Jahre vollzogenen Paradigmenwechsels (ausführlicher dazu siehe Kap. 3). Im Mittelpunkt des Landschaftshandelns stehen nicht mehr nur Landschaften von besonderem Interesse. Alle Landschaften einzubeziehen geschieht „in Anerkennung dessen, dass Landschaft überall einen wichtigen Teil der *Qualität menschlichen Lebens*" und für „das Wohl des Einzelnen und der Gesellschaft" darstellt (Präambel).

Ziele und Zweckbestimmung der Europäischen Landschaftskonvention werden in Artikel 3 und der Präambel festgelegt. Demnach sind die Ziele der ELC zum einen die Förderung von Schutz, Management, Planung und Entwicklung aller Landschaften, zum anderen die Organisation europäischer Zusammenarbeit in Angelegenheiten, die mit

---

[1] Auf gesetzlicher Ebene trägt das deutsche Bundesnaturschutzgesetz in seiner Zielbestimmung immateriellen Funktionen im Zusammenhang mit dem Wahrnehmen und Erleben von Natur und Landschaft Rechnung (§ 1 BNatSchG). Aber: Der Wahrnehmungsbegriff der Konvention schließt weit mehr als ‚Landschaftsbild' ein. Unserer besonderen Aufmerksamkeit und Konzentration bedarf es, Schönheit zu erleben und zu empfinden; vgl. Brielmann und Pelli (2017).

Landschaft zu tun haben. ‚Schutz', ‚Management' und die ‚Planung' von Landschaften zu fördern, sowie die Organisation europäischer Zusammenarbeit in Bezug auf Landschaft, dienen dem Zweck, Landschaft als ‚wichtigen Teil der Qualität menschlichen Lebens' (Präambel) nachhaltig zu erhalten und zu sichern.

Mit Ratifizierung der Landschaftskonvention erkennen Vertragsparteien *„Landschaft als grundlegend für die Qualität menschlichen Lebens"* und „das Wohl des Einzelnen und der Gesellschaft" an und streben die Erhaltung, Sicherung und Steigerung dieser Qualität an; im Mittelpunkt steht die von Menschen wahrgenommene Qualität und damit die spezifische Qualität der Alltagsumgebung, die bestimmte Landschaft als Teil lokal gebildeter Kulturen und Identität (Präambel).

Zudem stellen Landschaften (von außen betrachtet) grundlegende Teile des europäischen Natur- und Kulturerbes und die Qualität und Vielfalt Europäischer Landschaften ein gemeinsames Gut *(„common resource"/„ressource commune")* dar. Damit tragen sie insgesamt zum Wohlergehen der Menschen in Europa und zur Festigung der europäischen Identität bei (Präambel).

Mit Umsetzung der Konventionsziele verwirklichen die Vertragspartner zentrale Aufgaben des Europarats (Präambel) „*eine engere Verbindung zwischen seinen Mitgliedern zu erreichen*", um die Ideale und Grundsätze *zu bewahren* und zu *verwirklichen,* die ihr gemeinsames Erbe bilden. Diese Ideale und Grundsätze sind (vgl. Satzung des Europarats vom 5. Mai 1949, Kapitel I, Art. 1 a) Menschenrechte, b) Demokratie und Rechtsstaatlichkeit und c) Europäisches Natur- und Kulturerbe. Da ‚Demokratie' zwar ein häufig verwendeter, aber nahezu ebenso häufig unreflektiert bleibender Begriff ist, setzen wir uns mit dem folgenden Exkurs mit unterschiedlichen Demokratieverständnissen auseinander.

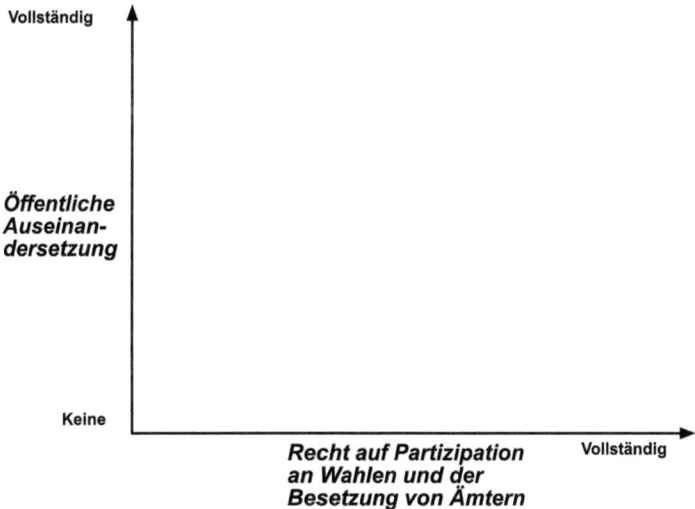

Abb. 2.1 Zwei Dimensionen der Demokratisierung; eigene Darstellung nach Dahl (1971, S. 6)

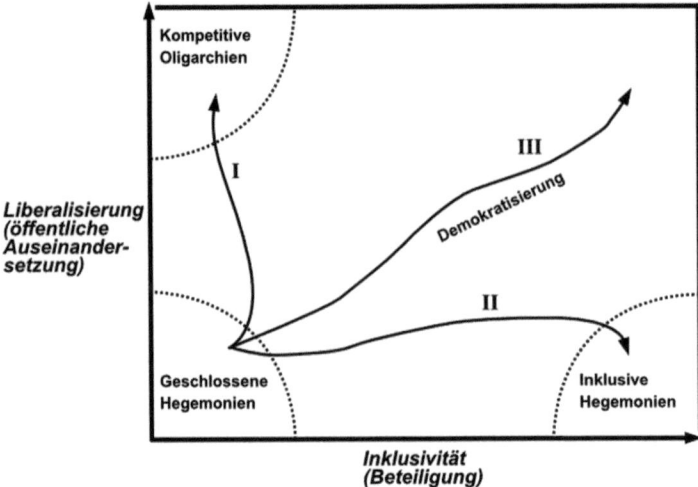

Abb. 2.2 Das Verhältnis von Liberalisierung, Inklusivität und der damit verbundene Demokratisierungsgrad; eigene Darstellung verändert auf Grundlage von Dahl (1971, S. 7)

Exkurs: Demokratieverständnisse

Der Begriff der ‚Demokratie' ist zu einem festen Bestandteil des allgemeinen Sprachgebrauchs geworden, der häufig in einer Weise Anwendung findet, der seinen mächtigen semantischen Hof sowie die damit verbundenen unterschiedlichen Demokratietheorien und -formen wenig erahnen lässt. Im Laufe seiner Begriffsgeschichte ist er entsprechend zu einem Oberbegriff zahlreicher politischer Ordnungsformen geworden, welche jedoch mit den antiken Volksversammlungsherrschaften nur noch wenig gemein, sondern sich zum Zweck der Generierung staatlicher Herrschaft in vielfältiger Weise ausdifferenziert haben (Schmidt, 2000). Dabei stammt der etymologische Ursprung des Begriffes aus dem Griechischen und setzt sich aus den Wörtern *demos* (gr.: Volk, Volksmasse, Vollbürgerschaft) und *kratein* (gr.: herrschen, Macht ausüben) zusammen. ‚Volk' hier zu verstehen als eine politische – im Gegensatz zu einer ethnischen – Zugehörigkeit und ‚herrschen' im Sinne einer legitimen Herrschaft (Schmidt, 2000). Letztere zeichnet sich nach Schmidt (2000) dem Anspruch nach dadurch aus, dass sie vom politischen Volk ausgeht, und durch den *demos* (oder auch die vom *demos* gewählten Repräsentanten) zum Nutzen des Staatsvolkes ausgeübt wird. Die demokratischen Formen der politischen Teilhabe entwickelten sich von der direkten Volksherrschaft des Stadtstaates bis zu repräsentativen Demokratiemodellen der Gegenwart mit Staatsvölkern von Millionen Bürgerinnen und Bürger immer auch vor dem Hintergrund der sich wandelnden historischen und gesellschaftlichen Bedingungen, die sich im Laufe ihrer

Geschichte insbesondere durch unterschiedliche Demokratisierungsgrade auszeichneten und damit voneinander unterscheiden (vgl. dazu Dahl, 1971, 1998; Saage, 2005).

Die Demokratisierungsgrade setzen sich nach Dahl (1971, S. 5) grundsätzlich aus mindestens zwei Dimensionen zusammen: „public contestation and the right to participate", also der Bereich des öffentlichen Argumentierens oder Austragens von Meinungsverschiedenheiten über ein bestimmtes Thema sowie das Recht auf eine Teilnahme an Wahlen und Ämtern (siehe Abb. 2.1).

Diese können je nach Regime – hier verstanden als eine bestimmte Regierung, ein System oder eine Methode der Regierung – deutlich unterschiedlich ausfallen. Dahl (1971) bietet dazu eine Klassifikation der Systeme, die weniger auf eine ausgefeilte Typologie der verschiedenen Systeme und Theorien zielt (dazu sei ausführlich verwiesen bei Flügel-Martinsen, 2004; Lembcke et al., 2012; Lembcke et al., 2016; Saage, 2005; Schmidt, 2000 u. a.), sondern vielmehr eine Klassifizierung der Verfassungswirklichkeit von Regimen sowie ihre möglichen Transformationen im Spannungsfeld entlang der beiden Pfade ‚öffentliche Debatte' und ‚Partizipation' abbilden soll. So lassen sich idealtypisch politische Systeme oder Regierungsformen mit einem geringen Grad an öffentlicher Debattenkultur und Partizipation nach Dahl (1971) als ‚geschlossene Hegemonien' fassen, die – sofern sie sich auf dem Pfad der öffentlichen Debatte nach oben bewegen – eine Veränderung in Richtung Liberalisierung durchlaufen und sich im Zuge dessen das politische System bzw. die Regierungsform in eine wettbewerbsorientierte Oligarchie, also Herrschaft der Wenigen, verändert (Pfad I; vgl. Abb. 2.2). Ermöglicht das Regime eine größere Partizipation, erfährt es eine größere Popularisierung und wird nach Dahl (1971) damit zwar inklusiver, aber erhöht damit nicht die Möglichkeiten der öffentlichen Anfechtung und es bleibt bei einer hegemonialen Regierungsform (Pfad II; vgl. Dahl, 1971). Jede Veränderung eines politischen Regimes nach oben und nach rechts zwischen den Polen, wie bspw. entlang des Pfad III, kann als gewisser Grad an Demokratisierung verstanden werden.

Es gilt jedoch anzumerken, dass öffentliche Auseinandersetzung und Partizipation zwingend auch an eine Befähigung der Individuen bzw. gesellschaftlichen Teilsysteme gebunden sind diese – selbst, wenn sie im entsprechenden Regime ermöglicht wird – auch wahrnehmen und damit auch in das politische System übertragen zu können. Gesellschaften setzen sich aber aus unterschiedlichsten Individuen und teilgesellschaftlichen Subsystemen zusammen, welche nicht alle gleichermaßen über die Befähigung dazu verfügen. Restriktionen finden sich etwa in der Organisationfähigkeit, der Sprachfähigkeit, der Fähigkeit sich öffentlich Gehör zu verschaffen, der Bereitschaft bspw. über Landschaft zu sprechen oder sich gar dafür aktiv einzusetzen etc. Häufig sind es entsprechend Bevölkerungsteile wie etwa Migrant~innen, Jugendliche, Senior~innen oder Personen mit einem geringen

> Anteil an symbolischem Kapital, die bestehenden Möglichkeiten zur Partizipation an gesellschaftlichen Prozessen nicht nutzen (können) (siehe unter vielen: Al-Khanbashi, 2020; Geisen et al., 2017; Geisen & Riegel, 2009; Gesemann & Roth, 2018; Roth, 2017).

Vertragsparteien erkennen das Recht auf Mitbestimmung über Landschaftsqualität und aktiver *Mitwirkung* an der Landschaftsentwicklung (Präambel) als Teil der Grundrechte der Menschen Europas an (vgl. Egoz et al., 2011). Demokratische Ideale gründen unter anderem im freien Meinungsaustausch im öffentlichen Raum (Siehr, 2016, S. 140–141). Mit der demokratischen Auffassung von Landschaft als „soziale Anschauung" sind folgende Prinzipien verbunden: „Über Landschaftsqualität und -entwicklung muss in demokratischer Weise und mit aktiver Mitwirkung der Bevölkerung befunden und entschieden werden. Programme, Pläne, Leitlinien und sonstige Instrumente für Schutz, Management, Planung und Entwicklung von Landschaften sind auf jenen Ebenen zu erstellen und anzuwenden, wo die Verbindung zu der ihre Alltagsumgebung gestaltenden Bevölkerung eng ist. Es gilt die Anwendung des Subsidiaritätsprinzips in Abhängigkeit geregelter Zuständigkeiten und verfügbarer Ressourcen."

Die Landschaftskonvention und ihre Anwendung sind Idealen und Grundsätzen nachhaltiger Entwicklung verpflichtet. Diese betreffen das Verhältnis zwischen gesellschaftlichen Bedürfnissen, wirtschaftlicher Tätigkeit und der Umwelt (Präambel) ebenso, wie die Wirksamkeit der Konvention und der aufgrund der Konventionsanwendung ergriffenen Maßnahmen im Lauf der Zeit (Artikel 7, Artikel 10, Artikel 11, 1). Der Erläuterungsbericht zur Konvention (Explanatory Report) bezieht sich ausdrücklich auf die Konferenz von Rio de Janeiro von 1992 mit dem Grundsatz, dass nachhaltiger Entwicklung künftige Generationen und deren Bedürfnisse respektiert (Bericht der Brundtland-Kommission 1987 prägte den Begriff der Generationengerechtigkeit).

Begriffsdefinitionen umfassen Artikel 1, jedoch sind einige Begriffe der beiden offiziellen Fassungen durch die englische und französische Sprache inhaltlich so bestimmt, dass es bei Übersetzungen teilweise zu Inhalts- und Sinnverlusten kommt. Neben bereits erwähnten Begriffen betrifft dies auch Begriffe wie Landschaftspolitik, Qualität, Charakter, Planung und Entwicklung. Inhaltliche Erläuterungen sind jeweils erforderlich (Déjeant-Pons, 2007). Zum Beispiel stammt der Begriff ‚Landschaftspolitik' aus dem Kontext französischer Befassung mit Landschaft, wo *politique de paysage* im Zusammenhang mit staatlichem Handeln verwendet wird (Donadieu, 2009). Auch können die in offiziellen Konventionstexten verwendeten Begriffe *planning* und *aménagement* für die deutschsprachige Fassung zwar auf den ersten Blick korrekt mit „Planung" übersetzt werden; dabei kann die Verwendung des Begriffs Planung aber zu Missverständnissen und im regionalen und fachlichen Kontext dazu führen, dass *planning* und *aménagement* im Sinne verschiedener Arten etablierter räumlicher Planung und damit von der ursprünglichen Absicht der Autor~innen der Landschaftskonvention abweichend interpretiert werden. Den Urhebern des Konventionstexts geht es um die planerische Vorbereitung spezifischer Aufwertungs-, Wiederherstellungs- und Gestaltungsmaßnahmen, die sich aus vorab festgelegten Zielen ableiten (und nicht etwa um bestimmte Instrumente räumlicher Gesamtplanung oder verschiedener Fachplanungen).

Folgendes Kapitel erläutert den für die Konventionsanwendung zentralen Begriff „Handlung" und stellt dar, welchen Handlungsrahmen die Konvention vorgibt, und welche darin benannte Aufgaben Vertragsstaaten übernehmen.

2.2 Aufgaben der Vertragsstaaten

Die Landschaftskonvention gibt einen durch Vertragspartner zu füllenden Handlungsrahmen vor (Vgl. Tab. 2.1). Vertragsstaaten müssen diesen Vorgaben entsprechend einen eigenen Handlungsrahmen abstecken, und zwar innerhalb eigener gesetzlicher, administrativer und sonstiger Strukturen sowie unter Anwendung der Prinzipien der Subsidiarität und örtlicher Selbstverwaltung (Art. 4). Darüber hinaus sind sie angehalten bestimmte allgemeine und spezifische Maßnahmen zu ergreifen (Art. 5 und 6) und auf europäischer Ebene zusammenzuarbeiten (Art. 7 bis 9).

Die Konvention definiert Schnittstellen mit mehreren gesellschaftlichen Handlungsbereichen (vgl. Jones et al., 2007), die Vertragsstaaten bei der Aufgabenerledigung berücksichtigen müssen, wie insbesondere Gemeinsames europäische Erbe, insbesondere Natur- und Kulturerbe, Nachhaltige Entwicklung, Politik und Recht, Regierung und Verwaltung sowie Bildung und Forschung.

Diese Schnittstellen sind im Vertragstext einmal direkt als Aufgaben nach sich ziehende Handlungsbereiche definiert, wie Politik, Recht, Verwaltung und Bildung; sodann dienen sie der Umsetzung von Grundsätzen nachhaltiger Entwicklung und gemeinsamen europäischen Erbes.

Jeder Staat konkretisiert den Vorgaben der Konvention entsprechende Handlungsaufgaben und benennt die jeweils hierfür Zuständigen, einschließlich der für Landschaft Verantwortungen tragenden öffentlichen Stellen (staatliche und kommunale Verwaltungen). Vertragsstaaten sind darüber hinaus zur Abstimmung über internationale Politik und entsprechende Programme (Art. 7) und zu gegenseitiger Unterstützung und zum Informationsaustausch aufgerufen (Art. 8). Sie sollen auch in Bezug auf grenzüberschreitende Landschaften zusammenarbeiten (Art. 9). Dem Europarat fällt die Aufgabe zu Gremien zu benennen, die mit der Beobachtung der Anwendung und Umsetzung der Konvention (Art. 10) und mit dem Landschaftspreis des Europarats befasst sind (Art. 11).

Die Artikel 4 bis 9 der Landschaftskonvention lassen sich als Programm verstehen (vgl. Abb. 2.3 und Tab. 2.2). Hierfür das Drehbuch zu schreiben und die Choreografie zu konzipieren, sind Aufgaben der Vertragsstaaten. Der Konventions-Text listet Programmpunkte auf, gibt Handlungsaufgaben und benennt Akteure (Vertragsparteien, Bevölkerung,

Tab. 2.1 Handlungsrahmen der Europäischen Landschaftskonvention. (Eigene Darstellung)

Regelung	Inhalt, Sachverhalt	Zuständigkeit, Verantwortung
Ideale und Grundsätze (Präambel)	Menschenrechte, Demokratie und Rechtsstaatlichkeit, Europäisches Natur- und Kulturerbe; nachhaltige Entwicklung	Alle Menschen, Vertragsparteien der Konvention (Europarat und Vertragsstaaten)
Gegenstand (Art. 1 a)	Landschaft	
Ziele (Art. 3)	*Fördern* von Schutz, Management und Planung aller Landschaften; *Organisieren* europäischer Zusammenarbeit in Landschafts-Angelegenheiten	
Zweck (Präambel)	Landschaft als wesentlichen Teil der *Qualität menschlichen Lebens* und *Gemeinschaftsgut* Europas erhalten und sichern	
Geltungsbereich (Artikel 2 und 15)	Die Konvention gilt für alle Landschaften	Festlegungen der Vertragsstaaten
Allgemeine Aufgaben (Art. 5)	Legaldefinition Landschaft; Landschaft als eigenen Belang definieren; Regeln für Verfahren öffentlicher Mitwirkung	Parlamente; Regierungen, staatliche und kommunale Verwaltungen; Gerichte; Kompetenzverteilung gemäß Subsidiaritätsprinzip
Spezifische Aufgaben (Art. 6, A und B)	Bewusstsein-Steigerung	Staatliche und kommunale Verwaltungen, Zivilgesellschaft
	Ausbildung, Bildung, Fort- und Weiterbildung und Schulung	Bildungspolitik und -verwaltung; Bildungsträger und -einrichtungen
Spezifische Aufgaben (Art. 6, C–E)	Landschaften analysieren und beurteilen; Landschaftsqualität-Ziele bestimmen	Zuständige Behörden (*competent public authorities*), regionale und örtliche Behörden und Stellen, Öffentlichkeit und alle Menschen mit Interesse an der Bestimmung und Umsetzung angestrebter Landschaftsqualität
	Ziele durch geeignete Maßnahmen umsetzen	
	Wirkung der Ziel-Umsetzung beobachten	

(Fortsetzung)

2.2 Aufgaben der Vertragsstaaten

Tab. 2.1 (Fortsetzung)

Regelung	Inhalt, Sachverhalt	Zuständigkeit, Verantwortung
Europäische Zusammenarbeit (Art. 7–9)	Internationale Politik, Programme; gegenseitige Unterstützung, Informationsaustausch; grenzüberschreitende Landschaften	Staatliche, regionale und örtliche Behörden und Stellen; Wissenschaft und Praxis

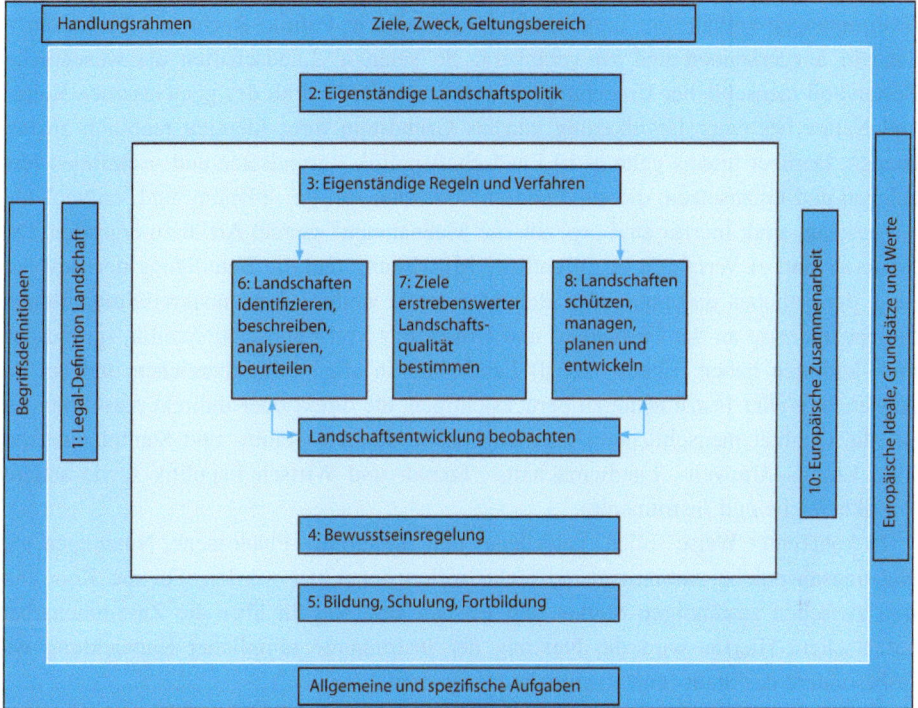

Abb. 2.3 Handlungsprogramm der Landschaftskonvention. (Eigene Darstellung)

Öffentlichkeit, öffentliche Stellen, Interessierte, usw.). Das Programm fordert – einer „To-do-Liste" gleich (vgl. Dower, 2008) – die in Tab. 2.1 genannten und weitere Akteure dazu auf, bestimmte Aufgaben zu erledigen und folgt damit einem eher positivistischen Verständnis. Zu unterscheiden sind Handlungen, die sich auf alle Landschaften eines Staates beziehen und daher Aufgaben staatlicher Gesetzgeber (Parlamente), zuständiger Rechtsprechung, Regierungen und Verwaltungen sind, sowie Handlungen, die sich auf bestimmte Landschaften beziehen und daher spezifische Aufgaben örtlicher Stellen sowie der an bestimmten Landschaften interessierten Kreise und Personen sind.

Staatlich für alle Landschaften geltende Politik, Gesetze, Grundsätze und Regeln spannen den staatlichen Rahmen, innerhalb dessen spezifische Handlungen für bestimmte Landschaften mit Bezug auf bestimmte Interessen durchgeführt werden. Die Durchführung solcher Handlungen erfolgt entweder als formelle oder als informelle Verfahren und Prozesse. Für formelle Verfahren sind Verwaltungsregeln und hierin besonders Regeln öffentlicher Beteiligung und Mitwirkung festzulegen.

Bei der Konventionsanwendung zu erledigende Aufgaben sind nachfolgend im Einzelnen erläutert. Die *Handlungen* sind wie in Tab. 2.2 mit Nummern von 1 bis 10 bezeichnet.

Handlungen Nr. 1 bis 3, Politik, Recht und Verwaltungen umfasst Artikel 5, welcher Bestimmungen enthält, um Landschaft eigenständig in Politik, Recht und Verwaltungshandeln anzuerkennen und zu verankern. So seien a) Landschaften als wesentlicher Bestandteil menschlicher Umgebung, als Ausdruck der Vielfalt des gemeinsamen Kultur- und Naturerbes einer Bevölkerung und als Grundstein ihrer Identität rechtlich anzuerkennen. Darüber hinaus gelte es b) Landschaftspolitik, -grundsätze und -richtlinien festzulegen und umzusetzen, die auf Landschaftsschutz, -pflege, -planung und -entwicklung ausgerichtet sind; hierfür sind „spezifische Maßnahmen" gemäß Art. 6 zu ergreifen. Des Weiteren sind c) Verfahren für öffentliche Mitwirkung und die Beteiligung der Bevölkerung, der örtlichen und regionalen Behörden sowie weiterer Personenkreise einzuführen, die ein Interesse an der Festlegung und Umsetzung von Landschaftspolitik, -grundsätze und -leitlinien haben. Ebenso sei d) Landschaft in allen Politikbereichen und bei der Anwendung aller Instrumente zu berücksichtigen, die direkt oder indirekt Auswirkungen auf die Qualität menschlicher Umgebung haben können (Raum- und Stadtplanungspolitik, Kultur-, Umwelt-, Landwirtschafts-, Sozial- und Wirtschaftspolitik sowie anderer Politikbereiche und Instrumente).

In kohärenter Weise sollen ‚natürliche' und ‚kulturelle' Phänomene, Nutzungen und Nutzungsansprüche zusammen und nicht isoliert betrachtet werden. Für die Koordination zwischen zuständigen Stellen und Ebenen sind Regeln über die Zusammenarbeit aufzustellen. Hierfür wird die Nutzung der Instrumente räumlicher Entwicklung wie insbesondere der Stadt- und Regionalplanung empfohlen.

Handlungen Nr. 4 und 5, Bewusstseinssteigerung, Bildung richten sich auch hier wieder in einer sehr gegenständlichen Vorstellung sowohl auf Landschaft insgesamt als auch auf bestimmte Landschaften: In staatlichen und kommunalen Händen, sowie in Händen von Bildungseinrichtungen und zivilgesellschaftlichen Organisationen liegt die Aufgabe, Angebote zur Steigerung des Landschaftsbewusstseins, für nachhaltige Entwicklung und die Anwendung demokratischer sowie rechtsstaatlicher Prinzipien zu machen. Des Weiteren seien bildungspolitisch Voraussetzungen dafür zu schaffen, das Bildungsträger und -einrichtungen (im weitesten Sinne) die Ausbildung, Bildung und Schulung in Bezug auf Landschaften durchführen können; es sind Kenntnisse aus vielen Wissensgebieten und Kompetenzen für die Übernahme verschiedener Aufgaben erforderlich. Daher sind inter- und transdisziplinäre Bildungs- und Ausbildungsangebote zu machen.

Handlungen Nr. 6 bis 9, Landschaftsanalyse, Bestimmung und Umsetzung von Zielen sind auf bestimmte Landschaften gerichtete spezifische Handlungen wie etwa in der traditionellen Landschaftsgeographie insbesondere mit Blick auf Punkt A drei Arbeitspaketen zuzuordnen:

A. Landschaften identifizieren, beschreiben, analysieren und beurteilen
B. Ziele anzustrebender Landschaftsqualität (LQ) bestimmen
C. Schutz-, Management-, Planungs- und Entwicklungsinstrumente anwenden (im Sinne nachhaltiger Entwicklung); Wirkungen beobachten

In der Praxis erfolgt die Erarbeitung genannter Pakete meist zusammenhängend, etwa im Zuge der Aufstellung von Konzepten und Planungen räumlicher Entwicklung (vergleiche hierzu das Beispiel Blois-Agglopolys Abschn. 2.4.2).

2.3 Aufgaben der Vertragspartner

Abschnitt III regelt neben der europäischen Zusammenarbeit auch die „Begleitung der Durchführung der Konvention" (Art. 10) und legt die Regeln für den Landschaftspreis des Europarats fest (Art. 11). Europäische Zusammenarbeit fordert die Konvention in Bezug auf landschaftsbezogene Dimensionen internationaler Politik und Programme (Art. 7), auf gegenseitige Unterstützung und Informationsaustausch bezüglich der Wirksamkeit der Konventionsanwendung insbesondere durch Austausch von Erfahrungen, Forschungsergebnissen und Fachleuten, auch in Bezug auf Bildung und Information (Art. 8), sowie bezüglich Schutz, Management, Entwicklung und Planung grenzüberschreitender Landschaften (Art. 9).

Die „Begleitung der Umsetzung der Konvention" erfolgt durch Sachverständigungsausschüsse, die vom Ministerkomitee (in dem jeder Mitgliedsstaat des Europarats durch Außenminister~innen vertreten ist) bestellt werden. Diese Begleitung erstreckt sich zum Beispiel auch auf Ausschreibung und Vergabe des Landschaftspreises des Europarats (Artikel 17 der Satzung des Europarats), dessen Verleihung nach Bewertung eingereichter Wettbewerbsbeiträge durch Sachverständige erfolgt. Auch zur Umsetzung von Verpflichtungen und Aufgaben auf internationaler Ebene betraut das Ministerkomitee Sachverständigenausschüsse. Mitglieder des ‚Ausschusses Hoher Beamter' der ‚Europäischen Ministerkonferenz für Raumordnung' werden hinzugezogen (Déjeant-Pons, 2007, S. 25–26).

Über die Durchführung dieser Aufgaben ist insgesamt und regelmäßig dem Ministerkomitee Bericht zu erstatten. Das Ministerkomitee nimmt Berichte der Sachverständigen über Umsetzung und Wirkung der Konvention entgegen. Die Parlamentarische Versammlung und der Kongress der Gemeinden und Regionen des Europarats werden

Tab. 2.2 Handlungsrahmen der Europäischen Landschaftskonvention (eigene Darstellung)

Nr	Handlungsaufgaben	Ausführung
1	Legaldefinition (Art. 5 a)	Landschaft rechtlich (im Sinne der Konvention) definieren
2	Landschaft als eigenen Bereich festlegen und in Landschaft berührenden Bereichen breit verankern (Art. 5 b und c)	Landschaft politisch, rechtlich und administrativ als eigenen Belang in alle relevanten Politik-, Rechts- und Verwaltungsbereiche integrieren, einschließlich solcher, die Landschaft Wirkungen auf Landschaft haben können Grundsätze, Recht, Strategien und Richtlinien festlegen, die auf Landschaftsschutz, -pflege, -planung und -entwicklung ausgerichtet sind
3	Regeln für öffentliche Mitwirkung festlegen (Art. 5 c)	Verwaltungsverfahren mit Wirkungen auf Landschaften als partizipative Prozesse durchführen
4	Angebote für Steigerungen des Landschaftsbewusstseins machen (Art. 6 A)	Bevölkerung für Landschaftsqualität und mit Landschaft verbundene Werte sensibilisieren; für öffentliche Mitwirkung bei Handlungsaufgaben werben
5	Angebote für Schulung, Ausbildung, Bildung machen (Art. 6 B)	Kompetenzen schaffen für Landschaftsbeobachtung, Landschaftsanalyse, Bestimmung und Umsetzung von Zielen erstrebenswerter Landschaftsqualität, usw
6	Landschaften beschreiben, analysieren und beurteilen (Art. 6 C, 1 a und b)	Von Menschen in ihrer Umgebung wahrgenommene und wertgeschätzte Landschaftsbeschaffenheit/-merkmale, sowie der Druck der sie verändernden Kräfte
7	Ziele anzustrebender Landschaftsqualität (LQ) bestimmen (Art. 6 D)	Ansprüche der Bevölkerung/Öffentlichkeit an die Landschaftsbeschaffenheit/-merkmale ihrer Umgebung als Ziele erstrebenswerter LQ bestimmen
8	Schutz-, Management-, Planungs- und Entwicklungsinstrumente anwenden (Art. 6 E)	Erstrebenswerte LQ durch geeignete Instrumente und Maßnahmen realisieren, insbesondere durch Entwicklungs-Steuerung, Erhaltung, Bewahrung, Pflege, Aufwertung, Wiederherstellung und Gestaltung

(Fortsetzung)

Tab. 2.2 (Fortsetzung)

Nr	Handlungsaufgaben	Ausführung
9	Wirkungen des Instrumenteneinsatzes beobachten (Art. 6 C, a iii)	Landschaftsdynamik einschließlich der durch Instrumenteneinsatz und Maßnahmen ausgelösten Veränderungen beobachten
10	Europäische Zusammenarbeit • Internationale Politik, Programme (Art. 7) • Gegenseitige Unterstützung und Informationsaustausch (Art. 8), insbesondere Erfahrungs- und Methodenaustausch (Art. 6 C, 2) • Grenzüberschreitende Landschaften (Art. 9)	Prüfung landschaftsbezogener Dimensionen internationaler Politik und Programme, Entwicklung grenzüberschreitend gemeinsamer Programme, Erhöhung der Wirksamkeit der Anwendung der Landschaftskonvention und der für ihre Anwendung eingesetzten Instrumente und Methoden, gemeinsame Entwicklung von Forschung und Bildung

in Beratungen über die Sachverständigenberichte einbezogen, und das Ministerkomitee berücksichtig ihre Stellungnahmen.

Abschnitt IV enthält Schlussbestimmungen zum Verhältnis der Landschaftskonvention zu anderen Rechtsinstrumenten (Art. 12), Verfahrensregeln zu Ratifikation, Annahme, Ratifikation, Beitritt und Kündigung der Konvention (Art. 13–17) und damit in Zusammenhang stehende Themen wie die Festlegung des Geltungsbereichs, sowie den Umgang mit Änderungen (Art. 17) und Notifikationen (Art. 18).

2.4 Anwendungsbeispiel „Plan de paysage"

Das Anwendungsbeispiel des „Plan de paysage" dient als Illustration der praktischen Handhabung der Konvention, um sich eine Vorstellung davon zu verschaffen, wie das in bürokratisch anmutenden Formulierungen aufgestellte Vertragswerk mit Leben gefüllt werden kann.

2.4.1 Politische, rechtliche und administrative Regeln

Als Beispiel der Konventionsanwendung dienen die französischen *„Plan de paysage"*. Diese sind Ausdruck eigenständiger Landschaftspolitik, folgen eigenen rechtlichen und administrativen Regeln, und sie umfassen alle Schritte von der Landschaftsanalyse bis zur Umsetzung von Maßnahmen. In praktischer Anwendung lassen sich Bildungsaufgaben und Bewusstseinssteigerung integrieren.

Vorläufer der *Plan de paysage* wurden in Frankreich in den 1970er Jahren im Loire-Tal-Gebiet erarbeitet. Als Instrumente der Raumordnung sind so genannte *Schéma d'aménagement* (Begriff heute nicht mehr verwendet) als Vorgänger heutiger *Plans de paysage* anzusehen. Bekannt wurde das *Schéma d'aménagement de la Loire Moyenne* (Thibault & Verdelli, 2007), erstellt zwischen 1975 und 1977, das als großflächige Planung erstmals nicht nur wirtschaftliche Belange, sondern auch geographische, natürliche und kulturelle Eigenschaften des „territoire" berücksichtigt. Wie bei einem *Schéma d'aménagement* wird mit den heutigen *Plan de paysage* eine Vision, bezeichnet als „*Projet*" (im Sinne eines Zukunftsentwurfs), für das jeweilige Gebiet entwickelt.

Seit den 1990er Jahren sind *plan de paysage* Teil der in Frankreich etablierten generellen Planungskultur. Verankert wurden sie insbesondere durch das Gesetz *Loi Paysage* (Lemonier, 2014). Zur Förderung der Erstellung von *Plan de paysage* wird seit 2013 und im Turnus von 2 Jahren vom Ministerium für Umwelt ein Wettbewerb mit dem Titel „*Appel à projets ‚plans de paysage'*" ausgeschrieben. Gekürte Projekte werden in Höhe von 30.000 € unterstützt (Ministère de la Transition Écologique, 2020). Zum Zweck des Methoden- und Erfahrungsaustauschs zwischen kommunalen Akteuren hat das Ministerium für Umwelt im Rahmen dieses Wettbewerbs das Netzwerk „*Club Plans de Paysage*" ins Leben gerufen. Beim Ministerium ist zudem eine Stelle zur Koordinierung dieses Clubs geschaffen worden.

Diese Koordinationsstelle hat 2017 im Auftrag des Ministeriums einen Leitfaden mit dem Titel „*Le plan de paysage*" veröffentlicht (MEDDE, 2015). Der Leitfaden empfiehlt, die Erstellung von *Plan de paysage* in Form aufeinander aufbauender Arbeitspakete in mehreren Schritten durchzuführen. Zunächst werden anhand einer räumlichen (bezogen auf die im Gebiet vorhandenen *unités paysagères*) und thematischen (bezogen auf Themen wie Landwirtschaft, Städtebau, kulturelles und natürliches Erbe, Wasserwirtschaft, etc.) Analyse des aktuellen Zustands des Planungsgebiets verschiedene die vergangenen und aktuellen Entwicklungen treibenden Kräfte und Faktoren identifiziert. Sodann werden mögliche Zukunftsszenarien entwickelt. Aus der vergleichenden Bewertung dieser Szenarien werden Potentiale und Herausforderungen *(„enjeux")* möglicher künftiger Entwicklung beschrieben. Die Bewertung der Zukunftsszenarien dient als Entscheidungshilfe bei der Bestimmung von Landschaftsqualität-Zielen, die im Sinne eines Zielkonzepts aufbereitet werden. Damit diese und das Gesamtprojekt gemeinschaftlich getragen werden, sollen partizipative Prozesse durchgeführt werden, sodass auch Wertvorstellungen der Bevölkerung in die Bestimmung der Ziele und die anschließenden Beschlüsse über die Auswahl und Verwirklichung einzelner Maßnahmen einfließen können.

2.4.2 Plan de paysage von Blois-Agglopolys

Nachfolgend wird die Anwendung von Vorgaben des Leitfadens anhand des „*Plan de paysage*" von Blois-Agglopolys illustriert (Anmerkung: 1992 trafen sich britische und französische Fachleute in Blois zu einer die Landschaftskonvention vorbereitenden Konferenz; vgl. Abschn. 4.2). Nach dem Leitfaden werden Planungen in mehreren Schritten als

2.4 Anwendungsbeispiel „Plan de paysage"

insgesamt zusammenhängende Arbeitsaufträge behandelt. Die Schritte ‚Analyse des Planungsgebiets', ‚Herausarbeiten der Landschafts-Entwicklungen antreibenden Kräfte und Faktoren', die ‚Ausarbeitung von Zukunftsszenarien als Grundlage für die Aufstellung von Zielen erstrebenswerter LQ' und die ‚Auswahl und Verwirklichung von Maßnahmen' folgen der Empfehlung des oben genannten Leitfadens als Arbeitspakete. Dies erfolgte hier partizipativ in unterschiedlichen Formen und durch Zusammenarbeit zwischen der Verwaltung von Blois-Agglopolys, dem beauftragten Planungsbüro und der in Blois gelegenen Hochschule für Landschaftsarchitektur.

Am Anfang der Analyse haben Studierende im Rahmen eines studentischen Projekts innovative Vorgehensweisen und Methoden zur Beteiligung der Bewohnerschaft erprobt, in denen Landschaftsbewusstsein erhoben und Landschaftsanalysen durchgeführt werden. Die Ergebnisse werden in der Dokumentation „*Mon agglo, ses paysages*" dargestellt. Erprobt wurden Mittel, die zu öffentlicher Diskussion über Nutzungen und Präferenzen bezüglich verschiedener Entwicklungen im Planungsgebiet anregen sollen. Ein Teil der hier angewandten partizipativen Methoden bedient sich Mitteln der visuellen Kommunikation, wie Fotos und Zeichnungen, um Kenntnisse darüber zu gewinnen, wie Ortsansässige ihre räumliche Umgebung als Landschaft konstruieren. Zum Bespiel führen Studierende an unterschiedlichen Orten des Planungsgebiets ein so genanntes „*Micro-trottoir*" mit Passanten durch, und zwar in zwei Etappen. Bei der ersten Etappe sollen Passant~innen spontan sagen, welches ihre Lieblingsorte im Planungsgebiet sind. Anschließend nahmen Studierende Fotos der genannten Orte auf. Bei der zweiten Etappe bitten sie andere Passant~innen, unter den Fotos aus der ersten Etappe, Lieblingsorte zu benennen. Der Vorgang in zwei Etappen zeigt, wie die spontane Nennung von Lieblingsorten vor allem mit Alltagserfahrungen zusammenhängen und wie eine Vorgabe von Bildern Menschen bei ihrer Beantwortung von Fragen nach Lieblingsorten beeinflusst. Bei der ersten Fragerunde hatten die Befragten Lieblingsorte vor allem nach deren Nutzung im Alltag genannt. Dabei wurden zum Beispiel Einkaufszentren genannt, die bei der zweiten Etappe anhand von gezeigten Bildern gar nicht mehr als Lieblingsorte identifiziert wurden; möglicherweise finden Menschen betonierte Flächen mit Parkplätzen ästhetisch nicht ansprechend. Bei der Betrachtung von Bildern werden Orte bevorzugt, die hinsichtlich Lage, natürlicher Erscheinung und kulturell prägender Elemente besonders schön zu sein scheinen, wie z. B. die Lage am Loire-Ufer, das alte Stadtzentrum von Blois, Wälder und Schlösser.

Weitere Methoden kamen zum Einsatz. So wurde versucht, dieses Mal in Zusammenarbeit mit Schulen, Erkenntnisse über die Umgebungs-Wahrnehmung von Kindern einzuholen, und zwar in Form von Zeichnungen. Um den Blick von Ortsansässigen aus einer weiteren Perspektive zu erkunden, organisierte die Verwaltung Blois-Agglopolys einen Foto-Wettbewerb. Teilnehmer~innen reichen Fotos von Landschaften ein, die sie für das Gebiet als besonders prägend empfinden. Weitere Werkzeuge wie Foto-Montagen kamen zum Einsatz, um unterschiedliche (teilweise extreme) Entwicklungen als Szenarien darzustellen, die Diskussionen über die mögliche Landschafts-Zukunft anregen. Die Ergebnisse wurden in Form von Fotos und Berichten dokumentiert. Ein weiteres Format war, auf dem Markt ein Luft-Bild in der Größe des zweifachen A0-Formats aufzustellen und Passanten einzuladen, hierauf an ausgewählten Stellen (mittels Magneten) Kärtchen zu platzieren, auf denen sie erläutern wie sie diese Stellen nutzen und welche Gefühle sie hiermit verbinden (ein Vorgehen, dass sich alternativ auch in Form interaktiver Webseiten durchführen lässt).

2.4.3 Ziele erstrebenswerter Landschaftsqualität

Um Zielvorstellungen zu entwickeln, kamen ebenfalls partizipative Methoden zum Einsatz. Erkenntnisse zu Werten und Vorstellungen der ansässigen Bevölkerung konnten zum Beispiel im Rahmen von vor-Ort-Begehungen mit verschiedenen Teilnehmern gesammelt werden. Um die Konstruktion von Landschafts-Entwicklungen und der diese Entwicklung antreibenden Faktoren zu untersuchen, organisierten Studierenden Spaziergänge mit Bewohner~innen des Gebiets. Dabei wurden die Teilnehmer~innen gebeten, einen Bilderrahmen in der Hand zu halten, um bestimmte Elemente, über die sie diskutieren möchten, in den Blick zu nehmen. Vor Ort wurde dann über das diskutiert, was innerhalb des Rahmens zu sehen ist, was an der gerahmten Ansicht besonders positiv oder negativ bewertet wird und warum. In Zusammenarbeit mit der Verwaltung organsierte das beauftragte Planungsbüro außerdem Spaziergänge an unterschiedlichen Stellen des Gebiets und zu verschiedenen Themen. Eingeladen waren vor allem lokale Politiker~innen, am jeweiligen Thema interessierte Vertreter~innen von Vereinen, sowie verschiedene Fachleute. Bei den Spaziergängen war auch die Bildung von Landschafts-Bewusstsein ein zentraler Aspekt (siehe eingehender dazu Kap. 3).

2.4.4 Von den Landschaftsqualität-Zielen zur kommunalen Landschaftspolitik

Zur Vorbereitung parlamentarisch zu verabschiedender Landschaftspolitik wurden auf der Grundlage der Landschaftsanalysen und Wertediskussionen Landschaftsqualitäts-Ziele bestimmt, verschiedene Szenarien möglicher künftiger Entwicklung erarbeitet und diese anhand der LQ-Ziele partizipativ bewertet. Anschließend wurde ein strategisch ausgerichtetes Handlungsprogramm erarbeitet, das nach Maßnahmen und Projekten räumlich bzw. thematisch gegliedert ist. Das Handlungsprogramm umfasst zum Beispiel Empfehlungen und Maßnahmen zur Steuerung räumlicher und städtebaulicher Entwicklung, die in etablierte Instrumente wie etwa der Bauleitplanung übernehmen werden, aber auch Handlungen sowie Sensibilisierungs- und Informationsaktionen, deren Umsetzung auf kurze oder lange Sicht angelegt sind. Ausdruck findet die kommunale Landschaftspolitik in Form des Handlungsprogramms mit Erläuterungsbericht und der Kartendarstellung.

2.4.5 Von der Vision zum Einsatz von Instrumenten und zur Umsetzung von Maßnahmen

Schutzmaßnahmen, Managementmaßnahmen, Aufwertungsmaßnahmen, Neuschaffungsmaßnahmen, usw. werden folgenden Titeln zugeordnet, die ihrerseits alle Themen räumlichen Planung berühren (also nicht auf Landschaft im engen Sinne beschränkt sind) wie Innenentwicklung, Management („gestion") der Landschaft in Gewerbegebieten und an Stadteingängen sowie Entwicklung von Erneuerbaren Energien und Kreislaufwirtschaft, Schutz von Agrar- und Weinlandschaften, In-Wert-Setzung des kulturellen und natürlichen Erbes – insbesondere in bestimmten Tälern, Wäldern, Parks und Schlössern –, Infrastrukturelle Entwicklung zur Unterstützung nachhaltiger Mobilität sowie Kommunikation, Betreuung der Umsetzung und Weiterentwicklung des *Plan de paysage* (zu Beispielen für einzelne Maßnahmen siehe Abschn. 5.8).

Für die operative Umsetzung des Programms muss der technische, administrative, gesetzliche und finanzielle Rahmen gewährleistet sein. Für die langfristige Umsetzung nötigt ist idealerweise auch eine Betreuung seitens des Projektträgers für Beratung und technischen Support, sowie Unterstützung bei der Entwicklung einzelner Projekte. Von den 30.000 € sind im oben beschriebenen Wettbewerb *Plan de paysage* 15.000 € allein für diese Umsetzungsphase vorgesehen, unter anderem für die Schaffung einer Stelle *Animateur plan de paysage*. Auch für die operative Umsetzung der Maßnahmen ist eine frühzeitige Einbindung lokaler Akteure und der Bevölkerung von ausschlaggebender Bedeutung. Die gemeinschaftliche Arbeit sorgt für Akzeptanz und ein breiteres Bewusstsein zum Thema Landschaft. Im Beispiel von Blois wurden Entscheidungsträger~innen, Sachbearbeiter~innen der Kreisverwaltung sowie weitere wichtige lokale Akteure in Bezug auf Themen wie Naturschutz, Denkmalschutz, Wasserwirtschaft, etc. in unterschiedlichen Gremien in einem intensiven Kommunikationsprozess miteingebunden.

Da die Landschaft sich per se immer weiterentwickelt, sollte sich der *plan de paysage* als Projekt mit der Zeit anpassen können. Daher ist eine Beobachtung der landschaftlichen Entwicklungen (durch Landschaftsobservatorien) durchzuführen.

2.4.6 Übertragbarkeit

Verfahren, wie sie in Frankreich im Rahmen der *Plan de Paysage* entwickelt wurden, lassen sich auf andere Länder übertragen. Beispiele in Deutschland sind Projekte wie die Entwicklung integrierter Freiraumkonzepte, die auf kommunaler oder interkommunaler Ebene ins Leben gerufen, durchgeführt und umgesetzt werden. Die Übertragbarkeit bezieht sich auf bestimmte Projektmerkmale. Wie sich am Beispiel des Projekts ‚Grünes C', dem Bonner Beitrag zur ‚Regionale 2010' in Nordrhein-Westphalen darstellen lässt, sind dies folgende Merkmale (vgl. Leconte, 2019): Wie beim *Plan de paysage* von Blois-Agglopolys geht auch beim Projekt ‚Grünes C' die Initiative von einzelnen Menschen aus, die das Projekt auf den Weg bringen und laufend vorantreiben, und die dabei auf interkommunale, ressortübergreifende und zivilgesellschaftliche Zusammenarbeit setzen. Entstehungsgeschichtlich gehen in beiden Fällen vormals abgebrochene oder gescheiterte Projekte voran, in Frankreich das Métropole-jardin und in Deutschland die IGA 2003. In beiden Fällen suchen Politik und Verwaltung nach Möglichkeiten, die abgebrochenen bzw. gescheiterten Projekte durch neue zu ersetzen und bewarben sich um Förderungen, in Frankreich um Plan de Paysage, in Deutschland/NRW um ein Projekt der Regionale 2010. Diese Projekte sind ursprünglich (jedes auf seine Weise) auf politische Bestrebungen zurückzuführen, neue Steuerungsinstrumente zu finden, um eine selbst bestimmte Region aus der Kraft gemeinsam handelnder Kommunen heraus weiterzuentwickeln. In Bonn geht es dabei auch darum, sich der eigenen Identität zu vergewissern (nach Verlust der Hauptstadtfunktion), in Blois um die Behauptung der eigenen Bedeutung im Kontext der Konkurrenz mit anderen Regionen. Landschaft ist hierbei eine Grundlage regionaler Attraktivität; sie gilt als weicher Standortfaktor und trägt zu örtlicher Lebensqualität bei.

Landschaftsentwicklung wird als Projekt verstanden, für das es Ziele, Träger und ein Budget gibt. Die Initiative geht im Rahmen staatlicher Programme und Grundfinanzierung von örtlich und regional aktiven Personen aus. Als Eigenanteile ergänzen die Kommunen und privaten Organisationen die staatliche Finanzierung zum einen durch ihr eigenes Personal, das Aufgaben im Projekt übernehmen, sowie durch materielle Ressourcen. Im Sinne öffentlicher-privater Partnerschaft übernehmen Verbände, Vereine oder einzelne Personen, wie zum Beispiel Landwirte Aufgaben, deren Erledigung Zeit und Ressourcen (Maschinen, Material, usw.) in Anspruch nimmt. So lässt sich der Wert, den die im Projekt aktiven Menschen ihrer Umgebung beimessen, nicht nur an schönen Worten ablesen, sondern auch an ihren Taten und ihrem Einsatz eindrucksvoll messen.

2.5 Zusammenfassung

Einige Regelungen der Konvention gelten für alle Vertragspartner, wie die etwa verbindliche Festlegung von Landschaft als Gegenstand. Darüber hinaus sind als Ziele die Förderung von Landschaftsschutz, -management, -planung und -entwicklung sowie von Europäischer Zusammenarbeit in Landschaftsangelegenheiten festgelegt. Als Zweck der Konvention ist die Sicherung von Landschaft als essentieller Teil „der Qualität menschlichen Lebens" festgelegt (Präambel; Art. 5 A).

Die Anwendung der meisten Regelungen der Landschaftskonvention liegt in den Händen der Vertragsstaaten. Ihnen steht jedoch ein breiter Interpretationsspielraum zur Verfügung. So enthält die Zweckbestimmung der Konvention mit „Essentiell/essentielle/essential" und „Qualität/qualité/quality" zwei anwendungspraktisch auszufüllende Begriffe. Ebenso können Staaten zum Geltungsbereich der Konvention nach eigenen Vorstellungen Näheres bestimmen. Auch die Aufteilung von Zuständigkeiten für die Umsetzung „Allgemeiner" und „Spezifischer Maßnahmen" (Art. 5 und 6) bleibt

Vertragsstaaten überlassen (Art. 4). Anwendungspraktischer Ausgestaltung bedarf das in der Konvention unbestimmt geregelte Verhältnis zwischen Festlegungen staatlicher Landschaftspolitik und der (regionalen und örtlichen) Bestimmung spezifischer Ziele erstrebenswerter Landschaftsqualität (LQ; vgl. dazu auch Kap. 5). Aber dies verweist auch auf das zentrale Dilemma der Europäischen Landschaftskonvention, welche Landschaft einerseits als „ein vom Menschen als solches wahrgenommenes Gebiet" (ELC, Art. 1a) fasst, es andererseits jedoch auch den Bezug zum physischen Raum bedarf, um sie gesetzlich definieren zu können. Wie raumbezogene Objektanordnungen vorgefunden werden und wie sie von Menschen wahrgenommen werden sind zwei verschiedene Ebenen, was entsprechend die Europäische Landschaftskonvention bereits in der Anlage problematisch werden lässt. Darüber hinaus ist es ein beispielhaft europäisches Dokument: es treten viele unterschiedliche Menschen mit vielen unterschiedlichen Verständnissen zusammen und das Ergebnis ist ein Dokument mit vielen Widersprüchen und logischen Brüchen, wie noch weiter auszuführen sein wird.

Bei mehreren Angaben und Regelungen der Landschaftskonvention besteht aufgrund unbestimmter Formulierungen über Anwendungspraxis hinaus grundsätzlicher Klärungsbedarf: So ist der Begriff *Landschaft* ambivalent definiert (materiell, immateriell). Des Weiteren sind „Allgemeine Maßnahmen" (Art. 5) als von Vertragsstaaten zu erledigende Aufgaben dargestellt; dabei werden mehrere unbestimmte Verfahrens- Begriffe verwendet wie insbesondere „Partizipation", „Öffentlichkeit" und „Interessierte Kreise". Die Klärung dieser unbestimmten Begriffe ist erforderlich; ihre praktische Anwendung untersucht Kap. 5. „Spezifische Maßnahmen" (Art. 6) benennt die Konvention als eine Reihe zusammenhängender Aufgaben, wie die Identifikation und Beschreibung von Landschaften, die Beobachtung landschaftlicher Veränderungen, und Beurteilung von Landschaften, sowie die Bestimmung von Zielen anzustrebender Landschaftsqualität (LQ). Auch hierbei verwendet sie mehrere näher zu bestimmende Begriffe, zu denen sich mehrere Fragen stellen, etwa in Bezug auf ‚Charakteristika von Landschaften'. Sind damit Charakter, Beschaffenheit oder Eigenschaften gemeint, die Landschaften als besonders kennzeichnen und von anderen unterscheidbar machen? Kommen Beschreibungen von Charakteristika als Ergebnis von Messung zustande oder durch menschliche Wahrnehmung (im Sinne des zweiten Teils der Landschaftsdefinition)? Oder mit Blick auf Transformation: In die Landschaftsanalyse sollen Erkenntnisse aus Beobachtungen von Landschaftsveränderungen und über Veränderungsdruck auslösende Kräfte einfließen (Art. 6 C.1 iii). Veränderung und Evolution werden als Landschaften inhärent und jegliches „Einfrieren" von Momentaufnahmen dazu im Widerspruch stehend angesehen (ER Nr. 42). Zu klären ist, wie Landschaftsbeurteilungen sich auf die laufende Transformation als Teil von Landschaft einstellen, zumal Wertvorstellungen über Landschaft selbst Veränderungen unterworfen sind. Des Weiteren eröffnen sich Fragen hinsichtlich der Landschaftsevaluation, denn Landschaften zu beurteilen (Art. 6 C.1 b) als von Landschaftsanalyse (Art. 6 C.1 a) gesonderte Aufgabe zu erledigen scheint widerspruchsfrei kaum möglich, einmal, weil Landschaft in Abhängigkeit von menschlicher Wahrnehmung definiert ist, und zudem, weil Wertvorstellungen, die Menschen mit ihrer Umgebung verbinden, bereits in Identifikation, Beschreibung und Beobachtung und damit in die Analyse einfließen. Darüber hinaus Die Bestimmung von Landschaftsqualität (LQ) soll in Form von Zielen erfolgen, also von Soll-Vorstellungen, die sich danach richten was Bevölkerung und Öffentlichkeit als für bestimmte Landschaften „erstrebenswert" formulieren.

Weitere nicht eindeutig formulierte Regelungen sind mit Klärungsbedarf verbunden wie beispielsweise die Anwendung der Grundsätze nachhaltiger Entwicklung: Klärung von Begriffen wie „harmonisch" und „ausgewogen", die Anwendung demokratischer und rechtsstaatlicher Prinzipien unter Verweis auf die Århus-Konvention sowie die Klärung des Begriffs „aktive Rolle", welche Bevölkerung und Öffentlichkeit bei der Anwendung der Landschaftskonvention wie insbesondere der Landschaftsentwicklung einnehmen soll? Auch die Anwendung des Subsidiaritätsprinzips unter Verweis auf die Charta kommunaler Selbstverwaltung steht im Zusammenhang mit offenen Fragen wie bspw. welche Akteure nehmen welche Rollen bei der Umsetzung „Spezifischer Maßnahmen" ein? Welche Hinweise lassen sich hierfür aus der Definition von Landschaft als Ergebnis menschlicher Wahrnehmung und Teil menschlicher Umgebung ableiten? Eine Herausforderung sind ebenso die Wünsche, Hoffnungen, Streben, usw. der Öffentlichkeit in Bezug auf die Qualität menschlicher Umgebung, deren Begriffe und ihre Anwendung näher zu bestimmen sind. Des Weiteren ist die Verwendung von Wert-Begriffen wie „Wert des Ererbten" (Art. 1 d, 5 a), Wert von Landschaften (Art. 6 A), mit Landschaft verbundene Werte (Art. 6 B.c), „spezifische Werte" die bestimmten Landschaften „zugesprochen" werden (Art. 6 C.1 b) wenig präzisiert. Auch Inhalte und Gegenstände von Bildung, Ausbildung und Schulung, u. a. die Frage welche Rollen demokratische und rechtsstaatliche Prinzipien und die Praxis öffentlicher Mitwirkung in Bezug auf das Verständnis von Landschaft und die Anwendung der Landschaftskonvention spielen.

Offene Fragen bleiben auch zum Verhältnis zwischen Landschaftspolitik und Landschaftsqualitäts-Zielen (welche Rolle spielen allgemeine Vorgaben; wie sind spezifisch für bestimmte Landschaften zu bestimmende Ziele partizipativ aus allgemeinen gültigen Zielen abzuleiten?), Landschaftsqualitäts-Zielen und Landschaftsbeurteilung (zu welchem Zeitpunkt sind allgemeine und spezifische Ziele aufzustellen, damit Beurteilungen sich daran orientieren können?), Zuständige Behörden und verschiedene Teile der Öffentlichkeit (welche Funktionen haben verschiedene Behörden, zivilgesellschaftliche Organisationen, usw. bei der Durchführung verschiedener Aufgaben?) sowie Bildung, Schulung und öffentlicher Mitwirkung (welche Rollen haben verschiedene Bildungsträger, Organisationen, usw. bei der Vermittlung partizipatorischer Kompetenz?).

Die Landschaftskonvention enthält Angaben zu Regelungen und Aufgaben, die einerseits mit quantitativen (und dabei vor allem auf materielle Aspekte gerichteten) und andererseits mit qualitativen (überwiegend auf immaterielle Aspekte gerichteten) Methoden durchzuführen sind (Vgl. Tab. 2.3). Eine sich bei jeder Handlungsaufgabe stellende

2.5 Zusammenfassung

Frage ist, wie die mit diesen Widersprüchlichkeiten verbundenen Herausforderungen zu bewältigen sind.

Tab. 2.3 Handlungsrahmen der Europäischen Landschaftskonvention. (Eigene Darstellung)

Regelung, Aufgabe	Materielle Aspekte	Immaterielle Aspekte
Gegenstand definieren (Art. 1 a)	Areal, Territorium; natürliche und anthropogene Faktoren	Gebiet, wie von Menschen wahrgenommen
Zweck von Schutz, Management und Entwicklung von Landschaften (Präambel; ER 20, 24. 25)		Erhalten und Verbessern von Landschaft als essentieller Teil der Qualität menschlichen Lebens
Geltungsbereich festlegen (Artikel 2 und 15)	Territorien der Vertragsstaaten	Gebiete der Vertragsstaaten, eigene Festlegung
Bewusstsein-Steigerung (Art. 6, A; ER 53)		Landschafts-Qualität
Landschaften analysieren und beurteilen (Art. 6, C)	Räumlich definierte Einheiten; physische Merkmale, Elemente, Faktoren; (Feste) Wert-Vorgaben (Gesetze, fachliche Wertrahmen, usw.)	Menschliche Umgebung, Landschafts-Qualität, Landschafts- Veränderung und die hierauf wirkenden Kräfte; spezifische (sich weiterentwickelnde) Werte, die Menschen bestimmten Landschaften beimessen
Ziele erstrebenswerter Landschafts-Qualität (LQ) bestimmen (Art. 1 c; Art. 6, D; ER 60)		Ansprüche der Bevölkerung / Öffentlichkeit an die Landschafts-Qualität ihrer Umgebung
Landschaften schützen, managen, planen und entwickeln (Art. 1, d–f)		Landschaften gemäß LQ-Zielen erhalten, pflegend verbessern, aufwerten, wiederherstellen, umgestalten

3 Einordnungen: Landschaft und Landschaftsbegriffe, Gesellschafts- und Wissenschaftsverständnisse

Die Europäische Landschaftskonvention ist kein kontextloses Gebilde. Sie ist vielmehr in begriffliche, historische, kulturelle, gesellschaftliche und wissenschaftliche Kontexte eingebunden. Dieses Kapitel befasst sich mit diesen vielfältigen Kontextualisierungen der Landschaftskonvention.

Infolge der großen Zahl der Kontextualisierungen und der Notwendigkeit der Darlegung des eigenen Verständnisses von Landschaft, umreißen wir beides knapp in Abschn. 3.1. Das Landschaftsverständnis der Konvention ist, wie sich hier bereits gezeigt hat, ambivalent und bedarf auch deswegen einer genaueren Untersuchung. Annäherungen an Landschaftsbegriffe sind aber auch in Anbetracht sich dynamisch verändernder Gesellschaften unumgänglich, denn unter Landschaften wurde früher etwas Anderes verstanden als heute, und verschiedene Alltags- und Elitendiskurse prägen unterschiedliche Auffassungen, während durch Zu- und Abwanderung kulturelle und sprachliche Verschiebungen an der Tagesordnung sind. Das Verständnis dieser Prozesse erfordert Einblicke in landschaftstheoretische Perspektiven, insbesondere solche, die mit der sozialen Konstruktion von Wissen (hier über Landschaft) verbunden sind (Abschn. 3.2). Ausgehend von der Entwicklung des Landschaftsbegriffs im deutschen Sprachraum (Abschn. 3.3), erfolgt eine Annäherung an Landschaftsbegriffe anderer Sprachräume, die außerhalb derjenigen Räume liegen die über Landschaftsbegriffe verfügen (Abschn. 3.4). Mit empirischen und theoretischen Zugängen zu Landschaft ausgestattet wird anschließend die Europäische Landschaftskonvention dahingehend hinterfragt, welches Weltverständnis in sie eingeschrieben ist, ob sie ein ‚enges' oder ‚weites' Verständnis von Landschaft vertritt, in welcher Form ästhetische, emotionale bzw. kognitive Dimensionen berücksichtigt werden, aber auch ob und in welcher Form mit Fragen der differenzierten Konstruktion von Landschaft umgegangen wird, sowohl sprachenspezifisch als auch hinsichtlich der Offenheit gegenüber sozial differenzierter bzw. sogar individueller Zugänge. Darüber hinaus erfolgt eine Untersuchung ihrer inneren Stringenz oder anders herum formuliert: ihrer inneren Widersprüchlichkeit (Abschn. 3.5). Daran anschließend erfolgt eine Kontextualisierung der ELC in Bezug auf veränderte Verhältnisse von Politik/Administration und übriger Gesellschaft, insbesondere im Kontext des Bedeutungsgewinns von Governance, einerseits und des Verhältnisses von Wissenschaft und übriger Gesellschaft (Übergang von Modus 1 zu Modus 2) andererseits (Abschn. 3.6). Auf dieser – in Abschn. 3.7 synthetisierten – Grundlage bauen die Folgekapitel auf. Die verschiedenen Kulturen, Verständnisse und Zugänge berücksichtigende Untersuchung von Landschaftsbegriffen und ihnen verwandten Begriffen bildet die Grundlage für Überlegungen zur Präzisierung der Begriffs-, Ziel- und Zweckbestimmung der Landschaftskonvention (siehe hierzu Kap. 2).

3.1 Wesentliche Kontextualisierungen und Darlegung des eigenen Landschaftsverständnisses

Die 1999 mit der Erarbeitung der Europäische Landschaftskonvention beauftrage Autor~innengruppe musste einen Vertragstext aufsetzen, der als Vorlage für politische Abstimmungen in allen europäischen Ländern sprachlich, begrifflich und hinsichtlich Gegenstand, Zweck, Ziel und Aufgabenbestimmung Anerkennung finden und soweit Konsens erbringen würde, dass er nach parlamentarischen Entscheidungen in einzelnen Vertragsstaaten Verbindlichkeit erlangt. Folgende Herausforderungen waren (und sind bis heute) zu bewältigen:

Mit Bezug auf ‚Landschaft als Gegenstand' gilt es eine *sprachliche (und kulturelle) Vielfalt* zu berücksichtigen. Denn Menschen Europas sprechen viele verschiedene Sprachen und verstehen, trotz mehrerer etymologischen Gemeinsamkeiten, bei Verwendung des Begriffs *Landschaft* zum Teil Ähnliches, zum Teil aber auch Unterschiedliches. Darüber hinaus unterliegt der Terminus auch einer *begrifflichen Dynamik,* wenn Landschaft als Begriff im Laufe der Geschichte verschiedene Bedeutungen erlangt und sich dabei zudem emotional unterschiedlich aufgeladen hat.

Mit Blick auf Ziel und Zweck zeigt sich auch eine begriffliche Unschärfe in Bezug auf *Qualität:* Denn dem Begriff der *Landschaft* stellt die Konvention den ebenfalls unterschiedlich zu verstehenden Begriff der *Qualität* zur Seite. Die Konvention verwendet ihn einmal zur Zweckbestimmung *(Landschaft ist als wichtiger Teil der Qualität menschlichen Lebens nachhaltig zu erhalten und zu sichern),* und zum anderen im Zusammenhang mit *Landschaftsqualität* (deskriptiv) und *Landschaftsqualität-Zielen* (normativ). Auch hinsichtlich des Konzeptes der *Nachhaltigen Entwicklung* verbindet sich eine begriffliche Unschärfe, wenn etwa die Anwendung der Konvention dem *ausgewogenen Verhältnis* zwischen sozialen Anforderungen, wirtschaftlicher Tätigkeit und der Umwelt dienen soll. Darüber, wie der Begriff „ausgewogen" sowie das Prinzip der „Generationengerechtigkeit" zu operationalisieren sind, gehen Auffassungen zum Teil weit auseinander.

Eine weitere Herausforderung bezieht sich auf die *umfassende Geltung*. Der Vertrag über Landschaft soll für alle Landschaften gelten, einschließlich der Alltagslandschaften, so dass eine Definition des Vertragsgegenstandes *Landschaft* als Gegenstand des öffentlichen Interesses und Gemeinwohls (Präambel), nicht dagegen nach fachlichen und sonstigen inhaltlich eng umrissenen Auffassungen infrage kommt (etwa Naturschutz, Denkmalschutz, usw.).

Schließlich müssen auch *zentrale Europäische Grundsätze* der Demokratie, Rechtsstaatlichkeit und Menschenrechte als leitende Prinzipien Anwendung finden, jedoch gehen die Auffassungen darüber innerhalb Europas zum Teil weit auseinander.

Die Autor~innengruppe versteht unter *Landschaft* eine individuelle Konstruktion, die auf Grundlage von gesellschaftlichen Deutungs- und Bewertungsmustern materielle Objekte einer Synthese unterzieht (Kühne, 2018 [2020 erschienen], 2019d). Gemäß diesem Verständnis hat Landschaft drei Dimensionen, die Dimension des menschlichen Bewusstseins, die Dimension des gesellschaftlicher Deutungen und Bewertungen wie den materiellen Raum, ein Verständnis, das als landschaftswissenschaftliche Operationalisierung der Drei-Welten-Theorie von Karl Popper verstanden werden kann (Kühne, 2020; Popper, 1973; Popper, 2019 [1987]).

Wir folgen dieser Formel nicht nur aus demokratischen Gründen ein, sondern auch um die für Europa kennzeichnende kulturelle Vielfalt und Bedeutungsbreite aufzunehmen. Die Frage, mit welchem Begriff die Synthese von Objekten bezeichnet wird stellt sich spätestens in Kulturkreisen, die kein Landschafts-Wort besitzen. Die materiellen Grundlagen von Landschaft bezeichnen wir (sowohl im rechtlichen, als auch allgemeinen Verständnis) materiell, und zwar als Ausschnitt der Erdoberfläche; in den offiziellen Fassungen der Konvention „area / partie de territoire", ergänzt um die sowohl materiell als auch immateriell aufzufassenden Begriffe „surroundings / cadre de vie" (Art. 1c, 5a). Damit kann räumliche Umwelt (z. B. Wohnumfeld) ebenso gemeint sein, wie die räumliche Umgebung. Solch breiter Interpretationsspielraum hat Auswirkungen auf die praktische Anwendung der Konvention (siehe hierzu Kap. 5).

3.2 Die individuelle und soziale Konstruktion von Landschaft – eine knappe Einordnung

Den unterschiedlichen theoretischen Zugriffen auf das Thema ‚Landschaft' wurden in den vergangenen Jahren zahlreiche vergleichende Publikationen (Kühne, 2018d, 2019b; Kühne et al., 2019; Winchester et al., 2003; Wylie, 2007; ein knapper Überblick: Kühne, 2019e) gewidmet, sodass wir im Folgenden nur so weit in die Thematik, wie es für den unmittelbaren Nachvollzug der später gemachten Aussagen grundlegend ist, einführen. Für unsere Betrachtungen ist die Differenzierung von konstruktivistischen und nicht-konstruktivistischen Theorien zu Landschaft wesentlich. Also nicht-konstruktivistische Perspektiven lassen sich essentialistische und positivistische Ansätze fassen. Während ein essentialistisches Landschaftsverständnis davon ausgeht, der materiellen Landschaft liege ein ‚Wesen' zugrunde, das über Jahrhunderte durch die wechselseitige Prägung von Kultur und Natur entstanden sei, und das durch Prozesse der ‚Verallgemeinerung', etwa durch globale Baustile, gefährdet sei, gehen positivistische Vorstellungen von Landschaft, Landschaft sei ein Gegenstand, der empirisch durch messen, wiegen und zählen erfasst und später, etwa mittels geographischen Informationssystemen modelliert, werden könne (Albert, 2005; Eisel, 1982; Kühne et al., 2018; Weber & Kühne, 2019).

Für konstruktivistische Ansätze liegt die konstitutive Dimension nicht im Materiellen (Positivismus) oder einem (spekulativen) ‚Wesen' hinter dem Materiellen, sondern im menschlichen Bewusstsein bzw. in sozialen Deutungs- und Bewertungsmustern. Auf Grundlage dieser Deutungs- und Bewertungsmuster konstruiert das individuelle Bewusstsein, Landschaft in materielle Objektkonstellationen hinein. Es wird also deutlich: Das Individuum muss lernen, welche Objektkonstellationen als Landschaft bezeichnet werden können (dürfen). Hier lassen sich drei Ausprägungen ausmachen (Kühne, 2018 [2020 erschienen]): Erstens, die ‚heimatliche Normallandschaft', die auf Grundlage emotionaler Zuwendungen der Umgebung, insbesondere im Kindesalter entsteht, den einer heimatlich-normallandschaftlichen Symbolisierung unterzogenen Objekte wird normativ eine Stabilitätserwartung entgegengebracht (d. h. Veränderungen werden zunächst kritisch betrachtet; Berr, 2019; Kühne, 2009b; Stotten, 2019). Zweitens, die stereotype Landschaft, die stark auf der Verinnerlichung des gesellschaftlichen Common-Senses zu Landschaft ausgerichtet ist und durch Schule, Fernsehen, Internet, Bücher etc. vermittelt wird. Hier dominieren ästhetische Deutungen, wenngleich auch allgemeine Kenntnisse zu landschaftlichen Zusammenhängen wie auch moralischen Vorstellung (zur ‚guten Landschaft') aktualisiert werden (Aschenbrand, 2016, 2017; Aschenbrand und Grebe, 2018; Berr, 2017; Berr & Kühne, 2019; Fontaine, 2018; Kühne, 2008a). Drittens, die expertenhaften Sonderwissensbestände, die insbesondere im Fachstudium vermittelt werden und fachspezifische Kenntnisse – wie auch Deutungs- und Bewertungsmuster vermitteln (so unterscheiden sich die Deutungen und Bewertungen eines als Landschaft gedeuteten physischen Raumes zwischen einem Agrarökonom und einer Landschaftsplanerin gemeinhin deutlich; Burckhardt, 2004; Kühne, 2006a, 2013c; Wojtkiewicz, 2015). Detlev Ipsen (2006) befasst sich mit seinem Konzept des ‚Landschaftsbewusstseins' mit der sozialen und Individuellen Bezugnahme auf die physischen Grundlagen von Landschaft, wobei er eine ästhetische, emotionale wie kognitive Dimension unterscheidet (Tab. 3.1). Dabei sind die unterschiedlichen Dimensionen des Landschaftsbewusstseins nicht bei allen Menschen in gleicher Weise ausgeprägt: so überwiegt die kognitive Dimension bei Personen, die ein landschaftsbezogenes Studium absolviert haben, also ‚expertenhafte Sonderwissensbestände internalisiert haben, während die ästhetische Dimension die Common-Sense-Verständnisse stereotyper Landschaft dominiert und die emotionale bei Personen, die einen Raum als Heimat bezeichnen, oben als ‚heimatliche Normallandschaft' umrissen (Ipsen, 2006; Kianicka et al., 2006; Kühne, 2008b).

Tab. 3.1 Die Matrix des Landschaftsbewusstseins nach Ipsen (2006)

	Kognitive Dimension	Ästhetische Dimension	Emotionale Dimension
Naturraum	Biologie, Geologie, Geomorphologie, Klima u. a.	Naturästhetik, Naturbeobachtung u. a.	Naturliebe
Nutzung	Landschaftsgeschichte, Standortwissen u. a.	Wahrnehmung der Landnutzungsformen	Nutzungsbildungen
Soziale Strukturierung	Eigentumsverhältnisse, rechtliche Regelungen u. a.	Besondere Orte, besondere Personen, besondere Personengruppen u. a.	Soziale Netzwerke, soziale Milieus, Familie u. a.
Kulturelle Bedeutung	Märchen, Literatur, Malerei u. a.	Symbolische Bedeutung besonderer Orte	Dialekt, Heimat, Identität

Neben diesem auf die Wissenssoziologie von Berger und Luckmann (1966) zurückgehenden ‚sozialkonstruktivistischem Landschaftsverständnis' (Greider & Garkovich, 1994; Kühne, 2008c; Stemmer, 2016) haben sich in den letzten Jahren auch andere konstruktivistische Zugänge zu Landschaft etabliert: das autopoietisch-systemtheoretische (auf Grundlage von) sowie das diskurstheoretische (auf Grundlage von: Luhmann, 1984, 1986). Das autopoietisch-systemtheoretische Verständnis geht davon aus, dass die Gesellschaft in Teilsysteme gegliedert ist, die sich selbst erzeugen und erhalten (Autopoiesis). Diese gesellschaftlichen Teilsysteme beobachten ihre Umwelt (also auch andere Teilsysteme) nach Maßgabe des eigenen Systemcodes, also die Wirtschaft nach Haben/Nicht-Haben, die Politik nach Macht/Nicht-Macht, die Wissenschaft nach Erkenntnis/Nicht-Erkenntnis etc. dadurch entsteht eine Vielzahl von Interpretationen von Welt, die untereinander nicht vereinbar sind (Egner, 2006; Kühne, 2018b, 2019a; Lippuner, 2011). Die diskurstheoretische Landschaftstheorie hingegen stellt sich die Frage, wie es gelungen ist, dass bestimmte Deutungen über Landschaft Hegemonialität erhalten und wie diese abgesichert wird, insbesondere gegenüber alternativen Deutungen, etwa, warum bestimmte Zustände des physischen Raumes als erstrebenswert gelten oder nicht. Ein aktuelles Beispiel für diskurstheoretische Landschaftsforschung sind die Deutungen von Windkraftanlagen als ‚modern und Garanten für eine regenerative Zukunft' gegen ‚Zerstörer der Heimat' (Leibenath & Otto, 2012; Weber, 2018, 2019).

Als ein anderes Beispiel für das Ringen um Hegemonialität in Diskursen, hier auf der Ebene der expertenhaften Sonderwissensbestände, lässt sich die Diskussion um ein ‚enge' und eines ‚weite' Verständnis von Landschaft verstehen (siehe Apolinarski et al., 2006; Hokema, 2013; Körner, 2006, 2010; Wojtkiewicz & Heiland, 2012). Die Auffassung eines ‚engen' Landschaftsverständnisses „bezieht sich auf Naturzustände oder Formen der Kultivierung, die häufig nicht mehr dem gesellschaftlichen Stand der Naturaneignung entsprechen. Als Ideallandschaften gelten vielfach vorindustrielle bäuerliche Kulturlandschaften" (Hokema, 2013, S. 239), die auch während der Entstehungsgeschichte der Landschaftskonvention teilweise Pate standen (vergleiche Kap. 2). Diese ‚historisch gewachsenen Kulturlandschaften' oder ‚Naturlandschaften' unterliegen einer positiven und darüber hinaus in der Regel normativen Besetzung. Entsprechend dem diesem Landschaftsverständnis eigenen konservativem Grundtenor werden Objekte, die als Manifeste der gesellschaftlichen Modernisierung gelten (wie Autobahnen, Windkraftanlagen oder Stromnetze) abgelehnt. Entgegen der Beschränkung des ‚engen' Landschaftsverständnisses auf nicht-urbane und nicht-suburbane Räumen, bezieht sich das ‚erweiterte' Verständnis von Landschaft auch auf diese Räume, und auch naturferne Räume lassen sich „in die verschiedenen Spielarten des erweiterten Landschaftsbegriffes" (Hokema, 2009, S. 239; auch Hokema, 2009, 2013) integrieren. Gemäß dem ‚weiten' Verständnis wird Kulturlandschaft „als jede anthropogen veränderte Landschaft unabhängig von qualitativen Aspekten und normativen Festlegungen unter Einbezug aller historischen, gegenwärtigen und zukünftigen Ergebnisse anthropogener Landschaftsveränderungen" (Apolinarski et al., 2006, S. 9) verstanden. Der ‚weite' Landschaftsbegriff ist dabei eher analytisch, denn normativ, geprägt. Die Analyse kann dabei positivistisch erfolgen, aber auch konstruktivistische Zugänge (etwa zum Verständnis von Menschen des von ihnen bewohnten Raumes) sind möglich.

Aus diesen Hinweisen zu konstruktivistischen Landschaftstheorien wurde deutlich, dass die soziale Konstruktion von Landschaft nicht stabil ist (und schon gar nicht die individuelle), sondern Wandlungen unterworfen ist. Im Folgenden werden wir uns zunächst mit der Entwicklung des Landschaftsverständnisses im deutschen Sprachraum befassen, bevor wir diesen mit jenen in anderen Sprachen vergleichen, um so die Grundlage für einen Nachvollzug dazu zu legen, welche unterschiedlichen begrifflichen Hintergründe die Ausführungen der ELC in verschiedenen sprachlichen Fassungen hat.

3.3 Die Entwicklung der sozialen Konstruktion von Landschaft im deutschen Sprachraum

3.3.1 Die historische Entwicklung des Verständnisses von ‚Landschaft' im deutschen Sprachraum

Im deutschen Sprachraum hat der Begriff der Landschaft im Laufe einer mehr als ein Jahrtausend dauernden Entwicklung einen großen „semantischen Hof" (Hard, 1969, S. 10) aus „Assoziationen, Emotionen, Evokationen" (Hard, 2002, S. 178) gebildet (ausführlicher bei Berr & Kühne, 2020; Berr & Schenk, 2019; detailliertere Ausführungen finden sich bei Eisel, 1982; Kirchhoff & Trepl 2009; Kühne, 2013b, 2015a; Müller, 1977; Piepmeier, 1980; Schenk, 2013, 2017). Im Zuge dieser Entwicklung zeigen sich zwei Seiten des Begriffs von Landschaft, die über den deutschen Sprachraum hinaus untersucht wurden, und die für die Landschaftskonvention relevant sind (Olwig, 1996). Dies sind 1) die Seite der durch Alltagspraxis geformten und wahrgenommenen Landschaft, auch als „dwelling" (Ingold, 1993) und „ordinary landscape" bezeichnet (Meinig, 1979), und 2) die Seite der durch politische, künstlerische und wissenschaftliche Zuschreibungen geformte „Blick auf Landschaft", die Landschaft bestimmter Eliten und Expert~innen, die Diskurse über Landschaft beherrschen und von denen einige zur Landschaftskonvention geführt haben.

Im frühen Mittelalter taucht das Wort Landschaft (als *lantscaf*) als Ausdruck sozialer Raumpraxis, als räumliche Zusammenschau sozialen Normen und Gebräuche auf und entwickelte im 12. Jahrhundert eine politische Bedeutung, indem ‚Landschaft' als eine politisch-rechtlich Einheit und zugleich als Teil eines größeren politischen Gebildes verstanden wurde (Müller, 1977), aber auch indem unter dem Wort die politisch Handlungsfähigen (in wenigen Regionen schloss dies die Bauern ein) in einer Region als „Repräsentanten der ‚ganzen Landschaft'" (Hard, 1977, S. 14) zusammengefasst wurden.

Religiös (und damit erstmals elitär) konnotiert wurde ‚Landschaft' in der Malerei des Mittelalters. So wurden Szenen mit Heiligen „dann nicht selten in das Bild einer paradiesischen Landschaft gefasst" (Büttner, 2006, S. 36), wobei die mittelalterliche Malerei „nicht aus dem Bestreben erwachsen [ist], eine bunte Seinswelt in ihrer Mannigfaltigkeit und in ihrem Beziehungsreichtum zu objektivieren, sondern die Heilsgeschichte der Menschheit und die Symbole ihrer Erlösung darzustellen" (Böheim, 1930, S. 82). Im Hochmittelalter wurde der Begriffsinhalt auch auf die von einer Stadt bewirtschaftete und beherrschte Zone und im späten Mittelalter die räumliche Zusammenschau von Objekten jenseits der Wildnis, häufig gleichbedeutend mit Wald, erweitert (Jenal, 2019b; Müller, 1977), ein Verständnis, dass sich in der im 19. Jahrhundert in Fachkreisen entwickelnden Deutung von ‚Kulturlandschaft' wiederfindet.

Dieser Aspekt des ‚kultivierten Raumes' wurde in der Renaissance mit der antiken Idee des *locus amoenus* verbunden (bezogen auf Orte besonderer, für Wohlbefinden förderlicher Qualität). Womit die bis heute (sowohl in der Fachwelt als auch in der Nicht-Fachwelt) persistierende Vorstellungen pittoresker Landschaften entstanden, die in der Landschaftsmalerei der Renaissance ihren Ausdruck fanden und einen Typus einer idealisierten Landschaft erzeugten, „der in der europäischen Malerei des siebzehnten Jahrhunderts geschaffen wurde und seine […] verbindliche Ausformung durch Claude Lorrain erfuhr" (Riedel, 1989, S. 45). Wobei die Landschaftsmalerei jener Zeit die Darstellung von Räumen präferierte, die sich durch einen eher gingen Baumbestand auszeichneten, Wald diente bestenfalls als Kulisse, war dieser doch mit Gefahr konnotiert (Jenal, 2019b; Lehmann, 2010; Urmersbach, 2009). In der Landschaftsmalerei wurden soziale Sehkonventionen entwickelt, die später auf physische Räume angewandt wurden. Einerseits indem in physischen Räumen ‚Landschaften' erblickt wurden, anderseits indem physische Räume im Sinne „physischer Manifestationen von Ideen" (Davies, 1988, S. 33) künstlerisch gestaltet wurden; so wurden im Englischen Garten Motive der Landschaftsmalerei aufgegriffen, wodurch die Malerei der Renaissance „Schrittmacher unseres Sehens und unseres landschaftlichen Erlebens" (Lehmann, 1968, S. 7) wurde. Wann und wie weit solche Seh- und Erlebenskonventionen über besondere Kreise (z. B. Maler, ‚Landschaftsgestalter') hinaus in der Bevölkerung Verbreitung fanden und damit relevant für allgemeine menschliche „Wahrnehmung" wurden, lässt sich nicht eindeutig sagen.

Auch die Unterscheidung umgangs- und fachsprachlicher Landschaftsbegriffe und ihrer Verwendung ist anhand wissenschaftlicher Publikationen nicht immer einfach zu treffen. Im Kontext romantischer Weltbetrachtung, also für eine gebildete Elite, erfuhr Landschaft „ihre höchste Aufwertung, indem mythologische und historische Inhalte in einem erweiterten Begriff von ‚Landschaft'" aufgingen (Hohl, 1977, S. 45); zu der ästhetischen Konstruktion trat eine moralische Auflladung: In Abgrenzung zu Aufklärung, Rationalisierung und Industrialisierung wurden (ländlich gedachte) Landschaften als Ort der Gemeinschaft und des Einklanges von Kultur und Natur idealisiert, einem Kontext, der weiter als ‚Heimat' idealisiert wurde, ein Verständnis das bis heute in essentialistischen Landschaftskonzepten persistiert (Zur Bedeutung des Ländlichen bei der Entstehung der Landschaftskonvention siehe Abschn. 4.2). ‚Landschaft' wird zum „Ausdruck des guten und wahren Lebens im Einklang mit der Natur und den ‚natürlichen' gesellschaftlichen Ordnungen [und] unter dieser antidemokratischen Perspektive im Zuge der Gegenaufklärung und Romantik in ein konservatives politisches Programm" (Körner & Eisel, 2006, S. 46) verwandelt. Mit der Romanik vollzog sich auch die Umkonnotierung von Wald, er wurde nicht mehr als Ort des Schreckens und der Bedrohung durch wilde Tiere und Personen mit eigentumsbezogen deviantem Verhalten (Räuber) konnotiert, sondern wurde zum Ort der Kontemplation, der Erbauung, des Reinen – und nicht zuletzt zum Element des deutschen Gründungsmythos, der Schlacht am Teutoburger Wald (Jenal, 2019b; Lehmann & Schriewer, 2000; Schriewer, 2015; Urmersbach, 2009). In der Tradition der Aufklärung stehende positivistische Wissenschaften beschrieben Landschaft hingegen als ‚objektiven Gegenstand'. Im Anschluss daran wurde in der ersten Hälfte des 20. Jahrhunderts die Vorstellung von Landschaft als Ökosystem entwickelt. Hierbei wurden nicht allein einzelne Komponenten eines Raumes untersucht, sondern auch deren Zusammenwirken.

Mit Anleihen an den romantisch-essentialistischen Landschaftsbegriff entstand in der zweiten Hälfte des 19. Jahrhunderts die Heimatschutzbewegung, gegründet und betrieben von wenigen gebildeten Personen mit Einfluss auf politische Entscheidungen. Sie eint ihre Präferenz für das Ländliche und das ‚Gewachsene'. Sie rekrutierten sich aus bürgerlichen Kreisen und zeichneten sich somit durch eine große Distanz zur körperlichen Arbeit auf dem Felde oder auch in der Industrie aus (Kühne, 2008a). Damit repräsentierten sie keine allgemein verbreitete, sondern eine „gebildete" Art der Landschafts-Wahrnehmung. Hinzu kommt, dass die Heimatschutzbewegung mit der Ideologie des Nationalsozialismus' „einen Affekt gegen Großstädte und einen ‚kalten' Materialismus teile und einen ungezügelten liberalen Kapitalismus verantwortlich für die Bedrohung der Schönheit der Landschaft machte; man war sich sogar in einer ganzen Reihe von spontanen Abneigungen einig, etwa Werbeplakate, die das Bild ländlicher Gebiete ‚verschandelten', oder die Anpflanzung ‚nicht-bodenständiger' Bäume und Sträucher" (Blackbourn,

2007, S. 341). Länder wie Hessen und Preußen versuchten seit der Jahrhundertwende, landschaftlicher „Verschandelung" Herr zu werden, insbesondere durch Gesetze gegen „Verunstaltung" dessen, was Heimat- und Naturschützer als die „Eigenart" der (wiederum ländlichen) Landschaft und Ortschaften erkannt hatten (Weißler, 1907), ein Begriff der von dem in der Landschafskonvention verwendeten Begriff „Charakter" zu unterscheiden ist, der sich auf die Beschaffenheit einer spezifischen Landschaft bezieht (Bruns & Stemmer, 2018). Maßgeblich für Definitionen von „Verunstaltung" war und ist zum Teil noch heute das Urteil des (seinerseits nicht definierten) „gebildeten Durchschnittsbetrachters" (Parchmann, 2003, S. 28–30) und nicht etwa das Urteil des repräsentativen Bevölkerungsdurchschnitts.

Im Zuge postmoderner gesellschaftlicher Entwicklung erfährt das romantische Weltverständnis (bestimmter Eliten) mit seiner Integration kognitiver, ästhetischer und emotionaler Komponenten (Ipsen, 2006) eine später popularisierte Aktualisierung (vgl. z. B. Kühne, 2006a; Pohl, 1993). In landschaftlicher Perspektive ist insbesondere die Wiederhinwendung zum Historischen, dieses nicht als überkommen abzulehnen, sondern wertzuschätzen, aber auch zum Lokalen und Regionalen von besonderer Bedeutung. So wird auch Objekten, die die industrielle Ära der westlichen Welt prägen, eine zunehmend positive Besetzung zuteil (empirisch hierzu Kühne, 2018c). Altindustrielle Stadtlandschaften „assoziieren barocke Ruinenästhetik mit zerfallenden Hochöfen und Erinnerungen an den pittoresken Garten des achtzehnten Jahrhunderts" (Hauser, 2004, S. 154). Die Zuwendung zu altindustriellen Anlagen vollzieht sich dabei nicht allein im Betrachtungsmodus einem distanzierten ästhetischen Interesse, sondern – bei Bewohner~innen – auch in Form der Bildung einer ‚heimatlichen Normallandschaft' (Edler, 2020; Jenal, 2019a; Kühne, 2018c).

3.3.2 Die aktuelle soziale Konstruktion von ‚Landschaft' im deutschen Sprachraum

Der Wandel der Zuschreibung von Bedeutung von altindustriellen Objekten wird dann deutlich, wenn diese Objekte explizit in empirischen Studien thematisiert werden. Wird hingegen offen nach den Assoziationen mit ‚Landschaft' gefragt, ist die Zahl der Nennungen von Objekten oder Objektkonstellationen gering, die einer intensiven anthropogenen Beeinflussung unterliegen (Jenal, 2019b; Kühne, 2018c; Kühne & Jenal, 2017), ein Befund, der sich auch in der medialen Konstruktion von Landschaft, etwa in der Untersuchung von Internetbildern (Bruns & Kühne, 2015a; Kühne & Weber, 2015; Linke, 2019; Loda et al., 2020) deutlich wird. Das in Deutschland demnach dominierende Stereotyp von Landschaft, ist eine ländliche Szenerie, gebildet aus Elementen, die sich auf der Polarität von ‚Natur' und ‚Kultur' eher in der Nähe des Pols der ‚Natur' einordnen lassen, bzw. eine Natur-Kultur-Hybridität aufweisen, die dadurch gekennzeichnet sind, dass die unter der anthropogenen Überformung die ‚natürlichen' Grundlagen deutlich werden (Kühne, 2018c; Abb. 3.1). Die landschaftliche Deutung lässt dabei eine begriffliche Fassung in drei Dimensionen zu: konkrete Begriffe (etwa Wasser), abstrakte Begriffe (etwa Natur) und solche individueller lebensweltlicher Bezugnahme (wie Heimat) finden (Kühne, 2018c). Dabei weisen die Zuschreibungen zeitlich durchaus unterschiede (hier zwischen den Erhebungsjahren, 2014, 2016): Die sechs am häufigsten genannten Assoziationen verringern sich zwischen den Befragungszeitpunkten. Einen Bedeutungsgewinn erfahren u. a. Heimat, Gegend, Lebensraum, Ruhe. Die Antworten zu der Bitte, drei mit dem Begriff Landschaft verwandte Worte zu nennen, weisen konkrete Begriffe (z. B. Wälder, Wiesen, Berge) im Jahr 2004 mit 52,1 % die größte Häufigkeit auf. 34,7 % der Nennungen lassen sich der Kategorie ‚abstrakt' (Natur, Umwelt) zuordnen und 10,7 % der Kategorie ‚persönlich' (z. B. Heimat). Die Befragten verstehen ‚Landschaft' tendenziell als abstrakten Begriff mit emotionalem und symbolischem Gehalt, die Synthese einzelner landschaftlicher Elemente erfolgt dabei unbewusst und gilt als unhinterfragtes ‚Faktum' (Gailing, 2012; Kühne, 2013b, 2018c; Schlottmann, 2005). Zwischen den Erhebungsjahren sind jedoch auch deutliche Verschiebungen zu finden: Es verringerten sich die Anteile zu den Angaben abstrakter (33,1 %) wie auch konkreter (49,4 %) zugunsten persönlicher Bezugnahmen (17,4 %). Dieses Ergebnis deckt sich auch mit dem Antwortverhalten zu anderen Fragen (so geht beispielsweise auch die Zahl der Elemente zurück, die mit Landschaft in Verbindung gebracht werden, so dass von einer Komplexitätsminderung des Landschaftsbegriffs der Befragten ausgegangen werden kann, die Bedeutung landschaftlicher Stereotypen nimmt zu (Kühne, 2018c)).

Die Konstruktion von Landschaft erfolgt dabei gesellschaftlich nicht einheitlich, worauf bereits die Vielzahl unterschiedlicher Antworten zur offen gestellten Frage nach den drei Worten, die nach Ansicht der Befragten mit dem Begriff der Landschaft bedeutungsmäßig verwandt sind (Kühne, 2006a, 2018c), hindeutet. Soziodemographische Unterschiede hinsichtlich der Konstruktion von Landschaft (bzw. auch Natur) lassen sich hinsichtlich des Wohnortes, des Bildungsgrades, der politischen Präferenz wie auch hinsichtlich des Geschlechts feststellen. So verfügen Bewohner~innen suburbaner Räume über größere kognitive Kenntnisse über Landschaft als Bewohner~innen von verdichteten oder ländlichen Räumen (Kühne, 2006a). Bewohner~innen des Verdichtungsraumes zeigen sich negativer gegenüber Landschaftsveränderungen eingestellt als Personen mit Wohnsicht in weniger verdichteten Bereichen des Saarlandes (Kühne, 2018c); die Bewohner~innen Tübingens schätzen den Neckar in Bezug auf die eigene Lebensqualität positiver ein, als dies Bewohner~innen des benachbarten Rottenburgs tun (Rathfelder & Megerle, 2017). Personen mit einer höheren formalen Bildung bezeichnen sich als weniger heimatverbunden, zudem bevorzugen sie komplexere und weniger stereotype als Landschaft bezeichnete physische Arrangements, als Personen mit geringem formalem Bildungsgrad (Kühne, 2006a, 2018c). Zu ähnlichen Ergebnissen kommt die ‚Naturbewusstseinsstudie hinsichtlich der des Befragungsgegenstandes ‚Natur': Personen mit höherer formaler Bildung haben eine größere Tendenz, Wälder und Meer als Teil von Natur zu beschreiben, Wiesen und Tiere werden hingegen weniger häufig als ein solcher

3.3 Die Entwicklung der sozialen Konstruktion ...

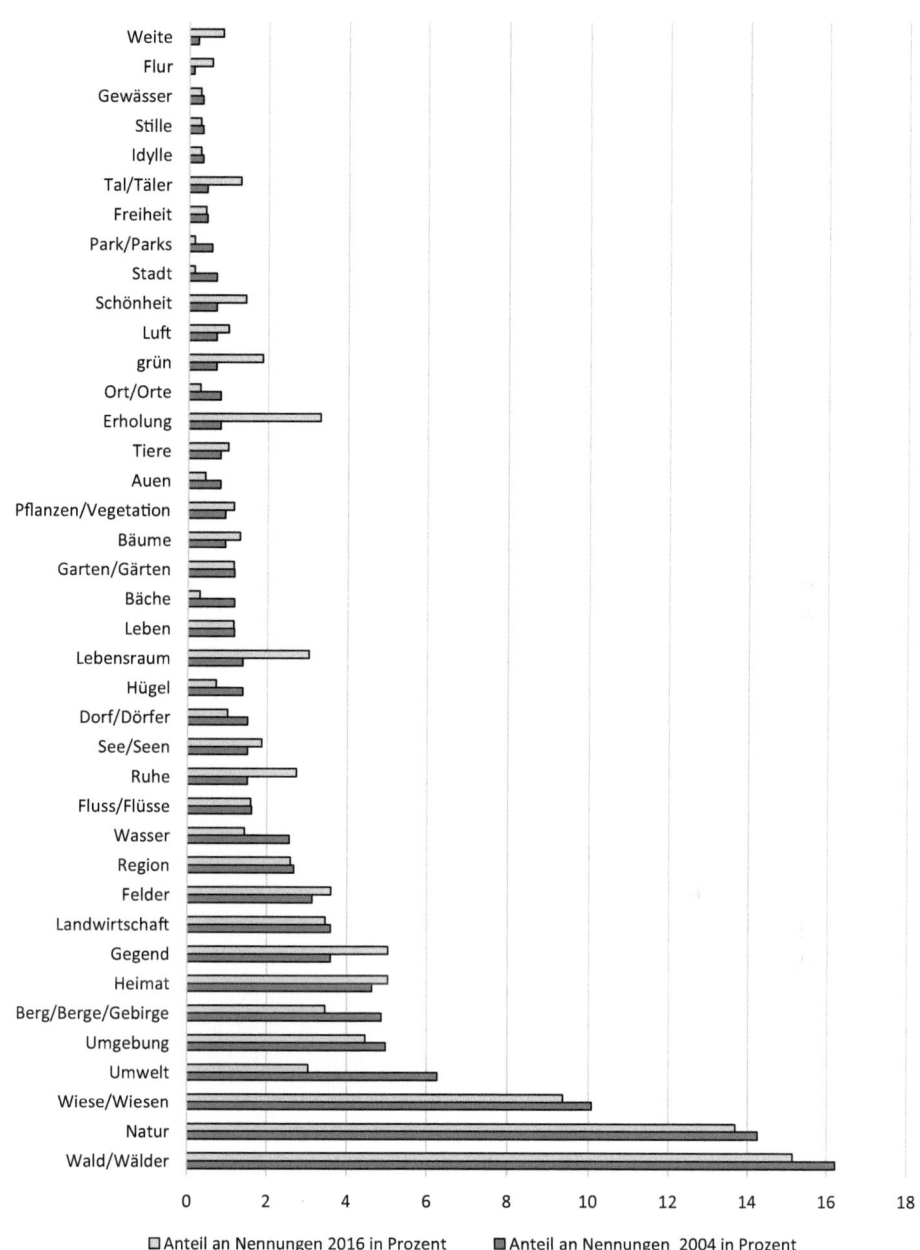

Abb. 3.1 Relative Häufigkeiten der Antworten zu der offen gestellten Frage „Nennen Sie bitte drei Worte, die Ihrer Meinung nach mit dem Begriff Landschaft bedeutungsmäßig verwandt sind". Berücksichtigt sind Antworten, die häufiger als dreimal genannt wurden (2004: n = 424; 2016 n = 387; schriftliche Haushaltsbefragung im Saarland; nach: Kühne, 2018c)

Teil beschrieben (Kleinhückelkotten et al., 2010). Hinsichtlich der politischen Präferenz zeigt sich eine stärkere Heimatverbundenheit bei Konservativen, diese lehnen auch überdurchschnittlich häufig Windkraftanlagen ab (Kühne, 2006a). Frauen neigen dazu, ihre als Landschaft begriffene Umgebung positiver zu bewerten als Männer, zudem halten sie Windkraftanlagen häufiger für ‚modern' und weniger für ‚hässlich' (Kühne, 2018a, c; Kühne, Jenal et al., 2018; Rathfelder & Megerle, 2017). Darüber hinaus ergeben sich erhebliche Differenzierungen hinsichtlich der Konstruktion und Bewertung physischer Räume als Landschaft in Bezug auf das Alter der Befragten: Je jünger die Befragten, desto positive ist ihre Grundeinstellung gegenüber ‚wildem Wald', je älter die Befragten, desto größer die Präferenz für ‚ordentliche Wälder', auch weisen jüngere eine höhere Akzeptanz gegenüber Windkraftanlagen auf als ältere (Jenal, 2019b, 2020; Kühne, 2014a, 2017a, 2018c).

Unterschiede hinsichtlich der Deutung und Bewertung von Landschaft bestehen auch hinsichtlich der an Landschaft herangetragene Ansprüche und Interessen (Hunziker et al., 2008; Kianicka et al., 2006; Kühne, 2014b): Erfolgt die Deutung und Bewertung im Modus der Tradition, erfolgt die Deutung und Bewertung im Vergleich zu einem idealisierten historischen Zustand. Dabei sind bisweilen Kongruenzen mit der Urteilsdimension des Naturschutzes (Kühne, 2018d; Lewis, 2010; Weber, 2007). Wird Landschaft hingegen in dem Modus der Rendite konstruiert, gilt eine rentable Bewirtschaftung und ihre physisch-räumlichen Manifestationen als erstrebenswert. Hier kann jedoch wiederum differenziert werden, ob der Modus eine forstwirtschaftliche, landwirtschaftliche, industrielle oder auch touristische Nutzung (oder Kombinationen davon) präferiert. Zugespitzt bedeutet dies: Wird in dem Modus einer ‚konservierenden Kulturlandschaftserhaltung' eine große Zahl unterschiedlicher, häufig wechselnder, auf ‚traditionelle' Weise durchgeführte (landwirtschaftliche und handwerkliche) Raumnutzung präferiert, bevorzugt eine an Rentabilität ausgerichtete Land- und Forstwirtschaft große, einheitlich bewirtschaftete Schläge. Die unterschiedlichen Betrachtungsmodi pointiert Dollinger (2013, S. 15): „Die daraus [also aus den unterschiedlichen Nutzungsansprüchen; Anm. die Autoren] resultierende unterschiedliche Sicht zwischen den Einheimischen und den Erholungssuchenden wirkte sich daher auch auf die wissenschaftliche Untersuchung alpiner Landschaften aus. Der neu entstandene Natur- und Heimatschutz musste auf dessen Grundlage aufbauen und wurde oft auch gegen die Interessen der Einheimischen durchgesetzt. Die bis heute bestehende Nachwirkungen sind das Misstrauen der alpinen Bevölkerung gegenüber den von außen kommenden ‚Landschaftsschutzbewegungen' von Bildungsbürgern aus Ballungsräumen." Schon bei Kindern lässt sich – gemäß Tapsell (1997) und Tunstall et al. (2004) – eine Differenzierung von Präferenzen gemäß Nutzungsinteresse feststellen; diese bevorzugen Objektkonstellationen, die zum Spielen einladen, während ästhetischen und auch ökologischen Aspekten eine untergeordnete Bedeutung beigemessen wird (Tab. 3.2).

Zusammenfassend wurde die große Variabilität sozialer (und individueller) Raumbezüge deutlich, die sich im Deutschen mit dem Wort ‚Landschaft' fassen lassen. So wurden

Tab. 3.2 Unterschiede der Bewertung angeeigneter physischer Landschaft in Abhängigkeit von unterschiedlichen Urteilsdimensionen. (Leicht verändert aus Hunziker, 1995, 2010)

Urteilsdimension in Bezug auf Landschaft	Bedeutung von Landschaft	Idealer Zustand von Landschaft
Tradition	Kulturelles Erbe	Traditionell
Naturschutz	Natur	Hohe Vielfalt, Präsenz seltener Arten
Rendite	Produktionsfaktor	Rentabel bewirtschaftet
Emotion	Erholungsort	Hohe Vielfalt an Farben, Formen und Symbolen

in der – noch nicht abgeschlossenen Entwicklung – des Landschaftsbegriffs (im Deutschen und auch in anderen Sprachen) immer neue Aspekte einer Zusammenschau von Objekten im sozialen Gedächtnis sedimentiert; der ‚semantische Hof' (Hard) wurde und wird erweitert, einige Aspekte werden zentraler, andere werden weniger intensiv aktualisiert. Im deutschen Sprachraum dominieren trotz diverser Erweiterungen stark stereotype Deutungen und Erwartungen an Landschaft. Als besonders wirkmächtig hat sich dabei der Stereotyp der vormodernen, ländlichen Landschaft erwiesen (Wald, Wiese/Weide, Hügel, Gewässer etc. also Objekte, denen Natürlichkeit oder nur eine geringe anthropogene Überformung zugeschrieben wird; ohne jedoch die physischen Manifeste des sekundären Wirtschaftssektors); es herrscht also deutlich ein ‚enges' Landschaftsverständnis vor. Dieses allgemeine stereotype Landschaftsverständnis wird jedoch individuell – infolge persönlicher Bindungen, Erfahrungen, Präferenzbildungen – teilweise stark modifiziert. Auch die Zugänge zu Landschaft gestalten sich stark differenziert, so dominieren bei Person A beispielsweise kognitive Zugänge, während das Landschaftsverständnis von Person B stärker durch romantische und ästhetische Bezugnahmen geprägt. Person C präferiert menschenleere Ebenen aufgrund einer ästhetischen Präferenz für das Erhabene, wobei Person D diese Präferenz zwar teilt, diese ästhetischen Eindrücke allerdings im Erleben altindustrieller Ruinen findet.

Dem Satz Gerhard Hards, dass nicht entscheidend ist, was zu sehen ist, sondern „was man weshalb nicht sieht (obwohl gerade das fürs gegebene Thema vielleicht weit wichtiger wäre)" (Hard, 2008, S. 268) folgend, lässt nicht nur fragen, was im deutschsprachigen Landschaftsverständnis zu finden ist, sondern auch, was eben nicht (Kühne, 2013a). So sind insbesondere jene Objekte der Natur-Kultur-Polarität nicht Teil der gesellschaftlichen Konstruktion von Landschaft, die stark durch den Menschen geprägt sind (eine Ausnahme bilden Objekte, die in ruinierter Form vorliegen). Darüber ist die commonsense-Konstruktion von Landschaften nicht durch Abgrenzungen, sondern bestenfalls durch Ränder gekennzeichnet. Dies mag darauf zurückzuführen sein, dass Landschaft stark subjektbezogen konstruiert wird, die Sichtweite ein wesentliches Element der Konstruktion von Landschaft ist, entsprechend ist auch eine Mindest- oder Maximalgröße von

Landschaft im Verständnis von Landschaft außerhalb der expertenhaften Sonderwissensbestände kaum präsent, da auch der eigenen Garten als (heimatliche Normal-)Landschaft bezeichnet werden kann.

3.4 Verständnisse von ‚Landschaft' außerhalb des deutschen Sprachraums

Begriffe, die im deutschen Sprachraum mit dem Wort ‚Landschaft' gefasst werden, unterscheiden sich von entsprechenden Begriffen anderer Sprachräume; Begriffe die umgangssprachlich mit ‚Landschaft' gefasst werden, unterscheiden sich von fachsprachlichen Begriffen. Da sich solche Begriffe in einzelnen Sprachräumen je spezifisch entwickeln, haben sie im Laufe der Zeit verschiedene Bedeutungsinhalte angenommen, so dass sich Bedeutungen der Landschaftsbegriffe in Europa nur teilweise decken; dies gilt auch für fachsprachliche Entwicklungen.

Bei wörtlichen Übersetzungen des Konventionstextes gehen solche Unterschiede verloren, es eröffnen sich Interpretationsspielräume und es kommt zu Kommunikationsproblemen. Wenn über eine Europäische Konvention zu Landschaft gesprochen wird, richtet sich diese nicht nur an Fachleute, sondern vor allem an die Allgemeinheit und an politisch Aktive, insgesamt also an Personen mit und ohne landschaftsspezifische Ausbildung. Die Bedeutungsinhalte der Worte ‚Landschaft', ‚landscape', ‚paysage', ‚paesaggio', ‚krajobraz', etc. können umgangssprachlich deutlich von fachsprachlichen Verwendungen von ‚Landschaft' abweichen. Fachsprachen neigen ihrerseits dazu, je eigene Schwerpunkte auszubilden. Bei der Erweiterung des Blicks auf Räume, deren Sprachen über keine Landschaftsbegriffe im engeren Sinne besitzen, unterscheiden sich Inhalte und Bedeutungen von europäischen bzw. westlichen Landschaftsbegriffen in besonderer Weise. So sind die traditionellen Verständnisse der Beziehung von Mensch und Raum etwa in Japan, China oder Thailand sehr viel differenzierter als im deutschen Sprachraum (Berque, 1995). Dies gilt für Fachsprachen teilweise auch noch nach dem Zeitpunkt des Imports eines westlichen Landschaftsbegriffs.

3.4.1 Begriffe von Landschaft im europäischen Vergleich

In Europa sind Sprachen verschiedener Sprachfamilien mit je eigenen Landschaftsbegriffen verbreitet. Diese Familien gruppieren sich zum Teil in bestimmten Arealen auch räumlich, wie keltischer Sprachen im Nordwesten, Germanische Sprachen im Norden und in der Mitte, romanische Sprachen im Süden und Westen, slawische Sprachen im Südosten und im Osten, westliche Turksprachen im Osten und im Kaukasus, wo sich auch autochthone Sprachen finden. Das Ungarische sowie die finno-permischen Sprachen sowie eine Reihe weiterer Sprachen liegen isoliert voneinander.

Die Untersuchung der Kulturabhängigkeit von Landschaftsverständnissen hat in den letzten Jahrzehnten an Intensität gewonnen (siehe u. a. Berque, 1995; Bruns, 2013; Bruns & Kühne, 2013b, 2015b; Drexler, 2009b; Olwig, 1996; Ueda, 2010, 2013). Zwischen den europäischen Teilräumen unterscheiden sich Konstruktionen physischer Räume je nach Zugehörigkeit zu Sprachfamilien beispielsweise als *Landscape* (Englisch) und *Landschaft* (Deutsch) als Vertreter germanischer, Paysage (Französisch) als Vertreter romanischer, und *Táj* (Ungarisch) als Vertreter finno-ugrischer Sprachen deutlich (Drexler, 2009a, b, 2010, 2013), insbesondere da diese Begriffe „verschiedene Auffassungen von der Welt um und in uns ausdrücken" (Drexler, 2009a, S. 120). Dabei vereinigen *Landschaft* und *Táj* sachbezogene wie auch ästhetische Bezüge. *Landscape* und *Paysage* hingegen decken insbesondere die sächliche Dimension nicht ab: Im Englischen sind die Bedeutungen von *Land* (als Gegenstand) und *Country* (als ländliche, aber auch politische Einheit) von jener der *Landscape* (ästhetische Zusammenschau) ebenso geschieden, wie im Französischen *Pays* (politisch) und *Campagne* (als ländlicher Raum) von *Paysage* (als ästhetisierter Raum). Das Verständnis der sachbezogenen Dimension von *Táj* reicht – ähnlich die der deutschen *Landschaft* – bis ins Mittelalter zurück. Dagegen sind *Landscape* und *Paysage* erst zum Ende des 16. Jahrhunderts im Kontext der ästhetisierten Weltsicht entstanden. Ähnliches gilt für das italienische Wort ‚paesaggio', das nach dem 16. Jahrhundert im Sinne einer ästhetisierten Zusammenschau von Objekten des Wohnens, Bewirtschaftens und Strukturierens gebildet wurde (Hahn, 2012; Loda et al., 2020; Torri, 1998). Der erste Wortteil des italienischen ‚paesaggio', ‚paese', verweist, nicht wie das lateinische ‚terra' einfach im Sinne von Festland auf das Pendant zu Himmel und Meer, sondern bezeichnet das zunächst freie und bewohnbare Land, das wiederum von dem lateinischen Wort ‚pagense', dem Adjektiv zu ‚pagus' (Dorf), das wiederum aus dem indoeuropäischen Wort ‚pangere' abgeleitet ist, wobei die Silbe ‚-pag' die Zusammenhang von Vereinigung und Verbindung beschreibt (Lettini & Maffei, 1999, Loda et al., 2020).

Wie *Landschaft* wurde auch *Táj* im 19. Jahrhundert um emotionale Aufladungen (im Sinne von Heimat) ergänzt (Drexler, 2009a, b, 2010, 2013). Im französischen wie im englischen Sprachverständnis wurde ab dem 17. Jahrhundert unter dem jeweiligen Begriff auch bewusst nach ästhetischen Kriterien (der adeligen Großgrundbesitzer) gestalteter Raum verstanden und subsumiert, während dieses Verständnis im Deutschen lediglich im höfischen Kontext und in den Niederlanden noch weniger Anhänger finden konnte. Hier blieb bis in das 19. Jahrhundert hinein „die alte Auffassung der ‚gewachsenen' Landschaft" (Drexler, 2009a, S. 127; vgl. auch Howard, 2011; Olwig, 2002, 2008) dominant. Die differierenden Landschaftsvorstellungen erhielten eine besondere symbolische Bedeutung im England des 17. Jahrhunderts in der Auseinandersetzung um *Court* und *County* (Olwig, 1996; Drexler, 2010; Trepl, 2012): So bestand das Ziel der *County*-Partei (insbesondere Landadelige) im Erhalt des dezentrierten germanischen bzw. keltischen Gewohnheitsrechtes, während die *Court*-Partei (insbesondere Königshaus und den Adeligen des Hofes) das kodifizierte und hierarchisierte römische Recht durchsetzen wolle. Die Auseinandersetzung wurde auch in Gemälden, aber auch Bühnenbildern, ausgetragen, wobei die *County*-Partei niederländische Motive favorisierte in deren Mittelpunkt das alltägliche Leben von Menschen in dem von ihnen – gewohnheitsrechtlich – geprägten Raum stand. Dagegen setzte die *Court*-Partei italienische oder spanische Motive ein: „Dargestellt sind schöne Formen, etwa des Geländes und der Bauwerke, und die Symbolik bezieht sich nicht auf das althergebrachte Leben, sondern dessen vernünftige Umgestaltung. Diese erfordert zentrale Leitung" (Trepl, 2012). Eine politische Aufladung erfuhr auch *Táj* etwa zur Mitte des 18. Jahrhunderts: Hier erfolgte eine starke positive Aufladung traditioneller, durch die ständische Gesellschaft geformte physische Elemente, die sich gegen einen an *Paysage*-Vorstellungen orientierten und durch die Habsburger vertretenen Landschaftsbegriff richtete. Dieses Verständnis wurde dann Ende des 18. Jahrhunderts durch Ideen „aufgeklärt-adeliger, bürgerlich-liberaler und bürgerlich-demokratischer Gesellschaftsvorstellungen" (Drexler, 2009a, S. 128–129) erweitert.

Wie deutlich landschaftsbezogene Begriffe Transformationen unterworfen sind, zeigen Hernik und Dixon-Gough (2013) am Beispiel polnischer Begriffe: Bis in das frühe neunzehnte Jahrhundert entwickelte sich in Polen kein Begriff, der mit dem deutschen Landschaftsbegriff vergleichbar wäre. Dann gelangte das aus dem Deutschen stammende Lehenswort ,landszaft' in die polnische Sprache und beinhaltete sowohl den Blick des Menschen auf die umliegende Gegend als insbesondere diese Gegend selbst (worin die starke Bindung an die deutschsprachige Deutung jener Zeit deutlich wird). Heute dominiert im Polnischen jedoch *krajobraz* (,kraj' = Land, Gegend; ,orbraz' = Blick). Diese Wortbildung verdeutlich den auf das Individuum und den ästhetisierten Blick fokussierte Deutung von Raum, die sich auch als eine Emanzipation von dem deutschen Landschaftsbegriff verstehen lässt. Das gegenständliche Verständnis ist jedoch noch immer in der polnischen räumlichen Forschung präsent; so hat sich als Terminus der Kulturlandschaft (also des aus dem deutschen Sprachraum stammenden Verständnisses eines vom Menschen überprägten, distinkt von anderen abgrenzbaren Raumausschnittes) durchgesetzt, der allerdings *krajobraz kulturowy* (und nicht etwa *landszaft kulturowy*) bezeichnet wird (Kühne, 2015b, 2017b) (Tab. 3.3).

3.4.2 Sprachen ohne Landschaftsbegriffe

Über eigene Landschaftsbegriffe verfügen nur einige der weltweit verbreiteten Sprachfamilien. Diese sind in Europa selbst sowie in den Regionen verbreitet, die von Europäern besiedelt wurden. Seit 2006 betreibt die ,International Federation of Landscape Architects' (IFLA) eine Kampagne zugunsten einer Internationalen Landschaftskonvention, bietet aber keine Hilfestellung für die Übersetzung des zentralen Worts Landschaft in Sprachen ohne eigenen Landschaftsbegriff. Der hier dargestellte (durchaus unvollständige)

3.4 Verständnisse von ‚Landschaft' ...

Tab. 3.3 Das Verständnis von Landschaft/Kulturlandschaft in unterschiedlichen (professionellen) Kontexten, im Vergleich des deutschen zum französischen Sprachraum. (Nach: Gailing, 2014)

	Im deutschen Sprachraum: Landschaft/Kulturlandschaft wird verstanden als…
Landschaftsgeographie	…ganzheitlicher Gestaltungskomplex
	…ideographisches Konzept zur Erfassung räumlicher Zusammenhänge
Heimatschutzbewegung	…materielles Ergebnis einer gelungenen Synthese von Natur und Kultur
	…Träger historischer Überlieferungen/historischen Erbes
	…materielles Substrat von Heimat
Denkmalpflege und Historische Geographie	…Komplex aufeinander bezogener Elemente, die von historischen Landnutzungen zeugen
	…Träger materieller geschichtlicher Relikte
Landschaftsplanung und Naturschutz	…Ökosystem
	…schöner und von Eigenart geprägter Raum, dieser entspricht einem vormodernen ländlichen Ideal
Agrarwissenschaft und -politik	…agrarisch genutzter, d. h. unter 'Kultur' stehender Raum
	…Ergebnis landwirtschaftlicher Tätigkeit
Raumplanung	…Schutzgut
	…weicher Standortfaktor
	…Handlungsraum für eine integrierte Regionalentwicklung
Aktuelle sozialwissenschaftliche Forschung	…subjektives bzw. soziales Konstrukt
	…symbolische und materielle Umwelt
	…Austragungsarena gesellschaftlicher Machtinteressen

schlaglichtartige Überblick zum Thema Landschaftsbegriffe in ausgewählten (europäischen) Regionen zeigt, wie unterschiedlich die ‚semantischen Höfe' und die hinter dem jeweiligen Landschaftsbegriff stehenden Vorstellungen sind. Was Europas Sprachen (mit wenigen Ausnahmen) eint ist die Verfügungsmacht über einen Begriff, mit dem sie sich und anderen vermitteln können wie sie die sie umgebende Welt wahrnehmen und erleben, und welche Beziehungen sie zu dieser Welt haben (Cosgrove, 1984). Außerhalb Europas sind die Vorstellungen dessen, was im Deutschen unter ‚Landschaft' subsumiert wird noch deutlicher verschieden als innerhalb europäischer Sprachfamilien, und es werden zu dessen Bezeichnung in Afrika, im arabischen, im asiatischen und weiteren Räumen weltweit gänzlich andere Begriffe herangezogen.

Zum Beispiel beschreiben im Thailändischen Begriffe wie „ban" und „chumchon" räumlich erlebte Einheiten anhand sozialer Merkmale und tradierter Gemeinschaften mit je eigenen Kollektiverinnerungen (Jiraprasertkun, 2015). Sprachen ehemals kolonialisierter Regionen wie etwa im arabischen und afrikanischen Raum, oder Länder wie zum Beispiel Malaysia und Indonesien haben Landschaftsbegriffe als Lehensworte in die eigene Sprache übernommen, mit unterschiedlichen Inhalten gefüllt ohne dabei die Vielschichtigkeit ursprünglicher Bedeutungen zu erfassen (Faurest & Fetzer, 2015; Makhzoumi, 2015). Weder im Vietnamesischen oder im Mandarin bzw. Kantonesischen, noch im Japanischen existiert eine solch zusammenfassende Kategorie wie Landschaft. Vielmehr finden sich wesentlich deutlichere Differenzierungen der Inhalte und Bedeutungen (Küchler & Wang, 2009; Ueda, 2010, 2013; Zhang et al., 2013).

Dies gilt insbesondere für die Fachsprachen in Geographie und anderen Landschaftswissenschaften, die Landschaft seit dem Wechsel vom 19. zum 20. Jahrhundert (infolge des durch das seinerzeit im deutschen Sprachraum vorherrschende Verständnis von Landschaft) lange Zeit als einen physischen und abgrenzbaren Gegenstand hielten und erst zum Ende des 20. Jahrhunderts begannen, konstruktivistische Verständnisse von Landschaft zu entwickeln. Vorreiter war hierbei die englische Geographie, in der der gegenständliche Landschaftsbegriff nie in der Intensität Fuß fassen konnte, wie etwa auch in den Vereinigten Staaten infolge der Prägung der dortigen Geographie durch Carl O. Sauer und seiner Berkeley-Schule (Kühne, 2015a; Mathewson, 2009; Price & Lewis, 1993). Infolge der konsensualen Validierung eines expertenhaften Verständnisses von (Kultur)Landschaft als einen ‚real existenten' Raum mittlerer Maßstabsebene, der mit empirischen Methoden erforschbar ist (eine Art Minimalkonsens), und der z. B. in der Landschaftsplanung zugleich über eine historisch gewachsene ‚Eigenart' (etwas pointierter ließe sich auch von ‚Wesen' sprechen) verfügt, die es zu erhalten gelte, erfolgte eine Abkopplung (insbesondere in europäischen Sprachen) fachlicher Verständnisse von einem Landschaftsverständnis derjenigen Bevölkerungsteile, die nicht über ein landschaftsbezogenes Fachstudium verfügen. In außereuropäischen Sprachräumen (und, wie oben erwähnt, auch außerhalb Europas) brachte der Import eines solchen (abgekoppelten) Landschaftsverständnisses eine Konfrontation mit den dort traditionellen Verständnissen von Raumkonstrukten mit sich, die sich schon von vornhinein nicht synthetisieren ließen (wie etwa in China; vgl. Küchler & Wang, 2009), sodass eine Dichotomie zwischen expertenhaftem und traditionellem Verständnis von jenen Objekten, Deutungen und Bezügen entstand, die im Deutschen ‚Landschaft' genannt werden.

Zudem unterscheiden sich Landschafts-Verständnisse von Landschaftsexperten (wie bereits angedeutet) in hohem Maße fachspezifisch voneinander, insbesondere hinsichtlich der normativen Gehalte: So präferieren Landschaftsplaner~innen womöglich eher eine an die Vorstellung einer ‚historischen Kulturlandschaft' angenäherte Objektkonstellation, Agrarökonomen eher eine solche, die einen hohen landwirtschaftlichen Ertrag verspricht (näheres zu diesem Themenfeld Hartz & Kühne, 2009; Hunziker, 2000; Hunziker et al., 2008; Kianicka et al., 2006; Kühne 2006a, b, 2008c, b, 2009a, 2018c). Die jeweils spezifische Deutung wird im jeweiligen Fachstudium vermittelt und diskursiv verfestigt, und bei Abweichungen droht Entzug der Anerkennung durch die ‚Bezugsgruppe' (Dahrendorf, 1971 [1958]) und durch die Bewertungsmaßstäbe setzenden Personen (Popitz, 1992, S. 29). Im Wettbewerb um die Diskurshoheit werden alternative Deutungen von Landschaft (sowohl innerhalb der eigenen, aber auch anderer Fachsprachen, aber auch des Verständnisses von Personen ohne landschaftsbezogenes Fachstudium) diskursiv ausgegrenzt (Weber, 2015a, b). Im Kontext der Bildungsexpansion seit den späten 1960er Jahren (Dahrendorf, 1968a) differenziert sich das Verhältnis von Experten- und Laientum (hier in Bezug auf Landschaft) aus: Immer mehr Personen sind akademisch gebildet und somit in der Lage, sich systematisch Wissen unterschiedlicher Themenfelder (so auch Landschaft) zu erarbeiten, wodurch eine Hybridität von Experten- und Laientum entsteht (unter vielen Kühne, 2008c; Weber et al., 2016).

3.5 Die Landschaftsverständnisse der Europäischen Landschaftskonvention

Nach eigener Übersetzung der offiziellen Fassungen der Landschaftskonvention (vgl. Abschn. 2.1) ist Landschaft *[„landscape / paysage"]* laut Artikel 1 a „ein *von* Menschen als solches wahrgenommenes Areal, dessen Charakter Ergebnis des Wirkens und Zusammenwirkens natürlicher und/oder anthropogener Faktoren ist." In der nichtamtlichen deutschen Fassung (Council of Europe, 2000) wird aus *„area / partie de territoire"* (der offiziellen Vertragstexte), ein „Gebiet" und aus dem Plural *[„people / les populations"]* ein „Mensch" im Singular. Die Begriffe ‚*perceive*' / '*percevoir*' werden mit „wahrnehmen" übersetzt, ohne dabei die Vielschichtigkeit von ‚*perceive*' und '*percevoir*' zu berücksichtigen.

Die Definition von ‚Landschaft' ist hinsichtlich des der Konvention zugrundeliegenden und den jeweiligen Übersetzern (vermutlich) geläufigen wissenschaftlichen Weltverständnissen aufschlussreich. Landschaft wird in der inoffiziellen deutschsprachigen Fassung nicht als materieller Gegenstand *(Areal, Territorium)*, sondern als *Gebiet* bezeichnet. Der Begriff Gebiet verweist auf etwas von Menschen Erdachtes und ist eine soziale Konstruktion. Diese Kombination von *Gebiet* und *„wie es vom Menschen wahrgenommen wird"* verweist auf ein konstruktivistisches Landschaftsverständnis. Dagegen verweist der zweite Teilsatz, *„dessen Charakter das Ergebnis der Wirkung und Wechselwirkung von natürlichen und/oder menschlichen Faktoren ist"* auf andere Weltverständnisse: Dieser Teilsatz kann sowohl als Ausdruck einer essentialistischen als auch einer positivistischen Denktradition verstanden werden. Die Nutzung des Wortes „Charakter" (in allen Fassungen) legt dabei tendenziell eine essentialistische Deutung nahe, verweist der Ausdruck doch auf eine ‚Beschaffenheit' oder sogar ‚Wesenheit', die durch bestimmte Merkmale beschreibbar oder durch zu deutende Ausdrücke interpretierbar ist. Das Wort „*Faktoren*" bezieht sich eher auf eine positivistische Deutung, da hier auf empirisch ermittelbare Zusammenhänge rekurriert wird (ähnlich wie in Europäischen Richtlinien zur Umweltprüfung). Das Wort „Qualität" wiederum wird konstruktivistisch gefassten, wenn Artikel 1, Absatz c Landschaftsqualitätsziele als die „von den zuständigen staatlichen Stellen formulierten Ansprüche der Öffentlichkeit" fasst, wenngleich diese wiederum an „eine bestimmte Landschaft" gerichtet sind, was in dieser Eindeutigkeit auf ein positivistisches Verständnis von Landschaft hindeutet, insbesondere in Verbindung der genannten „Landschaftsmerkmale ihrer Umgebung" (ihre bezieht sich auf die Öffentlichkeit), schließlich wird sich „Merkmal" gemeinhin als wahrnehmbare Eigenschaft verstanden. Auch die Verwendungen von Worten wie „Landschaftsbild" und „Wahrnehmung" verweisen auf die Differenzierung einer Objektebene (Landschaft als Gegenstand) und die Ebene der Konstruktion hin.

Eine positivistische Haltung lässt sich auch beim englisch-französischen Begriffspaar „*area / partie de territoire*" unterstellen, was Formulierungen in Artikel 6 der offiziellen Fassungen unterstreichen. Im Gegensatz zum politisch-administrativ zu deutenden Wort „Gebiet" bezeichnen die Begriffe *Areal* und *Territorium* vorwiegend physisch-materiell definierte Gegenstände. Damit würde die Landschaftskonvention das Vorhandensein physisch-materiell beschreibbarer räumlicher Einheiten und als Flächen klar abgrenzbarer Einheiten (die Aufgabe der Identifikation bestimmter Landschaft fassen die Konventionsautor~innen als Definition flächenhafter Einheiten auf, etwa in Landschaftsatlanten, Landschaftskatastern, usw.; erst auf dieser Basis „dürfen" Menschen dann etwas wahrnehmen) voraussetzen (was in praktischer Handhabung so umgesetzt wird), die durch menschliche Wahrnehmung zu Landschaft werden. Dabei gehen sowohl die französischen als auch die englischen Methoden von „units" aus, die identifiziert und beschrieben werden. Die ersten in allgemeinverständlicher Sprache abgefassten Vorlagen für den späteren Konventionstext enthalten klare Hinweise auf ein „ganzheitliches" Verständnis, nach dem Landschaften sich aus der sinnlichen Wahrnehmung von in menschlicher Umgebung vorfindlichen materiellen Objekten und den Beziehungen heraus konstituieren, die Menschen und Gemeinschaften (lokal bis national) hierzu haben und empfinden (Hitier, 1997, CG(4)6, Partie II; Appendix I, Teil II B).

Auf ein konstruktivistisches Landschaftsverständnis verweist, wie oben erwähnt, der Teilsatz *[„as perceived by people / telle que perçue par les populations"]*. Hier wählen die Verfasser der Konvention Verben, die über „etwas wahrnehmen" im engeren Sinne hinaus „etwas auffassen" aber auch „etwas verstehen" implizieren. Neben sinnlichem Wahrnehmen wird das ‚emotionale' Wahrnehmen z. B. im Sinne von „erleben" und „etwas spüren" impliziert. Wahrnehmung spezifischer Phänomene und Beschaffenheit bezieht sich auf das Individuelle und Spezifische menschlicher Umgebung – das ist auch die Wahrnehmung der mit Landschaften verbundenen Kultur, sowie nicht zuletzt das Empfinden von Verbundenheit und *Identität* (Artikel 5 a, ELK). Eine Wahrnehmung von Unverwechselbarkeit in der alltäglichen Umgebung ermöglicht es uns, aus der uns umgebenden

Welt „einen Teil (unserer) Innenwelt zu machen" (Wöbse, 2002, S. 37). Mit Kultur- und Naturelementen unserer Umgebung verknüpfen sich, so die Konvention, individuell und sozial geformte Empfindungen, Erinnerungen, Assoziationen, Wertvorstellungen, usw. So ist Landschaft ein Stück wahrgenommener Welt und zugleich das „Heimatland unserer Gedanken" (Merleau-Ponty, 1962, S. 24). Im Sinne des in Abschn. 3.2 vorgestellten Konzeptes des „Landschaftsbewusstseins" nach Ipsen (2006) dominiert jedoch die kognitive gegenüber der ästhetischen wie auch emotionalen Dimension. Letztere beiden bleiben – wenn überhaupt – implizit, wenngleich die Gewinnung von „Wissen" über Landschaft klar adressiert wird (Artikel 6, Absatz C, Ziffer 1).

Die Urheber~innen der Konvention sehen Landschaft aber über individuelle Wahrnehmung und „lokale Kulturen" hinaus auch als einen Teil gemeinsamen europäischen Erbes an, das zu „Festigung europäischer Identität" beiträgt (Präambel). Hiermit erweitert sich der Begriff von Landschaft um Dimensionen gemeinschaftlichen Wahrnehmens, Erlebens und Wohlergehens. Landschaften wird dann von einer Warte aus betrachtet, die außerhalb bestimmter Areale/Territorien und außerhalb des Bereichs spezifischer Wahrnehmung liegt. Von dieser externen Position aus lassen sich Landschaften (als physisch-geografisch definierte Einheiten) typisieren und klassifizieren, bestimmten Bildern und Erwartungshaltungen zuordnen, zu verschiedenen Zwecken bewerten (z. B. als „gefährdet") und inwertsetzen („intakt", „authentisch", usw.), prädikatisieren (z. B. als „Erbe-Landschaft") und vermarkten (z. B. „die Rhön, Land der offenen Fernen").

Die Konvention sieht laut der offiziellen Fassungen beim Landschaftshandeln verschiedene *„Spezifische Maßnahmen"* vor, wie die Identifikation, Analyse und Beurteilung von Landschaften. Auch in diesem Kontext nutzt die Konvention stellenweise gegenständliche und teilweise wesensartlich geprägte Begriffe, etwa wo bei Landschaftsanalyse (erneut) von Charakter (im Sinne von Beschaffenheit) die Rede ist. Diese Aussagen verhalten sich inkongruent zum ersten Halbsatz der Definition von Landschaft, sowie zu der Aufforderung an Vertragspartner zu Bewusstseinsbildung, Bildung und Schulung und zu öffentlicher Mitwirkung. Zusätzlich schleicht sich in Artikel 6, wie oben schon angedeutet, Widersprüchlichkeit durch interpretierende Übersetzung ein, etwa, wenn in der nichtamtlichen deutschen Fassung von *„Erfassung* und *Bewertung"* die Rede ist. Dieses Begriffspaar, in der Praxis deutscher Planung geläufig, findet sich in den offiziellen Fassungen der Landschaftskonvention nicht. Erfassen und Bewerten sind Teil einer Herangehensweise, die weder aus Sicht einer konstruktivistischen Perspektive noch der des Essentialismus statthaft wäre. Schließlich kann nur etwas erfasst und bewertet werden, dem man eine bewusstseinsunabhängige eindeutige Existenz unterstellt, was der Weltdeutung des Konstruktivismus und auch den Intentionen der Landschaftskonvention klar widerspricht. Beide vertreten die Auffassung, komplexe Begriffe wie jener der Landschaft seien das Ergebnis sozialer Aushandlungsprozesse. Aus essentialistischer Sicht kann mit einer „Erfassung und Bewertung" lediglich eine Hilfe der Beschreibung der Ausdrücke des ‚Wesens' der Landschaft ermöglicht werden; ihr ‚Wesen' selbst, lässt sich damit nicht erfassen. Die in Europa verbreiteten Zugänge des „Landscape Character Assessment"

(Swanwick et al., 2018) führen eine Analyse aber keine „Bewertung" durch (Swanwick und Land Use Consultants, 2002). Charakterisierungen nehmen stets spezifische (distinkte) und vorab identifizierte Einheiten („units") in den Blick, wobei Identifikation und Abgrenzung auf Typologien im Sinne physischer und kultureller Geographie zurückgreifen (Luginbühl et al., 1994). Während der Erarbeitung des Konventionstexts war von verschiedenen mit Landschaft und deren spezifischen Charakter verbundenen Wertdimensionen die Rede, die ihrerseits auf verschiedene Weltverständnisse verweisen, wie Lebensqualität und Kultur, aber auch Wissenschaft, Vielfalt, Wirtschaft und Ökologie. Aus der Heterogenität dieser Dimensionen erwachsen Widersprüche, die verschiedenen Landschaftsanalysen bis heute immanent sind, insbesondere wenn, im Anschluss an die Analyse, der Versuch unternommen wird fachliche Urteile mit Wertvorstellungen zusammenzuführen oder gar zu verknüpfen, die aus öffentlicher Mitwirkung stammen.

Auf ein konstruktivistisches Verständnis lässt Artikel 6 schließen, wenn die öffentliche Mitwirkung bei der Einschätzung und Beurteilung identifizierter und analysierter Landschaften gefordert wird. Dabei ist dieser Befund durch die in Artikel 6 Abs. c der deutschen Fassung gewählte Formulierung zu relativieren: „unter Berücksichtigung der ihnen von den interessierten Parteien und der betroffenen Bevölkerung zugeschriebenen besonderen Werte". Mit dieser Übersetzungsformel wird offenbar nicht angenommen, Landschaft sei das Ergebnis eines sozialen Konstruktionsprozesses, vielmehr gäbe es eine ‚real existierende Landschaft' der Werte zugeschrieben würden. An einer anderen Stelle in Artikel 6, in Abs. C, zeigt sich die ‚Doppelstrategie' der Befassung mit ‚Landschaft als Konstrukt' und ‚Landschaft als Objekt' erneut: So verpflichteten sich die Vertragsparteien, gemäß der nichtamtlichen deutschen Fassung, zur Förderung „Schulunterricht und Hochschulkurse, die sich in den entsprechenden Fächern und Fachrichtungen mit den landschaftsbezogenen Werten und den sich im Rahmen des Schutzes, der Pflege und der Gestaltung von Landschaften ergebenden Fragen befassen". Deutlicher wird eine konstruktivistisch orientierte Formulierung der ‚landschaftsbezogenen Werte' in den offiziellen Fassungen, wo in der englischen von „the values attaching to landscapes" gesprochen wird. Landschaft hat also keinen ihr innewohnenden Eigenwert (wie es etwas ein essentialistisches Verständnis nahelegen würde; das Fehlen dieses Eigenwertes kritisiert beispielsweise Atmanagara 2015).

Dass jedoch der konstitutive Bezug der Landschaftskonvention ein überwiegend gegenständlicher ist, wird in den ersten in allgemeinverständlicher Sprache abgefassten Vorlagen des Konventionstexts deutlich, die zugeschriebene Werte einzeln erläutern, sowie auch in Artikel 1 Absatz f, wenn ‚Landschaftsplanung' als „Maßnahmen von ausgeprägt zukunftsweisender Natur, die Landschaften aufwerten, wiederherstellen oder gestalten sollen" definiert wird. In der in allgemeinverständlicher Sprache abgefassten Vorlagen waren selbst Begriffe wie Schutz *(protection)* und Management (franz. *gestion*) planerisch-zukunftsweisend formuliert als „protection active" und „gestion dynamique" und bezogen sich dabei auf Gegenständliches.

Die gegenständlich orientierte Fassung des Landschafts-Begriffes nimmt in dem in allgemeinverständlicher Sprache formulierten Konventionstext hauptsächlich auf physisch-räumliche Dimensionen Bezug. In der Wertzuschreibung bleibt der Begriff zwar mit Dimensionen menschlicher Konstruktion verhaftet, doch die gegenständlich-räumliche Fassung – aus französischer Sicht eine Erweiterung des Begriffsverständnisses von *paysage* – soll gerade dazu führen, dass Landschaftspolitik künftig nicht mehr nur die als „schön" und im „ästhetischen Sinne qualitätsvoll" empfundene Landschaften zum Gegenstand hat (und entsprechend ästhetisch begründete Management- und Schutzmaßnahmen nach sich zieht). Diese gegenständlich-räumliche Fassung soll dazu führen, dass die Konvention Wirkung auf alle Landschaften entfaltet, vor allem auch auf solche, die als (ästhetisch) negativ erlebt und bewertet werden (z. B. Vororte, Industriegebiete, etc.) (Hokema, 2013); Ziel ist die Aufwertung und Umgestaltung solcher Landschaften. Die Begriffserweiterung findet damit auf der materiellen Ebene statt. Auf der immateriellen Ebene wird Landschaft durch diese Begriffserweiterung nicht frei von ästhetischen Werten, die sich seit der Renaissance mit ihr verbinden.

Angesichts wissenschaftstheoretisch ermittelter Uneindeutigkeiten lässt sich das landschaftstheoretische Verständnis der Europäischen Landschaftskonvention als postmodern verstehen: So sind die wissenschaftstheoretischen Grundlagen eher eklektizistisch ausgelegt; ein erkennbares Bemühen, ein in sich konsistentes Konzept zugrunde zu legen, findet nicht statt. Es werden vielmehr wissenschaftstheoretische Grundverständnisse ohne gegenseitige Bezugnahme nebeneinandergestellt, so dass letztlich theoretische Grundlagen der Gesamtheit aktueller Landschaftsforschung vertreten sind. Der die weite Teile der Konvention durchziehende Zugriff, Landschaft sowohl als Gegenstand als auch als soziales Konstrukt zu verstehen, hat sich – einer geringen konzeptionellen Stringenz zum Trotz – in den letzten Jahrzehnten in weiten Teil aktueller Landschaftsforschung (und auch Regionalforschung) durchgesetzt; er lässt sich als ‚gemäßigter Konstruktivismus' (Kühne, 2013b) bezeichnen: Hier wird davon ausgegangen, Landschaft werde (auch) sozial konstruiert, jedoch wird angenommen, eine objektiv vorhandene materielle Landschaft läge den Konstruktionsprozessen zugrunde. Diese könne dann als Referenzebene für die sozialen Konstruktionen herangezogen und mit empirischen Methoden ‚objektiv' erfasst werden. Dadurch wird von zwei Landschaftsebenen ausgegangen, einer ‚Reallandschaft' und einer ‚sozial konstruierten Landschaft' (im Kontext Regionalforschung siehe Chilla et al., 2015; Chilla et al., 2016).

Eine weitere theoretische Bezugsebene lässt sich in Bezug auf die Dimension des ‚engen' und einem ‚weiten' Landschaftsverständnis der Konvention untersuchen. Diese rücke, laut Marschall und Werk (2007, S. 720), von der Norm einer ‚harmonischen' oder sogar ‚arkadischen' Landschaft ab; so wird der Begriff der Landschaft „zunehmend auch für die geschundene, nicht harmonische oder städtische Landschaft" verwendet. In der Präambel der Konvention heißt es, „dass die Landschaft überall ein wichtiger Bestandteil der Lebensqualität der Menschen ist: in städtischen Gebieten und auf dem Land, in geschädigten Gebieten wie auch in Gebieten, die von hoher Qualität sind, in besonders schönen Gebieten wie auch in gewöhnlichen Gebieten". Hier wird ein ‚weites' Landschaftsverständnis der Autorinnen und Autoren der Landschaftskonvention (auch in der Übersetzung) deutlich; in Artikel 2 werden sogar explizit „Meeresgebiete" in den Geltungsbereich eingeschlossen, das stark an ein seit mindestens fünf Jahrzehnten in der US-amerikanischen Fachdiskussion vorherrschendes Verständnis anknüpft, aber in Teilen der europäischen und insbesondere deutschsprachigen fachlichen Debatte, aber auch innerhalb der außerfachlichen Präferenzen, (noch) nicht vorherrschend ist. Hier wird vorherrschend ein ‚enges' Verständnis vertreten (unter vielen zum Thema: Körner, 2006, 2010; Prominski, 2004, 2006a, b). Andererseits wird aber auch in der Präambel der Wunsch geäußert, „eine nachhaltige Entwicklung auf der Grundlage eines ausgewogenen und harmonischen Verhältnisses zwischen gesellschaftlichen Bedürfnissen, wirtschaftlicher Tätigkeit und der Umwelt zu erreichen". Insbesondere eine solche Wortwahl (die sich auch in der englischen Fassung findet als „balanced and harmonious") von „ausgewogen und harmonisch" legt ein ‚enges' und essentialistisches Verständnis von Landschaft nahe. Eine solche Wortwahl findet häufig im Kontext von Erhaltungsnormen ‚historisch gewachsener Kulturlandschaft' Anwendung (vgl. hierzu Kühne, 2008a). Diese normative Rahmung wird auch in Artikel 1 Absatz e der nichtamtlichen, deutschen Fassung deutlich, wenn unter (in offiziellen Fassungen nicht vorkommender) ‚Landschaftspflege' definiert wird: „unter dem Aspekt der nachhaltigen Entwicklung durchgeführte Maßnahmen zur Gewährleistung der Erhaltung einer Landschaft, damit durch gesellschaftliche, wirtschaftliche und ökologische Prozesse hervorgerufene Veränderungen gesteuert und aufeinander abgestimmt werden können". Hier wird als alleiniges Ziel der ‚Landschaftspflege' der ‚Erhalt' einer als Gegenstand definierten Landschaft formuliert, wobei eine Steuerbarkeit von Veränderungsprozessen angenommen, allerdings nicht benannt wird, wer denn die Steuerung vornehmen solle. Auch im Kontext der ‚Weite' des Landschaftsverständnisses kann der Konvention ein eher postmodern-eklektizistisches Verständnis attestiert werden (Fontaine, 2017; Kühne, 2006a; Linke, 2015; Vester, 1993). Insofern stellt die Umsetzung der Landschaftskonvention eine doppelte begriffliche Herausforderung dar: Einerseits erfordert sie die Erweiterung des Landschaftsverständnisses in weiten Teilen der Fachwelt, andererseits erfordert sie eine Reflexion bestehender kollektiver Landschaftsstereotypen, auch vor dem Hintergrund individueller Präferenzen, (auch) jenseits der Fachwelt.

Im Gegensatz zu der postmodern-eklektizistischen landschaftstheoretischen Grundposition weist die Landschaftskonvention einen modern-rationalistischen Bezug hinsichtlich der Fragen auf, ob und inwiefern die kognitive, emotionale bzw. ästhetische Dimension von Landschaft adressiert wird (Ipsen, 2006). Mit der Hinwendung der Postmoderne zu Ästhetisierungen, aber auch dem Verständnis, Emotionen seien ein anzuerkennender Teil menschlichen (Zusammen)Lebens, lassen sich Bezüge ästhetischer und emotionaler Dimension von Landschaft einem postmodernen Landschaftsverständnis zuordnen, während die kognitive Dimension eher auf ein modernes Verständnis verweist (Bätzing, 2000; Fontaine, 2017; Kühne, 2006a, 2018e). So wird in klassischem modernem Planungsverständnis auf die kognitive Dimension von Landschaft wie auch auf die funktionale (sowohl als Ökosystem als auch in Bezug auf die ‚Bedürfnisse' des Menschen) rekurriert. Diese kognitiven und funktionalen Bezüge finden sich in der Konvention deutlich repräsentiert; so wird in Artikel 6 Absatz C von „Verbesserung der Kenntnis ihrer [der von landschaftspolitischen Maßnahmen Betroffenen; Anm. die Autoren] Landschaften" gesprochen, während ästhetische und emotionale Bezüge eher indirekt durch die Beteiligung von Bürgerinnen und Bürgern adressiert werden. In diesem Aspekt muss also die Beschreibung der Konvention als ‚postmodern' eingeschränkt werden, sie weist hier ein eher modernistisches Verständnis im Umgang mit ‚Landschaft' auf.

Hinsichtlich der Frage, ob die Grundausrichtung der Landschaftskonvention eher einem sozialistischen, einem liberalen oder einem konservativen politischen Weltbild verpflichtet ist, bietet schon die Präambel Hinweise. Hier ist die Rede davon, „gemeinsames Erbe … zu wahren und zu fördern", und es wird konstatiert, dass „die Landschaft zur Herausbildung lokaler Kulturen beiträgt", und dass (in Artikel 5 Absatz a) Landschaft „Ausdruck … gemeinsamen Kultur- und Naturerbes" ist, und es wird, eine zentrale Motivation die Konvention zu entwickeln (siehe folgendes Kapitel), die „Festigung der europäischen Identität" als ein zentraler Zweck genannt. Der Beitrag der Konvention zu territorial fixierter und kollektiver Identitätsbildung verweist auf ein konservatives Weltbild. Zwar würde auch eine sozialistische Grundhaltung die Beförderung einer kollektiven Identität erstreben, doch wäre diese Beförderung nicht auf räumliche Einheiten gerichtet, sondern auf die Schaffung eines ‚Klassenbewusstseins' (Dahrendorf, 1957, 1961, 1968b; Kühne, 2017c). Eine liberale Grundhaltung gründet hingegen auf der Sorge der Einschränkung individueller Lebenschancen durch kollektive Determinanten, insofern wäre aus dieser Perspektive nur schwerlich das Ziel der Bildung kollektiver territorialer Identitäten begründbar (Dahrendorf, 1979). Die Dominanz konservativer Weltsicht wird auch bei der Zielformulierung einer „nachhaltige[n] Entwicklung auf der Grundlage eines ausgewogenen und harmonischen Verhältnisses zwischen gesellschaftlichen Bedürfnissen, wirtschaftlicher Tätigkeit und der Umwelt zu erreichen" in der Präambel deutlich. Gerade die Formulierung eines ‚harmonischen' Verhältnisses verweist auf ein konservatives Weltbild, gemäß dem alles in der Welt seinen (insbesondere aus Tradition) vorbestimmten Platz habe (Voigt, 2009). In diesem Sinne ist auch Artikel 1, Absatz e formuliert, in dem ‚Landschaftspflege' als Maßnahmen „zur Gewährleistung der Erhaltung einer Landschaft" definiert wird.

Die Vergleiche der Definition von Landschaft in unterschiedlichen Sprachen (in diesem Falle jener Sprachen, denen ein oder mehrere Autor~innen sachkundig aussagen können) zeigen einige bemerkenswerte Abweichungen, eigens hinsichtlich der zugrunde liegenden Landschaftsbegriffe: So definiert die deutsche Übersetzung (wie bereits oben angesprochen) ‚Landschaft' als „ein Gebiet, wie es vom Menschen wahrgenommen wird, dessen Charakter das Ergebnis der Wirkung und Wechselwirkung von natürlichen und/oder menschlichen Faktoren ist". Dagegen lauten die englische und französische Originalfassung: „‚Landscape' means an area, as perceived by people, whose character is the result of the action and interaction of natural and/or human factors" und „‚Paysage' désigne une partie de territoire telle que perçue par les populations, dont le caractère résulte de l'action de facteurs naturels et/ou humains et de leurs interrelations". Hier ist zunächst das Singular des ‚Menschen' und nicht etwa das Plural ‚der Menschen', wie im englischen und französischen Original bemerkenswert. Die Wahl des Singulars verweist auf eine Eindeutigkeit von ‚Landschaft' als Objekt, wie sie charakteristisch für die deutsche Begriffsbildung von ‚Landschaft' ist, während sowohl im Englischen als auch im Französischen – bedingt durch die stärkere Fokussierung auf die Differenziertheit ästhetischer Sichtweisen, die Pluralität stärker deutlich wird. Dies gilt auch für die polnische Übersetzung, "‚krajobraz' znaczy obszar, postrzegany przez ludzi, którego charakter jest wynikiem działania i interakcji czynników przyrodniczych i/lub ludzkich", in der (durch den stärker konstruktivistisch orientierten Landschaftsbegriff) Menschen wiederum im Plural benannt sind.

Das Verständnis von ‚Landschaft als so wahrgenommene Gegend' scheint sprachlich in der englischen wie in der französischen Originalfassung der Konvention durchgängiger als in der deutschen Übersetzung, dies auch aufgrund der in Abschn. 4.2 dargelegten – im Vergleich zum Deutschen (ähnlich dem Ungarischen) – anderen ‚semantischen Höfen' (Hard): Steht hier doch die ästhetische Synthese eines Raumes als Landschaft im Vordergrund, während im Deutschen Landschaft als Gegenstand konstruiert wird. Entsprechend erscheint das Verständnis von Landschaft als Konstruktion in dem englischen und französischen (aber auch dem polnischen) Text durchgängiger als im Deutschen; hier wird die geringe Differenziertheit (Hard, 1970a, b) des deutschen Landschaftsbegriffs um die Dimension der sozialen Konstruktionen erweitert. Mehr noch als in der französischen und der englischen Fassung wird infolge des deutschsprachigen Landschaftsverständnisses hier eine Einheitlichkeit von Landschaft unterstellt. Diese Einheitlichkeit bezieht sich dabei auf die physische Ebene (im Deutschen stärker) als auch auf die sozialkonstruktive Ebene.

Angesichts einer sich verstärkenden Migration (von der lokalen bis hin zur globalen) sowie der laufenden Individualisierung der Gesellschaft (Beck, 2007; Vester, 1993) findet eine zunehmende persönliche Differenziertheit nach biographischem Hintergrund, kulturellen Bindungen, milieuspezifischer Herkunft statt (Bruns & Kühne, 2015a, b; Bruns & Münderlein, 2017; Hülz & Kühne, 2015; Kühne, 2006a). Die unterstellte Stabilität von Landschaft (unabhängig ob als physisches Objekt verstanden, und/oder als soziale Konstruktion) lässt sich nicht allein infolge der zunehmenden individuellen Konstruktionen von Landschaften als problematisch beschreiben, sondern auch infolge der gegenwärtigen Herausforderungen der Transformation von physischen Räumen, infolge der Energiewende, von Reurbanisierungsprozessen oder auch der Notwenigkeit der Sicherstellung der Ernährung der Erdbevölkerung (Bruns & Kühne, 2015a; Hofmeister & Scurrell, 2016; Kost, 2013; Kühne, 2016; Linke, 2018; Monstadt, 2015; Otto & Leibenath, 2013; Schönwald, 2015).

In den Kontexten der großen Herausforderungen der Veränderungen der physischen Grundlagen von Landschaft (aber auch von Landschaftsverständnissen) scheint die Landschaftskonvention auf die ‚Kraft der Bürgerbeteiligung' zu vertrauen (Jones, 2007). Dies wird besonders in dem bereits zitierten Passus aus Artikel 6 Abs. c zur Beurteilung von Landschaften „unter Berücksichtigung der ihnen von den interessierten Parteien und der betroffenen Bevölkerung zugeschriebenen besonderen Werte" deutlich. Auch in der Präambel wird bereits davon gesprochen, dem Wunsch der Bevölkerung „nach aktiver Beteiligung an der Landschaftsentwicklung zu entsprechen". Angesichts des (zumindest in Deutschland) noch stark verhafteten ‚engen' Landschaftsverständnisses (sowohl bei der Bevölkerung, aber auch bei Planern) stellt sich die Frage, ob die mit der Konvention verbundene Wunsch nach ‚Erweiterung' des Landschaftsverständnisses hier über eine hinreichende Basis verfügt. Um es deutlicher zu machen: Ob beispielsweise der mit der Energiewende verbundene Ausbau von Windkraftanlagen oder Stromnetzen bei einer stärkeren Entscheidungskompetenz der „betroffenen Bevölkerung" wahrscheinlicher wird, darf nach dem aktuellen Stand der diesbezüglichen Forschungen zumindest bezweifelt werden (Hildebrand & Rau, 2012; Kamlage et al., 2014; Kühne & Weber, 2015; Weber et al., 2016). Allerdings erscheint die konstitutive Beteiligung der Betroffenen einerseits aufgrund der den Landschaftskonflikten häufig zugrunde liegenden differierenden ästhetischen, moralischen und epistemologischen Konflikten (als deren Ausdruck landschaftliche Konflikte letztlich verstanden werden können; vgl. Jones, 2007; Linke, 2017), und andererseits infolge der hohen Selbstorganisations- und ‚Verhinderungsfähigkeit' von staatlichen Vorhaben seitens Bürgerinitiativen ohne Alternative (Walter et al., 2013; Weber et al., 2016), von den erhofften Legitimitätsgewinnen von Beteiligungsverfahren einmal völlig abgesehen (Bauer, 2015; Kühne & Meyer, 2015; Lucke, 1995; Meyer & Kühne, 2012; Otremba, 2013).

3.6 Die veränderten Verhältnisse von Politik, Wissenschaft und Zivilgesellschaft

3.6.1 Landschaftsgovernance

Angesichts fundamentaler Veränderungen innerhalb von Gesellschaften, zwischen Gesellschaft und dem Verhältnis Mensch-natürliche Umwelt der letzten Jahrzehnte, hat sich das Verhältnis zwischen Bürger~innen und Politik/Administration fundamental gewandelt. Die Veränderungen betreffen, erstens, globale Phänomene, etwa den Klimawandel mit seinen Folgen, das Artensterben, Flüchtlings- und Migrationsströme, Energieversorgungsfragen etc., deren Beeinflussbarkeit nicht mehr regional oder national, sondern allein supranational beeinflussbar ist (Beck, 2006; Berr et al., 2019; Gailing, 2014, 2019; Jessop, 2002; Mayntz, 1997; Seibel, 2016). Zweitens, wurde – insbesondere in der Wissenschaft – erkannt, dass weitreichende Steuerungen gesellschaftlicher Prozesse ‚von oben' (‚top down') in demokratisch-marktwirtschaftlichen Systemen schwerlich umsetzbar sind und so stets der Strafe politisch-administrativer Wirkungslosigkeit wie auch demokratischer Inakzeptanz wie Inakzeptabilität ausgesetzt sind (siehe etwa Berr et al., 2019;

Bruns, 2010; Dahrendorf, 1987, 1990; Gailing, 2019; Hubig, 2007). Drittens, hat die Bildungsexpansion dazu geführt, dass Bürger~innen nicht nur in die Lage versetzt sind, ihre eigenen Interessen zu bilden, zu artikulieren, sondern auch zu organisieren und an Administration und Politik zu adressieren (unter vielen: Dahrendorf, 1968a; Hadjar & Becker, 2009; Hoffmann-Lange, 2000; Kühne et al., 2021; Seibel, 2016; Walter et al., 2013). Dadurch steht, viertens, Politik unter wachsendem politischen Legitimierungsdruck (vgl. Kühne, 2014c, S. 164; Walter et al., 2013). Mit der Folge, dass die Bereitschaft der Bürger~innen sinkt, politische, administrative oder wirtschaftliche Entscheidungen und ihre physisch-materiellen Folgen kritik- und widerstandslos hinzunehmen, sinkt (Berr et al., 2019; Brettschneider, 2015; Brettschneider & Schuster, 2013; Göttinger Institut für Demokratieforschung, 2010; Krüger, 2012; Leibenath, 2013; Reuter, 2001; Thaa, 2013).

Dem Modell des ‚top-down' steuernden Staates wurde seit den 1970er Jahren das Konzept des ‚kooperativen Staats' (grundlegend: Ritter, 1979) entgegengestellt. Hier agiert der Staat als kooperativer Verhandlungspartner mit gesellschaftlichen Akteur~innen. Im deutschsprachigen Raum wurde die Regierungspraxis eines kooperativen Staates unter dem Stichwort ‚Governance' zusammengefasst (Gailing, 2014, S. 105). Das Konzept der Governance unterliegt unterschiedlichen (sub)disziplinären Einflüssen verschiedener Wissenschaftsbereiche (vgl. Gailing, 2014, S. 100–104), wenngleich die Einflüsse aus Wirtschafts- und Politikwissenschaften dominieren. Aus den Wirtschaftswissenschaften stammen die Überlegungen zu ‚Institutionenökonomik' (grundlegend: Williamson, 1979), die sich mit den Transaktionen zwischen Wirtschaft und den übrigen gesellschaftlichen Teilsystemen befasst, aus der Politikwissenschaft aus der Untersuchung internationaler Beziehungen und Politikinhalte (‚Policy'-Forschung), die erhebliche Abweichungen von der Konzept der hierarchischen Steuerung in der politischen und administrativen Praxis ausmachten (Seibel, 2016). Somit wurden ‚Government' und ‚Governance' als zwei „gegensätzliche Typen der Regelung gesellschaftlicher Handlungsfelder" (Gailing, 2018, S. 79; einführend bspw. auch Bröchler & Blumenthal, 2006) gefasst, eine Auffassung, die heute eher der Konzeption eines Kontinuums gewichen ist (Gailing, 2019). Wesentliche Element der Governance-(Selbst-)Steuerung von Prozessen ist die Bildung von Netzwerken, deren wesentliches Medium Vertrauen ist (Börzel, 1999; Kühne, 2018d, S. 307; Leibenath, 2013, S. 48). Es entsteht eine ‚lose Kopplung' (Seibel, 2016, S. 143–145) zwischen politischen Entscheidungsträger~innen, Administration und Bürger~innen in Form von Abstimmungen im Kontext von Aushandlungsprozessen (Weber et al., 2018, S. 32), verbunden mit der Hoffnung auf die Selbstbindungsbereitschaft der Akteur~innen an gemeinsam getroffene Entscheidungen (Schubert, 2004, S. 181). Entsprechend vollzieht sich eine Neuorganisation des Verhältnisses von (Expert~innen) Planer~innen, Politik und den übrigen Teilen der Gesellschaft (Kühne, 2014c).

Eibe besondere Bedeutung bei der Governance von Landschaft kommt Institutionen wie auch Diskursen zu (Berr et al., 2019): Institutionelles Handeln schreibt sich nicht allein in die physischen Grundlagen von Landschaft ein, wobei diese Einschreibungen nicht einem einzigen „eigenständige[n] komplexe[n] Institutionensystem[s] mit einer abgegrenzten institutionellen Konfiguration" (Gailing & Röhring, 2008, S. 50) zuzurechnen sind, vielmehr bilden sie Nebenfolgen der Agierens unterschiedlicher Institutionen wie auch weiterer Akteur~innen. Institutionelles Handeln prägt – etwa über Schulen und Hochschulen – die sozialen und individuellen Konstruktionen von Landschaft. Diskurse bestimmen das sagbare über Landschaft, wer sie wie in welchem Kontext ohne Verlust an sozialer Anerkennung über Landschaft äußern darf, wird diskursiv verhandelt.

Der Bedeutungszuwachs von Governace – in diesem Falle von Landschaftsgovernance – kommt im europäischen Kontext zum Ausdruck: „Partizipation und Kooperation entwickeln sich zu grundlegenden Bestandteilen modernen Landschaftsmanagements, so wie es von der Europäischen Landschaftskonvention verstanden wird" (Säck-da Silva, 2009, S. 210). Die Europäische Landschaftskonvention lässt sich entsprechend als eine Reaktion auf die Komplexitätssteigerung und Transnationalisierung von Herausforderungen (siehe oben) lesen, sie lässt sich aber auch als ein Ausdruck des Überganges landschaftsbezogener Steuerung vom Government- zum Governance-Muster verstehen. Dabei vollzieht sich eine Diskurserweiterung weg vom Diskurs auf Grundlage expertenhafter Sonderwissensbestände, hin zu – durchaus widersprüchlichen – Diskursen um heimatliche Normallandschaften und stereotype Landschaft, die wiederum infolge der sozialen Differenzierung, unterschiedlicher kultureller Hintergründe, persönlicher Präferenzen etc. sehr differenziert sein können. Diese Aspekte gilt es in den folgenden Kapiteln genauer zu untersuchen.

3.6.2 Der Übergang von Modus 1- zu Modus 2-Wissenschaft

Postmodernisierung kann mit dem Verschwinden von Eindeutigkeiten verbunden werden. Ähnlich des Verschwindens der eindeutigen Trennung von Politik und (Zivil)Gesellschaft, wie im vorangegangenen Abschnitt beschrieben, lässt sich auch eine Auflösung der Grenze von Wissenschaft zu Nicht-Wissenschaft feststellen: der Übergang von Modus 1- zu Modus 2 (Bender, 2004; Gibbons et al., 1994; Nowotny et al., 2001; Nowotny, 2005). War Modus 1 der Wissensproduktion durch eine strikte Trennung von Grundlagen- und Anwendungsforschung wie auch einer klaren Trennung von Wissenschaft und Gesellschaft geprägt, wurde mit Modus 2 eine Mischform einer anwendungsbezogenen Grundlagenforschung entwickelt. Hierbei stärkt eine private Forschungsfinanzierung den Anwendungsbezug im Rennen um externe Forschungsfinanzierung (Drittmittel) – zuungunsten der wissenschaftlichen Behandlung von Grundfragen. Somit unterwerfen sich Universitäten den Regeln einer ökonomischen Logik (im Sinne der autopoietischen Systemtheorie; siehe Abschn. 3.2), mit dem Ziel für weitere die potenziellen und aktuellen Geber von Drittmitteln aktivieren, für renommierte Forscher attraktiv zu werden etc. Entsprechend nimmt die Kontextualisierung von Wissenschaft in außerwissenschaftlichen Netzwerken zu. Latour (2002, S. 31) sieht in dem fundamentalen Wandel des Verhältnisses der Systems der Produktion von Wissen und übriger Gesellschaft den Übergang von Wissenschaft zu Forschung: „Wissenschaft besaß Gewissheit, Kühlheit, Reserviertheit, Objektivität, Distanz und Notwendigkeit, Forschung dagegen scheint all die entgegen gesetzten Merkmale zu tragen: Sie ist ungewiss, mit offenem Ausgang, verwickelt in die niederen Probleme von Geld, Instrumenten und Know-how und kann nicht so leicht zwischen heiß und kalt, subjektiv und objektiv, menschlich und nicht-menschlich unterscheiden". Gibbons et al. (1994; siehe auch Nowotny et al., 2001; Nowotny, 2005) konstatieren einen grundlegenden epistemologischen Wechsel zur Produktion von ‚sozial robustem Wissen' (vgl. auch Viehöver, 2005), ‚Wahrheit' wird weniger zum Kriterium der Bewertung wissenschaftlicher Leistungen, sondern ‚Tauglichkeit' wie auch Vermarktbarkeit.

Mit dem Übergang von Modus 1 zu Modus 2 verbunden ist eine Erweiterung der Rechenschaftsbasis von Wissenschaft verbunden, gegenüber der Gesellschaft, nicht mehr allein gegenüber den Fachkollegen (Nowotny, 2005). Er bedeutet aber auch eine doppelte ‚Entgrenzung': Zum einen durch den Einfluss der Wissenschaft auf die Gesellschaft „und sei es nur in der Weise, dass es ihnen die zusätzliche Legitimität der Rationalität und der ‚Objektivität' verschafft" (Weingart, 2003, S. 92), verbunden mit einer Tendenz zur „Kolonisierung" (Weingart, 2003, S. 98) von Politik durch einzelne Exper~innen. Zum anderen aber auch durch die Steuerung der Produktion von Wissen durch Politik und Wirtschaft mittels der Gewährung von Drittmitteln. Auch hier dies kann als ‚Kolonisierung' aufgefasst werden (Giroux, 2015; Moore et al., 2011; Morrissey, 2015). Bei der Übergang von Modus 1 zu Modus 2 besteht zudem das Problem, dass Expertise transgressiv ist, was bedeutet, „dass alle Expertinnen ihre wissenschaftliche Kompetenz überschreiten müssen, weil ihnen Fragen gestellt werden, die nicht ihre eigenen sind" (Nowotny, 2005, S. 37; vgl. auch Holzinger, 2004; Levidow, 2005). So überschreitet Wissenschaft (als Beobachtungsinstanz von Welt) ihr (fachlich) sicheres Territorium, sobald sie aufgefordert wird, normative Fragen zu beantworten. Die Auflösung der Grenze von Wissenschaft zu Nicht-Wissenschaft vollzieht sich auch infolge der Bildungexpansion mit der Auflösung der Dichotomie von Expert~innen und Lai~innen, so hat die Fähigkeit von Lai~innen zugenommen, sich Expert~innenwissen anzueignen. Dies bezieht sich nicht allein auf die Sammlung, Ordnung und Auswertung von wissenschaftlichen Daten (*citizen science;* Bonney et al., 2009; Finke, 2014; Silvertown, 2009), sondern auch der Fähigkeit, eigene Interessen unter Nutzung des Mediums Wissenschaft zu untermauern (Leibenath, 2014, 2017; Nowotny, 2005; Walter et al., 2013; Weber et al., 2018; ausführlicher im Kontext wissenschaftstheoretischer und – soziologischer Entwicklungen: Kühne & Berr, 2021).

Wie in Kap. 2 deutlich wurde, fordert die ELC eine starke Einbindung der Öffentlichkeit in die Entwicklung von Landschaften, dies impliziert nicht zuletzt eine Auflösung der Vorstellung der dichotomen Trennung von (wissenschaftlichen und wissenschaftlich ausgebildeten) Expert~innen und Lai~innen, was sich auch als Ausdruck eines Überganges Modus 1 zu Modus 2 der Wissenschaftsproduktion deuten lässt. Hierauf werden wir in den weiteren Kapiteln zurückkommen.

3.7 Zwischenfazit

Zusammenfassend lässt sich als Ergebnis der Untersuchungen des Landschaftsbegriffs der Landschaftskonvention eine bisher in sich nicht geschlossene Definition und Argumentation festhalten. Gegenständlich-räumliche und konstruierte ästhetische Dimension finden sich nebeneinander, zum Teil miteinander verbunden. Es bleiben Fragen offen.

Eine Frage ist, wie Landschaft als räumlicher Gegenstand und zugleich als Ergebnis sozialer Konstruktion aufgefasst und dabei sowohl durch Fachleute und Fachressorts, als auch im Rahmen öffentlicher Mitwirkung behandelt werden soll. Nicht nur hinsichtlich ihrer Begriffsverwendung, sondern auch in Bezug auf die Umsetzung demokratischer Prinzipien erscheint die innere Stringenz der Konvention ausbaufähig. Sie weist staatlichen Stellen eine herausragende Rolle zu, ohne dass klar wird wie diese Stellen Kenntnis darüber erlagen sollen, was Menschen als Landschaft konstruieren, wie ihr Landschaftsbewusstsein entwickelt ist und wie eine Steigerung dieses Bewusstseins vonstattengehen soll. Beispielsweise definiert Artikel 1 Abs. b: ‚Landschaftspolitik' als „von den zuständigen staatlichen Stellen formulierte allgemeine Grundsätze, Strategien und Leitlinien, auf Grund deren spezifische Maßnahmen zum Schutz, zur Pflege und zur Planung von Landschaften ergriffen werden können". Von öffentlicher Mitwirkung in diesem innovativen Politikfeld wird hier nicht gesprochen. Die Formulierung in Artikel 1 Abs. c von Zielen erstrebenswerter Landschaftsqualität als „in Bezug auf eine bestimmte Landschaft die von den zuständigen staatlichen Stellen formulierten Ansprüche der Öffentlichkeit an die Landschaftsmerkmale ihrer Umgebung" ist in der deutschen Fassung zumindest missverständlich: Sind diese Ziele von zuständigen Stellen für die Öffentlichkeit (gewissermaßen stellvertretend) formuliert oder existieren von der Öffentlichkeit formulierte Ziele, die durch öffentliche Stellen umzusetzen sind? Deutlicher in Bezug auf die erste Deutungsalternative werden die englische („the formulation by the competent public authorities of the aspirations of the public") bzw. die französische („la formulation par les autorités publiques compétentes, pour un paysage donné, des aspirations des populations") Originalfassung. Die in der Landschaftskonvention formulierte Hoffnung auf emanzipierende Kraft der Bürgerbeteiligung lässt sich als ein Indikator für den Übergang von Government- zu Governance-Steuerung interpretieren. Formulierungen zur Steigerung des Landschaftsbewusstseins an, wo (im *Explanatory Report* und in der *Guidance*) von Kampagnen die Rede ist, welche es zu organisieren gelte um Kenntnisse über Landschaft zu verbreiten (z. B. Ausstellungen, Führungen, Publikationen, Broschüren, Radio- und Fernsehsendungen) lassen sich als Element des Überganges des von Modus 1- zu Modus 2-Wissenschaft interpretieren.

So lässt sich das der Konvention zugrunde liegende Verständnis von Staat und Bürger~innen als eher das um Beteiligungen von Bürger~innen erweiterte Verwaltungshandeln eines Staates verstehen; ein weiteres deliberatives Gedankengut (bis hin zu einem Recht auf Mitbestimmung über Landschaft; Egoz et al., 2011; Mels & Mitchell, 2016) kommt nur ansatzweise zum Tragen. Doch schon mit diesem Ansatz geht die Landschaftskonvention weit über den Zustand von Landschaftsentwicklung hinaus, was seitens vieler Administrationen für wünschenswert gehalten wird (Bruns, 2006). Damit bietet sie eine kontingente Sichtweise auf Landschaftspolitik, jenseits klassischen top-down-gesteuerten Verwaltungshandelns (Gailing, 2012), worauf bereits die Definition hinweist, indem die Sichtweise von Menschen, jenseits akademischer oder politischer Eliten in den Fokus gerückt wird (Jones, 2007).

Die Entgrenzungen in der ELC bleiben jedoch selektiv: In Bezug auf die Verhältnisse von Politik/Administration, Wissenschaft und übriger Gesellschaft sind sie – wie gezeigt – recht deutlich ausgeprägt. Kaum (wenn nur implizit) finden sie sich in Bezug auf die ästhetische und noch weniger auf die emotionale Dimension des Landschaftsbewusstseins (Ipsen 2006), hier dominiert weiterhin ein kognitives Verständnis – und damit nicht zuletzt eine repräsentationales Verhältnis zwischen Objekt (in der ELC: Landschaft) und Subjekt (Konstruktionen). Post-repräsentationale Verhältnisse, wie sie in der aktuellen Landschaftsforschung diskutiert werden (etwa die Akteurs-Netzwerk-Theorie, phänomenologische Ansätze, die Assemblage-Theorie oder der Neopragmatismus) deuten jedoch darauf hin, dass eine solche dichotome Trennung von Objekt und Subjekt den komplexen landschaftlichen Verhältnissen nicht gerecht werden (siehe unter vielen: Bosco, 2015; Färber, 2014; Kühne, 2019c; Murdoch, 1998; Wylie, 2005, 2019).

Der geringe Exaktheitsgrad der Konvention kann als ihre Stärke, aber auch zugleich als ihre Schwäche beschrieben werden. Sie bietet Raum (wenn auch implizit) für die oben dargestellte Vielfalt aktueller Landschaftsverständnisse. Andererseits stellt sich die Frage, ob es Absicht der Autor~innengruppe der Konvention war, dass sich jedweder Vertreter~innen eines bestimmten Verständnisses in ihrer Auffassung und ihrem Handeln betätigt fühlen sollen, unabhängig von der Verdeutlichung von Kontingenz.

Die Landschaftskonvention ist ein politisches Dokument. Insofern ist die Prüfung ihrer Stringenz aus wissenschaftlicher Perspektive nur ein Zugriff auf ihre Beurteilung. Darüber hinaus muss sie sich an ihrer praktischen Operationalisierbarkeit messen lassen. Vorliegendes Buch geht daher der Frage nach, wie die Konvention sich im Alltag praktischer Anwendung bewährt, und zwar sowohl bei der Umsetzung allgemeiner und der Anwendung spezifischer Maßnahmen als auch im Rahmen europäischer Zusammenarbeit.

Entstehung: Motivationen und Visionen 4

Im Folgenden werden Motivationen und Visionen, die mit der Europäischen Landschaftskonvention verknüpft sind, angeführt und erörtert. Im Zentrum stehen dabei Prozesse im Zusammenhang mit Nachhaltiger Entwicklung (Abschn. 4.1), der Sicherung der Qualität und Vielfalt Europäischer Landschaften (Abschn. 4.2), dem Einbezug aller Landschaften und der Berücksichtigung von Interessenvielfalt (Abschn. 4.3) sowie der rechtskräftigen Verankerung von Landschaft (Abschn. 4.4), bevor mit einer Zusammenfassung geschlossen wird (Abschn. 4.5).

4.1 Nachhaltige Entwicklung

4.1.1 Vorbemerkung

Vorstellungen zur Bewahrung eines gemeinsamen europäischen Erbes und die Vision einer nachhaltigen Entwicklung sind starke Motive, die zu zahlreichen Europäischen Verträgen geführt haben, so auch zur Europäischen Landschaftskonvention. Zweck von Kap. 4 ist nachzuvollziehen, wie sich das Paradigma „Alle Landschaften, alle Interessen" auf dem Wege zur Konvention hat durchsetzen können. Selbstverständlich war dies nicht. Ende der 1990er Jahre gelangen Träger~innen und Autor~innen der Konvention zwei entscheidende Schritte: zum einen die Erweiterung der Perspektive, denn es sollte fortan nicht mehr nur um den Schutz besonders „interessanter" Landschaften gehen, sondern um Schutz, Management, Planung und Entwicklung aller Landschaften Europas; zum anderen den Einschluss aller Interessen: demokratische Prinzipien und Grundsätze nachhaltiger Entwicklung sollten zum obersten Gebot allen Landschaftshandelns erklärt werden.

4.1.2 Demokratische Prinzipien

Mit „Wir wollen mehr Demokratie wagen" gab Willy Brandt im Oktober 1969 seinem politischen Programm ein Motto, das mit seiner grundlegenden Bedeutung weiterlebt (Greffrath, 2019). Es ging und geht um die Übernahme politischer Mitverantwortung und um Engagement in allen gesellschaftlichen Bereichen. Nach Öffnung des „Eiserner Vorhang" ab 1989 wurde diese Idee zum Symbol des Überwindens nicht nur physischer, sondern auch ideologischer, politischer, gesellschaftlicher, wirtschaftlicher und disziplinärer Grenzen (Greffrath, 2019). Prinzipien von Demokratie, Rechtsstaatlichkeit und Menschenrechten erlangen zunehmend Geltung in Europa (Berr et al., 2019; Beyme, 2013; Langer, 2019; Reinert, 2003). 35 Staaten und die Europäische Union unterzeichnen im Juni 1998 bei der 4. Paneuropäischen Umweltministerkonferenz in Århus (Dänemark) das „Übereinkommen über den Zugang zu Informationen, die Öffentlichkeitsbeteiligung an Entscheidungsverfahren und den Zugang zu Gerichten in Umweltangelegenheiten", kurz „Århus-Konvention" (Unabhängiges Institut für Umweltfragen e. V., 2012). Es geht darum, eine in der gesamteuropäischen Region geltende rechtliche Grundlage für aktive öffentliche Mitwirkung in Umweltangelegenheiten – einschließlich Landschaft – zu schaffen. Unterzeichnerstaaten setzen diese Grundlage durch eigene politische Entscheidungen, Gesetze und Richtlinien um. Zum Teil gelingt es dabei, unbestimmte Begriffe der Konvention durch konkrete Vorgaben praktisch handhabbar zu machen, wie zum Beispiel durch Verfahrensvorschriften (Unabhängiges Institut für Umweltfragen e. V., 2012).

4.1.3 Nachhaltige Entwicklung

Ideen nachhaltiger Entwicklung gründen auf humanistischen Ideen (Körner & Eisel, 2009, S. 10). Vorstellungen eines friedlichen und sorgsamen Umgangs mit Mensch, Natur, Kultur und mit Umwelt reichen in das 19. Jahrhundert zurück (Haber 2002). In den 1960er und 70er Jahren mehren sich die Kräfte, welche auf „sustainable development" bzw. „développement durable" drängen. Debatten über die „Endlichkeit von Ressourcen und Grenzen der Tragekapazität der Erde" leiteten einen weltumspannenden Prozess öffentlicher Bewusstseinsbildung ein, dessen Kurs durch Meilensteine wie „The Limits to Growth" (Meadows et al., 1972), GLOBAL 2000 (Barney, 1981), „Our Common Future" (WCED World Commission on Environment and Development, 1987) und die Konferenz Rio-1992 markiert ist (Hellige, 2011, S. 3). Die in relativ kurzer Zeit ausgelösten gesellschaftlichen Debatten und politischen Aktivitäten führten zu zahlreichen Beschlüssen.

So werden auch verschiedene Abkommen vorsorgenden Umweltschutzes sowie zum Schutz des Natur- und Kulturerbes geschlossen (vgl. Tab. 4.1). Dabei gelang es kaum, die unbestimmten Begriffe des „sustainable development" durch konkrete Vorgaben

Tab. 4.1 Vor 2000 in Kraft getretenes internationales Recht mit Landschaftsbezügen. (Eigene Darstellung)

Kulturerbe	Naturerbe	Kooperation, Partizipation
UNESCO: Übereinkommen zum Schutz des Kultur- und Naturerbes der Welt, Welterbekonvention (16.11.1972)	Europarat: Übereinkommen über die Erhaltung der europäischen wildlebenden Pflanzen und Tiere und ihrer natürlichen Lebensräume, Berner Konvention (19.09.1979)	Europarat: Europäisches Rahmenübereinkommen über die grenzüberschreitende Zusammenarbeit zwischen Gebietskörperschaften (21.05.1980)
Europarat: Übereinkommen zum Schutz des architektonischen Erbes, Granada Konvention (03.10.1985)	UN: Übereinkommen über die biologische Vielfalt, Biodiversitätskonvention (05.06.1992)	Resolution Europäischer Raumordnungsminister: Europäische Raumordnungscharta (Torremolinos, 20.05.1983); KGRE: Europäische Charta der kommunalen Selbstverwaltung (15.10.1985)
Europarat: Europäisches Übereinkommen zum Schutz des archäologischen Erbes, Valletta Konvention, Konvention von Malta (16.01.1992 revidiert; 1. Fassung 1969)	EU: Richtlinie 92/43/EWG zur Erhaltung der natürlichen Lebensräume sowie der wildlebenden Tiere und Pflanzen (21.05.1992)	KGRE: Mediterranean Landscape Charter, Resolution 256 (07.04.1993)
„Pan-European Biological and Landscape Diversity Strategy" von 1995 (Council of Europe, 1996)		UNECE: Århus Konvention (25.06.1998)

EU: Richtlinie 85/337/EWG, UVP-Richtlinie (27.06.1985)

praktisch handhabbar zu machen, wie dies etwa beim Klimaschutz durch Vereinbarung bestimmter Ziele versucht wird. Für Einsatz und Umsetzung der Abkommen sind grenz- und fachübergreifende Kooperation (vgl. Mee, 2005) sowie öffentliche Mitwirkung unabdingbar. Die zunehmend als wichtig erachteten Verbindungen von Kooperations-, Nachhaltigkeits-, Vorsorge-, Menschenrechts- und Demokratie-Prinzipien sind wesentliche Voraussetzungen für die Entstehung der Europäischen Landschaftskonvention. Auch ihr liegt „sustainable development" als Idee und zugleich das Vertrauen zugrunde, dass eine Konkretisierung dieser Idee für bestimmte Landschaften in einzelnen politischen Entscheidungen gelingt: als Ziele anzustrebender Landschaftsqualität.

4.1.4 Pan-europäische Kooperation

Im Europa der 1970er, 80er und 90er Jahre nehmen Initiativen pan-europäischer Kooperation Fahrt auf. So intensivieren Städte, Gemeinden, Regionen und Länder den gegenseitigen Informationsaustausch. 1975 wurde die „Konferenz der Gemeinden und Regionen Europas" (seit 1994 Kongress der Gemeinden und Regionen des Europarates, KGRE) und 1984 der „Rat der Gemeinden und Regionen Europas (RGRE) der EU gegründet, Urheber des Städtepartnerschaftskonzepts. Die erste pan-europäische Umweltministerkonferenz fand 1991 auf Schloss Dobříš bei Prag statt; sie markiert den Beginn einer Folge grenz- und fachüberschreitender Abstimmungen über Umwelt (Kramer et al., 2003, S. 179). Bis heute gibt die Europäische Umweltagentur Berichte über „Die Umwelt in Europa" heraus (Europäische Umweltagentur, 2019) (Abb. 4.1).

4.2 Qualität und Vielfalt Europäischer Landschaften sichern

1994 veröffentlichte die Europäische Umweltagentur den (1991 fertig gestellten) „Dobříš Lagebericht" zur Umwelt in Europa (Stanners & Bourdeau, 1995). In Kap. 8 des Abschnitts „Bewertung" stellen die Autor~innen, wohl nicht zuletzt auf Betreiben von

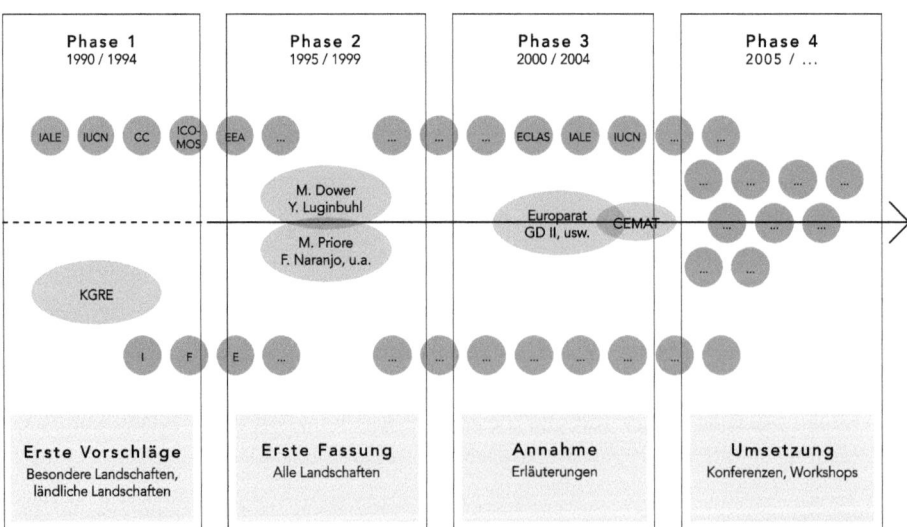

Abb. 4.1 Entstehungsphasen der Landschaftskonvention, Chronologie des Auftritts von Akteuren (eigene Darstellung)

Adrian Phillips (Dower, 2008), das Thema Landschaft und deren Entwicklung in den Mittelpunkt. Sie legen Daten vor, welche Art und Umfang landschaftlicher Transformation der Nachkriegszeit belegen. Anhand ausgewählter Beispiele stellen sie mit Veränderungen verbunde Wirkungen wie Abnahme landschaftlicher Vielfalt und Unverwechselbarkeit („distinctiveness", „character") dar; sie arbeiten „Gefährdungen" wie den Verlusten bestimmter „Werte" heraus (vgl. hierzu auch Green & Vos, 2001; Meeus et al., 1990; Wijermans & Meeus, 1991). Angesichts der enormen Ausmaße beobachteter Dynamik verleihen sie ihrer Hoffnung Ausdruck, dass es künftig gelingen möge,

> „Zustand und Entwicklung der Landschaften in Europa regelmäßig […] und laufend zu beobachten, Maßnahmen zum Erhalt und zur Verbesserung von Landschaften sowie zum Aufbau eines Netzwerks zu ergreifen, das der Bildung und dem Informationsaustausch über Landschaftsangelegenheiten dient, etwa als ‚Centre of European landscape expertise'" (eigene Übersetzung des englischsprachigen Texts).

Hier wird bereits 1991 zu Handlungen aufgefordert, welche die Landschaftskonvention neun Jahre später als Aufgaben kodifiziert. Die Sicherung von Qualität und Vielfalt der Landschaften Europas wird zur wichtigsten Motivation, diese Konvention voranzutreiben. Denn die Daten des ersten Europäischen Umweltberichts betrachten nicht nur einige Fachleute mit Sorge. Sie bringen europaweit Transformations-Phänomene ins öffentliche Bewusstsein, die unter Begriffen wie „Landschaftsverbrauch" (etwa durch bauliche Entwicklung), „Druck" auf Landschaften (Koeppel, 1991) und „Sozialbrache" (Brachfallen landwirtschaftlicher Nutzflächen infolge Agrarstrukturwandel) bekannt und in Medien breit diskutiert wurden (Hartke, 1956).

Mit der Konstruktion dieser Phänomene verweben sich (im Umweltlagebericht benannte) Sorgen um das „Ländliche" (Bruun, 2016, S. 6). Solche Sorgen entfalten Kräfte die zu politischen Entscheidungen führen, getragen von lange gefestigten Vorstellungen vom ländlichen Raum, und von Vorstellungen von bestimmter Arten von Landbewirtschaftung als besonders gut und wertvoll. Europäische Förderpolitik und staatliche Gesetze begünstigen und privilegieren Landwirte und deren Praxis nun zunehmend (Bishop & Phillips, 2004, S. 4). Im Blick von Politik und Fachwelt sind im Verschwinden begriffene Erscheinungsbilder, die sprachlich mit bäuerlich, naturnah, vielfältig, frei, usw. aufgeladen sind (Büttner, 2006). Verabschiedet werden Resolutionen wie etwa die Europäische Raumordnungscharta (Lendi, 1984, S. 181; vgl. Council of Europe, 1983), die die Bedeutung des Ländlichen Raums betonen. „Historische Kulturlandschaften und -landschaftsteile von besonders charakteristischer Eigenart" zu erhalten wird 1981 als neuer Grundsatz des § 2 in das Bundesnaturschutzgesetz eingefügt (Hönes, 1982). Es finden sich Anknüpfungen an die Idee der Erhaltung von „Gewachsenem" und „Ursprünglichem" und damit an Vorstellungen aus dem 19. Jahrhundert (Burckhardt, 1990; Körner, 1995; Marschall, 1997). Die Bewahrung und Entwicklung ländlicher Qualitäten wird Aufgabe gezielter Förderung und des Schutzes und der Pflege von als besonders wertvoll erachteter Landschaften. Für deren Untersuchung werden Ende der 1980er Jahre „Akademien für den Ländlichen Raum" gegründet und Verwaltungen reagieren durch Aufnahme des Titels „Ländlicher Raum" als Aufgabenbereich. In England und Wales war bereits 1968 die ‚Countryside Commission' etabliert worden (seit 1999 ‚Countryside Agency'), deren Arbeit großen Einfluss bald auch auf Inhalt und Umsetzung der Landschaftskonvention nimmt (siehe unten). Verbindungen zu Organen des Europarats werden aufgebaut, die seit den 1980er Jahren bei Überlegungen zur nachhaltigen Sicherung ländlicher Qualitäten eine Rolle spielen.

Dass der ländliche Raum in erster Linie Lebensraum von Menschen und dass Schutz und Pflege von Landschaften nur unter Einbeziehen Ortsansässiger und Nutzerinnen und Nutzern möglich ist, sind Erkenntnisse die sich bereits im 1970 ins Leben gerufenen Programm „Der Mensch und die Biosphäre" (MAB-Programm) der UNESCO sowie auch in verschiedenen Konzepten für den Schutz von besonders „interessanten" und „herausragenden" Gebieten (z. B. Strzygowski, 1959) finden, und die dann zu zentralen Prinzipien des von der Landschaftskonvention beschriebenen Landschaftshandelns werden. Nicht nur großflächiger Gebietsschutz durch Ausweisung von Naturparken, Regionalparken und UNESCO-Biosphärenreservaten, sondern jegliches Landschaftshandeln stellt Mensch-Umwelt-Beziehungen in den Mittelpunkt. Es kommen Prinzipien zur Anwendung, die bald generell unter dem Begriff der Nachhaltigen Entwicklung verfolgt werden.

Besonders aufmerksam beobachten Fachleute und Politik die landschaftliche Dynamik in einigen Teilen Großbritanniens und in einigen Mittelmeerländern. Entsprechend bilden sich in den Jahren nach 1990 zwei Initiativen für eine Landschaftskonvention, eine „nördliche" und eine „südliche" (Dower, 2008, S. 9). Im Vereinigten Königreich hatte der ‚National Trust' 1990 zahlreiche Landschaftsfachleute zu einer Konferenz mit dem Ziel eingeladen, eine Konvention zum Schutz ländlicher Landschaften Europas auf den Weg zu bringen. 1992 trafen sich britische Fachleute in Blois mit französischen Kollegen zu einer weiteren Konferenz mit dem Titel „Landscapes in a New Europe: Unity and Diversity". Vertreter~innen der IUCN, namentlich Adrian Phillips (vorher Leiter der Countryside Commission), drängen weiter auf eine Landschaftskonvention hin. Zeitgleich verfolgt die „südliche" Initiative ähnliche Ziele. In einigen Teilen Griechenlands, Italiens, Portugals, Spaniens und Südfrankreichs wandelten sich in wenigen Jahren ganze ehemals durch Weinterrassen, Olivenhaine, Hochstammobst, extensive Weidewirtschaft usw. geprägte Regionen und den regionsspezifischen Siedlungs- und Gebäudestrukturen, Pflanzen- und Tierarten und vieles mehr zentral durch Prozesse der Verbuschung und Verwaldung.

Wissenschaftler~innen verschiedener Disziplinen vor allem aus Frankreich, Griechenland, Israel, Italien und Spanien legen, in Kooperation mit englischen, niederländischen und skandinavischen Instituten, eine Reihe von Landschaftsstudien vor. Um die Ergebnisse als Mittel der Bewusstseinsbildung öffentlich einzusetzen, publizieren sie (unter Einbezug der Lokalbevölkerung durchgeführte) Fallstudien über einige als gefährdet und wertvoll erachtete Landschaften in Monographien und Fachzeitschriften. Sie werden damit in Fachkreisen und darüber hinaus bekannt (Farina & Naveh, 1993; Naveh, 1993; vgl. auch Green & Vos, 2001).

Diese Arbeiten verfehlten ihre Wirkung nicht. Zum einen unterbreiteten die Regionen Andalusien, Languedoc-Roussillon und Veneto (auf einer Konferenz in Sevilla) Mitte 1992 den ersten Vorschlag für eine Landschafts-Charta der Mittelmeerregion. Nach Überarbeitungen wurde dieser Vorschlag während des internationalen Kongresses über Mittelmeerlandschaften in Montpellier Juni 1993 förmlich angenommen. Zum anderen waren besagte Wissenschaftler~innen als Mitglieder der International Association for Landscape Ecology (IALE) sowie der Weltnaturschutzunion (International Union for Conservation of Nature and Natural Resources, IUCN) in der Lage, größere Tagungen öffentlichkeitswirksam durchzuführen (Der Umweltlagebericht bezieht sich ausdrücklich auf die IUCN). Im Rahmen ihrer Tätigkeit in der IUCN „Commission on Environmental Strategy and Planning" hielten sie 1992 die „Montecatini-Konferenz über die Zukunft der Mittelmeerlandschaften" ab (International Union for Conservation of Nature and Natural Resources, 1993), wo die „Landscape Conservation Working Group" Vorbereitungen für die Eingabe von Resolution 19.40 „Conservation of Threatened Landscapes" auf der IUCN Vollversammlung 1994 in Buenos Aires trafen (Korn, 1994). Diese Resolution wurde einstimmig angenommen. Noch im selben Jahr forderte die IUCN in dem Papier „Parks for life: actions for protected areas in Europe" eine umfassende Landschaftsschutzkonvention (International Union for Conservation of Nature, 1994a). Dieses Dokument war durch die Umweltminister von Schweden, Norwegen, der Niederlanden, Frankreich, Groß-Britannien und Deutschland sowie den World Wildlife Fund (WWF) maßgeblich mitgestaltet worden (vgl. Kemper, 2015, S. 54).

4.2.1 Methodische Grundlagen der Landschaftskonvention

In den Landschaftsstudien des Mittelmeerraums kommen Methoden zum Einsatz, die als Landschaftsanalyse, -bewertung und -entwicklung bald Eingang in die Europäische Landschaftskonvention finden. An den Studien wirken Fachleute mit, die Mitglieder von Organisationen sind, welche an der Entwicklung der Landschaftskonvention beteiligt sind, wie etwa britische Fachleute,, die in den 1990er Jahren im Auftrag der Countryside Commission (siehe oben) ein Verfahren entwickeln, das heute als „Landscape Character Assessment (LCA)" bekannt ist (Swanwick, 2003, S. 110). Vorschläge aus dem Repertoire des LCA wie die Identifizierung und Beschreibung von Landschaften anhand ihrer spezifischen und ihre Unverwechselbarkeit ausmachenden Beschaffenheit finden ihren Weg in die Landschaftskonvention, wohl wesentlich getragen durch Michael Dower der als prominenter Vertreter der Countryside Commission an der Formulierung von Konventionstexten mitwirkt (Countryside Commission, 1993, 1994; Dower, 2008).

Ebenfalls etwa zeitgleich machen die in der IUCN Landscape Conservation Working Group (siehe oben) tätigen Fachleute Vorschläge für fachübergreifende Vorgehensweisen bei Landschaftsmanagement, und -entwicklung (Green & Vos, 2001). Mit der Annahme von Resolution 19.40 werden ebendiese Vorschläge zur offiziellen IUCN-Empfehlung

(International Union for Conservation of Nature, 1994b). Insgesamt stehen so methodische Grundlagen für die Identifikation, Beschreibung, Analyse und Beurteilung von Landschaften (vgl. Bruns & Green, 2001), sowie zur Aufstellung von Landschaftsqualität-Ziele n und deren Umsetzung zur Verfügung, die in entsprechend angepasster Weise mit der heute gültigen Konvention zur Anwendung empfohlen werden (Luginbühl, 2001).

4.2.2 Gesetzliche Grundlagen der Landschaftskonvention

In Frankreich setzt Ende der 1970er Jahren eine Politik der Qualifizierung von Alltagslandschaften *(paysages ordinaires)* ein, deren Ziel die Steuerung der (unter anderem) durch Flurneuordnung verursachten und als Beeinträchtigungen ländlicher Gebiete wahrgenommen landschaftlichen Dynamik ist (Donadieu, 2009). 1993 erweitert sich mit dem Gesetz *Loi Paysage* das Handlungsfeld auf alle Landschaftsbelange berührende Politik- und Sachgebiete. Im Fokus der französischen Landschaftspolitik steht nun die „grand paysage" als Alltagslandschaft (Davodeau, 2003). Hiermit enthält das französische Landschaftsgesetz Regelungen, die bald Eingang in Texte der Landschaftskonvention finden, wohl nicht zuletzt auf Empfehlung französischer Fachleute die an der Vorbereitung und Abfassung des Konventionstexts beteiligt sind.

4.3 Alle Landschaften einbeziehen und Interessenvielfalt berücksichtigen

Aus verschiedenen Erkenntnissen heraus, die mit dem „Dobříš Lagebericht" zur Umwelt in Europa, dem britischen LCA und dem französischen Gesetz *Loi Paysage* gewonnen wurden, reift die Überzeugung, dass nicht mehr nur einige wenige Landschaften von „besonderem Interesse" Gegenstand einer Landschaftskonvention sein sollen. Vielmehr beginnt sich die Überzeugung durchzusetzen, dass es künftig um Alltagslandschaften, um die Qualität der Umgebung unseres täglichen Lebens, und damit um alle Landschaften gehen müsse. Urheber und Betreiber der Landschaftskonvention gelangen zur „Erkenntnis, dass Landschaft auf kulturellem, ökologischem, umweltpolitischem und gesellschaftlichem Gebiet im öffentlichen Interesse eine wichtige Rolle spielt" und „überall ein wichtiger Bestandteil der Qualität *menschlichen Lebens* ist" (Präambel).

Maßgeblichen Einfluss auf die sich nun in Vorbereitung befindliche Landschaftskonvention nehmen für Demokratie und Menschenrechte zuständige Organe des Europarats. Viele jener Gedankenfäden, die sich in den 1990er Jahren schließlich bis zu einem völkerrechtlich verbindlichen Abkommen über Landschaftsschutz, -management, -planung und -entwicklung verweben, laufen beim KGRE zusammen. Dessen Mitglieder sind über 630 Kommunalpolitiker~innen, Bürgermeister~innen und regionale Mandatsträger~innen.

4.3 Alle Landschaften einbeziehen ...

Am 1. März 1994 (also kurz nach der IUCN Vollversammlung vom Januar 1994 in Buenos Aires) wird auf der ersten Plenarsitzung des KGRE die „Resolution 265 (1994)" zur Annahme empfohlen. Gegenstand und Aufgabe der mit dieser Resolution geforderten Konvention sollen erstmals nicht nur der Schutz, sondern auch Management und Entwicklung aller Landschaften sein.

Mit dem Auftrag, einen ersten Konventionstext zu entwerfen und aufzusetzen, setzt der KGRE im September 1994 eine Arbeitsgruppe ein und rekrutiert deren Mitglieder aus den Reihen seiner beiden Kammern, die aus gewählten Vertreter~innen europäischer Gemeinden (Kammer der Gemeinden) und Regionen bestehen (Kammer der Regionen). Die Gruppe tagt erstmalig im November 1994 und vereinbart Prinzipien, an denen sich die Konventionserarbeitung orientieren sollte, wozu unter anderem eine offene Form der Konsultation mit internationalen, nationalen und regionalen Institutionen gehört. Die Gruppe beginnt damit wissenschaftliche und rechtliche Grundlagen zusammenzustellen und beauftragt einige Fachleute mit der Erarbeitung von zwei Grundlagenpapieren für die weitere Diskussion[1]:

- Das erste Dokument enthält einen unter der Federführung von Michael Dower und Yves Luginbühl in allgemeinverständlicher Sprache abgefassten Text für die zu entwickelnde Konvention; diese Vorlage wurde 1997 als Grundlage für weitere Beratungen angenommen (Council of Europe, 1998).
- Das zweite Dokument enthält eine von Michel Prieur (Université de Limoges) präsentierte vergleichende Studie der in Mitgliedstaaten des Europarats auf Landschaft bezogenen Politik und Rechtsgrundlagen, die auf der Grundlage einer Abfrage bei zuständigen Ministerien und Landschaftsexperten der Länder Europas entstand (Hitier, 1997, CG(4)6, Partie II.; Prieur, 1997).

Es zeigt sich, wie unterschiedlich Landschaft in den Ländern Europas sowohl grundsätzlich als auch politisch und administrativ verstanden, eingeschätzt und behandelt wird: Den Begriff Landschaft haben wenige Länder in ihren jeweiligen Landessprachen politisch oder rechtlich definiert. Es bestehen große Unterschiede in den Vorstellungen darüber, was Landschaft ist (vgl. auch Abschn. 3.1). Die Landschaftskonvention soll künftig eine Landschaftsdefinition enthalten, die für alle Unterzeichnerstaaten gilt. Bei einigen Ländern steht Landschaft politisch im Zentrum des Interesses, bei anderen mehr am Rande; insgesamt nimmt das Interesse an Landschaft zwar zu, was aber, von Regelungen zum Gebietsschutz abgesehen, mehr in Absichtserklärungen als im Handeln zum Ausdruck kommt. Einige Länder besitzen Gesetze in denen sie Landschaft in irgendeiner

---

[1] Rapporteure: Cristiana Storelli (Schweiz) bis Mitte 1996, danach Pierre Hitier (Frankreich). Verfasser der Vorlage: Michael Dower (Countryside Commission, Vereinigtes Königreich) und Yves Luginbuhl (Le Centre national de la recherche scientifique, Frankreich). Weitere Mitglieder: Michel Prieur (Universität Limoges, Frankreich), Florencio Zoido Naranjo (Universität Sevilla, Spanien). Riccardo Priore als Vertreter Europarats.

Weise als Gegenstand und Aufgabe definieren, innerhalb von Europa aber in unterschiedlicher und dabei sowohl in direkter und (häufiger) indirekter Art und Weise. Die Landschaftskonvention soll Vorschläge für politische Regelungen machen, die sich vorrangig am Subsidiaritätsprinzip orientieren und aktives Landschafts-Handeln einfordern. In den vorhandenen Gesetzen mit Regelungen zu Landschaft geht es bei einigen Ländern um ästhetische Qualitäten, bei anderen mehr um Qualitäten von Natur und Umwelt, bei wieder anderen um jene der Kultur. Die Landschaftskonvention soll Vorschläge für Europäische Zusammenarbeit in Bezug auf Landschaft enthalten, um eine Verständigung darüber herbeizuführen, wie verschiede inhaltliche Schwerpunkte einbezogen und wie verschiedene Ressorts in Bezug auf Landschaftsbelange insgesamt zusammenarbeiten können (Congress of Local and Regional Authorities, 1998).

Zur weiteren Beratung der geplanten Konvention wird ein Bottom-up-Prozess unter Beteiligung vieler internationaler, nationaler und regionaler Regierungsstellen, Nichtregierungsorganisationen und weiterer Gruppierungen initiiert, die ihr Interesse an der Mitwirkung bei der Entwicklung der Landschaftskonvention angemeldet und hierfür jeweils mindestens eine Person (in der Regel ausgewiesene Landschaftsexpert~innen) als Vertretung entsandt hatten. Hierzu gehören neben verschiedenen Organen des Europarats (vgl. Congress of Local and Regional Authorities, 1998, S. 5) auch der Europäische Ausschuss der Regionen (AdR, Versammlung der Regional- und Kommunalvertreter~innen der Europäischen Union) und die Europäische Kommission (kurz EU-Kommission), das Exekutivbüro der Pan-European Biological and Landscape Diversity Strategy (getragen durch Europarat, UN-Umweltprogramm UNEP, IUCN) und das Welterbezentrum des Welterbekomitees der UNESCO. Von staatlicher Seite standen Vertretungen von Mittelmeer-Staaten an vorderster Stelle, so das für Kultur und Umweltgüter zuständige Ministerium Italiens; und die Regionen Andalusien (Spanien), Languedoc-Roussillon (Frankreich) und Toskana (Italien) sind beteiligt, die schon in der KGRE „Resolution 265 (1994)" namentlich aufgeführt sind.

4.4 Landschaft Rechtskraft verleihen

Ganz im Sinne der demokratischen Prinzipien, die dem Prozess und der zu entwickelnden Konvention selber innewohnen sollen, hält die Arbeitsgruppe neben den bereits erwähnten laufenden Beteiligungen auch größere Anhörungen ab. Eine Anhörung zu dem in allgemeinverständlicher Sprache abgefassten Entwurf findet im November 1995 für nationale und regionale Wissenschaftler~innen sowie für Nichtregierungsorganisationen statt (Teilnahme von über 70 Personen aus über 28 Ländern). Eine zweite findet zu der ersten rechtssprachlichen Vorlage („avant-projet") im März 1997 für internationale Organisationen und regionale Behörden bzw. Gebietskörperschaften („regional authorities") statt. In April 1998 wird der finale Entwurf auf der „Grande conférence intergouvernementale" in Florenz vorgestellt. Landschaftsexperten mit fachlichen Schwerpunkten in Politik, Schutz,

Pflege und Planung, sowie in Bildung, Bewusstseinsbildung, usw. bringen verschiedene Anregungen ein (Bucci, 2001, S. 3–4). Nach diesen Konsultationen werden aufgrund der eingegangenen Anregungen Verbesserungen an bisher vorliegenden Vorlagen für den Konventionstext vorgenommen.

Der KGRE beauftragt die Redaktionsgruppe damit, im Anschluss an die oben erwähnten Anhörungen mit der weiteren Abfassung des Konventionstexts. Der KGRE nimmt den weiter entwickelten Konventionstext als Empfehlung [40 (1998)] am 27. Mai 1998 an und leitet diesen an das Ministerkomitee des Europarats zur Prüfung weiter. Zudem bittet er zwei Fachgremien um fachübergreifende Prüfungen, einmal das „Cultural Heritage Committee", sowie das „Committee for the Activities of the Council of Europe in the Field of Biological and Landscape Diversity" (CC-PAT und CO-DBP). Beide geben Anfang 1999 positive Stellungnahmen ab. Der Ministerrat bestellt daraufhin einen aus wenigen Personen bestehenden Sachverständigenausschuss mit der Aufgabe, den Konventionstext auf der Grundlage der Vorlage des KGRE abzufassen. Die bestellte Autor~innengruppe besteht aus 12 Personen, je 6 aus CO-DBP und CC-PAT, die sich zwischen Ende 1999 und Anfang 2000 dreimal treffen und mit der Stellungnahme „T-LAND (2000) 4" einen für die parlamentarische Annahme bestimmten Text ausarbeiten. Nach erneuter Prüfung empfehlen CC-PAT und CO-DBP diese in Rechtssprache formulierte Fassung der Landschaftskonvention am 19.07.2000 dem Ministerkomitee des Europarates zur Annahme (Déjeant-Pons, 2007, S. 15).

Zum Zwecke der Abfassung einer Entscheidungsvorlage wird eine zwischenstaatliche Gruppe gebildet, die aus Mitgliedern der Parlamentarischen Versammlung des Europarates und des Ministerkomitees besteht. Diese Gruppe arbeitet auf der Grundlage der rechtssprachlichen Textfassung weiter, die in „T-LAND (2000) 4" erschienen war und berücksichtigte dabei die Stellungnahmen der Parlamentarischen Versammlung und des KGRE vom 25. Mai 2000 bzw. vom 26. Juni 2000. Nach einigen formellen Anpassungen durch das Generalsekretariat nimmt das Ministerkomitee am 19. Juli 2000 diesen Vorentwurf als finalen Konventionstext an. Am 20.10.2000 wird die Konvention in Florenz (mit der SEV-Nr. 176) zur Unterzeichnung durch die Mitgliedstaaten des Europarats geöffnet. Am 01.03.2004 tritt die Konvention in Kraft, nachdem sie von 10 Staaten des Europarates ratifiziert worden war (siehe im Überblick Tab. 4.2).

4.5 Zusammenfassung

Zusammenfassend stellt sich die Entstehung der Europäischen Landschaftskonvention als Spiegel politischer und gesellschaftlicher Debatten der 1960er bis 90er Jahre dar, in denen es unter anderem um Nachhaltigkeit, öffentliche Teilhabe an Entscheidungsprozessen und um europäische Zusammenarbeit geht. Dabei gewinnen gesellschaftliche Diskurse über die Beobachtung landschaftlicher Transformation, in offiziellen Berichten und Fallstudien öffentlichkeitswirksam belegt politisch an Bedeutung, wobei Transformationen in

Tab. 4.2 Von der Idee zur Konvention, Stationen auf dem Weg zur Europäischen Landschaftskonvention. (Eigene Zusammenstellung)

Datum	Dokument	Träger, Autoren
1978	„Some Outstanding Landscapes". Morges	IUCN, WWF
23.06.1991	Umweltministerkonferenz, Dobříš Lagebericht regt Landschaftskonvention an (Stanners & Bourdeau, 1995)	UNECE, Umweltminister
06/1992 06/1993	Vorschlag für eine Landschaftscharta der Mittelmeerregion, Konferenz in Sevilla. Annahme während des internationalen Kongresses über Mittelmeerlandschaften in Montpellier in June 1993	Die Regionen Andalusien, Languedoc-Roussillon und Veneto
1992	CESP „Landscape Conservation Working Group" macht Vorschläge für fachübergreifende Vorgehensweisen bei Landschaftserfassung, -planung und -pflege	IUCN
1993	Erlass des „Loi Paysage" mit Schutz und Wertschätzung aller Landschaften	Frankreich
1993	Veröffentlichung der „Landscape Assessment Guidance" (CCP423)	Countryside Commission
1994	Resolution 19.40 „Conservation of Threatened Landscapes" fordert Schutz und Pflege bedrohter Landschaften	IUCN
19.09.1994	„Parks for life: actions for protected areas in Europe" (Synge, 1994) fordert Konvention zum Schutz ländlicher Landschaften	IUCN
01.03.1994	Resolution 265 (1994) fordert Konvention zu Pflege und Schutz aller Natur- und Kulturlandschaften Europas	KGRE
09.1994 11.1994	KGRE setzt Redaktionsgruppe für den Entwurf eines Konventionstexts ein; die Gruppe nimmt die Arbeit auf	KGRE
27.-31.08.1995	Kongress „L' Avenir de nos Paysages / The Future of Our Landscapes". Toulouse,	IALE

(Fortsetzung)

4.5 Zusammenfassung

Tab. 4.2 (Fortsetzung)

Datum	Dokument	Träger, Autoren
1996	CESP Landscape Conservation Working Group: „Landscape Conservation. Some steps towards developing a new conservation dimension (Council of Europe und Congress of Local and Regional Authorities, 1996)	IUCN
29.02.1996	Vorlage eines Vorschlags für einen Konventionstext in allgemeinverständlicher Sprache und einer Studie über Landschaftspolitik und Landschaftsrecht in Europa	KGRE, Redaktionsgruppe, Expert~innen
08.11.1995 24.03.1997	Anhörungen unter Beteiligung staatlicher, regionaler und zivilgesellschaftlicher Stellen und Organisationen	KGRE, Redaktionsgruppe
05.06.1997	KGRE leitet ersten Entwurf der ELK an beschlussfassende Gremien des Europarats zur Prüfung	KGRE
04.04.1998	Konsultations-Konferenz mit Ministerkomitee und Landschaftsexpert~innen in Florenz	KGRE
27.05.1998	KGRE nimmt überarbeiten Konventions-Entwurf an und leitet diesen an das Ministerkomitee weiter	KGRE, Minister-komitee Europarat
17.02.1999 19.04.1999	CC-PAT und CO-DBP geben auf Anfrage des Ministerrats positive Stellungnahmen ab	Ministerkomitee Europarat
02.06.1999	Ministerrat bestellt einen Sachverständigenausschuss aus CC-PAT und CO-DBP Mitgliedern zur Erstellung der rechtssprachlichen Fassung der Konvention	Ministerkomitee Europarat
10.03.2000	CC-PAT und CO-DBP geben zur rechtssprachlichen Fassung positive Stellungnahmen ab	Ministerkomitee Europarat
19.07.2000	Annahme des finalen Konventionstexts	Ministerkomitee Europarat
20.10.2000	Öffnung zur Unterzeichnung	Europarat
01.03.2004	Konvention tritt in Kraft	Unterzeichnerstaaten

Regionen, in denen Verbindungen zwischen Landschaft, Image, Identität, Sozialgefüge und Wirtschaft als eng wahrgenommen werden, als besonders herausforderungsvoll zu betrachten sind. In diesem Zusammenhang thematisieren verschiedene Fachleute regional besonders aufmerksam beobachtete Landschaftsveränderungen und interpretieren sie aus ihrer Sicht als Wertverlust und als Bedrohung natürlichen und kulturellen Erbes.

Darüber, dass Menschen aus dem Alltag heraus ihre Interessen aktiv wahrnehmen und an Landschaftsentwicklungen aktiv mitwirken, waren sich Urheber und Betreiber der Konvention nicht sicher, so dass sie die Landschaftsverantwortung bei zuständigen Stellen und Fachleuten verorten, die Bildung und Schulung der Mitarbeiterschaft und Fachleute fordern, Verfahren öffentlicher Mitwirkung zwingend vorsehen, und Vertragsstaaten zur Bildung und Schärfung des Landschaftsbewusstseins in der Bevölkerung auffordern. Als Grundlagen für die Formulierung des Konventionstexts werden politische, rechtliche und administrative Erkundungen durchgeführt, aber keine über allgemeine Landschaftsverständnisse und keine über das zentrale Element der Konvention, nämlich wie Menschen ihre Umgebung als Landschaft konstruieren und wertschätzen, oder welches Landschaftsbewusstsein sie haben. Der politischen Relevanz landschaftlicher Transformation ungeachtet, bleiben Urheber und Betreiber der Konvention sowie deren Berater während der Vorbereitung und Ratifizierung der Konvention weitgehend unter sich; es entwickelt sich keine breite, die Konvention betreffende öffentliche Debatte.

Ein Ergebnis der Debatten in Bezug auf Landschaft ist, dass die (offizielle) Aufmerksamkeit sich künftig nicht mehr nur auf Landschaften von „besonderem Interesse" (wie z. B. Areas of Special Conservation Interest nach der Berner Konvention) richten, sondern dass Landschaft ein Gut von allgemeinem Interesse ist und dass sich Schutz, Management, Planung und Entwicklung auf Landschaften Europas insgesamt beziehen sollen. Alltagslandschaft ist, was Menschen täglich umgibt und was sie hauptsächlich wahrnehmen.

Die mit der Abfassung von Vorlagen für den Vertragstext beauftragte Gruppe versteht das Prinzip „alle Landschaften" als Auftrag zu umfassendem Handeln. Als Grundlage dienen gesetzliche und methodische Beispiele, auf die sie zurückgreifen, wie das französische Landschaftsgesetz von 1993 und diverse methodische Standards der Identifikation, Analyse, Beurteilung und Planung von Landschaft.

Die Autor~innen der Konvention sind als Landschaftsexpert~innen politisch, juristisch und administrativ beschlagen, kennen sich mit verschiedenen „landscape studies" aus, aber wenig mit Wahrnehmungsstudien. Und sie sind keine Praktiker. Sie haben kaum Erfahrung mit Abwägungsvorgängen alltäglicher Planungs- und Entscheidungspraxis. Zwar ziehen sie, um eigene Wissenslücken zu füllen, während der Vorbereitung des Vertragstexts bei den Staaten Europas zu vielen Fragen Erkundigungen ein, aber keine über Abwägungspraxis und zur Rolle, die räumliche Planung und öffentliche Mitwirkung dabei im Einzelnen spielen. Dilemmata öffentlicher Mitwirkung bei Entscheidungen über Landschaft werden nicht in erkennbarer Weise berücksichtigt. Dementsprechend wenige Verfahrensregeln finden sich in der Konvention. So fehlen Hinweise dazu,

4.5 Zusammenfassung

wie mit Landschaftsanalysen erzielte Ergebnisse in Diskussionen über erstrebenswerte Landschaftsqualität einfließen, und wie Arbeits- und Diskussionsergebnisse in Entscheidungsprozessen über künftiges Landschaftshandeln zur Anwendung kommen. Die Frage bleibt offen, wie aus dem Ziel „mehr Demokratie wagen" mehr werden kann.

5 Praxis: Anwendung der Konvention, erzielte Wirkungen

Im vorliegenden Kapitel soll nun praxisbezogen die Anwendung der Konvention und der dadurch erzielten Wirkungen anhand von kurzen Fallbeispielen dargelegt und eingeordnet werden. In diesem Zusammenhang erfolgt zunächst ein Überblick über die beteiligte Stellen und Akteure (Abschn. 5.1), bevor eine eingehendere Betrachtung der Aktivitäten des Europarates (Abschn. 5.2) bzw. der politischen, rechtlichen und administrativen Aktivitäten der Vertragsstaaten vorgenommen wird (Abschn. 5.3). Die Abschn. 5.4 bis 5.8 adressieren Aspekte wie Bewusstseinsstärkung, Ausbildung – Bildung – Schulung, Beschreibung sowie Analyse und Beurteilung von Landschaften, Bestimmung von Zielen anzustrebender Landschaftsqualität, aber auch Schutz, Management, Planung und Entwicklung von Landschaften anhand ausgewählter Beispiele aus der Praxis der Europäischen Landschaftskonvention, bevor mit einem Zwischenfazit in Abschn. 5.9 geschlossen wird.

5.1 Beteiligte Stellen und Akteure

Die Landschaftskonvention fordert mehrere europäische, staatliche, kommunale und zivilgesellschaftliche Stellen und letztendlich jede einzelne Person zum Handeln auf:

- Europarat, seine für die Landschaftskonvention zuständigen Organe;
- Kongress der Gemeinden und Regionen des Europarates, die institutionelle Vertretung der über 200.000 regionalen und lokalen Gebietskörperschaften der 47 Mitgliedstaaten des Europarates.;
- Europäische Ministerkonferenz für Raumplanung (CEMAT) und deren „Ausschuss Hoher Beamter" (Sekretariat der Direktion Umwelt und lokale Gebietskörperschaften des Europarats angegliedert);

- Parlamente der (derzeit 40) Vertragsstaaten der Konvention;
- Regierungen und Verwaltungen, die für Landschaft auf nationalen, regionalen und kommunalen Ebenen zuständig sind, einmal für Landschaftspolitik, -schutz, -management und Entwicklung, zum anderen für solche Politiken und Entwicklungen, die sich auf Landschaft auswirken können (Art. 5 c);
- Gerichte und weitere Akteure laufender Rechtsprechung;
- Bildungseinrichtungen (im engen und weiteren Sinne), einschließlich staatlich-bildungspolitisch relevanter Politik und Verwaltungen;
- Zivilgesellschaftliche Organisationen, einschließlich Berufsverbände, Nichtregierungsorganisationen, Vereine, Stiftungen, usw.
- Personen und Personengruppen, die Erwartungen und Ansprüche an die Qualität ihrer Alltagsumgebung und daher in Bezug auf Landschaft besondere Interessen haben, denen aus diesem Interesse heraus Verantwortung für Landschaft und die Rolle aktiver Mitwirkung der Landschaftsentwicklung zuwächst.

Die in Abschn. 2.2 eingeführten Bezeichnungen einzelner Handlungsaufträge und Aufgaben (vgl. Abb. 2.3) werden nachfolgend zur Darstellung der Konventions-Anwendung und -Umsetzung weiterverwendet. Eine Auswahl von Beispielen dient der Illustration der Art und Weise, mit der verschiedene Akteure ihnen zufallende Aufgaben erledigen.

Der Europarat und seine Organe haben den Auftrag, für die Unterzeichnungen und Ratifikationen der Konvention zu werben. Sie sollen außerdem die europäische Zusammenarbeit in Landschaftsangelegenheiten fördern, Vertragsstaaten bei der Anwendung der Konvention und der Umsetzung von Handlungsaufträgen unterstützen und beraten (z. B. bei rechtlicher Umsetzung, bei Bildung und Bewusstseinsbildung, usw.), und sie sollen über Umsetzungsaktivitäten und -erfolge Bericht erstatten (Art. 10). Eine weitere Aufgabe ist, den Landschaftspreis des Europarats auszuschreiben und zu vergeben (Art. 11). Der Landschaftspreis soll dazu ermutigen, beispielhaft für den nachhaltigen Schutz sowie die nachhaltige Pflege und/oder Planung und Entwicklung der betreffenden Landschaften einzutreten (siehe dazu auch Abb. 5.1).

Vertragsstaaten haben die Aufgabe, Landschaft rechtlich zu verankern, Zuständigkeiten für Landschaft unter Beachtung des Subsidiaritätsprinzips zu benennen und zu organisieren (Art. 4). Parlamente, Regierungen, Gerichte und Verwaltungen, die für Landschaft und Landschaftswirkungen nach sich ziehende Politiken und Entwicklungen auf nationalen, regionalen und kommunalen Ebenen zuständig sind, übernehmen es, die Landschaftskonvention durch Umsetzung *allgemeiner* (vgl. Textbox 1) und *spezifischer Maßnahmen* anwenden (Art. 5 und 6).

Textbox 1: Handlungsaufträge im Sinne Allgemeiner Maßnahmen gemäß Art. 5.

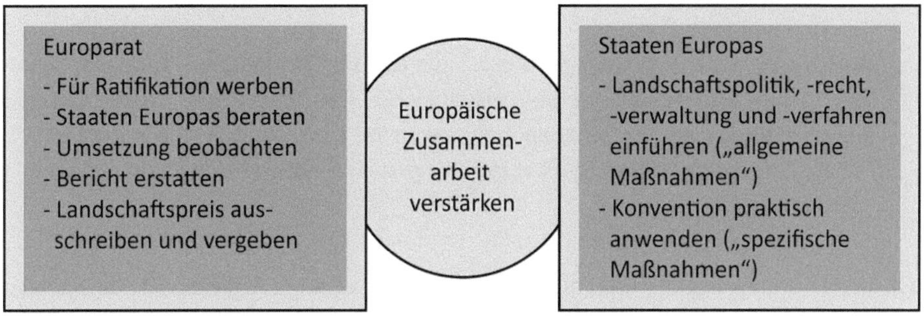

5.1 Beteiligte Stellen und Akteure

Europarat
- Für Ratifikation werben
- Staaten Europas beraten
- Umsetzung beobachten
- Bericht erstatten
- Landschaftspreis ausschreiben und vergeben

Europäische Zusammenarbeit verstärken

Staaten Europas
- Landschaftspolitik, -recht, -verwaltung und -verfahren einführen („allgemeine Maßnahmen")
- Konvention praktisch anwenden („spezifische Maßnahmen")

Abb. 5.1 Aufgaben der Vertragspartner der Europäischen Landschaftskonvention. (Eigene Darstellung)

Folgende Akteure haben Handlungsaufträge im Sinne *Allgemeiner Maßnahmen* gemäß Art. 5:

1. *Handlungsauftrag 1*
Gesetzgeber legen durch Legal-Definition fest, wie Landschaft als Rechtsbegriff zu verstehen ist, etwa durch Übernahme bzw. Anpassung der Landschaftsdefinition der Konvention (Art. 5 a), oder durch eigene Formulierungen;
2. *Handlungsauftrag 2*
Parlamente etablieren Landschaft politisch, rechtlich und administrativ als eigenen Bereich (Art. 5 b und c), etwa durch
   - politische Vorgaben und Richtlinien (z. B. programmatische Präzisierung der Handlungsaufträge der Konvention),
   - Gesetzgebung und Rechtsprechung unter Beachtung aller Landschaft berührenden Bereiche (z. B. Verankerung des Grundrechts auf Selbst- und Mitbestimmung über Landschaft als Teil der Menschenrechte, Präzisierung der Verfahrenshinweise der Konvention, Formulierung von Vorgaben für regionale und kommunale Landschaftsqualität-Ziele, usw.),
   - Instrumente für die Umsetzung politischer Vorgaben und Leitbilder, und von Gesetzen und Ergebnissen laufender Rechtsprechung,
   - Bereitstellung von Ressourcen, wie Personalstellen, Informationssysteme, usw.,
   - Ausbildung und Schulung der Mitarbeiterschaft, wie jenen in Gremien, Verwaltungen, usw.
   - Förderung der auf Landschaft bezogenen Bildung und Bewusstseinssteigerung,
   - sowie durch Umsetzung *Spezifischer Maßnahmen*.

> 3. Handlungsauftrag 3
> Parlamente und Verwaltungen legen Regeln für Verwaltungs-Verfahren mit öffentlicher Mitwirkung fest und stellen sicher, dass alle Stellen und Personen, die ein Interesse an Landschaftspolitik und an der Umsetzung der Ziele der Landschaftskonvention haben, an allen Handlungen im Sinne der Konvention beteiligt werden (Art. 5 c).

In bisheriger Praxis liegen Zuständigkeiten für die Umsetzung „Allgemeiner Maßnahmen" meist ganz bis teilweise auf nationaler Ebene, jene für die „Spezifischen Maßnahmen" auf lokaler Ebene und zum Teil auf regionaler Ebene; in kleinen Ländern können sie auch auf nationaler Ebene angesiedelt sein. Öffentliche Stellen übernehmen einige Aufgaben auch in Kooperation mit zivilgesellschaftlichen Organisationen, Interessengruppen und Einzelpersonen. So wird die Beobachtung von Landschaftsveränderungen häufig unterschiedlichen Akteuren überlassen, wie zum Beispiel Menschen die in so genannten Landschafts-Observatorien aktiv sind (siehe dazu unten mehr). Bildung und Ausbildung ist Angelegenheit verschiedener Bildungseinrichtungen, wie insbesondere Schulen und Universitäten, Ausbildungsstätten politischer Bildung, Berufsbildung, Verwaltung, themenbezogene Akademien, usw. Bildungspolitik schafft hierfür geeignete Voraussetzungen. Auch Stiftungen werden aktiv und übernehmen Bildungsaufgaben. Die Steigerung des LandschaftsBewusstseins ist eine Aufgabe, die insbesondere Zivilgesellschaft, private Organisationen, öffentliche Behörden und auch Einzelpersonen übernehmen. Es geht es darum, Bewusstsein und Verständnis in Bezug auf Landschaft und die Übernahme von Verantwortung für Landschaft zu schaffen, zu festigen und zu stärken. Entsprechende Aktivitäten entfalten auch staatliche und kommunale Politik, Verwaltungen, Bildungseinrichtungen und verschiedene Verbände und Organisationen.

Europarat, Vertragsstaaten und sonstige Stellen und Organisationen übernehmen einige Aufgaben im Rahmen Europäischer Zusammenarbeit gemeinsam (Art. 7, 8, 9), insbesondere bezüglich

a) landschaftsbezogener Dimension internationaler Politik und Programme,
b) laufender Steigerung der Wirksamkeit von Maßnahmen, die auf Grund der Landschaftskonvention ergriffen werden,
c) Förderung europäischer Kooperation auf verschiedenen Gebieten, einschließlich Erfahrungsaustausch, Austausch von und über Vorgehensweisen und Methoden (Art. 6 C 2), Austausch von Fachleuten, Bildung und Forschung.

Diese Aufgaben übernehmen neben Regierungs- und Verwaltungsstellen (aller Ebenen) auch Berufsverbände, Schulen und Hochschulen, Weiterbildungs-Träger, Nichtregierungsorganisationen, und viele andere.

Die mit der Landschaftskonvention angeregte internationale Zusammenarbeit soll innerhalb Europas zu sukzessiver Annäherung von Landschafts-Politik, -Forschung, -Bildung und -Praxis führen (z. B. bei der Anwendung bestimmter Vorgehensweisen und Methoden). Auch grenzüberschreitende Kooperation dient der gegenseitigen Hilfe und Unterstützung, etwa durch Erfahrungsaustausch, Expert~innenaustausch und Informationsaustausch zwischen Vertragspartnern (CoE, 2000b, S. 21). In Europa vorhandenes Wissen soll zusammengeführt werden, nicht zuletzt um die „horizontale" (interdisziplinäre, interkulturelle), „vertikale" (nationale, regionale, kommunale) und „transversale" (zuständige Stellen und öffentliche Mitwirkung, öffentlich-private Partnerschaft) Zusammenarbeit der mit Landschaft befassten Akteure zu entwickeln (Déjeant-Pons, 2007, S. 27). Vertragsstaaten finden Unterstützung durch Landschaftsexpert~innen des Europarats bzw. einzelner Länder und Verbände, sowie durch eine Reihe internationaler Organisationen und Nichtregierungsorganisationen.

5.2 Aktivitäten des Europarats

Für die Umsetzung von Konventionen und anderer völkerrechtlich bindender Verträge des Europarats ist dessen *Ministerkomitee* verantwortlich. Der *Lenkungsausschuss für Kultur- und Naturerbe und Landschaft, CDCPP* (Steering Committee for Culture, Heritage and Landscape)[1] berät das Ministerkomitee, das sich aus ministeriellen Repräsentanten der Mitgliedstaaten (i. d. R. Außenminister~innen und deren Vertreter~innen) zusammensetzt. Zum Beispiel erarbeitet der CDCPP Beratungsvorlagen und -unterlagen für das Ministerkomitee. Beratungsergebnisse des Komitees gehen an die *Parlamentarische Versammlung*. Diese nimmt Beratungsergebnisse zur Kenntnis und kann Orientierungshilfen für das Ministerkomitee, für nationale Regierungen und für nationale und regionale Parlamente verabschieden. Hierzu gehören auch Initiativen, die zu internationalen Verträgen und europäischen Konventionen führen, wie die Landschaftskonvention, deren Erläuterungsberichte, Handreichungen und sonstigen Umsetzungsdokumente. Bindend werden Verträge und sonstige offizielle Dokumente mit ihrer Ratifizierung durch Mitgliedstaaten.

In der Verwaltung des Europarates ist in der zur Generaldirektion Demokratie (DG II) gehörenden Direktion *Democratic Participation* deren Abteilung *Culture, Nature and Heritage* für Landschaft und hier ein Generalsekretariat speziell für die Landschaftskonvention zuständig. Dieser Abteilung und dem Sekretariat obliegt die Ausführung der Landschaft betreffenden Entscheidungen oben genannter Gremien sowie die Unterstützung der Vertragsstaaten bei politischer, rechtlicher und praktischer Anwendung und Umsetzung der in der Landschaftskonvention definierten Handlungsaufträge und Aufgaben.

Laufende Konsultationen mit Staaten, Regionen und Kommunen finden über verschiedene Organe statt, insbesondere den Kongress der Gemeinden und Regionen des

---

[1] Zusammenschluss der früheren Ausschüsse für „Kulturelles Erbe" und „Biologische und landschaftliche Vielfalt" (http://www.coe.int/en/web/cdcpp-committee/home; aufgerufen 24.05.2020).

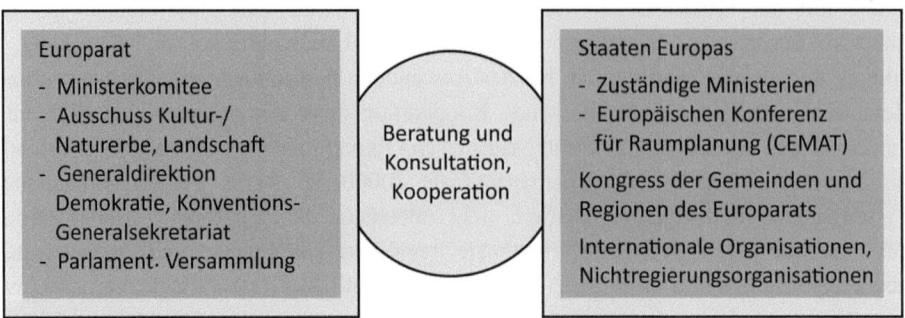

Abb. 5.2 Beratung, Konsultation und Kooperation zwischen Akteuren der Konventionsanwendung. (Eigene Darstellung)

Europarates, den für Landschaft, räumliche Planung und Entwicklung zuständigen Ministerien der Mitgliedstaaten des Europarats, sowie mit der *Europäischen Konferenz für Raumplanung (CEMAT)* und deren *Ausschuss Hoher Beamter*. Auch kooperieren die für Landschaft zuständige Abteilung und ihr Generalsekretariat eng mit mehreren internationalen Organisationen wie UNESCO, IUCN, usw. und mit der EU (CoE, 2000b, S. 21), sowie auch mit Nichtregierungsorganisationen wie CIVILSCAPE, UNISCAPE, ECLAS usw. (siehe Abb. 5.2; hier zeigt sich eine verstärkte Zuwendung zu einem Governance-Verständnis des Verhältnisses von Politik/Administration und übriger Gesellschaft; siehe Abschn. 3.6.1).

Der Europarat ordnet seine Befassung mit Landschaft in Aktivitäten ein, die er im Rahmen der Bestrebungen um Demokratie, Menschenrechte und Rechtsstaatlichkeit in den Bereichen Natur- und Kulturerbe, Umwelt, nachhaltige Entwicklung, räumliche Planung und kommunale Selbstverwaltung entfaltet (Déjeant-Pons, 2007, S. 16). Zu seinen Aktivitäten gehören die Ausrichtung von Konferenzen, Tagungen, Workshops und Länderseminaren, sowie die Herausgabe von Publikationen und Berichten. Konferenz-, Tagungs- und Workshop-Protokolle und Berichte sind auf der Webseite der Landschaftskonvention sowie beim Europarat in Straßburg verfügbar.

Seit November 2001 finden in einem etwa zweijährigen Rhythmus *Konferenzen der Vertrags- und Zeichnerstaaten der Europäischen Landschaftskonvention* statt. Dabei vertreten sind Konventions-Vertragsparteien, Staaten, die zur Unterzeichnung der Konvention eingeladen sind, internationale staatliche Organisationen, Zivilgesellschaftliche Organisationen und Nichtregierungsorganisationen, sowie das Ministerkomitee, die Parlamentarische Versammlung und der Kongress der Gemeinden und Regionen des Europarats (Déjeant-Pons, 2007, S. 26). Die Expert~innen des Ausschusses Kultur-/Naturerbe und Landschaft (CDCPP) nehmen die Ergebnisse jeder Konferenz zur Kenntnis und legen dem Ministerkomitee einen Bericht über Fortschritte bei der Umsetzung der Konvention sowie über sonstige Entwicklungen vor. Bei ihrer Berichterstattung kann der CDCPP auf eine Reihe von Inhalten der Konferenzen und dazu veröffentliche Berichte zurückgreifen, wie bspw. Status der Zeichnung und Ratifikation, allgemeine Entwicklungen; Aktivitäten der Vertragsstaaten bei der Anwendung und Umsetzung der Konvention, geordnet nach „allgemeinen" und „spezifischen" Maßnahmen; Stellungnahmen internationaler Organisationen; Aktivitäten bei grenzüberschreitenden Landschaften; Berichte über ausgewählte Themen (z. B. Demokratie, Menschenrechte); Ausschreibung und Vergabe des Landschaftspreises des Europarats sowie Planung künftiger Aktivitäten, Handlungs- und Arbeitsaufträge.[2]

Die inhaltlichen Schwerpunkte der Konferenzen haben sich im Laufe der Jahre verlagert. In den Anfangsjahren war Hauptzweck, die Konferenzen als Instrument eines raschen Inkrafttretens des Vertragswerks einzusetzen und die Unterzeichnung und Ratifikation der Konvention zu fördern. Dementsprechend sind Themen der ersten fünf Konferenzen folgende (Nummer/Jahr der Konferenz):

01 / 2001: Zeichnung und Ratifikation

02 / 2002: Vorbereitung auf Erlangen der Rechtskraft

03 / 2004: Erlangen der Rechtskraft, weitere Perspektiven

04 / 2007: Nationale und regionale Umsetzung

05 / 2009: *Guidelines for the implementation of the ELC*

Nach Ratifizierung der Konvention ging es zunehmend darum Vertragsparteien rechtliche und praktische Unterstützung zu bieten, etwa für Anpassungen bei Politik, Recht und Verwaltungen im jeweiligen Lande. Hierfür stellten Expert~innen des Europarts mehrere Unterlagen bereit, wie Erläuterungen zur Landschaftskonvention, den *Explanatory Report* von 2000, Hinweise zur Umsetzung, die *Guidelines for the Implementation of the European Landscape Convention* und die *Rules governing the Landscape Award of the Council of Europe,* beide 2008 (Committee of Ministers, 2008). Dann, mit zunehmender Zahl der Ratifizierungen, verlagerten sich die Konferenzthemen auf verschiedene Aspekte nationaler und regionaler Anwendung und Umsetzung der Konvention, und etwa seit 2011/2013 geht es vermehrt um Zukunftsperspektiven und um Schwerpunkte wie Demokratie, Menschenrechte und Nachhaltige Entwicklung, also um Themen die in den 1980er und 1990er Jahren grundlegend dafür waren, die Landschaftskonvention auf den Weg zu bringen. Diese Themen stehen auch gut ein Viertel Jahrhundert nach der Formulierung erster Konventionstexte immer wieder im Mittelpunkt, wobei jede Konferenz zwischenzeitlich nicht mehr nur ein, sondern mehrere Themen bearbeitet (Nummer/Jahr der Konferenzen):

06 / 2011: Umsetzung, weitere Perspektiven

07 / 2013: Umsetzung, Ausblick auf künftige Tätigkeiten

08 / 2015: Politische und rechtliche Umsetzung der Vertragspartner, Landschaftspreis, „Observatory"

---

[2] vgl. http://www.coe.int/en/web/landscape/conferences (03.03.2020).

09 / 2017: Beträge der Konvention zu Demokratie, Menschenrechte und Nachhaltige Entwicklung

10 / 2019: Nachhaltige Entwicklung und Ländlicher Raum, Beobachtung landschaftlicher Veränderungen.

Ergänzend zu Konferenzen finden seit 2002 *Tagungen und Workshops zur Anwendung und Umsetzung der Europäischen Landschaftskonvention* mit wechselnden Themen und in verschiedenen Ländern statt. Die Teilnehmerinnen und Teilnehmer beschäftigen sich jeweils im Detail mit der Umsetzung ausgewählter Handlungsaufträge der Konvention. Es besteht Gelegenheit zum Austausch von Erfahrungen und Ideen, sowie für die Vorstellung neuer Konzepte, Errungenschaften und Beispiele, die im Zusammenhang mit der Konvention stehen. Eine besondere Bedeutung kommt jeweils den Erfahrungen des Staates oder der Region zu, der die Veranstaltung ausrichtet (Déjeant-Pons, 2007, S. 27). Zu einzelnen Workshop-Themen holt der Europarat Berichte von Sachverständigen ein und macht diese zur Beratung vorab verfügbar; sie werden während der Veranstaltung mündlich vorgetragen und im Anschluss um Diskussionsergebnisse ergänzt ebenfalls auf der Webseite publiziert. Themen der Tagungen und Workshops sind u. a. folgende (Englisch- und französischsprachige Titel und Themen siehe Landschaftskonvention-Website)[3]:

01 / 2002: Landschaftspolitik; Identifikation und Bewertung, Landschaftsqualität-Ziele; Bildung und Bewusstseinsbildung; Schutz, Management und Planung.

02 / 2003: Landschaft in internationalen Politiken und Programmen; Grenzüberschreitende Landschaften; Landschaft und Wohlbefinden; räumliche Planung und Landschaft.

03 / 2005: Städtische, vorstädtische und stadtnahe Landschaften.

04 / 2006: Landschaft und Gesellschaft.

05 / 2006: Landschaftsqualität-Ziele: Von der Theorie zur Praxis.

06 / 2007: Landschaft und ländliches Erbe.

07 / 2008: Landschaft in Planung und Governance: Hin zu einem integrierten Raum-Management.

08 / 2009: Landschaften und Kräfte ihrer Veränderung.

09 / 2010: Landschaft und Infrastrukturen für die Gesellschaft.

10 / 2011: Multifunktionale Landschaften.

11 / 2012: Forum des Landschaftspreises, nationale Auswahl.

12 / 2012: Demokratie-Visionen für die Zukunft Europas: Landschaft als neue Strategie räumlicher Planung.

13 / 2013: Territorien der Zukunft: Landschafts-Identifikation und -Analyse, Übungen in Demokratie.

---

[3] Tagungen und Workshops: https://www.coe.int/en/web/landscape/workshops (03.03.2020).

5.2 Aktivitäten des Europarats

14 / 2014: Forum des Landschaftspreises, nationale Auswahl.

15 / 2014: Nachhaltige Landschaft und Wirtschaft; über die unschätzbaren natürlichen und menschlichen Werte von Landschaft.

16 / 2015: Landschaft und grenzüberschreitende Kooperation; Landschaft kennt keine Grenzen.

17 / 2016: Forum des Landschaftspreises, nationale Auswahl.

18 / 2016: Umsetzung der Konvention durch nationale Politik; Herausforderungen und Möglichkeiten.

19 / 2017: Lokale Umsetzung der Konvention; Demokratie vor Ort.

20 / 2018: Forum des Landschaftspreises, nationale Auswahl

21 / 2018: Landschaft und Bildung

22 / 2019: Wasser, Landschaft und Bürgerschaft angesichts globaler Veränderungen

Ein im Abstand von 2 Jahren wiederkehrendes Ereignis ist das Forum des Landschaftspreises (Gemäß Art. 11). Beginnend mit der Sitzungs-Periode 2008/2009 sind bis 2019 insgesamt 6 Foren durchgeführt worden[4]; weitere sind vorgesehen. Der Preis wird Gebietskörperschaften, von ihnen gebildeten Zusammenschlüssen und/oder nichtstaatlichen Organisationen verliehen und bedeutet eine besondere Auszeichnung für alle, die eine Politik oder Maßnahmen zum Schutz, zur Pflege und/oder zur Planung ihrer Landschaft betreiben, die sich als besonders nachhaltig wirkend erweisen. Ein hierfür eingerichteter Ausschuss Sachverständiger sichtet und beurteilt eingegangene Bewerbungen unter Anwendung vorab festgelegter Kriterien[5]. Vergeben wird ein Hauptpreis und weitere Bewerbungen werden aufgrund beispielhafter Beiträge besonders erwähnt. Bei den Gewinnern handelt es sich meistens um auf konkrete Gebiete bezogene Projekte besonderer Strahlkraft, wie 2019 beispielsweise die Renaturierung der Staatsgrenzen querenden Aire, ein Fluss bei Genf. Vertragsstaaten können selbst Landschaftspreise im Sinne der Landschaftskonvention ausschreiben, wie etwa Frankreich den „Grand prix national du paysage" (vgl. auch Abschn. 5.4).

Neben Konferenzen, Tagungen und Workshops bietet DG II auch *Länderseminare zur Europäischen Landschaftskonvention* an. Die Länderseminare behandeln ausgewählte Themen und dienen zur nationalen und interdisziplinären Diskussion über Landschaft und die Landschaftskonvention insbesondere in Ländern, deren Konventions-Ratifizierung vorbereitet wird. Außerdem befassen sich verschiedene *Arbeitsgruppen* mit ausgewählten Themen, wie Landschaft und Demokratie sowie Landschaft und Bildung. Ihre Arbeit abgeschlossen haben die Arbeitsgruppen Glossar und Informationssystem, sowie Empfehlungen für die *Guidelines* zur Konventions-Umsetzung in den Vertragsstaaten. Seit

---

[4] https://search.coe.int/cm/pages/result_details.aspx?objectid=09000016809824b3 (03.03.2020).
[5] https://www.coe.int/en/web/landscape/landscape-award (03.03.2020).

2017 hat der Europarat einen sogenannten *Landscape Day* eingeführt und seitdem dreimal durchgeführt, und zwar stets am 20. Oktober, dem Tag an dem die Konvention erstmals zur Unterzeichnung vorgelegt und geöffnet wurde.

Die *Berichterstattung* über Landschaftspolitik und Konventionsumsetzungen der Vertragsstaaten betreibt der Europarat auf seinen Konferenzen und seiner Webseite. Er bezieht die für Landschaft zuständigen Stellen der Vertragsstaaten bei der Berichterstattung ein und hat hierfür Handbücher bereitgestellt, so auch für die Eingabe und Ausgabe von Webseite-Daten. Auf den Konferenzen berichten Ländervertreter~innen jeweils über aktuelle Entwicklungen, und deren Berichte werden anschließend auf der Webseite der Konvention verfügbar gemacht. Indem die Vertragspartner hier Wissen, Beispiele und Erfahrungsberichte ablegen, leisten sie gegenseitig technische, fachliche und wissenschaftliche Unterstützung im Sinne von Art 8 der Konvention[6].

5.3 Politische, rechtliche und administrative Aktivitäten der Vertragsstaaten

5.3.1 Handlungsaufträge 1 und 2: Legaldefinition Landschaft und Entwicklung von Landschaftspolitik und -recht

Bei der Vorbereitung der Landschaftskonvention veranlasste der KGRE eine europaweite ländervergleichende Untersuchung der landschaftspolitischen, -rechtlichen und -administrativen Strukturen und Praxis (Bucci, 2001, S. 3; Déjeant-Pons, 2007, S. 29). Die Untersuchung beruht auf Quellenauswertung (insbesondere Gesetze), Expert~innenbefragung und Auskünften, die zuständige Stellen der Mitgliedsstaaten des Europarats auf Anfrage erteilt hatten. Weitere Länderabfragen folgten (Council of Europe, 2002, 2007). Mit der Einrichtung der Konventions-Webseite können die Vertragsstaaten Angaben über ihre politische, gesetzliche, administrative und praktische Konventions-Umsetzung selbständig auf der Webseite der Landschaftskonvention (dort im *„Observatory"*) veröffentlichen. Es lassen sich verschiedene Entwicklungen erkennen: So hatten Ende der 1990er Jahre zehn europäische Länder den Belang Landschaft grundgesetzlich kodifiziert. Über speziell auf Landschaft bezogene Fachgesetze verfügten Frankreich, die Schweiz sowie die Republiken Tschechien und Slowakei. So gut wie alle Staaten hatten fachgesetzliche Regelungen mit Bezügen zu Landschaft getroffen, meistens ohne Landschaft zu definieren, so auch Deutschland (Council of Europe, 2002). Darüber hinaus nehmen im Laufe der Konventions-Umsetzung viele Länder gesetzliche Anpassungen vor. In mehreren Staaten Europas hat Landschaft nun konstitutionellen Rang, in Georgien, Italien, Malta, Portugal, Slowakische Republik und der Schweiz durch direkte Benennung, in Belgien und Makedonien durch Nennung von Begriffen wie Raum und Territorium, bei

---

[6] https://elcl6.coe.int/WebForms/Public_List.aspx (03.03.2020).

denen Landschaftsaspekte impliziert sind. In einigen Ländern ist Landschaft Teil konstitutioneller Kodifizierung des nationalen Kultur- und Naturerbes (z. B. Kroatien, Slowenien, Türkei) oder des Denkmalschutzes, des Umweltschutzes, usw. (z. B. Griechenland). Ebenso übernehmen nach Ratifizierung Vertragsstaaten Inhalte der Landschaftskonvention entweder als Text oder sie integrieren Inhalte sinngemäß in eigene Gesetze (Hierfür stehen Vorlagen des Europarats zur Verfügung). So gilt die Definition der Konvention in einigen Ländern grundsätzlich, etwa in Frankreich (Bruns & Leconte, 2016). In anderen Ländern wie etwa Irland wurde die Landschafts-Definition 2010 bei der Novellierung des „Planning & Development Act 2000–2013", in Belgien und Spanien in Gesetze über Kultur und Umwelt übernommen (Halvorsen Thorén & Jørgensen, 2016, S. 145).

Landschaftspolitik und -recht entwickeln sich in vielen Ländern Europas im Sinne der Konvention weiter. Mittlerweile finden sich verschiedenste Gesetze und Regelungen mit Angaben oder Bezügen zu Landschaft. Diese Regelungen prägen das politische und administrative Landschaftshandeln, wobei sich auf der Grundlage oben genannter Quellen grob vier Kategorien gesetzlicher Regelungen ausmachen lassen, die jeweils länderspezifische Landschafsauffassungen spiegeln (Prieur, 2005):

- Länder wie etwa Frankreich, Griechenland, Italien und Zypern, in denen das größte Gewicht auf landschaftlicher Schönheit, auf historisch- ästhetischen Qualitäten und dem kulturellen Erbe (einschließlich der Gartenkunst) liegt, nehmen Regelungen zu und über Landschaft in Baugesetzen sowie in Gesetzen zu Denkmalschutz und verwandten Bereichen wie des Kulturgüterschutzes vor, wobei, wie im Falle Frankreichs zu sehen, ein Auffassungswandel auch zu Verlagerungen in andere Regelungsbereiche wie zum Beispiel Umwelt führen kann;
- Länder, die bei ihrer Befassung mit Landschaft das größte Gewicht auf Naturschutz und die Sicherung herausragender Naturgebiete legen, wie etwa Dänemark, Deutschland (obwohl die ELC nicht ratifiziert ist), Estland, Irland, Kroatien, Luxemburg, Norwegen und Polen, nehmen landschaftsbezogene Regelungen meist in Naturschutz- und Umweltgesetzen und vergleichbaren Gesetzen vor;
- Länder, in denen Landschaft vorrangig als Teil menschlicher Umwelt bzw. Umgebung aufgefasst wird, und in denen kulturelle sowie natürliche Prägungen als gleichgewichtig angesehen werden, wie etwa die Niederlande, Frankreich, Rumänien und die Republik Slowakei, besitzen eigene Landschaftsgesetze oder integrieren Landschaft in Gesetze und Regelungen räumlicher Planung auf (z. B. Stadtplanung, Regionalplanung);
- Länder, in denen Landschaft traditionell Teil der Stadtplanung und Freiraumplanung sind, wie etwa Frankreich, Liechtenstein und Malta, integrieren Landschaft ebenfalls in Gesetze räumlicher Planung.

In mehreren Fällen ist Landschaft als eigener Belang einem Gesetz zugeordnet und in anderen Gesetzen aufgeführt, die Bereiche betreffen die Landschaft berühren oder die Wirkungen auf Landschaft entfalten. Die nachfolgende (unvollständige und oben genannten Quellen des Europarts entnommene) Auswahl zeigt, dass sich mit der Landschaftskonvention kompatible Definitionen und Regelungen häufig in Gesetzen mit Querschnittsaufgabe wie Planungs-, Bau-, Landschafts- und Umweltgesetzen finden, sowie auch in Fachgesetzen wie etwa des Natur- und Denkmalschutzes, des Natur- und Kulturerbes (Mehrfachnennungen deuten auf Verteilung von Zuständigkeiten auf mehrere Stellen hin):

- *Planungs- und Baugesetze:* Andorra, Dänemark, Finnland, Frankreich, Griechenland, Litauen, Malta, Niederlande, Norwegen, Polen, Portugal, San Marino, Schweden, Schweiz, Slowakische R., Slowenien, Türkei, Zypern.
- Gesetze für *Landschaftsentwicklung, Landschafts- und Gebietsschutz:* Frankreich, Georgien, Griechenland, Lettland, Litauen, Portugal, Rep. Makedonien, San Marino, Schweiz, Slowakische R., Vereinigtes Königreich.
- Gesetze für *Umwelt, Naturschutz:* Andorra, Armenien, Dänemark, Finnland, Frankreich, Griechenland, Kroatien, Litauen, Malta, Niederlande, Norwegen, Polen, Portugal, Rep. Makedonien, San Marino, Schweiz, Slowakische R., Schweden, Slowenien, Türkei, Ungarn.
- *Kulturelles Erbe, Denkmalschutz:* Frankreich, Georgien, Italien, Kroatien, Norwegen, Slowenien, Türkei, Ungarn.
- *Land-/Forstwirtschaft, Fischerei, Bergbau, u. a.:* Frankreich, Norwegen, Portugal, Schweiz.

5.3.2 Vier Umsetzungsbeispiele: Frankreich, Niederlande, Norwegen und Polen

5.3.2.1 Beispiel Frankreich

Ausgangspunkte französischer Landschaftspolitik sind im ausgehenden 20. Jahrhundert Diskussionen, die zu Gesetzen zum Schutz des Kultur- und Naturerbes und anschließend zu einem eigenen Landschaftsgesetz führten, das bei der Formulierung des Konventions-Texts Pate stand und in Frankreich als eine wichtige Voraussetzung für die Ratifizierung der Konvention gilt (Bruns & Leconte, 2016). Das Inkrafttreten der Landschaftskonvention erforderte in Frankreich keine starke Veränderung der Landschaftspolitik, sondern bedeutet vielmehr eine Stärkung der 1993 mit dem *Loi Paysage* umgesetzten Politik.

Ab den 1960er Jahren waren im Zuge internationaler Umweltschutzbewegungen zunächst Instrumente einer ökologisch orientierten Landschaftspolitik entwickelt worden, die 1976 zum Erlass eines ersten Naturschutzgesetzes führten. Anfang der 1980er Jahren setzt eine Politik der *„qualification"* (dieser Begriff findet sich in der Konvention wieder) nicht nur besonderer, sondern auch alltäglicher Landschaften *(paysages ordinaires)* ein, deren Ziel (unter anderem) die Steuerung der durch Flurbereinigung verursachten Landschaftsveränderungen in ländlichen Gebieten war (Donadieu, 2009). Diese Politik wird 1993 mit dem Gesetz *Loi Paysage*[7] (Landschaftsgesetz) kodifiziert; hiermit erweitert sich das Handlungsfeld französischer Landschaftspolitik auf Sicherung der Qualität und In-Wert-Setzung aller Landschaften als wichtiger Faktor der Lebensqualität aller Menschen. Durch Novellierung verschiedener Gesetze (v. a. Stadtentwicklungsgesetz[8] und Gesetz für Landwirtschafts- und Forstwesen[9]) werden Landschaftsbelange in Ressorts eingeführt, die die räumliche (also auch landschaftliche) Entwicklung eines Gebiets beeinflussen können (so z. B. Stadtentwicklung, Landwirtschaft, Umwelt, usw.). Es entwickelt sich eine Kultur territorialer Planungsprojekte und eine umfassende Landschaftspolitik, in der Landschaft als verschiedene Fachpolitiken zusammenführendes Konzept verstanden wird und in seiner Anwendung einem kohärenten öffentlichen Handeln dient (vgl. Labat & Aggeri, 2013). Die Zuständigkeiten hierfür sind auf verschiedene Ebenen verteilt (Vgl. hierzu Abschn. 2.4 und 6.2). Wichtige Instrumente sind *Plans de paysage,* die meist auf interkommunaler Ebene erstellt werden (z. B. Verwaltungsverbände, Kreise).

Seit etwa 2010 vollzieht sich ein landschaftspolitischer Wandel, der von einer Erweiterung des bisher gesellschaftlich und kulturell ausgerichtet Schwerpunkts um ökologisch orientiere Grundsätze. Das *Loi Paysage* von 1993 geht 2016 im *Loi Biodiversité* auf, welches zwar Landschaft ein eigenes Kapitel widmet, dieses aber dem Thema Biodiversität zuordnet. Schon im Jahr 2010 wurden mit dem Loi Grenelle II (auch *Loi no 2010-788 du 12 juillet 2010*), in dem Frankreichs Umweltpolitik kodifiziert ist, die bisherigen Schutzkategorien *Zones de Protection du Patrimonie Architectural, Urbain et Paysager* (ZPPAUP) durch Kategorien der Erhaltung und Aufwertung abgelöst, so genannte *Aires de mis en Valeur de l'Architecture et du Patrimoine* (AVAP), in deren Titel Landschaft dem Erbe-Begriff zugeordnet wird und Landschaft eigenständig nicht mehr vorkommt.

5.3.2.2 Beispiel Niederlande

Landschaftspolitik hat in den Niederlanden ihre Wurzeln im Naturschutz, in der Denkmalpflege und in der Architektur, sowie in der Raumordnung und traditionellerweise in der Flurbereinigung. Landschaftspolitik war in allen diesen Bereichen über längere Zeit so fest verankert, dass der Schritt der Ratifizierung 2005 keinen Anlass für längere Diskussionen bot. Es gab in den Niederlanden schon vieles, was die Landschaftskonvention vorschlug. Mit dem Raumplanungsgesetz von 2008 (Wet Ruimtelijke Ordering) ging kurz nach der Konventions-Ratifizierung die Hauptzuständigkeit für Landschaftsmanagement auf die kommunale Ebene über (Baas et al., 2011, S. 46), wo seitdem verstärkt sogenannte Landschaftsentwicklungspläne erstellt werden. Dabei ist die Öffentlichkeit intensiv eingebunden und es wird, ebenfalls unter Einbeziehung etwa Ortsansässiger,

---

[7] Loi n° 93–24 du 8 janvier 1993 sur la protection et la mise en valeur des paysages et modifiant certaines dispositions législatives en matière d'enquêtes publiques.

[8] Code de l'urbanisme.

[9] Code Rural.

großer Wert auf die Umsetzung der Pläne gelegt (Baas et al., 2011, S. 53). Im Jahr 2010 wurde Landschaftspolitik auf nationaler Ebene vollständig abgebaut, dereguliert und dezentralisiert, und damit auch die aktive Unterstützung der Entwicklung von Landschaftsentwicklungsplänen (Dessing & Pedroli, 2013).

5.3.2.3 Beispiel Norwegen

In Norwegen ist für die Landschaftskonvention und deren Umsetzung die Abteilung für Regionalplanung im Umweltministerium zuständig. Norwegen ist Teil der traditionell auf kommunale Entscheidungshoheit Wert legenden skandinavischen Planungskultur, und hier liegen langjährige Erfahrungen mit örtlicher Mitwirkung in Landschaftsangelegenheiten vor, etwa was interkommunale Abstimmung und Kooperation (bei großen Schutzgebieten und deren Finanzierung unabdingbar) oder die Einbeziehung von Grundbesitzer~innen und Nutzer~innen (einschließlich Erholung) angeht. Wichtig ist die Mitwirkung von Kreisen, die von Planung und Projekten betroffen sind, etwa bei kommunaler räumlicher Planung, sowie auch bei Naturschutzprojekte wie die Unterschutzstellung und das besondere Management großer Gebiete, einschließlich Nationalparks und geschützter Landschaften (Daugstad, 2011, S. 69–71). Die Landschaftskonvention hat im ganzen Land zur Entwicklung vieler „bottom-up"-Initiativen geführt, wie z. B. solcher mit Interesse an Regional-Parks. Regionale Regierungsstellen und Kommunen sind daran interessiert, integrierte und kooperative Planung im Sinne partizipativer Prozesse zu gestalten.

5.3.2.4 Beispiel Polen

Die Umsetzung der Landschaftskonvention in Polen steht hier als Beispiel für Länder, die Anfang dieses Jahrhunderts der EU beigetreten sind und damit eine große Umwälzung politischer und planungspraktischer Gepflogenheiten erlebt haben. Wirtschaftlicher Aufschwung, die Stärkung der Regionen und ein liberaler Grundstücksmarkt bilden den Rahmen für die Umsetzung der (2004 ratifizierten) Konvention, wofür das Umweltministerium zuständig ist. Zunächst gab es keine systematisch anwendbaren Instrumente für den Schutz, das Management und die Planung von Landschaften (Kenzler, 2007, S. 50). Seit Mai 2015 gilt ein neues Gesetz, das sogenannte Landschaftsgesetz. Dieses Gesetz führt als neues Instrument die „Landschaftsprüfung" (oder Landschaftsaudit) ein, dass auch der Landschaftsidentifikation und Landschaftsanalyse dient. „Landschaftsprüfungen" werden für Gebiete von Woiwodschaften (mindestens alle 20 Jahre) erarbeitet. Polen hat keine mehrjährige landschaftspolitische Tradition, kann aber auf lange Erfahrungen mit der Identifikation und Analyse von Landschaften zurückgreifen; frühe Aufnahmen stammen aus den 1950er Jahren. Später erschien ein „Landschafts-Atlas der Republik Polen". Zunehmend geht es auch um die Definition von Landschaftsqualität-Ziele n, beginnend mit den sogenannten „Red Books of Landscapes of Poland" (ohne Rechtskraft), sowie weiteren auf praktische Anwendung hin orientierten Arbeiten (Majchrowska,

2011, S. 92–94). Aufgaben im Sinne der Landschaftsplanung werden bisher durch Instrumente der Raumplanung realisiert. Die Raumplanung übernimmt auch die Bestimmungen beispielsweise von Naturschutz-Zielen und berücksichtigt dabei Informationen und Schlussfolgerungen aus so genannten *opracowanie ekofizjograficzne,* wörtlich übersetzt ökophysiografische Dokumentation. Beiträge zur Inwertsetzung von Kulturlandschaften werden in einzelnen Pilotprojekten geleistet. Dies gilt für alle Kulturparke in Polen (z. B. Wilanowski Park Kultury), für historische Denkmäler (z. B. Grünwald – das Schachtfeld, vor kurzem revitalisiert), für manche Landschaftsschutzparks, z. B. Nadbużański Landschaftsschutzpark, die Dezydery Chłapowski Landschaftspark, sowie auch für manche Nationalparks. Behandlung und Management von Kulturlandschaften sind vor allem durch das Denkmalschutzgesetz, teilweise aber auch durch das Naturschutzgesetz und das Raumplanungsgesetz geprägt.

5.3.3 Administrative Aktivitäten; Zuständigkeit für Landschaft

Je nach politischer und rechtlicher Einordnung sind in den europäischen Ländern hauptsächlich folgende Ressorts für Landschaft zuständig (Council of Europe, 2002, 2007):

- *Planung, Wirtschaft, Nachhaltige Entwicklung:* Georgien, Griechenland, Lettland, Malta, Portugal, R. Makedonien, Slowenien, Ungarn, Zypern.
- *Umwelt, Landschafts-/Naturschutz:* Andorra, Armenien, Belgien, Dänemark, Finnland, Frankreich, Griechenland, Lettland, Litauen, Malta, Niederlande, Polen, R. Makedonien, Schweden, Schweiz, Slowakische R., Slowenien, Ungarn, Vereinigtes Königreich, Zypern.
- *Land-/Forstwirtschaft, Fischerei, Infrastruktur:* Andorra, Niederlande, Polen, Rumänien, Schweiz.
- *Kultur, Denkmalschutz:* Belgien, Italien, Polen, Rumänien, Ungarn.

Teilaufgaben können ergänzend in Zuständigkeitsbereiche weiterer Ressorts fallen, zum Beispiel, wenn für räumliche Planung zuständige Ministerien Abstimmungen mit Ministerien und Sachgebieten herbeiführt die für Wirtschaft, Kultur, Umwelt, Landwirtschaft, usw. zuständig sind. In einigen Fällen werden, wie etwa in Italien, Lettland und Malta, Landschaftsbelange im Innen-, Umwelt- oder Wirtschaftsministerium gebündelt, während Teilaufgaben bei Ressorts wie etwa Kultur- und Denkmalschutz oder Nachhaltige Regionalentwicklung bleiben.

Je nach Größe und politischer Tradition besitzen einzelne Länder regionale Gliederungen (z. B. Autonome Provinzen in Italien, Spanien und Portugal, Dreigliederung Belgiens, Provinzen der Niederlande, Woiwodschaften Polens, Kantone der Schweiz), oder sie ziehen regionale Verwaltungsstrukturen zwischen staatlicher und kommunaler

Ebene ein, die sie entweder bei Regionen (z. B. Finnland, Frankreich, Griechenland, Italien, Lettland, Litauen, Slowakische R.) oder Kreisen ansiedeln (z. B. Dänemark, Kroatien, Norwegen, Schweden) bzw. die NUTS-Ebenen der EU. Auf diese Weise werden Zuständigkeiten im Sinne des Subsidiaritätsprinzips auf den Bürgerinnen und Bürgern jeweils nächst möglichen Ebenen verortet. (Inter-)Kommunale Zuständigkeiten für Landschaft finden sich nicht in allen aber doch den meisten Ländern, so z. B. in Andorra, Belgien, Dänemark, Finnland, Frankreich, Griechenland, Italien, Lettland, Litauen, Niederlande, Norwegen, Polen, Portugal, Schweiz, Slowakische R., Slowenien, Ungarn und im Vereinigten Königreich.

Die Koordination von Aufgaben der Landschaftskonvention kann als *Querschnittsaufgabe mit Regelung der Federführung* festgelegt werden, wie zum Beispiel in Frankreich, Griechenland, Kroatien, der Schweiz und der Tschechischen Republik. In Frankreich wird die Landschaftspolitik federführend vom Ministerium für Umwelt getragen, dass auch für die Bereiche Energie, Bauen, Stadtplanung, Mobilität und weitere zuständig ist. Durch Anpassung in verschiedenen Gesetzen wie insbesondere solchen für Stadtplanung und Landwirtschaft wird Landschaft auch hier als Querschnittsaufgabe definiert. Die Tschechische Republik hat federführend eine interministerielle Kommission für die Umsetzung der Europäischen Landschaftskonvention etabliert, in der fünf gemeinsam für die Konvention zuständige Ministerien mit je einem Staatssekretär vertreten sind. Diese Kommission tritt im Abstand von drei bis vier Monaten zusammen, um über die Umsetzung der Landschaftskonvention im eigenen Land zu beraten und entsprechende Informationen auszutauschen (CoE, 2017). Nachgeordnet ist eine *querschnittsorientierte Verwaltungsstruktur,* etwa die Benennung der Landschaftsbelange koordinierenden Stellen und die Festlegung der Zuständigkeiten verschiedener fachlicher Stellen, Behörden, Ämter, usw. Damit solche öffentlichen (staatlichen und kommunalen) Stellen koordiniert arbeiten können, werden Programme und formelle Pläne mit Bezug auf Landschaft verabschiedet und dienen als gemeinsame Plattform, wie z. B. Landesentwicklungsstrategien, Landschaftsprogramme, Haushaltspläne, Lehrpläne von Bildungseinrichtungen, Kampagnen für Aufklärungsarbeit und öffentliche Bewusstseinsbildung, usw.

5.3.4 Handlungsauftrag 3: Regeln für Verwaltungsverfahren mit öffentlicher Mitwirkung (Artikel 5)

Mit Ratifikation der Konvention müssen Vertragsstaaten „Verfahren für die Beteiligung der Öffentlichkeit, der Kommunal- und Regionalbehörden und anderer Parteien" einführen, „die ein Interesse an der Festlegung und Umsetzung der ... auf den Schutz, die Pflege und die Gestaltung der Landschaft ausgerichtete Landschaftspolitik" haben. Die Landschaftspolitik wird „von den zuständigen staatlichen Stellen formuliert", die auch dafür verantwortlich sind, die im Rahmen öffentlicher Beteiligung und Konsultation „formulierten Ansprüche der Öffentlichkeit an die Landschaftsmerkmale ihrer Umgebung" und „unter Berücksichtigung der ihnen von den interessierten Parteien und der betroffenen Bevölkerung zugeschriebenen besonderen Werte" zu „formulieren" (Artikel 1; Artikel 5 C und D). Vertragsstaaten sind im Rahmen oben aufgeführter Aufgabenbeschreibung in der Ausgestaltung von Verfahrensregeln frei, müssen sich bei der Aufstellung von Regeln für öffentliche Mitwirkung allerdings nach weiteren Vorgaben richten.

In vielen öffentlichen Verfahren spielt Landschaft eine Rolle, etwa bei Verfahren der Gesamtplanung, der Entwicklungsplanung und Zulassungsverfahren (z. T. mit Umweltprüfung). Öffentliche Mitwirkung und die Mitwirkung verschiedener Träger öffentlicher Belange sind regelmäßig Teil solcher Verfahren. In verschiedenen Ländern haben sich für verschiedene Verfahren je eigene Mitwirkungsregeln etabliert. Dabei eingeführte Begriffe wie „Öffentlichkeitsbeteiligung", „Bürgerbeteiligung" und „Partizipation" finden nachfolgend nur so weit Verwendung, wie sie aufgrund gesetzlicher Festschreibung unumgänglich sind oder Teil von Zitaten sind (Fürst & Scholles, 2008, darin: Partizipative Planung, S. 161–178; Selle, 2005, S. 33–74). Verwendet findet hier der Begriff „Öffentliche Mitwirkung", denn an Entscheidungen über die Qualität ihrer Umgebung wirkt die Bevölkerung mit, sind mehr als nur „Beteiligte" und „Partizipierende", oder etwa „Betroffene" (Säck-da Silva, 2009).

Einen verbindlichen Rahmen für Verfahren setzt die in EU-Mitgliedsländern geltende Århus-Konvention. Mit der Zweckbestimmung, die Mitwirkung und Übernahme von Mitverantwortung in Bezug auf Umwelt rechtlich abzusichern, haben in der UNECE organisierte Staaten im Juni 1998 die Århus-Konvention (auch: Aarhus-Konvention) beschlossen (vgl. Abschn. 5.3.4). Mit der Århus-Konvention gelegte Rechtsgrundlagen sind auf den Belang Landschaft unmittelbar anzuwenden, denn der Umwelt-Begriff nach EU-Recht schließt den gesamten Lebensraum von Menschen mit Bevölkerung, Gesundheit, kulturelles Erbe und Landschaft ein (vgl. Anhang I der EU-Richtlinie 2001/42/EG über die Prüfung der Umweltauswirkungen bestimmter Pläne und Programme). Die Anwendung dieses „weiten" Umweltbegriffs der EU erfordert Anpassungen staatlichen Umweltrechts, falls dort „engere" Umweltbegriffe verwendet werden, falls etwa, wie in Deutschland, eine Engführung auf „natürliche Lebensgrundlagen des Menschen" erfolgt (vgl. Bundes-Naturschutzgesetz), und wenn zusätzlich Landschaft nicht als Teil menschlicher Lebensqualität, sondern als ein „Schutzgut" geführt wird, also als Begriff in dem die Besorgnis um Gefährdungen (durch Menschen) zum Ausdruck kommt.

Die Århus-Konvention gliedert sich in drei Teile, die als „Drei Säulen" bekannt sind: „Zugang zu Informationen", „Öffentlichkeitsbeteiligung an Entscheidungsverfahren" und „Zugang zu Gerichten in Umweltangelegenheiten". Die Europäische Union hat diese Konvention durch Erlass mehrerer Rechtsakte umgesetzt. Hierzu gehören die „Umweltinformationsrichtlinie" (Richtlinie 2003/4/EG vom 28. Januar 2003), die „Öffentlichkeitsbeteiligungsrichtlinie" (Richtlinie 2003/35/EG vom 26. Mai 2003) und die „Richtlinie über die Prüfung der Auswirkungen bestimmter Pläne und Programme" (Richtlinie 2001/42/EG vom 27. Juni 2001). Mitgliedsstaaten der EU haben zur Umsetzung dieser Richtlinien nationale Rechtsvorschriften erlassen. Zum Beispiel trat in Deutschland auf nationaler Ebene am 14.02.2005 das Umweltinformationsgesetz in Kraft (UIG); am 9. Dezember 2006 wurden das Öffentlichkeitsbeteiligungsgesetz und das Umweltrechtsbehelfsgesetz beschlossen, 2013 das Verwaltungsverfahrensgesetz angepasst (§ 25 VwVfG).[10]Hiermit stehen starke Instrumente öffentlicher Mitwirkung zur Verfügung: Erstens hat jede Person (in Deutschland gemäß UIG und weiteres Landesrecht) Anspruch auf freien Zugang zu jeweils verfügbaren Umwelt-Informationen; dementsprechend besteht das Recht auch auf Landschaftsbezogenen Informationen, um das damit verbundene Landschaftswissen öffentlich verfügbar zu machen. Es besteht zweitens das Recht auf öffentliche Mitwirkung an der Vorbereitung und Verhandlung von Verfahren zu Programmen, Plänen und Projekten, die Landschaft betreffen und sich landschaftsverändernd auswirken können. (In Bezug auf Landschaft können Erweiterungen der national bestimmten Anwendungsbereiche nötig sein; so beschränkt zum Beispiel das deutsche Recht öffentliche und zum Teil auch behördliche Mitwirkung auf die Zulassung nur bestimmter umweltbedeutsamer Vorhaben sowie bestimmter Pläne und Programme.) Auch das Planungs- und Baurecht enthält Mitwirkungsregeln, die auf Landschaft anzuwenden sind. Drittens bestehen zur wirksamen Durchsetzung der erstgenannten Rechte einige Rechtsschutzmöglichkeiten für Personen und Verbände, nicht zuletzt um sich Gerichtszugang zu verschaffen, um sich Zugang zu Informationen und Entscheidungsverfahren nötigenfalls gerichtlich zu verschaffen, und um Verstößen gegen sonstige auf Umwelt – hier Landschaft – bezogene Vorschriften gerichtlich nachzugehen.

Spezifisch auf Landschaft bezogene Verfahrensregeln haben einzelne Länder erlassen. Sie finden sich zum Beispiel in Frankreich in Handreichungen zur Erarbeitung von Landschafts-Atlante, zum Betrieb von Landschafts-Observatorien und zur Erarbeitung von *plan de paysage* (Vgl. Abschn. 2.4). Solche Regeln stellen sicher, dass Stellen und Personen an Handlungen im Sinne der Konvention beteiligt werden, die ein Interesse an Landschaftspolitik und an der Umsetzung der Ziele der Landschaftskonvention haben. Die Regeln sehen verschiedene Formen von durch Behörden geleitete und organisierte Beteiligungs-Prozessen vor, wobei über jeweils erreichte Beteiligungsgrade Rechenschaft abzulegen nicht verlangt wird. Allerdings müssen sich die Vertragsstaaten in der Praxis den Herausforderungen öffentlicher Mitwirkung sowohl im Rahmen formeller Verwaltungsverfahren als auch informeller Prozesse stellen. Solchen Herausforderungen muss sich auch die Praxis in Frankreich stellen. So ist das Einbeziehen der Bevölkerung im Sinne von Partizipationsprozessen ein wichtiges Kriterium bei der Vergabe von Zuschüssen im Rahmen der ministeriellen Ausschreibung von *plan de paysage*.

---

[10] https://www.bmu.de/themen/bildung-beteiligung/umweltinformation/aarhus-konvention/ (20.11.2019).

5.4 Bewusstsein stärken

Mit Artikel 6 A verpflichten sich die Vertragsparteien (Europarat und Staaten), „in der Zivilgesellschaft, bei privaten Organisationen und bei staatlichen Stellen" das Bewusstsein für den a) Wert von Landschaften, b) die Landschaften zukommende Rolle und c) die Veränderungen, denen sie unterworfen sind, *zu stärken und zu schärfen.*

Um Landschaftsbewusstsein zu wecken und wach zu halten, spricht die Landschaftskonvention den Handlungsauftrag zur vorsorgender Bewusstseinsbildung und Sensibilisierung aus. Sie richtet diesen Auftrag an zivilgesellschaftliche und private Organisationen, und an öffentliche Stellen. Ihnen fällt die Aufgabe zu, uns aus der „Alltagsträgheit" zu holen, eben bevor die sprichwörtlichen „Bagger anrollen" (Bruns, 2016a). Bewusstseinsbildung, Sensibilisierung und Aufklärung bedürfen der Vorbereitung und organisierten Durchführung. Private Initiativen, Verbände, Vereine, staatliche Behörden und kommunale Ämter sind hierzu grundsätzlich in der Lage:

1) Bürgerinitiativen organisieren sich zwar meistens als Reaktion auf Veränderungen, können aber z. B. durch Aufklärungskampagnen zum Gesundheitsschutz auch vorsorgend aktiv sein;
2) Verbände sensibilisieren Menschen für Beziehungen zwischen biologischer Vielfalt und Erscheinungsbild von Wald, Flur und Stadt durch Aufklärungskampagnen, wie z. B. Teilnahme an Vogel- und Insektenzählungen, Exkursionen, Veranstaltungen, Broschüren, usw.;
3) Verbände, staatliche und kommunale Stellen können gemeinsam Projekte durchführen und Menschen für Landschaft durch ehrenamtliches Engagement publikumswirksam sensibilisieren, wie z. B. im Rahmen einer „Kulturlandschaftsinventarisierung" (Stegman, 2014).
4) Kommunale Ämter können im Rahmen von Projekttagen gemeinsam mit Kindergarten, Schulen und Vereinen Landschaftsbewusstsein fördernde Aktionen wie Fotowettbewerbe durchführen und über deren Ergebnisse publikumswirksam berichten;
5) Um Landschaftswissen breit zu streuen, können durch Kommunen getragene Touristikverbände Akteure aus den Bereichen Land- und Forstwirtschaft, Hotelgewerbe und Landschaftspflege in Vor-Ort-Seminaren zu „Landschaftsführern" ausbilden, die – etwa auf geführten Wanderungen – dazu beitragen bei Gästen und Ortsansässigen ein „erweitertes Landschaftsbewusstsein zu entwickeln" (Gemeinde Eichstetten, 2004, S. 4).

5.4.1 *Beispiel für Bewusstseinsschärfung*, Gletscherweg Morteratsch, Schweiz

Seit Langem im Angebot kommunaler und regionaler Stellen sind so genannte „Lehrpfade". Das Beispiel ‚*Gletscherweg Morteratsch*' verbindet Angebote vor Ort mit Internet-basierten Ressourcen, und es ermöglicht Landschaftsveränderungen aus materieller und gesellschaftlicher Perspektive synoptisch wahrzunehmen (Pontresina Tourist Information, 2020b). So stehen an 16 Haltepunkten Stelen mit Bildern und Texten bereit, welche entlang des Weges über Gletscherdynamik und das gesellschaftliche Leben im Lauf dieser Zeit informieren und entsprechend eine synoptische Darstellung des gemessenen Zurückweichens des Gletschers und von sozialen Entwicklungen während dieser Zeit bieten. Die Bernina-Glaciers-App bietet dazu Audiotexte, die per Smartphone zu hören sind (Pontresina Tourist Information, 2020a). Die Audiotexte können einzeln mittels QR-Code bei den 16 Informationsstelen abgerufen werden. Die Geschichten erzählen Anekdoten, Gedichte und Tour-Berichte aus verschiedensten Zeitepochen. Auch Kinder können teilnehmen, indem sie den Geschichten des Morteratsch-Kinderbuchs und dem Gletschergeist „Sabi" folgen und dabei ihrerseits eigene Eindrücke sammeln.

5.4.2 Bewusstseinssteigerung im Rahmen öffentlicher Mitwirkung

Möglichkeiten zur Steigerung des öffentlichen Landschaftsbewusstseins bieten sich im Rahmen von Sensibilisierungs- und Bildungsmaßnahmen, etwa im Zusammenhang mit dem Landschaftspreis des Europarats (siehe Beispiel unten). Wirkungsvoll lassen sich die in Abschn. 5.6 bis 5.8 beschriebenen Vorgehensweisen der Analyse, Beurteilung und Entwicklung von Landschaften mit Angeboten zur Steigerung des Landschaftsbewusstseins verbinden. Die laufende Beobachtung des Landschaftswandels in der persönlichen Umgebung und die Mitwirkung an Planungen für Landschaftsveränderungen kann eine wichtige Rolle spielen, denn der Bezug zur Alltagslandschaft ist für die meisten Menschen besonders eng mit persönlichen Werten und Anforderungen verknüpft.

Öffentliche Mitwirkung bei der Beschaffung und Sammlung von Landschaftsinformationen kann für das Wecken und Steigern öffentlichen Bewusstseins in Bezug auf Landschaft und für öffentliche Kommunikation über Landschaft genutzt werden. So werden in Frankreich die *Atlas de paysage* vermehrt online in der Form einer eigenen Internet-Seite erstellt, um einen leichten Zugang zur Landschaft der Umgebung zu ermöglichen. Auch während des Prozesses des Erstellens von Landschafts-Atlanten spielt Bewusstseinsbildung eine große Rolle (vgl. Abschn. 5.6). Über die Umsetzung von demokratischen Prinzipien und die In-Wert-Setzung lokalen Wissens hinaus tragen Partizipationsprozesse auch dazu bei, kollektives Bewusstsein und Identifikation für Landschaft zu erhöhen.

Der Europarat unterstützt Vertragsstaaten der Landschaftskonvention bei deren Bemühungen um Bewusstseinsbildung und Sensibilisierung durch zwei Instrumente, nämlich den jährlich zu vergebenden Landschaftspreis des Europarats und die hierfür geschaffenen Sachverständigenausschüsse und Jurys. Zudem regt sie öffentliche Veranstaltungen zur Sensibilisierung für Landschaft an, wie die Schaffung und Durchführung eines „Tags der Landschaft", oder werbewirksame Ideen wie „Levande Landskap" (Schweden). Öffentlichkeitswirksam sind die Durchführung und Verleihung eines Landschaftspreises.

5.4.3 Beispiel Landschaftspreis Rouen, Frankreich

Die Verleihung des Landschaftspreises geht an kommunale und regionale Gebietskörperschaften, an von ihnen gebildete Zusammenschlüsse, sowie an nichtstaatliche Organisationen, wenn diese in ihrer Politik und ihren Maßnahmen in nachhaltig wirksamer Weise beispielgebend zum Landschaftshandeln beigetragen haben. Einzelne Länder können das Prinzip des Landschaftspreises aufgreifen und selbst Preise ausschreiben. Am Beispiel *„Grand prix national du paysage 2018"* lässt sich die praktische Umsetzung veranschaulichen. In diesem Beispiel geht es um Gestaltung des linken Seine-Ufers in Rouen, Frankreich.[11]

Das Projekt wurde im Rahmen westlicher Stadterweiterungen in einem ehemaligen Industrie- und Hafenviertel aufgelegt. Stadtpolitische und planerische Ziele dabei waren die Verbindung der Stadt mit dem Fluss, die Seine, die Öffnung und Erschließung des linken Seine-Ufers, sowie die damit einhergehende In-Wert-Setzung eines starken natürlichen Potenzials der Entwicklung von Ufer und Fluss. In Zusammenarbeit zwischen der Stadt und zwei Landschaftsarchitektur-Büros (Atelier Jacqueline Osty und Atelier In Situ) wurden das alte Hafen-Viertel als eine 3 km lange Promenade entlang des Flusses umgestaltet. Durch die differenzierte Gestaltung in drei Abschnitten sollte der Übergang zwischen einer naturbelassenen und einer durch Industrie geprägten Landschaft geschafft und somit Kultur und Geschichte mit Natur verbunden werden. Die gestaltete Fläche soll nicht ausschließlich als Promenade dienen, sondern sie wird auch als ein städtischer Park verstanden, der diverse Nutzungen erlaubt. Dies gelingt durch die Gestaltung und die Ausstattung des Parks mit verschiedenen urbanen Sport- und Spielanlage: Skate-Park, Fitness-Parcours, Kinderspielfläche aber auch Liegewiesen. Promenade und Park bilden somit eine Erweiterung der Stadt in Sinne einer neu gestalteten urbanen Landschaft.

Mit der Verleihung des *Prix du paysage* an dieses Projekt hebt die Jury hervor, wie hiermit Sensibilisierung und Bewusstseinsbildung für den Ort als Landschaft gelungen ist. Besonderes gelobt wird einerseits der starke politische Rückhalt und das Engagement der kommunalen und lokalen Entscheidungsträger~innen, und anderseits die Bewusstseinsbildung bei den Stadt-Bewohnern durch die Erschließung des Flussufers und die neu

---

[11] Link zum Video: https://www.youtube.com/watch?v=zkWBpTDYad0; zuletzt zugegriffen am 09.11.2020.

geschaffenen Nutzungsmöglichkeiten im Rahmen einer Landschafts-Gestaltung, die den sowohl natürlich als auch kulturell geprägten ‚Genius loci' (im Sinne von *identité*) des Ortes sowie seine Entstehungsgeschichte hervorhebt.

Außerdem soll der Preis das Projekt als Vorzeige-Beispiel für andere Städte und Gebiete in Frankreich dienen und diese dazu bewegen, Stadt- und Regionalentwicklung im Sinne des in Rouen entwickelten landschaftlichen Ansatzes zu denken und Entwicklungsflächen diesem Ansatz entsprechend zu gestalten und dabei auf Sensibilisierung und Bewusstseinsbildung bei Entscheidungsträger~innen und lokalen Akteuren besonders Wert zu legen. Die Jury hebt in diesem Zusammenhang die Bedeutung erfolgreicher Zusammenarbeit zwischen Stadt und Landschaftsarchitekt~innen im Rahmen einer städtebaulichen und landschaftlichen Planung als besonders wichtig hervor.

Um erfolgreich und breit Wirkung zu entfalten, kommt es bei öffentlichen Gestaltungswettbewerben und Vergaben von öffentlicher Projekte an private Unternehmen darauf an, alle Schritte mit interessierten Bürgerinnen und Bürgern in verständlicher Weise zu kommunizieren und dabei gegebene Mitwirkungsmöglichkeiten aufzuzeigen.

5.5   Ausbildung, Bildung und Schulung

Die Landschaftskonvention fordert Vertragsparteien zur Förderung von Ausbildung, Bildung und Schulung in Bezug auf Landschaft zu fördern, und zwar insbesondere (Art. 6 B; vgl. auch „Explanatory Report") die Ausbildung und Schulung von Fachleuten für die Beurteilung von Landschaften und für sonstige auf Landschaft bezogene Tätigkeiten *(„operations");* multidisziplinär ausgerichtete Schulungen in Landschaftspolitik, Landschaftsschutz, Landschaftsmanagement und Landschaftsplanung/-gestaltung für private und öffentlich tätige Fachleute, sowie für mit Landschaft befasste Verbände; ebenso wie Hochschul-Studiengänge, die sich in einschlägigen Fächern und Fachrichtungen mit landschaftsbezogenen Werten sowie mit Fragen und Aufgaben des Schutzes und Managements, sowie der Planung und Entwicklung von Landschaften befassen. Zu den verschiedenen Punkten im Einzelnen:

5.5.1 Fachausbildung und -schulung

Die Aufgabe fachlicher Ausbildung und Schulung findet in Hochschulen (dazu siehe unten) und im Rahmen betrieblicher Ausbildung (Duales System), als Referendariat, im Zuge von Fort- und Weiterbildung, usw. statt. Darüber hinaus gibt es wenige Angebote, deren Ziel es ist Menschen zu bewusstem Landschaftshandeln zu befähigen, wie zum Beispiel zu aktiver Mitwirkung bei Planungen und Projekten. Denn Landschaftshandeln kann – demokratischen Prinzipien entsprechend – nicht alleinige Aufgabe einzelner Spezialist~innen für Archäologie, Geschichte, Geographie, Kulturelles Erbe, Ökologie, usw. sein. Doch öffentlich Mitverantwortung zu übernehmen und bei Landschaftshandeln aktiv mitzuwirken muss gelernt sein. Dieses Lernen zu ermöglichen kann Aufgabe etwa stadtteilnaher Volkshochschulen und privater Einrichtungen zur Erwachsenenbildung sein.

5.5.2 Aus-, Fort- und Weiterbildung

Für Landschaftspolitik, Landschaftsschutz, Landschaftsmanagement und Landschaftsplanung zuständige Mitglieder verschiedener öffentlicher und privater Körperschaften, werden Fort- und Weiterbildungsangebote gemacht. Sie richten sich z. B. an gewählte Politiker~innen, an Mitarbeiter~innen in Behörden und Ämtern, sowie an Mitglieder von Körperschaften, Verbänden (z. B. Planungsverbände, Berufsverbände, Kammern, Tourismusverbände) oder an Personen die in Bereichen wie Landwirtschaft, Industrie oder Bauwesen tätig sind, sowie an verschiedene zivilgesellschaftliche Organisation (z. B. Vereine, Nichtregierungsorganisationen, Bürger-Initiativen).

Im Schulunterricht spielt das Thema Landschaft unterschiedliche Rollen; es gibt Bildungsangebote über Landschaft (z. B. über Landschaftswandel und Dynamik lernen), in der Landschaft (z. B. Umgebung sehen und spüren lernen, empirische Kompetenz erwerben), und für Landschaft (z. B. Motivation zur Übernahme von Verantwortung für Landschaft aufbauen). Dabei sind viele Lehrmittel auf Vergangenheit und Gegenwart, wenige in die Zukunft gerichtet. Inhaltlich geht es weniger um emotionale und persönliche Zugänge zu Landschaft, sondern mehr um rationale Zugänge (Castiglioni, 2012). Zum Beispiele kommt im Schweizer Kanton Aargau als Lehrmittel das Buch „Landschaftswandel – Werkzeuge zum Messen und Bewerten von Veränderungen in der Landschaft" (Stirnemann & Sauerländer, 2000) zum Einsatz, das junge Menschen bereits in der Schule für das Thema Landschaft sensibilisiert (Ewald, 2000), dies vor allem über „Messen und Bewerten", weniger im Sinne von „Wahrnehmen" (Fontaine, 2018; Kühne, 2008a).

5.5.3 Fachausbildung

Expert~innen für die Analyse und Beurteilung von Landschaften sowie für Schutz, Management, Planung und Entwicklung von Landschaften können verschiedenen Disziplinen angehören. Umfassende Ausbildungen, die alle genannten Aufgaben und Handlungsaufträge einschließen, bieten Studiengänge insbesondere der Landschaftsarchitektur und der Landschaftsplanung an; Hochschul- und Berufsverbände habe entsprechende Vorgaben erlassen (Bruns et al., 2010). Studiengänge dieser Fachrichtungen finden sich in allen europäischen Ländern (Sarlöv-Herlin, 2012). Die Landschaftskonvention ist nach 20 Jahren Anwendung in einschlägigen Curricula verankert. Der Erwerb kommunikativer Kompetenz und das Erlernen und Einüben partizipativer Methoden ist Bestandteil dieser Curricula (Bruns, 2012), um Studierende auf die Bewältigung von Herausforderungen vorzubereiten, Kenntnisse über Landschaftswahrnehmung und im Alltag relevante Landschaftswerte einzuholen und in Schutz, Management, Planung und Entwicklung von Landschaften einfließen zu lassen (vgl. Prieur & Durousseau, 2006; Jones, 2007). Auch in anderen fachlichen Kontexten finden sich Inhalte zum Thema Landschaft (etwa in der Geographie, der Landschaftsökologie, der Biologie), wenngleich der Fokus hier fachspezifisch eher auf Analyse bzw. Reflexion, denn auf der Bewertung liegt.

5.5.4 Beispiel Frankreich

In Frankreich sorgt das Ministerium für Umwelt für Ressorts übergreifende Berücksichtigung der Landschaft im öffentlichen Handeln und macht hierfür Bildungs- und Fortbildungsangebote. Dies geschieht einerseits durch die politische Unterstützung und Profilierung des Berufsfeldes des Landschaftsarchitekten, sowie durch die offizielle Anerkennung deren Interessen koordinierende Rolle in den Bereichen der Stadt- und Regionalentwicklung, und zwar sowohl in Bezug räumliche Planung, als auch bei Projekten und Landschaftsgestaltung als *„cadre de vie"* (Lebensumfeld, Lebensqualität, Qualität räumlicher Umgebung). Ein durch das Ministerium koordinierte Netzwerk, das *réseau des écoles du paysage,* bildet der Rahmen für Austausch und Zusammenarbeit zwischen den Hochschulen für Landschaftsarchitektur und Planung. Zum Beispiel geschieht dies in Form studentischer Workshops, Doktoranden-Kolloquien *(Journées doctorales du paysage),* und Treffen zwischen Hochschul-Leitungen und -Verwaltungen auf nationaler Ebene („Journées des écoles du paysage"). 2016 ist durch Inkrafttreten des *„Loi Biodiversité",* welches den neuen Titel *„paysagiste diplômé d'état"* enthält, ein wichtiger Baustein zur weiteren Profilierung des Berufs der Landschaftsarchitekten erfolgt.

Nicht nur für die Hochschulen für Landschaftsarchitektur ist das Ministerium ein wichtiger Ansprechpartner in Bezug auf Landschaft. Im Rahmen der sogenannten *Journées des paysages* treffen sich Landschaftsarchitekt~innen mit mehreren für Landschafts-Belange zuständigen Verwaltungen auf nationaler und lokaler Ebene, sowie auch mit Kommunal-Politiker~innen, um sich über auf Landschaft bezogene Themen und über Projekte aus der Praxis auszutauschen. Expert~innen aus den *école du paysage* werden dazu eingeladen, den Austausch zu moderieren und die Verbindung mit Forschung und Lehre zu gestalten. Ziel solcher Seminare ist es, einen Austausch zwischen unterschiedlichen Akteuren Frankreichs im Bereich Landschaft zu begünstigen, und eine Diskussion über Erfolge und Herausforderungen der Umsetzung von Zielen der Landschaftskonvention zu herbeizuführen. Zentrale Themen sind zum Beispiel Planungs-Methoden und Instrumente wie *plan de paysage, atlas de paysage, observatoires photographiques du paysage,* etc. Brücken werden auch geschlagen zwischen dem Thema Landschaft und weitere planungsbezogene Themen wie zum Bespiel Erneuerbare-Energie, Partizipation, Mobilität, etc. Ziele dieser Gesamtpolitik in Bezug auf Landschaft sind vor allem:

- gute Vernetzung zwischen Bildungseinrichtungen zu ermöglichen,
- gute Vernetzung zwischen Forschung und Praxis aufzubauen,
- gemeinsame Identität von auf Landschaft gerichteten Berufsfelder aufbauen,
- Ziele und Definitionen der ELK im praktischen Landschaftshandeln stärken,
- Studierenden die Möglichkeit zu geben, möglichst früh in Kontakt mit der Praxis zu treten,
- Sensibilisierung der Verwaltung für die Definitionen und Ziele der ELK, sowie für Möglichkeiten ihrer praktischen Umsetzung.

5.6 Beschreibung, Analyse und Beurteilung von Landschaften

5.6.1 Vorlagen und Vorbilder

Ende der 1990er Jahre, als die Landschaftskonvention konzipiert wird, schreiben die Autor~innen der Konvention in den Text eine ihnen geläufige Vorgehensweise ein und verwenden dabei mehrere Begriffe, die in damals etablierten methodischen Repertoires mit bestimmten Inhalten (auf Grundlage eines positivistischen Wissenschaftsverständnisses) verbunden waren:

- Die *Identifikation* von Landschaften erfolgt meist unter Bezugnahme auf geodätische und geografische Grundlagen; „Landschaften" werden anhand (überwiegend) geomorphologischer, bio-physischer und Nutzungsmerkmale als *„areas"* abgegrenzt und diese in Karten dargestellt, etwa in „Landschaftsatlanten", „Katastern", „Raumgliederungen", usw. Üblich war, anhand von Ähnlichkeiten verschiedene Klassifizierungen und Typisierungen vorzunehmen, sowohl für regionale und nationale Bezugsräume, als auch für Europa insgesamt (Meeus et al., 1990).
- Die *Beschreibung und Analyse* von Landschaften erfolgt ebenfalls meist auf der Grundlage verfügbarer Informationen, etwa über Geologie, Hydrologie, Boden, Klima und die Geländegestalt, ergänzt um aktualisierte Informationen wie insbesondere zur Vegetation und zur Nutzung von Flächen:
  - Informationen zu Geologie, Boden, Wasser, Klima, Luft, Vegetation und Pflanzen, sowie Tieren und ihren Lebensräumen dienen zur Beschreibung und Analyse von „Natur-Faktoren";
  - Informationen zu Nutzungen, Infrastruktur und Kultur (zum Teil auch soziale und wirtschaftliche Informationen) dienen zur Beschreibung und Analyse „anthropogener Faktoren" und der von Menschen ausgehenden und Landschaften beeinflussenden Wirkungen.
  - Informationen zu Nutzungs- und Kultur- und Wirtschaftsgeschichte (einschließlich Bevölkerungs- und Siedlungsentwicklung) dienen zur Beschreibung und Analyse

früherer und gegenwärtiger Landschafts-Veränderungen und –Dynamik, dargestellt z. B. als Landschaftswandelkarten.

Zusammengetragen Informationen werden in ein System aus „Faktoren" eingepflegt, um dann „Wirkungen" und *„Wechselwirkungen"* zwischen den Faktoren ermitteln zu können.

- Informationen zur räumlich-bildhaften Beschaffenheit dienen zu Beschreibung und Analyse visueller Erlebbarkeit, einschließlich Sichtbarkeits-Analyse (meist mit Bezug auf Wirkungen, die von vorhandenen und geplanten Nutzungen ausgehen).
- Systematische Zusammenführung verschiedener Informationen erfolgen in Informations-Systemen (meist als Geografische Informationssysteme, GIS).
- Auf dieser Grundlage erfolgt die Durchführung von Analysen, meist mittels Überlagerung thematischer Karten (Die Anfang des 19. Jahrhunderts konzipierte „Überlagerungs-Technik" findet weltweit Anwendung und wird mithilfe computerbasierter Layer-Technik und Geo-Informatik laufend weiterentwickelt; vgl. Li & Milburn, 2016).
- Es schließt sich die Beurteilung von Landschaften an, etwa durch Anwendung von Prognose- und Szenarien-Technik und in Bezug auf bestimmte Anlässe, so in Bezug auf Schutz, Management und Planung bzw. Gestaltung, oder im Sinne von Abschätzungen absehbarer und als „Bedrohung" bzw. „Risiken" angesehener Veränderungen (Die in den 1960er Jahren konzipierte Methode der „Risikoabschätzung" findet weltweit Anwendung und wird bis heute laufend weiterentwickelt; vgl. Steiner & Fleming, 2019).

Diese Praxis entsprach, wie sich im Laufe der ersten Jahre der Konventionsanwendung herausstellte, nur teilweise der Vorgehensweise, die den Autor~innen der Konvention vorschwebte. Um ihre Vorstellungen zu präzisieren, legen sie Anfang 2008 „Guidelines for the implementation of the European Landscape Convention" vor. Darin drücken sie ihren Unmut über die bisherige Praxis klar aus. Insbesondere mit Blick auf Identifikation, Analyse und Beurteilung von Landschaften sprechen von in einzelnen Ländern vorherrschenden *"inadequacies of the most frequently used theoretical and methodological instruments for operational needs"* (Guidelines, Abschnitt II.2).

Die Beschaffung von Wissen über und zu Landschaft, bisher meistens von wenigen Spezialist~innen durchgeführt, verlange eine mehrere Disziplinen übergreifende Praxis. Außer Zweifel war im Jahr 2000, dass die offizielle Zuständigkeit für Landschaft bei Fachabteilungen staatlicher Behörden bzw. kommunaler Ämter und von ihnen beauftragten Personen liegt, und dass die Durchführung von Arbeiten der Landschaftsbeschreibung, -analyse und -beurteilung Aufgabe fachlich entsprechend geschulter Personen ist. Ein fachliches Bias wurde erkannt und in Kauf genommen, ebenso die Erkenntnis, dass trotz aller Umfänglichkeit verfügbarer Informationen ein komplexes System wie Landschaft auch in den besten Informationssystemen nie vollständig abzubilden sein würde. Fachlich für umfassende Landschaftsanalysen infrage kommenden Personen sind zum

5.6 Beschreibung, Analyse und Beurteilung von Landschaften

Beispiel Landschaftsarchitekt~innen und Geograph~innen verschiedener Ausrichtung, sowie Geo- und Umweltwissenschaftler~innen und Landschaftsökolog~innen, jeweils mit Planungsschwerpunkt.

Bei der Analyse gehe es laut *„guidelines"* nicht darum, Landschaft als nutzbringende Ressource zu betrachten und sie aus „kultureller", „natürlicher" und sonstiger Sicht fachlich zu „bewerten". Vielmehr gehe es umfassend um die Qualität menschlicher Umgebung, um Wissen über und zu Landschaft als Teil von und Voraussetzung für individuelles Wohlbefinden und gesellschaftliches Wohlergehen, sowie für nachhaltige Entwicklung einschließlich wirtschaftlicher Aktivitäten (Abschnitt I.2). Unter anderen enthalten die *„guidelines"* folgende Hinweise (Abschnitt II.2.1): „Identifikation" ist in weitestem Sinne zu verstehen. Es geht nicht nur um eine „Inventur" von Landschaften, sondern es geht darum die spezifischen *„characteristics"* einzelner Landschaften zu verstehen, und diese schon in Hinblick auf die Bestimmung von Zielen erstrebenswerter Landschaftsqualität zu analysieren. Des Weiteren sollen in die Analyse Informationen über vergangene und gegenwärtige Entwicklungen einfließen, sowie in überschaubarer Zukunft absehbare Entwicklungen und über diese Entwicklungen auslösenden Kräfte, ebenso wie Informationen über Landschafts-Wahrnehmung und -Wertschätzung, und zwar sowohl aus fachlicher als auch aus individueller und gesellschaftlicher Perspektive.

Nähere Angaben dazu, wie die „Wahrnehmung" von Landschaft durch Menschen, konstituierender Faktor der Landschaftsdefinition der Konvention, in die Identifikation und Analyse von Landschaften einfließen sollen, enthalten die *„guidelines"* nur so weit, dass Kenntnisse über individuelle und gesellschaftliche Landschaftswahrnehmung/-wertschätzung im Rahmen öffentlicher Mitwirkung gewonnen werden sollen. Zwischenzeitlich widmet sich der Europarat Fragen der Partizipation auf mehreren Konferenzen und gibt hierfür auch Fachbeiträge in Auftrag (Council of Europe, 2019).

So stehen Praktiker anfangs vor der Herausforderung, Grundlagen und Methoden für die praktische Handhabung der Aufgabe selber zu entwickeln und auf Unterstützung durch Forschung zu hoffen. Entsprechende Erfahrungen und Methoden, insbesondere durch Visualisierung und öffentliche Bewertung von Szenarien, entwickelten sich zwar seit der 1980er Jahre in raumplanerischer Praxis, doch ihre Anwendung konzentrierte sich zunächst auf stadtplanerische Aufgaben (Bosselmann, 1993). Auch die Beteiligung der Öffentlichkeit, in deren Rahmen zum Beispiel Ortsansässige bei Landschaftsbeschreibung und -analyse und Szenarien-Bewertung mitwirken können, wird in den 1990er Jahren noch in Einzelfällen praktiziert, etwa bei MAB-Projekten und partizipativen Verfahren zu Ausweisung von Schutz- und Managementgebieten, wie z. B. UNESCO-Biosphärenreservaten (vgl. Abschn. 4.2), oder bei einzelnen modellhaften Landschafts- und Umweltplanungen (vgl. Oppermann et al., 1997). In der Stadtplanung wird die Entwicklung partizipativer Verfahren und Methoden bereits früher als wichtig erachtet (Selle, 1996).

In den Jahren nach Inkrafttreten der Konvention sind Versuche unternommen worden, Landschaftsanalysen auch partizipativ durchzuführen und dabei dem (nicht zuletzt auf demokratischen Grundsätzen gründenden) Anspruch gerechter zu werden, Landschaft aus der Perspektive zu untersuchen, die der Wahrnehmung durch Menschen entspricht die keine Landschaftsfachleute sind, aber sehr wohl ein Interesse an Landschaft und der Übernahmen an Verantwortung für Landschaft und Landschaftshandeln haben (vgl. Haaren et al., 2005; Hostmann et al., 2005). Einschlägige Beispiele finden sich auch bei der Aufstellung französischer *‚plan de paysage'* (vgl. Abschn. 2.4).

Nachfolgend einzeln dargestellte Aufgaben wie Identifikation, Beschreibung und Beobachtung von Landschaften, Beurteilung von Landschaften, Bestimmung von Zielen erstrebenswerter Landschafts-Qualität (LQ) und darauf aufbauender Maßnahmen werden in der Praxis üblicherweise nicht einzeln, sondern zusammenhängend erarbeitet, etwa im Rahmen von Landschaftsplanungen.

5.6.2 Identifikation von Landschaften

Ende der 1990er Jahre gehen die Verfasser der Landschaftskonvention von Landschaften als individuell definierbare Einheiten im Sinne positivistische ausgerichteter Landschaftsforschung aus (vgl. Weber & Kühne, 2019). Landschaft wird als Gegenstand angesehen, mit der sich verschiedene Disziplinen wie Geografie, Landschaftsökologie, Landschaftsarchäologie und Landschaftsarchitektur befassen (vgl. Übersicht bei Aalen, 1996, S. 3–5). Als Grundlagen für die Identifikation von Landschaften dienen neben Fernerkundungsdaten die Arbeitsergebnisse offizieller Nutzungskartierungen sowie geographische, geologische und ökologische Kartierungen, u. a. m. (Luginbühl et al., 1994, S. 24). Ausgewiesen werden Einheiten, die sich durch Klassifikation zur Bildung von Typen heranziehen lassen (Zonneveld, 1994, S. 24); besonders in der Landschaftsökologie dominieren typologische Verfahren anfangs über die individuelle Charakterisierung einzelner Einheiten (Neef, 1963, S. 254). Ende der 1990er Jahre lagen geografisch-naturräumliche Gliederungen und Typisierungen in so gut wie allen Ländern Europas vor (Übersicht bei Mücher et al., 2006; Roth et al., 2011; Wascher, 2005). Die Ausweisung der meist als Flächen abgegrenzten räumlichen Einheiten erfolgt überwiegend anhand geo-ökologischer Merkmale wie Oberflächennutzung und Oberflächenformen (am häufigsten genutzt), Vegetation, Geologie, Boden und Hydrographie (Simensen et al., 2018, S. 562).

Eine in mehreren Ländern etablierte Methode der Identifikation von Landschaften geht auf Grundlagen zurück, die in so genannten Landschafts-Atlanten und deren Landschaftsbeschreibungen mit individueller Charakterisierung ausgewiesener Einheiten enthalten sind (Unterscheidung von Einheiten anhand „wesentlicher" Merkmale). Landschafts-Atlanten finden sich in mehreren Ländern mit einer langen landschafts- und siedlungsforschenden Tradition, wie zum Beispiel Deutschland, Frankreich, England, Irland, Schottland, Polen, Kroatien, Litauen, Montenegro, Slowenien, Tschechische Republik, uam. Die Identifikation ländlich geprägter Landschaften steht in vielen Fällen im

5.6 Beschreibung, Analyse und Beurteilung von Landschaften

Vordergrund (vgl. Aalen et al., 1997), während die Ausweisung von Einheiten in Wäldern und Städten meistens als Spezialaufgaben wie etwa der Waldfunktionenkartierung oder der floristischen Kartierung angesehen wird (vgl. Müller & Kelcey, 2011).

Langsam doch insgesamt zunehmend setzen sich partizipative Ansätze durch (Brown & Raymond, 2013), mit GIS-Unterstützung auch als „participatory mapping" und Participatory GIS, PPGIS bekannt (Brown et al., 2020). Bezogen auf die ersten 20 Jahre Konventions-Anwendung können jedoch wenige partizipative Ansätze als etablierte Standards gelten. In Frankreich und Belgien werden die so genannten *Atlas du Paysage* in Verbindung mit der *Carte de qualité paysagère* erarbeitet, die wiederum als Referenz für die Aufstellung von Landschaftsqualität-Ziele n dienen kann (siehe dazu unten). Dabei werden in Frankreich auch Informationen über Wertvorstellungen lokaler Akteure und der Bevölkerung insgesamt eingeholt, etwa im Rahmen partizipativer Werkstätten. Gemäß dem offiziellen Leitfaden zur Erstellung von Landschaftsatlanten *(Methode des Atlas de paysage)* sollen partizipative Ansätze und Prozesse an Bedeutung gewinnen. Die Umsetzung dieser Vorgabe wird nachfolgend an einem Praxisbeispiel erläutert.

5.6.3 Methode zur Erstellung von Landschaftsatlanten in Frankreich

In Frankreich 1994 wird nach Inkrafttreten des *Loi Paysage* eine zur Umsetzung dieses Gesetzes geeignete Methode zur Erstellung neuer *Atlas de paysage* entwickelt; bis 2015 sind auf 93 % der Gesamtfläche Frankreichs Landschaften in solchen Atlanten beschrieben und dokumentiert worden (Ministère de l'Écologie, du Développement durable et de l'Énergie, 2015, S. 13). Die Methode beruht auf den drei Schlüssel-Begriffen *„identifier, caractériser, qualifier"*; sie bezieht neben der Ausweisung von Einheiten die Schritte Landschaftsbeschreibung und -beurteilung ein. Unter *„identification"* wird die Ausweisung und Begrenzung eines Areals sowie dessen Bezeichnung und Benennung als Landschaft verstanden. Mit *„caractérisation"* ist die Beschreibung landschaftlicher Beschaffenheit anhand von Landschaftsmerkmalen (Elemente, Strukturen) definiert, also von Merkmalen, anhand derer sich „Charakter" und „Qualität" jeder identifizierten Landschaft (oder Landschafts-Einheit, *„unité paysagère"*) ausmachen lassen und die es erlauben, eine Landschaft von anderen Landschaften zu unterscheiden. Die *„qualification"* geht über die Aufgaben der Identifikation und Beschreibung hinaus; sie leitet zum Vorgang der *„evaluation"* über und beinhaltet die Zuschreibung gesellschaftliche Werte und Vorstellungen an eine individuell ausgewiesene *„unité paysagère"*.

Die Atlanten sollen in einem Turnus von 10 Jahren fortgeschrieben und aktualisiert werden. Zu diesem Zweck wurde 2015 die 1994 offiziell eingeführte Methode aktualisiert. Aufgaben der Landschafts-Atlanten sind: 1) eine praktisch verwendbare Informations-Grundlage für räumliche Planung zu schaffen; 2) lokale Akteure und die Öffentlichkeit für Landschaften ihrer Region zu sensibilisieren (vgl. Abschn. 5.4); und 3) Partizipation in Landschaftsangelegenheiten zu fördern (Ministère de l'Écologie, du Développement durable et de l'Énergie, 2015). Die aktualisierte Methode soll auch dazu dienen, eine genauere Darstellung der Dynamik und der Entwicklung der Landschaften Frankreichs bereitzustellen (was zur Aufgabe der Landschaftsbeobachtung überleitet), die Veränderungen antreibenden Faktoren auszumachen, sowie eine bessere Einbindung der Gesellschaft und Berücksichtigung gesellschaftlicher Werte und Vorstellungen zu erlauben. Als alltägliches Lebensumfeld der meisten Menschen sollen außerdem Städte besser als bisher als Landschaften beschrieben werden.

Die Ergebnisse der in Landschafts-Atlanten zusammengeführten Arbeitsergebnisse werden in Form von Karten und Texten sowie sogenannten „bloc-diagramme" und Bildern in Büchern und auf eigenen Webseiten dargestellt, die einen einfachen Zugriff durch die Öffentlichkeit erlauben (Préfet de la Région Alsace, 2015). Die unterschiedlichen Landschafts-Einheiten werden in der Form von Karten dargestellt. So genannte *Blockdiagramme* erklären die Formen und Strukturen, die die Beschaffenheit einer Landschaft ausmachen. Die Auswahl und Kombination unterschiedlicher Medien wird als wichtig angesehen, um die Nutzung, den Zugang und die Verbreitung der in Landschafts-Atlanten enthaltenen Informationen zu verbessern. Die Veröffentlichung von Druckerzeugnisse (Bücher, Berichte, Karten, …) wird in den Vordergrund gestellt. Diese werden erfahrungsgemäß gerne von vielen Teilen der breiten Öffentlichkeit angenommen und deren Lektüre benötigt keinen Internet-Zugang. Die Bücher können mit einer schön gestalteten und interaktiven Internet-Seite kombiniert werden, sowie auch mit dem Aufhängen von Plakaten, die von vielen schnell gelesen oder „zumindest angeschaut" werden und somit vielen Adressaten das Thema nahebringen können (Ministère de l'Écologie, du Développement durable et de l'Énergie, 2015, S. 56).

Im Sinne der Anwendung partizipatorischer Prinzipien legen die Autor~innen der Landschaftsatlanten-Methode außerdem viel Wert auf den Prozess der Atlanten-Erstellung und auf das Einbeziehen staatlicher und lokaler Akteure, Verwaltungen (départements, régions), Politiker~innen, Vereine, und der Bevölkerung. In der Praxis geschieht dies zum Beispiel in der Form einer starken Partnerschaft mit Expert~innen wie etwa Landschaftsarchitekt~innen. Das Einbeziehen lokaler Akteure erfolgt in der Regel in Form partizipativer, thematischer Werkstätten *(„ateliers")*. Einige innovative Variationen dieser Methode sind erprobt worden, wie zum Beispiel im Rahmen der Erstellung des *„Atlas des paysages d'Auvergne"*. Hier wurde der gesamte Prozess von einem Team aus Landschaftsarchitekt~innen und Naturwissenschaftler~innen in einer „mobilen Werkstatt" durchgeführt und begleitet. Das Team erkundete die Landschaften der Region mit einem Kleinbus, fuhr entlang unterschiedlicher Strecken, hatte bei jeder Strecke unterschiedliche Akteure wie Mitglieder lokaler Vereine, Landwirt~innen, örtliche Politiker~innen, usw. mit an Bord und ließ so deren Wahrnehmung und Wissen über die verschiedenen Landschaften mit in die Analyse einfließen. Weitere partizipative Zugänge werden am Beispiel des plan paysage von Blois behandelt (Siehe Abschn. 2.4).

5.6.4 Beobachtung von Landschaftsveränderungen

Landschaftsveränderungen laufend zu beobachten ist ein Kern-Auftrag der Konvention (zu den Gründen hierfür vgl. Abschn. 4.2). Zu beobachten sind „Charakter" und „Qualität" von Landschaften und dabei sind auch mehr „Kenntnisse" über Landschafts-Transformation auslösenden Kräfte zu beschaffen, und zwar unter aktiver Beteiligung hieran interessierter Gruppen und Personen. Ziel ist aus der Beobachtung gewonnene Kenntnisse Hinweise für künftiges Landschaftshandeln abzuleiten.

Für die praktische Durchführung von Landschaftsbeobachtungen gab es Ende der 1990er Jahre in Europa wenig, das bei der Abfassung der Landschaftskonvention als Vorlage hätten dienen können. Erdgeschichtliche Perspektiven einnehmende paläo-ökologische (z. B. Pollenanalyse) und landschafts-archäologische Ansätze eignen sich, um Informationen bereitzustellen, vor deren Hintergrund sich mithilfe landschaftsgeschichtlicher Studien Aussagen über gegenwärtige Veränderungen machen lassen. Europaweit waren „Landschaftstransformationen" anhand struktureller Merkmale festgestellt (Meeus et al., 1990) und im Rahmen einzelner Untersuchungen Methoden entwickelt worden, die auf Kartenüberlagerung beruhen (Naveh, 1993). Von der Autor~innengruppe der Konvention unbeachtet blieb die in Baden-Württemberg Mitte der 1970er Jahre initiierte landesweite Erstellung der so genannten „Flurbilanz", ein Verfahren zur Ermittlung und Bilanzierung von Landschaftsfunktionen (Planungsgruppe Ökologie + Umwelt, 1983). Bekannt war dagegen vor allem den aus Spanien und Frankreich stammenden Fachleuten der Ansatz des „Observatoriums".

5.6.5 Beispiel „Observatoires Photographiques de Paysage" Frankreich

Zur Beobachtung der Veränderungen der Landschaften Frankreichs dient bis heute die Methode des photographischen Landschaftsobservatoriums. Bestimmte Szenen werden vom stets gleichen Standpunkt und mit gleichem Blickwinkel regelmäßig fotografiert. Das Konzept wurde mit dem *Observatoire Photographique National du Paysage* (OPNP) bereits 1991 vom damaligen Ministerium für Umwelt ins Leben gerufen. An den ursprünglich 40 über ganz Frankreich verteilten Standpunkten werden 20 weiterhin aktiv Fotografien aufgenommen. Zusätzlich haben lokale Institutionen ungefähr 60 weitere Observatorien installiert, darunter auch partizipative Observatorien. Für die Erstellung von partizipativen Observatorien werden zum Beispiel Workshops und Fotokurse für die breite Öffentlichkeit angeboten, indem professionelle Fotograph~innen und Landschaftsarchitekt~innen der interessierten Anwohnerschaft vermitteln, wie man die Szenerie einer alten Postkarte oder ein altes Bild vom selben Standort erneut fotografiert (Wiedererkennen von Standort, Rahmung und Ausschnitt, usw.). Initiatoren sind oft die *Parcs Naturels*

Régionaux (PNR) wie der PNR Millevaches (Limousin)[12] oder der PNR Brenne[13]. In Frankreich wird die Erstellung von partizipativen Landschaftsobservatorien auf lokaler Ebene vermehrt gefördert. Damit entstehen Foto-Datenbanken auf der Basis von Fotos, die aus Reihen der ortsansässigen Bevölkerung erstellt worden sind. An dieser Stelle zeigt sich der Übergang zu einer Produktion von Wissen.

5.6.6 Analyse und Beurteilung von Landschaften

Die Autor~innen der französischen Landschaftsatlanten-Methode empfehlen, die drei Vorgänge „identifier, caractériser, qualifier" in der Praxis zusammenhängend durchzuführen (Ministère de l'Ecologie, du Développement Durable et de l'Energie, 2015, S. 39). Die Landschafts-Analyse baut auf Landschafts-Identifikation und -beschreibung auf, und diese wiederum sind Grundlage für die Durchführung von Beurteilungen. Ähnlich sehen dies Autor~innen und Anwender~innen des in Europa mittlerweile weit verbreiteten „Landscape Character Assessment, LCA" (Swanwick & Land Use Consultants, 2002; Tudor, 2014). Vorgehensweisen und Methoden sind im Handbuch für „Landscape Character Assessment" einschließlich länderspezifischer Entwicklungen dargestellt (Swanwick et al., 2018).

„Caractériser" wie „Character Assessment" nehmen stets spezifische (distinkte) und (vorab) identifizierte Einheiten in den Blick. Beurteilungen von Landschaften auch aus fachlicher Sicht nicht objektiv sein können, da bspw. expertenhafte Sonderwissensbestände zur selektiven Beobachtung von Welt anhalten, ein objektiver Weg zur Welt infolge sensorischer Unzulänglichkeiten unvollständig ist, Beurteilungen immer unreflektierte Grundannahmen enthalten und vieles mehr. Daher sollen ihre Durchführungen nachvollziehbar erfolgen und Ergebnisse transparent dargestellt werden. Das LCA enthält mehrere Schritte. Fachleute wie zum Beispiel (Landschaftsarchitekt~innen, Ökolog~innen, Historiker~innen, u. a.) arbeiten im Team und führen eingangs eine gemeinsame Gebietsbereisung durch. Danach tragen sie aus ihrer Sicht relevante Daten und Informationen zusammen. Dieser Schritt nennt sich auch „Schreibtisch-Studie". In die Analyse fließen ökologische, soziale, kulturelle und ästhetische Aspekte ein. Das Ergebnis sind Karten und Beschreibungen von vorläufig definierten Landschaften. Es folgt die „Feldstudie", bei der am Schreibtisch gemachte Annahmen überprüft werden; dabei wird vor Ort die Beschreibung der Landschaftsbeschaffenheit korrigiert und es werden Angaben zu ästhetischen Merkmalen und zu Hinweisen auf Landschaftsveränderungen aufgenommen. Nach Abschluss der Feldstudie werden Unterscheidungsmerkmale für die Einteilungen der untersuchten Gebiete in Teilgebiete mit je eigenem *„character"* vorgenommen; der *„character"* gilt in essentialistischer Lesart als Ausdruck für die besondere Beschaffenheit und Qualität einer Landschaft. Für jedes *„character unit"* wird eine Beschreibung

---

[12] http://www.pnr-millevaches.fr/IMG/pdf/20190329_diege_photos-2.pdf.

[13] http://www.lacompagniedupaysage.fr/Observatoire-photographique-du.html.

(bebildert) ausgearbeitet, die Informationen zur Nutzung, Entwicklung, Zugänglichkeit, zum Natur- und Kultur-Erbe, zu ästhetischen Qualitäten sowie zu Potenzialen der Landschaftsveränderungen und Sensitivität gegenüber Veränderungen dargestellt. Ergebnisse der LCA-Studien werden in der Regel Vertreter~innen örtlicher Behörden, der Anwohnerschaft, Vertreter~innen von Organisationen und Verbänden präsentiert und nach Einholen von Konsultationsergebnissen entsprechend überarbeitet. So ist und bleibt das LCA eine fachliche Aufgabe. Auch wenn Praktiker zunehmend bestrebt sind, bei der Beschreibung einer Landschaft nach Möglichkeit Erkenntnisse zu menschlicher Wahrnehmung dieser Landschaft einzubeziehen, geschieht dies doch innerhalb fachlicher Setzungen. Solche Setzung ist schon der Rahmen, innerhalb dessen eine *„unit"* als Landschaft definiert, abgegrenzt und beschrieben wird, und zwar aus fachlicher und nicht aus ortsansässiger Perspektive heraus (Butler & Berglund, 2014). Bei Weiterentwicklungen des LCA wie etwa in Norwegen beginnt öffentliche Mitwirkung bereits mit der Identifikation und Beschreibung von Landschaften (vgl. Reinskås, 2010); sie reicht dann bis hin zu Management- und Projektentscheidungen (vgl. Simensen et al., 2018).

Ausgehend von der Methodenentwicklung in England, Schottland und Wales kommen LCA zwischenzeitlich in Irland, den skandinavischen Ländern, Polen und anderen Ländern in jeweils angepassten Formen zur Anwendung (vgl. Jørgensen et al., 2016; Swanwick et al., 2018). In *Polen* werden LCA als so genannte „Audit" im Rahmen der mit dem Polnischen Landschaftsgesetz von 2015 neu eingeführten „Landschaftsprüfung" ausgearbeitet; diese Prüfungen kommen auch im Rahmen von Umweltprüfungen und anderen Planungsaufgaben zum Einsatz. In *Norwegen* erfolgen mit der Identifikation, Beschreibung und Bewertung eigene Weiterentwicklungen der in Großbritannien begonnenen Landschafts-Charakter-Methoden (Clemetsen et al., 2011, S. 228). Sowohl Umwelt- als auch Denkmalbehörden stehen Gemeinden bei der Durchführung einer *„Landskapsanalyse"* beratend zur Verfügung[14]. Diese Analyse gilt als Grundlage für weitere Planungen, Genehmigungen und Zulassungen. Beispielsweise wird auf die *Landskapsanalyse* für Bauleitplanung, Verkehrsplanung, Managementplanung für Regionalparke oder Schutzgebiet, Genehmigung von Windkraftanlagen, usw. zurückgegriffen.

5.7 Bestimmung von Zielen anzustrebender Landschaftsqualität

Die Konvention sieht die Bestimmung von Zielen anzustrebender Landschaftsqualität (LQ) als eigenständigen Schritt vor, der auf durch Identifikation, Analyse und Beurteilung gewonnen Kenntnissen aufbaut und dazu dient, die zukünftige Entwicklung einer bestimmten Landschaft vorzuzeichnen, etwa in Form einer kommunalen oder regionalen

---

[14] https://www.riksantikvaren.no/veileder/landskapsanalyse-framgangsmate-for-vurdering-av-landskapskarakter-og-landskapsverdi/ (zuletzt zugegriffen: 07.04.2021).

Landschaftspolitik, die durch Schutz-, Management- und Gestaltungsmaßnahmen umzusetzen ist. LQ-Ziele sind die Richtschnur, an der sich praktisches Landschaftshandeln künftig auszurichten hat.

In der Praxis übernehmen für Landschaft zuständige öffentliche Stellen (und von ihnen beauftragte Fachleute) die Aufgabe, Ziele erstrebenswerter LQ zu formulieren. Es hat sich eine Praxis etabliert, in der Ziele für bestimmte Landschaften multiperspektivisch unter Ausformulieren von Ansprüchen und Erwartungen interessierter Teile der Öffentlichkeit an die Qualität ihrer Umgebung definiert werden (Bruns & Kühne, 2013a), wobei Art und Grad öffentlicher Mitwirkung in einzelnen Fällen unterschiedlich sind. Um für spezifische Landschaften ein Ziel-Konzept aufzustellen, werden zum Beispiel in Polen die sogenannten *„Red Books of Landscapes of Poland"* ausgewertet, in Frankreich Informationen aus den Landschaftsatlanten eingeholt, jeweils durch weitere Analysen ergänzt (z. B. durch ein Planungsbüro, das einen *„plan de paysage"* erstellt), und zwar möglichst unter öffentlicher Beteiligung und Mitwirkung. Teilweise werden Ziele anzustrebender LQ auch aus allgemeinen Leitbildern oder Leitlinien abgeleitet für eine bestimmte Landschaft konkretisiert. Die Ziele erlangen nach Fassen politischer und entwicklungsstrategischer Beschlüsse offiziell Verbindlichkeit, zum Beispiel in Form von Landschaftskonzepten (Schweiz), Landschaftsentwicklungsplänen (Niederlande), und ähnlichen parlamentarisch verabschiedeten Dokumenten. Nachfolgende Beispiele illustrieren verschiedene hierfür geeignete Instrumente.

5.7.1 Beispiel Niederlande

Mit dem Landentwicklungsgesetz (Landinrichtingswet) von 1985 wurden Landschaftspläne in den Niederlanden als Instrument verankert; zum Ende des 20. Jahrhunderts lösten räumliche Entwicklung betonende Planungen frühere, mehr auf Landschaftsbewahrung zielende Vorstellungen ab (Vroom, 1990). Hierzu passt auch das Motto „Bewahrung durch Entwicklung". Es wurde eine Reihe lokaler oder regionaler Landschaftspläne erstellt (*„Landschapsontwikkelingsplan"*, LOP), die seit etwa 2005 zunehmend auf Entwicklung und Ausführung von Projekten und Maßnahmen gerichtet sind. Ihre Aufgabe ist es nicht nur, zur Entwicklung des besonderen Charakters niederländischer Landschaften beizutragen, sondern erwartet wird auch, dass sich mit ihrer Erstellung örtliche Initiativen zur Umsetzung entsprechender Projekte bilden (Baas et al., 2011, S. 52). Seit dem Abbau der nationalen Landschaftspolitik im Jahr 2010 wird auf lokaler Ebene in manchen Fällen unter Nutzung der früheren Instrumente kreativ weitergearbeitet, in vielen Gemeinden aber auch nicht.

Die Erstellung der LOP entspricht in groben Zügen dem Ablauf, welcher die Landschaftskonvention strukturiert (Baas et al. 2011, S. 53). In einem ersten Teil geht es um die Landschaftsanalyse, und schon hierbei – etwa im Rahmen der Landschafts-Charakterisierung – erweist sich die Mitwirkung Ortsansässiger als förderlich. Im zweiten

5.7 Bestimmung von Zielen anzustrebender Landschaftsqualität   111

Teil geht es um die Herausarbeitung von Zielen landschaftlicher Entwicklung (Abgleich mit übergeordneten Zielen zur Landschaftsentwicklung) und dann von „Visionen" für ein dann zu realisierendes „Leitbild" genanntes Zielkonzept. Es folgt – vor allem im kommunalen LOP unter öffentlicher Mitwirkung – ein rahmengebender Finanzierungs- und Ausführungsplan (Verknüpfung mit örtlichen Instrumenten der Bauleitplanung), der die Umsetzung vorbereitet. Hierfür kann ein „Landschaftskoordinator" als Ansprechpartner benannt werden (Marschall & Schröder, 2008, S. 25). Mit abnehmender Förderung hat die Zahl der Bearbeitung und Umsetzung von LOP seit etwa 2010 abgenommen. Neu hinzugekommen sind als mehrdimensionale Methode die sogenannten „Landscape Impact Analysis (LIA)", die es erlauben, verschiedene, mit Landschaft verbundene Werte mit nutzwertanalytischen Ansätzen zu verknüpfen (Sijtsma et al., 2012).

5.7.2 Beispiel Norwegen

In Norwegen wird, beginnend mit dem Projekt „Landskap I kommunal planlegging" (seit 2007) daran gearbeitet, Landschaft als eigenen Belang in örtliche räumliche Planung zu integrieren. Dabei spielen Fragen öffentlicher Mitwirkung in Norwegen grundsätzlich und so auch hier eine große Rolle (Eiter & Vik, 2015). Für Ergebnis und langfristigen Erfolg öffentlicher Mitwirkung entscheidend ist die Frage, welche Personen oder Gruppen bei Aufstellung und Umsetzung von LQ-Zielen tatsächlich mitwirken und dabei „die Ortsansässigen" oder „die Betroffenen" mit ihren Stimmen vertreten (Daugstad, 2011, S. 74). Prüfsteine der Anwendung demokratischer Prinzipien bei der Definition von Landschaftsqualität-Ziele n sind Erfolge partizipativer Prozesse besonders bei erfahrungsgemäß konfliktreichen Vorhaben, wie der Entwicklung und dem Management großer Schutzgebiete.

5.7.3 Beispiel Frankreich

Mit der Ratifizierung der Landschaftskonvention wurde in Frankreich damit begonnen, die Festlegung von LQ-Zielen in die Erarbeitung von *plan de paysage* einzubeziehen. Öffentliche Mitwirkung spielt beim Entstehen eines *plan de paysage* und der Bestimmung von Zielen eine wichtige Rolle (Folinais, 2006). Die Bestimmung der Ziele erfolgt ressortübergreifend und dient als Plattform, die verschiedenen lokalen „Politiken" wie Stadtentwicklung, Verkehrsplanung, Infrastrukturen, erneuerbare Energien, Landwirtschaft, etc. zu vernetzen und so zu einer kohärenten und nachhaltigen Entwicklung des Gebietes beizutragen. Landschafts-Bewusstsein und Landschafts-Wissen sind Voraussetzungen dafür, dass Menschen sich bei der Formulierung von Landschaftspolitik und ihrer Umsetzung engagieren. Entsprechende Grundlagen zu schaffen verbindet sich mit den (oben erwähnten) Landschafts-Atlanten- und Observatorium-Methoden.

5.7.4 Zusammenfassung

Zusammenfassend ist festzustellen, dass die Praxis der Bestimmung von Zielen anzustrebender LQ folgt den Vorgaben der Landschaftskonvention weitgehend. Die Ziele beziehen sich dabei stets auf spezifische Landschaften und hierfür verfügbare Informationen. Unterschiede gibt es jedoch hinsichtlich Verfahren, Vorgehensweise und Methoden; es finden sich Beispiele, wo Zielkonzepte im Anschluss an Landschaftsanalysen und hierbei gewonnen Informationen entwickelt werden, während in anderen Fällen vor der Landschaftsanalyse zunächst Zielvorgaben zusammengetragen werden, um zu entscheiden welche Informationen erforderlich und welche Kriterien für die Beurteilung heranzuziehen sind.

Die Umsetzung von Zielen erfolgt durch Ergreifen von Schutz-, Management-, Aufwertungs-, Wiederherstellungs- und Umgestaltungs-Maßnahmen, und dabei sowohl als Widmung und Ausweisung (z. B. Widmung als Vorrang- oder Schutzgebiet, Budgetierung für bestimmte Management-Regimes), als auch als bauliche Projekte.

5.8 Schutz, Management, Planung und Entwicklung von Landschaften

5.8.1 Allgemeines zu Schutz, Management, Planung und Entwicklung von Landschaften

Nach den ersten Jahren der Konventions-Anwendung waren Praktikern bei der Umsetzung von Schutz-, Management-, Planungs- und Entwicklungsaufträgen verschiedene Fragen gekommen. Die vom Europarat beauftragten Expert~innen führten diese im Rahmen von Konferenzen und Workshops (vgl. Abschn. 5.2) geäußerten Fragen auf Missverständnisse bei der Interpretation des Konventionstexts zurück, die es zu klären galt. Das Ministerkomitee des Europarats ergänzte vorliegende Handreichungen um die oben bereits erwähnten „guidelines" zur Umsetzung der Konvention (Committee of Ministers, 2008). In Abschnitt I.5 gehen sie auf Fragen zu Schutz, Management, Planung und Entwicklung von Landschaft ein und geben verschiedene Hinweise: Allen mit Landschaftsschutz, -management und -entwicklung befassten Akteuren legt die Konvention „nach vorne schauende" Einstellungen und Handlungsweisen nahe, aber keinesfalls verbunden mit der Absicht des „Einfrierens" bestimmter Landschaftszustände oder des „Zurückzudrehens des Rads der Geschichte" (Vgl. CoE, 2000, Nr. 28, 40 und 42 des ‚Explanatory Report'). Hatten Praktiker den Begriff ‚Schutz' nach bisheriger Gepflogenheit im Sinne strengen Objekt- und Gebietsschutzes interpretiert, verbinden die Autor~innen und Kommentator~innen der Konvention mit *Schutz von Landschaften* verschiedene Maßnahmen zur Erhaltung „besonders wertgeschätzter" Charakter- und Qualitätsmerkmale bestimmter Landschaften, worin sich die Erweiterung um eine konstruktivistische Erweiterung handelt. Zugleich sind Grenzen akzeptabler Landschaftsveränderung aufzuzeigen, die auch für von außen auf ein Gebiet wirkende Einflüsse Gültigkeit haben. Mit *Management von Landschaften*, von Praktikern wohl oft noch meist als Fortführen traditioneller Landschaftspflege verstanden, verbindet die Konvention in erster Linie Maßnahmen, die dazu geeignet sind, Landschaftsveränderungen im Sinne nachhaltiger Entwicklung dynamisch zu steuern, und zwar unter Berücksichtigung und möglicher Zusammenführung wirtschaftlicher, sozialer und ökologischer Entwicklungen. Der Handlungsauftrag *Planung von Landschaften*, von einigen Praktikern (den Konventionsauftrag missverstehend) als Auftrag zur Fortführung von ihnen bereits etablierter ‚Landschaftsplanung' interpretiert, soll Projekte zur Aufwertung, Wiederherstellung und Neugestaltung solcher Gebiete vorbereiten und verwirklichen, die bestimmten Qualitätszielen nicht entsprechen und die als „geschädigt" anzusehen sind. Es handelt sich um Planungen in dem Sinne, dass sie absehbare gesellschaftliche Anforderungen erkennen und berücksichtigen, und dass sie Landschafts-Projekte nach Prinzipien nachhaltiger Entwicklung verwirklichen.

Erhaltungs-, Pflege-, Aufwertungs-, Wiederherstellungs- und Neugestaltungsmaßnahmen sollen im jeweiligen Geltungsbereich, wie z. B. einem kommunalen Verwaltungsverband nicht isoliert verwirklicht werden, sondern sie sollen zusammenwirken. Auch sei es nicht damit getan, Maßnahmen einmal zu ergreifen; erforderlich sei vielmehr der laufende Einsatz aller Beteiligten und die laufende Beobachtung von Erfolg und Wirksamkeit umgesetzter Maßnahmen. Öffentliche Erwartungen sind mit fachlichen „Erfordernissen" in Einklang zu bringen. Schutz, Management und Entwicklung von Landschaften müssen sich an gesellschaftliche Veränderungen und sich weiterentwickelnde Anforderungen an die Qualität menschlicher Umgebung laufend anpassen, Maßnahmen sind gegebenenfalls zu modifizieren. In diesem Zusammenhang wird auch die Emergenz einer konstruktivistischen Perspektive deutlich: zu dem weiterhin auf die materielle Welt bezogenen Handlungsauftrag, tritt die Berücksichtigung sozialer und individueller Landschaftskonstruktionen von Bürger~innen, auch verbunden mit einer Legitimitätssteigerung bei der politischen Abwägung unterschiedlicher Nutzungsansprüche (siehe Abschn. 3.6).

Eine Praxis, die diese Anforderungen weitgehend erfüllt, hat sich in den ersten zwanzig Jahren der Konventionsanwendung als europaweiter Standard nicht etablieren können. Zu unterschiedlich sind die Vorgaben und Traditionen einzelner Länder. Als Beispiel für eine weitgehend der Konvention entsprechende Umsetzung können der Plan de Paysage in Frankreich angesehen werden.

5.8.2 Beispiel plan de paysage von Blois

Im Rahmen des (in Abschn. 2.4) dargestellten *Plans de paysage* von Blois werden aus der „Vision" (Zielkonzept mit LQ-Zielen) heraus für das gesamte Planungs-Gebiet verschiedene Maßnahmen abgeleitet, wobei mehrere Instrumente und Maßnahmen sich ergänzend im gesamten Planungsgebiet zusammenwirken. Instrumente und Maßnahmen beziehen sich (im Sinne von Artikel 5) auf alle Landschaft berührenden Belange und Themen, die räumliche Planung üblicherweise behandelt und die sie für politische Abwägungen aufbereitet. Im Rahmen des *Plan de paysage* von Blois werden die Maßnahmen nach sechs Themenbereichen *(„orientations")* gegliedert:

1. Innenentwicklung,
2. Management („gestion") der *„paysage"* in Gewerbegebieten und an Stadteingängen, sowie Entwicklung von erneuerbaren Energien und Kreislaufwirtschaft,
3. Schutz von Agrar- und Weinlandschaften,
4. In-Wert-Setzung des kulturellen und natürlichen Erbes, insbesondere in Tälern, Wäldern, Parks und Schlössern,
5. Infrastrukturelle Entwicklung zur Unterstützung nachhaltiger Mobilität,
6. Kommunikation, Betreuung der Umsetzung und Weiterentwicklung des *Plan de paysage*.

Dabei werden Maßnahmen zum Schutz, Management und Neugestaltung von Landschaften (und zur Kommunikation, Sensibilisierung, etc.) thematisch so gegliedert, dass sich mehrere Akteure ihren jeweiligen Interessen entsprechend um einzelne Themen herum zusammenfinden und durch Diskurs und Diskussion zur Umsetzung der Vision beitragen. Es geht nicht in erster Linie darum, möglichst alle Maßnahmen in möglichst kurzer Zeit vollständig umzusetzen (wie dies zum Beispiel bei Landschaftsplänen anderer Länder erwartet werden könnte), sondern es herrscht die Vorstellung vor mit Vision und Themen Bilder zu schaffen und diese in den Köpfen der in Politik und Verwaltung tätigen Personen und der Bevölkerung insgesamt zu verankern, damit alle Menschen in ihrem alltäglichen Handeln nach dieser Vision, nach diesem Leitbild agieren oder ihr Handeln danach richten.

Die einzelnen Maßnahmen sind unterschiedlicher Art:

- Kurzfristige Maßnahmen, die die Greifbarkeit der Vision vor Ort unmittelbar sichtbar machen sollen, wie zum Beispiel:
  - *„Opération fenêtres sur Loire":* Fällen von Bäumen am Loire-Ufer, um die Sicht auf den Fluss frei zu machen. Diese Maßnahmen dient dem Ziel der In-Wert-Setzung des natürlichen und kulturellen Erbes *(„Orientation 4");*
  - Partizipative Pflanzaktionen auf öffentlichen Freiflächen. Diese Maßnahme dient dem Ziel der Sensibilisierung der Bevölkerung für die *„Vision"* des *Plan de paysage* (*Orientation 6*).
- Erstellung von Leitfäden (vor allem Foto-Montagen oder beispielhafte Ausführungspläne), die exemplarisch zeigen, wie die Raumentwicklung der Vision folgend ausgestaltet werden soll, wie zum Beispiel:
  - Integration großer Infrastrukturen wie neue Kläranlage oder landwirtschaftliche Betriebsgebäude in die Landschaft;

- Gestaltung des Straßenraums als „Gartenstraßen";
- Gestaltung von neuen Rad- und Raststätten an Wander- und Radrouten.
- Integration der Vision in vorhandene Planungsinstrumente.
- Entwicklung von Partnerschaften z. B. mit Teilen der Bevölkerung, mit Landwirten, mit Akteuren des Tourismus, usw., um Maßnahmen gezielte umzusetzen oder um zusammen das Management *(„gestion")* der Agrarlandschaft zu organisieren (z. B. bestimmte Bewirtschaftungsmethoden zur Erhaltung bestimmter Formen von Kulturlandschaften).
- Organisation von Veranstaltungen, Events, Ausstellungen, etc. zu Themen, die der Plan de paysage vorgeschlagen hat.

5.9 Fazit

Der im Fazit von Kap. 2 benannte Klärungsbedarf in Bezug auf Formulierungen des Konventionstexts (siehe Abschn. 2.5) stellt sich nach zwanzigjähriger Anwendungspraxis im Licht zahlreicher Erkenntnisse dar. Folgende Ergebnisse lassen sich zusammenfassen (siehe auch Tab. 5.1):

In Bezug auf ‚*Landschaft als Gegenstand*' lässt sich festhalten, dass die Vertragsstaaten die Vorgaben der Konvention zur Legaldefinition Landschaft und zum Geltungsbereich weitgehend übernehmen, Grundsatzfragen jedoch offen bleiben, wobei ihre Klärung im Rahmen einer Novellierung erfolgen kann (siehe Abschn. 7.5). Der nicht eindeutig definierte Gegenstand *Landschaft* (vgl. Kap. 3) wird anwendungspraktisch überwiegend durch Fachleute interpretiert und von ihnen meist als materieller Gegenstand (Elemente, Faktoren, usw.) betrachtet. Die Konstruktion durch Menschen fließt je nach Initiative verschiedener Akteure mehr oder weniger gewichtig ein.

Mit Blick auf *Ziel und Zweck* der Konvention werden Ziele bei ihrer praktischen Anwendung oft missverstanden. Während die Konvention auf die *Förderung* von Schutz, Management, Planung und Entwicklung zielt, werden diese Handlungen in der Praxis oft selbst als Ziele aufgefasst. Verloren geht dabei, dass diese Handlungen der Sicherung der Qualität menschlicher Umgebung und der Qualität menschlichen Lebens dienen, dem Zweck der Konvention insgesamt (Präambel; Art. 5 A).

Im Zusammenhang mit dem *Geltungsbereich* ist ebenfalls zu klären, wie die Vorgabe der Konvention „Landschaft ist überall ein essentieller Teil menschlicher Umgebung" (Art. 5 a) praktisch zu interpretieren ist. In bisheriger Praxis finden sich kaum Hinweise darauf, wie der Begriff „essentieller Teil" in Bezug auf „Qualität menschlicher Umgebung" aufzufassen ist. Die Aufteilung von Zuständigkeiten für die Umsetzung „Allgemeiner" und „Spezifischer Maßnahmen" (Art. 5 und 6) organisieren Vertragsstaaten durch Anpassen vorhandener Strukturen und Verfahrensregeln (wie mit Art. 4 vorgesehen). Bei solchen Anpassungen kommt es zu einzelnen länderspezifischen Abwandlungen von Konventionsinhalten, auf die nachfolgend hingewiesen wird.

Tab. 5.1 Mit Anwendung der Landschaftskonvention erreichte und erreichbare Wirkungen. (Eigene Zusammenstellung)

Nr.	Handlungsauftrag	In 20 Jahren Anwendung erreichte Wirkungen	Potentiell durch Anwendung erreichbare Wirkungen
1	Landschaft rechtlich definieren (Art. 5 a)	Legaldefinitionen im Sinne der Konvention	Vorschläge zur Novellierung der Konvention (Art. 17)
2	Landschaft als eigenen Bereich festlegen und in Bereichen verankern, die Landschaft berühren/auf sie wirken (Art. 5 b und c)	Festlegungen im Sinne kohärenten öffentlichen Handelns	Weiterentwickeln horizontaler und vertikaler Koordination
3	Regeln für Verwaltungsverfahren mit öffentlicher Mitwirkung festlegen (Art. 5 c)	Behördengelenkte Beteiligungsprozesse	Verfahrensmanagement als eigene Aufgabe festlegen
4	Angebote für Steigerungen des Landschaftsbewusstseins machen (Art. 6 A)	Im Rahmen von Beteiligung bei Aufgaben 6, 7, 8 und 9	Landschaft als Qualität erleben und wahrnehmen
5	Angebote für Schulung, Ausbildung, Bildung machen (Art. 6 B)	Überwiegend fachliche Bildungsinhalte	Gewicht auf Demokratie und Landschaft in Bezug auf Lebensqualität legen
6	Landschaften beschreiben, beobachten, analysieren und beurteilen (Art. 6 C, 1 a und b)	Fachlich gelenkte Anwendung etablierter Standards	Verknüpfen mit Steigerung des Landschaftsbewusstseins
7	Ziele anzustrebender Landschaftsqualität (LQ) bestimmen (Art. 6 D)	Konzeptionelle Ziel-Zusammenführung	Zielbestimmung auf breiter Basis transparent gestalten
8	Schutz-, Management-, Planungs- und Entwicklungsinstrumente anwenden (Art. 6 E)	Zusammenwirkender Einsatz mehrerer Instrumente und Maßnahmen	Nachhaltige Landschafts-Entwicklung als Leitlinie etablieren
9	Wirkungen des Instrumenteneinsatzes beobachten (Art. 6 C, a iii)	Als Standard bisher nicht etabliert	Systematische Beobachtung von Landschaftsveränderung
10	Europäische Zusammenarbeit • Internationale Politik, Programme (Art. 7) • Gegenseitige Unterstützung und Informationsaustausch (Art. 8), insbesondere Erfahrungs- und Methodenaustausch (Art. 6 C, 2) • Grenzüberschreitende Landschaften (Art. 9)	Im Rahmen verschiedener Veranstaltungen des Europarats sowie mehrerer NGO wie UNISCAPE und ECLAS (für Bildung), CIVILSCAPE (für Beteiligung), usw.	Wirksamkeit bisheriger Zusammenarbeit stärken; Forschungs- und Bildungs-Zusammenarbeit weiter fördern; aus Dialogen über unterschiedliche Auffassungen lernen

Wirkungen des Verweises auf die Århus-Konvention (Präambel) als *demokratische und rechtsstaatliche Prinzipien* lassen sich bei praktischer Konventionsanwendung nicht erkennen. Notwendig sind Klärungen des Begriffs „aktive Rolle", welche Bevölkerung und Öffentlichkeit bei der Anwendung der Landschaftskonvention wie insbesondere der Landschaftsentwicklung einnehmen soll. Bei der Festlegung von Inhalten und Gegenständen im *Bildungsbereich* bleibt die Frage offen welche Rollen demokratische und rechtsstaatliche Prinzipien und die Praxis öffentlicher Mitwirkung in Bezug auf das Verständnis von Landschaft und die Anwendung der Landschaftskonvention spielen. Eine weitere Frage ist, welche Rollen verschiedene Bildungsträger, Organisationen, usw. bei der Vermittlung partizipatorischer Kompetenz haben. Aufgaben der Steigerung des *Landschaftsbewusstseins* werden meistens im Rahmen praktischer Aufgaben durchgeführt, wie zum Beispiel von Landschaftsbeschreibung, Landschaftsbeobachtung und Landschaftsentwicklung.

Im Rahmen „Allgemeiner Maßnahmen" (Art. 5) müssen Vertragsstaaten in Bezug auf Verfahrensregeln mehrere Begriffe anwendungspraktisch näher bestimmen, wie „Partizipation", „Öffentlichkeit" und „Interessierte Kreise" (vgl. Art. 6 C.1). Bisher lassen sich aus der Vielzahl unterschiedlicher Anwendungsbeispiele keine Standards herausfiltern (siehe jedoch Handreichung des Europarats zu diesem Thema). Vertragsstaaten überlassen es der Anwendung im Einzelfall, welche Teile der Öffentlichkeit welche Rollen und welche Verantwortung übernehmen, wie zivilgesellschaftliche Organisationen, Einzelpersonen, usw. bei der Durchführung verschiedener Aufgaben mitwirken sollen oder können (Weiter hierzu siehe Abschn. 6.3).

Das Verhältnis zwischen der Festlegung von Landschaftspolitik und der Bestimmung von Zielen erstrebenswerter Landschaftsqualität (LQ-Ziele) stellt sich in der Anwendungspraxis überwiegend so dar, dass seitens nationaler Politik Zielvorgaben gemacht werden, die bei der Bestimmung spezifischer Ziele für bestimmte Landschaft leitend und rahmengebend wirken. Hierbei kommt das *Subsidiaritätsprinzip* zur Anwendung und es sind vor allem kommunale Akteure, die aktive Rollen bei der Umsetzung „Spezifischer Maßnahmen" einnehmen.

Bei der Umsetzung „Spezifischer Maßnahmen" zeigt die Anwendungspraxis zur *Landschaftsbeschreibung und -analyse, Landschaftsbeurteilung und Zielbestimmung,* dass die in (Art. 6) aufgeführten Aufgaben meist als zusammenhängende Arbeitspakete erledigt werden und sich dabei ein in mehreren Ländern zur Anwendung kommender Standard etabliert hat. Die Identifikation, Beschreibung und Beobachtung von Landschaften, die Beurteilung von Landschaften, sowie die Bestimmung von Zielen anzustrebender Landschaftsqualität (LQ) erfolgt unter fachlicher Leitung und Teile der Öffentlichkeit werden je nach Initiative der Praktiker hinzugezogen. Mit Begriffen wie Charakteristika, Charakter, Beschaffenheit oder Eigenschaften wird bezeichnet, was eine Landschaft als besonders kennzeichnen und von anderen unterscheidbar macht. Zugrunde liegen meist fachliche Beschreibungen auf der Grundlage von Messung (im weitesten Sinne), zum Teil fließen aus menschlicher Wahrnehmung gewonnene Kenntnisse ein. Bei der Beurteilung von Landschaft ist üblich, dass zunächst Fachurteile gefällt (wie im ER Nr. 54 empfohlen und dabei meist ohne Anwendung präziser Maßstäbe) und diese anschließend öffentlich zur Diskussion gestellt werden. Je nachdem, welche Grad der Beteiligung erreicht wird, lassen sich dabei Begriffe wie „Wert von Landschaften (Art. 6 A) und „mit Landschaft verbundene Werte" (Art. 6 B. c) inhaltlich mit Leben füllen, und es lässt sich genauer sagen was „spezifische Werte" sind, die bestimmten Landschaften „zugesprochen" werden (Art. 6 C.1 b). Darüber hinaus stellt sich mit Blick auf Landschaftsqualitäts-Ziele und Landschaftsbeurteilung die Frage, zu welchem Zeitpunkt sind allgemeine und spezifische Ziele aufzustellen, damit Beurteilungen sich daran orientieren können? Die Bestimmung von Landschaftsqualität (LQ) erfolgt meist in Form von Soll-Vorstellungen, die sich danach richten was Fachleute, Bevölkerung und Öffentlichkeit insgesamt als für bestimmte Landschaften „erstrebenswert" formulieren.

Bei der Bestimmung, Anwendung und Umsetzung von Instrumenten und Maßnahmen im Rahmen *Nachhaltiger Entwicklung* sind die praktischen Implikationen insbesondere der Begriffe „harmonisch" und „ausgewogen" näher auszuleuchten.

Methodisch erfolgreich sind die Staaten bei der Anwendung von zwischenzeitlich weit verbreiteten Standards bei der Umsetzung von Vorgaben zu spezifischen Maßnahmen. Kap. 5 stellt mehrere auf Praktikabilität und Wirksamkeit getestete Vorgehensweisen und Methoden dar, die nach rund 20 Jahren der Anwendung des Handlungsprogramms der Konvention als in vielen Ländern etabliert angesehen werden. In Handbüchern und Handreichungen wurde dieser Standard einem breiten Fachpublikum zugänglich gemacht (vgl. etwa Howard et al., 2013; Jørgensen et al., 2016; Stahlschmidt et al., 2017; Swanwick et al., 2018). Verschiedene Beispiele illustrieren die Breite regionaler Anpassung durch praktische Anwendung, an denen sich das Wirken gelungener Vorbilder zeigt.

6 Potenziale: Perspektiven und künftig erreichbare Wirkungen

Im vorliegenden Kapitel sollen vielversprechende Modelle und Beispiele vorgestellt werden, die für Überlegungen künftiger Anwendung der Konvention nützlich sein können. Sie sollen als Impulsgeber dienen und Anstöße geben, damit aus vorbildhaften Einzelfällen künftig weiter verbreitete Handlungsweisen werden. Dabei beziehen sich diese auf die Bereiche der Koordination von Landschaftshandeln als eigenen Belang (Abschn. 6.2) sowie die Entwicklung von Verfahrensmanagement als eigene Aufgabe (Abschn. 6.3). Des Weiteren wird Landschaftsentwicklung als Teil persönlicher Biographien adressiert (Abschn. 6.4) sowie geprüft, anhand welcher Indikatoren eine Nachhaltige Landschaftsentwicklung gemessen (Abschn. 6.5) und wie diese vermittelt werden könnte (Abschn. 6.6) und anschließend mit einem Fazit geschlossen (Abschn. 6.7).

6.1 Vorbemerkungen

Durch Ausschöpfen bisher ungenutzter Potentiale sind über die mit bisheriger Praxis erzielten Wirkungen hinaus weitere erreichbar (Vgl. rechte Spalte in Tab. 5.1 sowie Textbox 2).

> **Textbox 2: Perspektiven für Handlungsbereiche**
> Für mehrere Handlungsbereiche eröffnen sich Perspektiven:
>
> 1. Landschafts-Politik und -Recht: Weiterentwickeln horizontaler und vertikaler Koordination (Abschn. 6.2):
>   a. Landschaft stärker als bisher als eigenständigen Bereich festlegen und in Landschaft berührenden Bereichen verankern.

b. Eine federführende Stelle bestimmen (Kommission, Abteilung, Amt, usw.), die für Landschaft umfassend Verantwortung hat, die querschnittsorientiert konzipiert ist und handelt.
c. Stellen im Sinne kohärenten öffentlichen Handelns koordinieren, deren Aufgabenbereiche Landschaft berühren.
d. Subsidiaritätsprinzipien konsequent anwenden.
2. Verfahrensmanagement als eigene Aufgabe für Landschaft zuständige Behörden festlegen (Abschn. 6.3)
   a. Das Management von Landschaft betreffende und berührende Verwaltungsverfahren stärker als bisher als eigene Aufgabe definieren und so organisieren, dass demokratische und rechtsstaatliche Prinzipien konsequenter als bisher zur Anwendung kommen.
   b. Für das Management ist eine federführende Stelle zu benennen.
   c. Dabei können Vertragsstaaten und nachgeordnete Stellen Regeln öffentlicher Übernahme von Mitverantwortung und Mitwirkung bei Handlungen erlassen, die dazu dienen höhere Mitwirkungsgrade zu erreichen.
   d. So ausgestattet können die Staaten der Verantwortung gerecht werden, dass Ziele erstrebenswerter Landschaftsqualität als Ergebnis öffentlicher Meinungsbildung bestimmt werden.
3. Landschaftsveränderung als Teil eigener Biografie im Lebenslauf einzelner Menschen erkennen (Abschn. 6.4):
   a. Gelegenheiten landschaftlicher Veränderungen nutzen, um sich im Alltag und bei bestimmten Anlässen mit der Qualität der eigenen Umgebung persönlich auseinander zu setzen.
   b. Eine federführende Stelle bestimmen, die zu aktiver Teilnahme bei systematischer Landschaftsbeobachtung (etwa in Form öffentlicher Kampagnen), im Zusammenhang mit Landschaftsbeschreibung, -analyse und -beurteilung, bei der Bestimmung von LQ-Zielen und der Formulierung von Vorschlägen für künftige Landschaftsentwicklung und deren Umsetzung und Wirkungsbeobachtung einlädt.
   c. Gemeinsame Aufgaben von Forschung und Praxis sind, weiter zu untersuchen wie das Erleben und Wahrnehmen von Qualitätsveränderungen in der räumlichen und sozialen Umgebung mit der Ausbildung von Landschaftsbewusstsein zusammenhängen und Methoden zu entwickeln, um solche Zusammenhänge besser zu verstehen.
4. Fortschritte bei der Landschafts-Entwicklung nachweisen: An Nachhaltigkeitszielen ausrichten und Zielerreichung messen (Abschn. 6.5):
   a. Qualitäts- und Entwicklungs-Ziele sind transparenter als bisher auf langfristige Wirksamkeit auszurichten (Generationen übergreifend).

b. Stärker als bisher erkennbar werden Wirkungen eingesetzter Instrumente und umgesetzter Maßnahmen systematisch beobachtet und dabei überprüft.
c. Zielerreichen und Maßnahmen-Wirkungen sind stärker als bisher an Zielen nachhaltiger Entwicklung zu messen.
d. Rückkoppelungen einbauen und Ziele und Maßnahmen nach Überprüfung neu ausrichten.
5. Bildung für nachhaltige Landschaftsentwicklung: Gewicht auf Demokratie und auf Landschaft in Bezug auf Lebensqualität legen (Abschn. 6.6):
    a. Landschaftsbildung ist stärker als bisher als eigene Aufgabe zu definieren.
    b. Bei der Festlegung von Lerninhalten soll Landschaft eindeutig als Teil der Qualität menschlichen Lebens konzeptualisiert werden.
    c. Bildungsressorts und Bildungsträger sollen stärker als bisher darauf hinarbeiten, Landschaft als eigenen Bereich in Politik, Recht und Administration, sowie auf Landschaft bezogenes Verfahrensmanagement als eigene Aufgabe und als Ausdruck der Anwendung demokratischer und rechtsstaatlicher Prinzipien zu verstehen,
    d. sowie aus diesen Grundsätzen und Prinzipien abgeleitete Praxis-Methoden zu Lernzielen erklären und dementsprechende Inhalte in Lehrprogramme aufnehmen.
    e. Methoden in Lernprogramme aufnehmen, die sich dafür eignen verschiedenes Wissen über Landschaft zusammenzuführen und querschnittsorientiertes Denken zu fördern.
    f. Dem Prinzip von Learning-by-doing entsprechend ist das Erlernen und Einüben von Praxis-Methoden effektiv, wenn es im Zusammenhang mit realweltlicher Landschaftsanalyse und Zieldiskussion erfolgt.
    g. Erfahrungs- und Methodenaustausch soll im Rahmen europäischer Bildungs-Zusammenarbeit und mit Blick auf freien Austausch von Personen und Dienstleistungen gestärkt werden.
6. Europäische Zusammenarbeit stärker als bisher nutzen (In den Abschn. 6.2 bis 6.6 integriert, sowie in Kap. 7):
    a. Bildung gemeinsam entwickeln (zur Forschung siehe Kap. 7).
    b. Erfahrungsaustausch über Landschaftsbewusstsein und die Beobachtung von Landschaftsveränderungen.
    c. Erfahrungsaustausch über Beziehungen zwischen Landschaftsentwicklung nachhaltiger Entwicklung.
    d. Dialoge über Vorschläge zur Novellierung der Landschaftskonvention (siehe Abschn. 7.5).

Europäische Zusammenarbeit betrifft alle hier genannten Aspekte. Impulse künftiger Anwendung der Landschaftskonvention lassen sich aus Erfahrungen aus verschiedenen

Tab. 6.1 Perspektiven und Impulse wirkungsvoller Konventionsanwendung

Potentiale, Perspektiven	Modelle, Beispiele	Anwendung, Übertragbarkeit
Koordination eigenständ. Landschaftspolitik, -recht und -adminstration (Abschn. 6.2)	Landschaftsgesetz und Landschaftshandeln in Frankreich	Weiterentwicklung polit., rechtl. und administrativer Kulturen
Verfahrensmanagement als eigenständ. Aufgabe (Abschn. 6.3)	Plan de paysage, Rheintalbahn-Kommission	Gesamtplanung, Linienbestimmung, usw
Erleben und wahrnehmen von LQ als Beitrag zur Steigerung von Landschaftsbewusstsein (Abschn. 6.4)	Landschafts-Observatorien, Landschaftsbiografie	Crowdsourcing, Citizen Science und kollektiver Wissensaustausch; Absicherung nachhaltiger Wirksamkeit von Maßnahmen; Berichtswesen entwickeln
Fortschritte nachhaltiger Landschaftsentwicklung messen, LQ-Ziele messbar formulieren (Abschn. 6.5)	Abbildung von Ursache-Wirkung-Beziehungen durch Indikatoren, qualitative Wirkungs-Nachweise	
Demokratie und Landschaft in den Mittelpunkt von Bildung stellen (Abschn. 6.6)	Einführungsstudio; Landscape, Education & Democracy; Landschaftsbiografie	Weiterentwicklung virtueller Lernformate/Didaktik, Lehrpläne/Curricula anpassen

Ländern gewinnen. In den nachfolgenden Kapiteln werden Potentiale und Perspektiven zunächst grundsätzlich erläutert, anschließend vielversprechende Modelle und Beispiele dargestellt und abschließend Einschätzungen der Übertragbarkeit gegeben (vgl. Tab. 6.1).

6.2 Landschaftshandeln als eigenständigen Bereich koordinieren

Um Landschaft als eigenständigen Verantwortungsbereich zu stärken und um Landschaftsbelange mehr als bisher in Landschaft berührenden Ressorts zu verankern, sind Politik und Recht anzupassen und Strategien horizontaler und vertikaler Koordination der für Landschaft zuständigen Stellen zu verfolgen. In bisheriger Praxis bewährt hat sich, eine auf eigenständiger politischer und rechtlicher Grundlage arbeitende und Landschaftsbelange federführend koordinierende Stelle zu bestimmen (Kommission, Abteilung, Amt usw.), die für Landschaft umfassend Verantwortung hat, querschnittsorientiert konzipiert ist und handelt (vgl. Abschn. 5.3). Diese Stelle übernimmt auch die Aufgabe die Beiträge anderer Stellen zu koordinieren, deren Handeln Landschaft berühren, und zwar im Sinne kohärenten öffentlichen Handelns und konsequenter Anwendung von Subsidiaritätsprinzipien; und sie ist im Sinne öffentlich-privater Partnerschaft so weitreichend wie möglich mit interessierten Kreisen der Bevölkerung vernetzt (vgl. Déjeant-Pons, 2007, S. 27). Zur Nutzung weiterer, potenziell durch Anwendung der Konvention auszuschöpfender Potentiale lassen sich folgende Schritte in Betracht ziehen:

- Landschaft eindeutig als eigenen Verantwortungsbereich definieren,
- Landschaftshandeln ressortübergreifend koordinieren (horizontale Koordination),
- Landschaftshandeln subsidiär koordinieren (vertikale Koordination),
- Landschaftshandeln weitreichend vernetzt koordinieren (transversale Koordination);
- Als Vorbilder in Betracht kommende Modelle und Beispiele in europäischer Zusammenarbeit bewerten.

6.2.1 Landschaft als eigenen Belang definieren

Wird Landschaft fachgesetzlich geregelt und die Verantwortung für Landschaft einem Fach-Ressort zugeteilt, was mehrere Länder getan haben (Vgl. Abschn. 5.3), widerspricht dies grundsätzlich nicht Artikel 4 der Konvention. Doch sind Ziel-, Zweck- und Aufgabenbestimmung von Fachgesetzen sachlich und inhaltlich eng geführt, nach Ansicht der Autor~innen der Konvention zu eng, um die mit Landschaft verbundene Breite abdecken zu können (Council of Europe, 2008a, Abschnitte I.4 und II.2.1). Außerdem sind Fach-Ressorts mit Personal selten so ausgestattet, dass sie inhaltlich in der Lage wären Landschafts-Verantwortung in inter- und transdisziplinärer Weise zu übernehmen. Aufgabe von Fach-Ressorts ist, sachlich spezifische Leistungen zu erbringen. Aufgabe einer für Landschaft zuständigen Stelle ist, die Vielzahl solcher Beträge zu koordinieren, nicht aber sie im Einzelnen zu vertreten. Umfassende Leistungen sollen und können Personen und Einrichtungen erbringen, deren Selbstverständnis es ist dem Gemeinwohl zu dienen. Dieses sind insbesondere Stellen räumlicher Planung und für Umwelt zuständige Stellen. Gerade solchen Stellen bietet die lebensweltliche Anschlussfähigkeit der Konvention die Chance, Landschaft über fachliche bzw. sektorale Zuständigkeiten hinaus zu denken. Mit-Verantwortung für Landschaft tragen zudem zivilgesellschaftliche Organisationen, und auch Einzelpersonen nimmt die Konvention in die Pflicht.

Damit Stellen räumlicher Planung und für Umwelt zuständige Stellen Koordinationsaufgaben wirkungsvoll übernehmen können, benötigen sie politische und rechtliche Grundlagen. Solche wurden zum Beispiel in Frankreich geschaffen (vgl. Abschn. 5.3). Hier wurde in den 1990er Jahren eine eigenständige Landschaftspolitik entwickelt, 1993 das Gesetz „Loi sur la protection et la mise en valeur des paysages verabschiedet, das erste exklusiv dem Thema „Landschaft" gewidmete Gesetz, das 2016 unter Beibehaltung der besonderen Stellung von Landschaft als „Loi pour la reconquête de la biodiversité, de la nature et des paysages" bei Fortsetzung der in den 1990er Jahren begonnen Landschaftspolitik novelliert wurde. Die Berücksichtigung von Landschaft als eine besondere Dimension von Raum ist gesetzlich als eigenständiger Belang bei jeglicher Aufwertung und Gestaltung der unterschiedlichen *„Territoires"* des ganzen Landes zu betrachten und zu beachten. So ist Landschaft in die Gesetzgebung auch der wichtigsten Handlungsbereiche räumlicher Entwicklung einzubeziehen, wie etwa bauliche, infrastrukturelle und landwirtschaftliche Entwicklung; entsprechende Gesetze der Stadtplanung *(Code de l'urbanisme)* und der Landwirtschaft *Code Rural) wurden angepasst.* Zum Beispiel sind gemäß Artikel 4 des *Code de l'urbanisme* bei jedem Baugenehmigungsantrag graphische oder photographische Unterlagen einzureichen, die die Eingliederung geplanter Bauwerke in ihre Umgebung sowie deren visuelle Wirkung aufzeigen. Nicht nur Gebäude allein sollen dargestellt werden, sondern auch deren An- und Einbindung mit der Umgebung, sowie die Gestaltung ihrer direkten Umgebung. Mit Artikel 2 des *Codes Rural* werden die *Parc Naturel Régional* im ländlichen Raum als wichtige Akteure anerkannt, die über landschaftsbezogenen fachlichen Kompetenzen verfügen. Diese Stellen sind für die Erstellung sogenannter *Chartes de qualité paysagère* zuständig. Die *Chartes* beinhalten Zielaussagen zum Schutz, zur Aufwertung und Weiterentwicklung landschaftlicher Qualitäten im Gesamtgebiet eines *Parcs Naturels Régionaux* sowie Aussagen zu Maßnahmen, die zu deren Umsetzung führen sollen. Die im Gebiet der Parks zuständigen Behörden werden aufgefordert, der Charta zuzustimmen und im Rahmen eigenen Handelns für die Umsetzung von Zielen und Maßnahmen zu sorgen.

Mit solchen und weiteren Veränderungen im *Code de l'urbanisme* und im *Code Rural* wurde Landschaft nach dem Gesetz *Loi Paysage* zu einem fachübergreifenden Thema und die Zuständigkeiten für ihre Berücksichtigung in unterschiedlichen Handlungsbereichen und unter Fachleuten unterschiedlicher Disziplinen verteilt. Bauliche Entwicklungen sollen nicht als Eingriff in die Landschaft betrachtet werden, sondern als Potenzial, die landschaftlichen Qualitäten eines *Territoire* vor Ort aufzugreifen und weiterzuentwickeln (*„Intégration paysagère"*). Das *Loi Paysage* gibt außerdem dem Instrument *Plan de paysage* seinen ersten gesetzlichen Rahmen, wobei die Entscheidung über die Erstellung solch eines Plans bis heute der lokalen Politik überlassen ist (vgl. Beispiel in Abschn. 2.4).

Die Übertragbarkeit dieses französischen Modells auf andere Länder ist grundsätzlich gegeben, wo Landschaft als Angelegenheit des Gemeinwohls und Teil allgemeiner Daseinsvorsorge betrachtet wird. Nachfolgend werden entsprechende Entwicklungsmöglichkeiten dargestellt und diskutiert, insbesondere Landschaftshandeln als ressortübergreifende Aufgabe, mit Entwicklung vertikaler und transversaler Koordinationsstrategien.

6.2.2 Landschaftshandeln als ressortübergreifende Aufgabe definieren und koordinieren

Um Fach-Ressorts miteinander und diese wiederum mit interessierten Personen, Vereinen, Verbänden, usw. zu koordinieren, können bisher in Einzelfällen erprobte Modelle generell zur Anwendung kommen und dabei auch verknüpft werden: Eine Stelle, wie zum Beispiel ein Planungsamt (Praxis zahlreicher Kommunen) oder eine Abteilung im Umweltministerium (Modell Frankreich), ist für Landschaftsbelange zuständig und führt die Beiträge verschiedener Landschaft berührender Stellen und interessierter Kreise zusammen. Die Koordination fachlich und administrativ getrennt organisierter Aufgaben wird einem Gremium übertragen, etwa einer Kommission oder Arbeitsgruppe, in der für Landschaft relevante Stellen verschiedener Ressorts vertreten sind (z. B. interministerielle Kommission der Tschechische Republik). Eine ressort-übergreifende Landschaftspolitik in Form einer offiziell verabschiedeten Strategie, eines parlamentarisch beschlossenen Programms oder Plans dient zur Koordination verschiedener Landschaft berührender Belange (z. B. Landschaftskonzept Schweiz).

Staatlich rahmensetzende Landschaftspolitik kann eigenständig oder in Gesamtstrategien integriert verabschiedet werden. In Europa kommen beide Modelle zur Anwendung: eine eigenständige Landschaftsstrategien, zum Beispiel in Andorra, Finnland, Frankreich, Irland, Italien, Kroatien, Lettland, Litauen, Montenegro, Norwegen, Polen, Portugal und der Schweiz; sowie staatliche Entwicklungsstrategien, -programme oder -pläne, in denen Landschaft als eigener Belang geführt und mit anderen Belangen abgeglichen wird, zum Bespiel in Griechenland, Malta, Niederlande, Slowenien und Tschechische Republik.

In Frankreich wurde seit 1993 auf staatlicher Ebene eine landschaftsbezogene Gesamtstrategie entwickelt, die *Politique des paysages*. Zuständig für diese ist im (inhaltlich breit aufgestellten) Ministerium für Umwelt die Abteilung ‚Wohnen, Stadtplanung und Landschaft' (*Direction de l'habitat, de l'urbanisme et des paysages*) der General-Direktion für ‚Raumordnung, Wohnen und Natur' (*Direction Générale de l'Aménagement, du Logement et de la Nature,* DGALN) (Abb. 6.1).

Zentrales Ziel der französischen *Politique des paysages* ist die Verbesserung der Lebensqualität der Bevölkerung in allen Gebieten und „*territoires*" Frankreichs. Gegliedert wird diese Landschaftspolitik in drei Säulen (vgl. Tab. 6.2):

- Entwicklung von Wissen *(connaissance)* über Landschaft,
- Formulierung von Zielen anzustrebender Landschaftsqualität *(Objectifs de qualité paysagère)*,
- Förderung eines landschaftsbezogenen Bewusstseins *(culture du paysage)*/Empowerment der Akteure und der Zivilgesellschaft im Bereich Landschaft *(valoriser les compétences)*.

Der in dieser Strategie formulierte Rahmen besteht hauptsächlich aus der Beschreibung von Instrumenten, die den jeweiligen Säulen zugeordnet werden können und zur Umsetzung dieser zu erstellen sind. Auch die dafür geeigneten Verwaltungsebenen und Institutionen – *régions, départements, communes,* etc. – werden genannt (siehe Tab. 6.2).

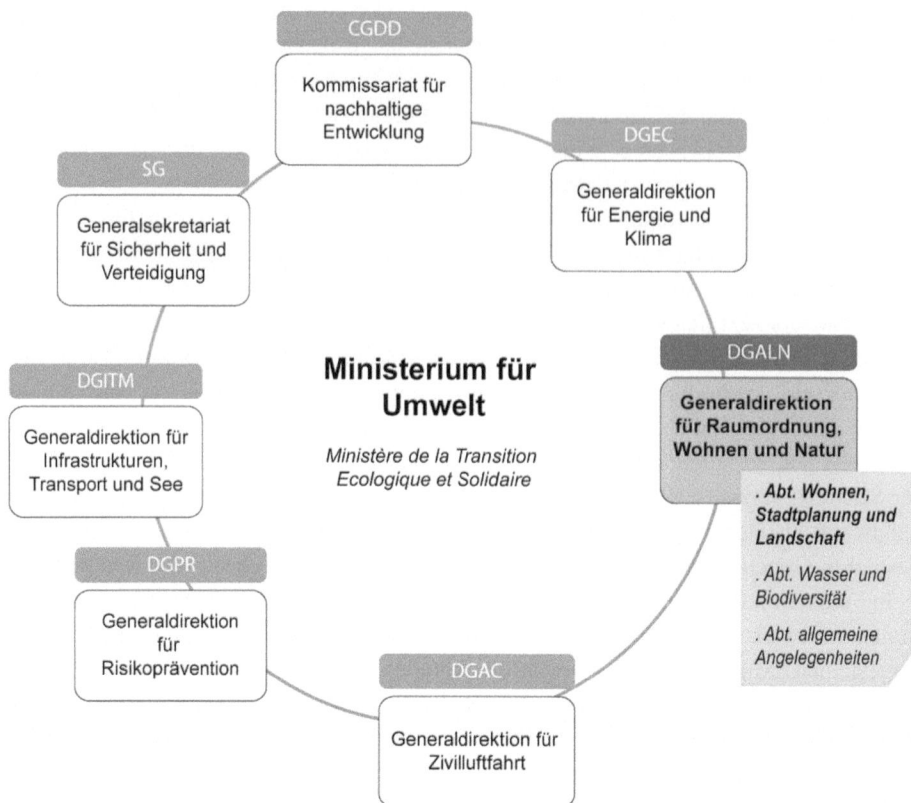

Abb. 6.1 Anordnung der Stelle für Landschaftspolitik im Ministerium für Umwelt. (Darstellung Leconte, adaptiert von https://www.ecologique-solidaire.gouv.fr/sites/default/files/organigramme-MTES_Web.pdf)

6.2.3 Übertragbarkeit von Koordinationsstrategien

Angesichts unterschiedlicher Staatsformen, Verwaltungs- und Planungstraditionen in Europa (vgl. Balchin et al., 1999) ist die Ausgangslage für eine Koordination von Landschaftspolitik, -recht und -administration in verschiedenen Ländern schon aufgrund historischer Entwicklungen heraus spezifisch. Die Übertragbarkeit von Koordinationsstrategien eines Landes auf andere setzt eine Bereitschaft zur Weiterentwicklung politischer, rechtlicher und administrativer Kultur (einschließlich Planungskultur) voraus. Welche Anpassungen nötig und möglich wären, wird nachfolgend am Vergleich französischer und deutscher Entwicklungen diskutiert; im Vergleich der Koordination entsprechender Verantwortlichkeiten und Zuständigkeiten in Frankreich und Deutschland lassen sich Potenziale und Chancen künftiger Konventionsanwendung herausarbeiten. Frankreich, als

Tab. 6.2 Drei Säulen und vier Ebenen französischer Landschaftspolitik. (Eigene Darstellung auf Grundlage von Ministère de la Transition Écologique, 2021)

Ebene	LQ-Ziele	Landschaftswissen	Landschaftsbewusstsein
Ministerium		*Observatoire photographique national des paysages* (nationales Landschaft-Observatorium)	In der Bevölkerung: *Journées des paysages* *Printemps des paysages* *Tour de France des paysages* Bei Fachleuten in Praxis, Bildung und Forschung (Erfahrungsaustausch): Landschaftspreis Netzwerk zur Förderung einer *école française du paysage* *Club plan de paysage*
Région		*Atlas de paysage:* Kooperation zwischen *Département, Région* und weitere Akteure wie CAUE[1], Landschaftsarchitekturbüros, Forschungsstellen	*Journées régionales des paysages*
Département			
Kreis	*Plans de paysage, Chartes de qualité paysagère*	*Observatoires photographiques locaux des paysages*	Partizipative lokale Landschaft-Observatorien, Beteiligung im Rahmen der Erstellung von *plans de paysage*

eines der ersten Unterzeichnungsländer und als treibende Kraft der Entstehung der Konvention, stellt, wie eingangs erwähnt, ein interessantes Vergleichsbeispiel in Bezug auf eine mögliche Anwendung und Umsetzung der Konvention in Ländern wie Deutschland dar, die der Konvention nicht beigetreten sind.

In Bezug auf Landschaftspolitik sind in Frankreich und Deutschland sowohl unterschiedliche als auch parallele Entwicklungen zu beobachten. Im Laufe der Geschichte wurde Landschaft in beiden Ländern über lange Zeit durch die Brille des kulturellen Erbes betrachtet, einschließlich der Konnotation „Heimat". Spätestens ab den 60er Jahren gilt Landschaft als Träger verschiedener Funktionen, Leistungen, usw. Ab dieser Zeit kam landschaftsbezogener Gesetzgebung die Aufgabe zu (über die früher im Mittelpunkt stehende) Zuweisung von Schutzobjekten und -gebieten (kulturelles oder natürliches Erbe) hinaus zur Berücksichtigung von Landschaft (als Lebensgrundlage menschlicher Gesellschaft und Natur) in allen Instrumenten räumlicher Entwicklung zu führen, so insbesondere in der Stadt- und Flächennutzungsplanung. In Deutschland erfolgt diese

---

[1] Conseils en Architecture, Urbanisme et Environnement.

Berücksichtigung durch Aussagen der (in den 1970er Jahren entwickelten) Landschaftsplanung in Gesamtplanungen (siehe unten), während in Frankreich landschaftsbezogene Themen direkt in Instrumenten der Gesamtplanung wie insbesondere der Flächennutzungsplanung enthalten sind[2]. Seit den 1980er und 90er Jahren steht Landschaft in Verbindung auch mit Regionalentwicklungsprojekten, in Deutschland etwa im Rahmen von Projekten wie dem IBA Emscher Park (1999). Während solche Entwicklungen in der französischen Landschafts-Politik ebenfalls vom Ministerium für Umwelt getragen wird, greifen sie deutsche Gesetzgebung und Verwaltung mit Bezug zur Raumplanung auf (MKRO, Leitbild 3). So spaltet sich der Sonderweg Deutschlands, indem Landschaft als politisches Handlungsfeld einmal beim Naturschutz angesiedelt wurde, deren Fachplanung, die Landschaftsplanung, die Querschnittsaufgabe Landschaft mitttragen soll, und wo Landschaft zum anderen Inhalt raumplanerischer Befassung ist. Die fachplanerische Doppelaufgabe ist schwierig zu erfüllen, stehen Naturschutzanliegen in der Praxis doch stets im Vordergrund und sehen Naturschutzvertretungen verschiedene die Lebensqualität der Bevölkerung ausmachende Ansprüche an Natur und Landschaft doch eher als hinderlich denn förderlich für die Verfolgung von Naturschutz-Zielen.

6.2.4 Übertragbarkeit horizontaler Koordinationsstrategien

Mehr als in Frankreich hat sich in Deutschland im Rahmen stark ausdifferenzierter Zuständigkeiten sowohl auf Bundes- als auch auf Landesebene in der Praxis eine Kultur ausgeprägter Aufgabenverteilung etabliert. Eine Anwendung des im Sinne der Landschaftskonvention erfolgreichen französischen Modells auf Deutschland wäre mit Herausforderungen der Zusammenführung und Koordination verbunden. Wie groß diese Herausforderungen sein können, zeigt ein Blick in die Geschichte des Umweltgesetzbuchs; um weit gestreut verteilte Umwelt-Zuständigkeiten und -Aufgaben im Sinne kohärenten öffentlichen Handelns besser zu koordinieren, wurden Versuche rechtlicher und administrativer Zusammenführung in Form und auf Grundlage eines Umweltgesetzbuchs unternommen (vgl. Mengel, 2001). Diese Versuche führten nicht zu den angestrebten Erfolgen. Noch weitergehender wären Anstrengungen, um ein kohärentes öffentliches Landschafts-Handeln zu erreichen, so dass Landschaft als eigenständiger und nicht mehr als ein Fachplanungen untergeordneter Belang behandelt wird. Zu überwinden wäre in Deutschland ein System diverser Fachzuständigkeiten, die sich auf Landschaft als Teil und Ausdruck von Lebensqualität beziehen, wie etwa Landschaftsplanung, Grünordnungsplanung, Freiraumplanung, Lärmminderungsplanung, Verkehrsplanung, usw. Aussagen

---

[2] Die Entstehung der ersten Flächennutzungsplanungs-Instrumente erfolgt parallel zur Entwicklung des Berufsbilds und des Aktionsfelds der Landschaftsarchitekten, unter anderen durch die Erweiterung des Projektmaßstabs auf komplette Stadtteile und Städte. Neben Stadtplaner werden auch Landschaftsarchitekten bei der Erstellung der Flächennutzungsplanungs-Instrumente direkt miteinbezogen.

solcher Fachplanungen finden (z. B. über Stellungnahmen) Eingang in Gesamtplanungen und Gesamtentscheidungen. Fachplanerischer Aussagen werden einzeln und Landschaft dabei nicht, wie die Konvention es fordert, als eigenständiger Belang behandelt; einzelne Aspekte werden entweder unmittelbar oder im Zuge von Abwägungen in Regionalplanung, Stadtplanung, Bauleitplanung, usw. integriert. Die „Integration" geschieht durch „Berücksichtigen" mehrerer einzelner Fachbeiträge, und über diese können einzelne Landschafts-Aspekte – sozusagen im Huckepackverfahren – stückweise mit einfließen.

Als Möglichkeit, solch Landschaftsaspekte in mehrfacher Weise filterndes Vorgehen aufzulösen, bietet sich die Weiterentwicklung von Instrumenten räumlicher Gesamtplanung im Sinne einer „integrativen Planung" an, die, wie die ‚plan de paysage' in der Lage sind, Landschaft im Sinne der Landschaftskonvention insgesamt als eigenständigen Belang zu behandeln. Hierfür ist die in Deutschland bestehende Zuordnung verschiedener Landschafts-Aspekte zu unterschiedlichen Fachplanung durch eine gesamtplanerische Zuständigkeit für Landschaft zu ersetzen. Dabei könnte die Landschaftsplanung unter der Voraussetzung, dass das Dilemma zugleich Fachplanung und Gesamtplanung sein zu müssen gelöst wird (Büchter, 2002), von fachplanerischen Aufgaben entledigt die gestellte Aufgabe möglicherweise übernehmen. Weitere Lösungswege böte die Übertragung ein in der Praxis der „Ökosystemaren Umweltbeobachtung" im Biosphärenreservat Rhön entwickeltes Modell koordinierter Zusammenführung verschiedener Ressorts. In jedem Falle müssen für Landschaft zuständige Stellen eingerichtet und diese mit im Sinne der Landschaftskonvention ausgebildeten und geschulten Personen besetzt werden.

6.2.5 Vertikale Koordinationsstrategien

Landschaftspolitik und Strategien ihrer Umsetzung sollen auf jeder Ebene so weit entwickelt werden, wie es gemäß Subsidiaritätsprinzip zulässig und möglich ist, d. h. unter Wahrung größtmöglicher Selbstbestimmung und Eigenverantwortung von Gemeinde und lokaler Bevölkerung (Council of Europe, 2008a, Abschnitt I.D). Die überregionale Koordination von Informations- und Bildungssystemen liegt ebenso in staatlicher Verantwortung, wie die Aufstellung großräumiger Strategien, Programme oder Pläne. Da diese rahmensetzend für Landschaftsentwicklungen auf regionalen und kommunalen Ebenen sind, sind Konsultationen zwischen allen berührten Ebenen erforderlich, etwa zu Bestimmungen zu gesamtstaatlich gültigen Zielen nachhaltiger Entwicklung (z. B. Klimaschutz-Ziele, Umweltschutz-Standards), oder zu Entwicklungsvorgaben (z. B. Energiewende, regionale Förderprogramme, große Infrastrukturprojekte) deren Bedeutung über alle Entscheidungsebenen hinweg reichen. Konsultationen lassen sich durch Beratungen zwischen verschiedenen für Landschaft zuständigen Stellen und Körperschaften organisieren, bei denen auch Empfehlungen zur Anwendung gesamtstaatlicher Ziele ausgetauscht werden (Committee of Ministers, 2008, Abschnitt II.1).

In Frankreich werden einige auf staatlicher Ebene getroffenen Entscheidungen über *Départements* und Kommunen zur Umsetzung weitergegeben, andere Entscheidungskompetenzen liegen bei *Départements* und Kommunen, den sogenannte „*collectivités territoriales*" (die vertikale Zuständigkeitsaufteilung wird „*décentralistation*" bezeichnet), so auch Kompetenzen im Bereich der Stadtplanung. Ergänzend übernimmt die *Région*, angeordnet zwischen Staat und *département*, Zuständigkeiten und Entscheidungskompetenzen im Bereich der Raumordnung. Parallel zur „*décentralistation*" findet in Frankreich auch eine „*déconcentration*" statt, wobei Institutionen des Staates auf Ebene der *régions* und *départements* angeordnet werden („*services déconcentrés de l'Etat*"). Diese üben eine Kontroll-Rolle aus und arbeiten in Kooperation mit den „*collectivités territoriales*" auch im Bereich der französischen Landschaftspolitik.

Auf lokaler Ebene ist das so genannte „*bureau des paysages et de la publicité*" (Büro für Landschaften und Werbung[3]) sowohl Ansprechpartner der DGALN und zugleich die Stelle für die Koordination aller beteiligten Institutionen. Das ‚*bureau des paysages*' arbeitet in enger Kooperation mit beteiligten Institutionen auf allen Ebenen und in allen Bereichen der Raumordnung, Stadt- und Umweltplanung, Verkehrsplanung, etc. zusammen. Es organisiert den Erfahrungsaustausch zu landschaftsbezogenen Angelegenheiten zwischen den Akteuren aus der Verwaltung in unterschiedlichen Bereichen und auf unterschiedlichen Ebenen (Ministerium, *régions*, *départements*, Kreise), sowie mit Landschaftsarchitekt~innen, und weitere Institutionen wie Universitäten. Dies erfolgt z. B. im Rahmen der „*Journées des paysages*" oder weiterer punktuell organisierter Arbeitsgruppen. Die *Journées des paysages* finden mindestens einmal pro Jahr zu je einem Thema statt, das mit Blick auf Landschaft und gestützt auf Beispiele aus der Praxis behandelt und diskutiert wird. Das Treffen wird immer in Kooperation mit einer externen Institution (ein anderes Ministerium, ein Fachbereich einer Uni oder ein Forschungsteam, eine Kommune, etc.) organisiert und moderiert. Speziell zum Instrument des *Plan de paysage* wurde auch die Plattform des „*Club Plans de paysage*" ins Leben gerufen. So übernimmt die staatliche Ebene (das Ministerium) vor allem die Koordination und Maßnahmen der Verbreitung einer französischen Landschaftskultur *(„culture du paysage")*.

Im Rahmen der Förderung einer *culture du paysage* wurde 2015 vom damaligen *Ministère de l'écologie, du développement durable et de l'énergie* die kooperative Online Platform „*1000 Paysages en action*" ins Leben gerufen (http://www.1000paysages.gouv.fr/). Auf der Plattform können zivilgesellschaftlichen Gruppen, lokale Institutionen, Vereine, etc. Beschreibungen von laufenden Projekten im Bereich Landschaft als „*cadre de vie*" hochladen. Themen sind zum Beispiel Bildung und Sensibilisierung, partizipative Stadt- und Landschaftsplanung, Landschafts-Management sowie bemerkenswerte

---

[3] Das Thema „Werbung" ergibt sich daraus, dass die Regulierung der Werbung im öffentlichen Raum (Reklameschilder) einen wichtigen Ausgangspunkt dieser Politik war, den man sonst nicht selbstverständlich unter dem Begriff Paysage allein zuordnen würde.

Projekte in ländlichen sowie städtischen Gebieten. Die Plattform bildet somit eine wichtige, öffentlich zugängliche Datenbank über Projekte aus der Zivilgesellschaft im Bereich Landschaft.

6.2.6 Übertragbarkeit vertikaler Koordinationsstrategien

Vertikale Koordinationsstrategien in Frankreich und Deutschland unterscheiden sich zwar, doch für eine Übertragung französischer Modelle wären in Deutschland weniger Anpassungen nötig als bei horizontaler Koordination. Geringe Herausforderungen bestehen in Bezug auf Hierarchien. Ähnlich wie in Frankreich sind Entscheidungskompetenzen in Deutschland, seiner föderalen Struktur zunächst ungeachtet, auf verschiedene Ebenen verteilt. So werden Ziele und Maßnahmen im Aufgaben-Bereich der *„Naturschutz-Fachplanung"* (Landschaftsplanung) hierarchisch entwickelt; auf Länder-Ebene definierte Ziele werden bis zur kommunalen Ebene immer konkreter bestimmt. Der kommunale Landschaftsplan konkretisiert die Ziele des staatlichen Landschaftsprogramms; der Grünordnungsplan die Ziele des Landschaftsplans. Nach Subsidiaritätsprinzip soll auch eine Rückkopplung „von unten nach oben" ermöglicht werden, also eine Anpassung staatlich gesetzter Ziele durch kommunale Ziele (was z. B. regelmäßig zu Auseinandersetzungen über Festlegungen etwa zu „Vorranggebieten", „Grünzäsuren", usw. führt), sowie eine Anpassung des Landschaftsplans an Planungen zu einzelnen Vorhaben. Damit ist der Rahmen der Kooperation zwischen Land und Kommune gesetzlich vorgegeben. Im Vergleich zu Frankreich liegt der Vorteil darin, dass es eine klare Verteilung der Kompetenzen zwischen den Verwaltungsebenen gibt und stärkere Entscheidungsmöglichkeiten auf lokaler Ebene. Der Nachteil liegt in der Schwierigkeit (und entsprechend fehlender Kultur), eine nicht auf Gesetzen, sondern auf Kooperation basierte gesamtstaatliche Strategie oder Politik zu entwickeln, die flexibel auf Anforderungen eingeht und von allen Verwaltungen des Landes gemeinsam getragen wird.

In Deutschland spielt die Bundesebene, auch als Koordinierungsinstanz, in Bezug auf Landschaftspolitik und -verwaltung mit wenigen Ausnahmen eine im Vergleich mit Frankreich kleine Rolle. Eine Ausnahme ist zum Beispiel, dass Deutschland seit 1979 die „Errichtung und Sicherung schutzwürdiger Teile von Natur und Landschaft mit gesamtstaatlich repräsentativer Bedeutung" mit einem entsprechenden Programm fördert, seit 2018 inhaltlich weitergehender als bisher und dabei unterfüttert durch die deutschlandweite Identifikation so genannter *„Erbelandschaften"* (Schwarzer et al., 2018). Die „Bedeutsamen Landschaften" sind in der räumlichen Planung und Raumentwicklung zu berücksichtigen und spielen bei der Anwendung von Förderprogrammen und Zulassungsverfahren eine Rolle. Eine weitere Ausnahme stellen Aktivitäten dar, die von verschiedenen Bundesbehörden ausgehen, wie zum Beispiel die Schaffung von Regeln zur Verausgabung von Mitteln für Regionalentwicklung und Landwirtschaft, oder die Vergabe von Forschungs- und Entwicklungsmitteln, die sich auf Landschaft beziehen.

6.2.7 Transversale Koordinationsstrategien

Erhebliche Potenziale, um die Bestimmung und Umsetzung von Landschaftspolitik gegenüber bisheriger Praxis besser zu koordinieren, liegen auf kommunaler Ebene, und hier im Zusammenhang mit der Wahrnehmung von Aufgaben allgemeiner Daseinsvorsorge. Politische und administrative Entscheidungen über diese Aufgaben fallen bei Beratungen über den Kommunalhaushalt und werden im Rahmen sozialer und räumlicher Gesamtplanungen durch Abwägung verschiedener Belange umgesetzt. Diese Umsetzung erfolgt „bürgernah" und dabei häufig in öffentlich-privater Partnerschaft, etwa unter Beteiligung von Vereinen, Verbänden, zivilgesellschaftlichen Organisationen und Einzelpersonen. Dies gilt auch, wenn die Entwicklung und Gestaltung von Landschaften die Verantwortung unterschiedlicher Abteilungen und Ämter ist, was in größeren Kommunen und in Verwaltungsgemeinschaften der Fall ist.

Die Frage ist auch bei „transversaler" Koordination, wer die Landschaftsbelange koordinierende Stelle und Person sein soll. Im Beispiel der aus mehreren Kommunen zusammengesetzten Blois-Agglopolys (siehe Abschn. 2.4) war die Schaffung einer Koordinationsstelle für landschaftsbezogene Angelegenheiten von zentraler Bedeutung. Diese Stelle wurde schon vor Beginn des Verfahrens des *Plan de paysage* besetzt. Zwei Merkmale sind dabei wichtig: die Zuordnung der Stelle innerhalb der von mehreren Kommunen gemeinsam getragenen Planung und das Profil der angestellten Person. Die Stelle wurde in der Kreisverwaltung dem Hauptamt und hier direkt der Amtsleitung zugeordnet. Angestellt wurde eine Landschaftsarchitektin mit langjähriger Erfahrung aus Tätigkeiten in Stadtverwaltungen. Bei der Erstellung des *Plan de paysage* hatte die Landschaftsarchitektin eine koordinierende und begleitende Rolle zwischen Verwaltung, Politik, Planungsbüro und verschiedenen öffentlichen und privaten Akteuren der Region. Seit Abschluss des Planungs-Verfahrens sorgt sie für die Umsetzung der Maßnahmen durch punktuelle Projekte und darüber hinaus für die langfristige Umsetzung der Landschaftsqualität-Ziele, etwa im Rahmen alltäglichen Verwaltung-Handelns. So bewertet sie alle großen Vorhaben, die von unterschiedlichen Fachstellen geplant werden, anhand der Übereinstimmung mit den Zielen des *Plan de paysage*.

Prinzipien transversaler Koordination, wie sie in Frankreich entwickelt wurden, lassen sich auf andere Länder übertragen, wie Beispiele aus Deutschland illustrieren, wo Ansätze existieren die als Anlaufstellen für dauerhaftes und transversal koordiniertes Landschaftshandeln angesehen werden können. Beispiele sind integrierte Umwelt- und Stadtentwicklungsplanungen, Projekte wie die Entwicklung integrierter Freiraumkonzepte oder der Regionalpark Rhein-Main mit seiner breiten Trägerschaft. Solche Projekte haben große Potenziale transversaler Koordination schon aufgrund weit vernetzter Kooperation auf kommunaler oder interkommunaler Ebene. Wie diese Potenziale genutzt werden, lässt sich am Beispiel des Projekts ‚Grünes C' illustrieren, dem Bonner Beitrag zur ‚Regionale 2010' in Nordrhein-Westphalen. Wie beim *Plan de paysage* von Blois-Agglopolys beruht auch bei diesem Projekt die interkommunale, ressortübergreifende und zivilgesellschaftliche Zusammenarbeit auf Initiativen und Beiträgen einzelner Menschen, die das Projekt vorantreiben (vgl. Leconte, 2019). Sowohl auf politischer als auch auf Verwaltungsebene sind es entweder Personen aus der Stadtplanung und der Landschaftsplanung, oder teilweise auch Personen aus der Wirtschaft und von Vereinen, die besonders engagiert sind. Vorhandene Gremien wie der im Rahmen der Vorbereitung der Regionale 2010 gegründete Arbeitskreis Natur und Landschaft spielen in diesem Fall eine wesentliche Rolle, weil hier verschiedene Akteure die Gelegenheit haben, sich regelmäßig über fach- und kreisübergreifende Themen und Projekte und Themen auszutauschen. Es entstehen informelle Netzwerke, die immer wieder aktiviert werden können, sodass die Kooperation über die Dauer und den Rahmen einzelnen Projekten hinaus am Leben gehalten wird.

6.3 Verfahrensmanagement als eigene Aufgabe entwickeln
Verwaltungsverfahren

6.3.1 Verwaltungsverfahren, politischer und rechtlicher Rahmen

Die Landschaftskonvention gibt Verfahrens-Regeln vor, zum einen durch Angaben zu öffentlicher Mitwirkung und zum anderen durch Nennung einer Reihe von Aufgaben wie die Identifikation, Beschreibung und Beurteilung von Landschaften, die Bestimmung von Zielen erstrebenswerter Landschaftsqualität, die Umsetzung dieser Ziele, sowie Monitoring der Umsetzung und damit erreichter Wirkungen.

Nähere Angaben zu Verfahrens-Regeln macht die Konvention nicht, verlangt allerdings, dass in öffentliche Mitwirkung möglichst viele Teile der Öffentlichkeit und möglichst viele öffentliche Belange vertretende Stellen einzubeziehen sind, wie etwa staatliche Behörden und kommunale Ämter.

Die mit der Konvention grob umrissenen Verfahren sind im politischen und rechtlichen Rahmen der Vertragsstaaten näher auszugestalten (vgl. Abschn. 5.3). Über etablierte Verfahrensregeln ist die bisherige Anwendungspraxis dabei kaum hinausgegangen. Nachfolgend werden Perspektiven aufgezeigt, Verfahrensmanagement für Landschaftsentwicklung als eigene Aufgabe zu etablieren. Hierfür wird zunächst Verfahrensmanagement vom Programm,- Vorhaben- und Projektmanagement unterschieden. Dann werden zwei Beispiele öffentlicher Mitwirkung in Bezug auf Landschaftsentwicklung dargestellt.

6.3.2 Verfahrensmanagement

Einige mit bisheriger Verfahrenspraxis verbundene Herausforderungen sind zu bewältigen, um die Potentiale der Verfahrensangaben der Konvention zu realisieren. Grundlegend ist, Verfahrensmanagement auf der einen und das Management einzelner Programme,

Vorhaben und Projektmanagement auf der anderen Seite zu unterscheiden; beide Managementaufgaben sind mindestens gleich zu gewichten. Beim Management von Verfahren geht es um Prozesse, beim Management von Programmen, Vorhaben und Projekten um Inhalte, um die jeweils voranzutreibende Sache (Säck-da Silva, 2009). Transparenzgewinn stellt sich ein, wenn beide Management-Aufgaben als Teile integrativer und iterativer Vorgehensweisen verstanden werden, die insgesamt prozessual umgesetzt werden. Dabei ist aus folgenden Gründen eine auch nach außen sichtbare persönliche (und auch professionelle) Trennung der verschiedenen Management-Aufgaben geboten[4]: zum einen verfügen die für Programme, Vorhaben und Projekte Verantwortlichen über fachliches und inhaltliches, aber häufig nicht über ausgeprägt entwickeltes Prozess-Knowhow. Für Vorhaben und Projekte zuständigen Personen wird, berechtigt oder nicht, Interessenskonflikt unterstellt und ihnen keine Neutralität zugetraut, wenn sie das Verfahrensmanagement zusätzlich zur Erledigung von Fachaufgaben übernehmen. Darüber hinaus besteht die Gefahr, dass Verfahrensmanagement „nebenbei" erledigt und weniger wichtig als das Vorhaben- bzw. Projektmanagement angesehen wird.

Missachtungen dieser Trennungs-Regeln führen in der Praxis regelmäßig zu Akzeptanzproblemen und Widerständen gegen Pläne und Vorhaben, sowie zu Verzögerungen im Verfahrensablauf. So wichtig die Eigenständigkeit des Verfahrensmanagements ist, sie ist kein Garant für den Vorhaben- und Projekterfolg. Denn, mögen Vorhaben- und Projektträger das Management von Prozessen und dabei insbesondere der öffentlichen Mitwirkung auch manchmal geringschätzen; insgesamt sind die Erwartungen an öffentliche Mitwirkung oft hoch und eine nüchterne Einschätzung ist angebracht, wie langjährige Erfahrungen aus der Praxis öffentlicher Mitwirkung in der Stadtentwicklung zeigen, (Selle, 2019).

Es folgen zwei Beispiele öffentlicher Mitwirkung in Verfahren, in denen es um Landschaftsentwicklung geht bzw. die sich auf Landschaft auswirken. Das erste Beispiel ist der (in Kap. 2) bereits eingeführte *Plan de paysage* von Blois-Agglopolys in Frankreich, das zweite Beispiel ist die Planung für die Güterbahnstrecke entlang des Oberrheins. Das erste Beispiel illustriert auf Landschaft bezogene Verfahren räumlicher Planung auf kommunaler Ebene, das zweite Beispiel illustriert, wie vorhabenbezogene Verfahren von überörtlicher Bedeutung auf Landschaft auswirken.

6.3.3 *Plan de paysage von Blois-Agglopolys* (vgl. Abschn. 2.4)

Das Verfahren, mit dem der *Plan de paysage* von Blois-Agglopolys aufgestellt wurde, folgt dem offiziellen Leitfaden *„Le plan de paysage, agir pour le cadre de vie"* des Umweltministeriums (MEDDE, 2015). Danach enthält der Planungsprozess mehrere aufeinander aufbauende Pakete: a) Landschafts-Analyse einschließlich der Landschafts-Entwicklungen antreibenden Kräfte und Faktoren, b) Ausarbeitung von Zukunftsszenarien

---

[4] Persönliche Kommunikation mit Frau Dr. Sabine Säck – da Silva, 18.03.2020.

und deren Bewertung, Bestimmung von LQ-Zielen, c) Auswahl und Verwirklichung von Maßnahmen. Die Arbeit an diesen Paketen erfolgt gemeinschaftlich; Landschaftswissen Ortsansässiger fließt, als Teil des Verfahrens, in die Analyse, Wertvorstellungen der Bevölkerung in die Bestimmung der Ziele sowie in die anschließenden Beschlüsse über die Auswahl und Verwirklichung einzelner Maßnahmen ein.

Bei der Anwendung des Leitfadens in Blois entsteht die Planung in Kooperation zwischen der Verwaltung von Blois-Agglopolys, dem beauftragten Planungsbüro und der in Blois gelegene Hochschule für Landschaftsarchitektur. Das Verfahrensmanagement liegt hauptsächlich beim Planungsbüro. Ein Landschaftsarchitekt des Büros organisiert und moderiert, zusammen mit der Landschaftsarchitektin des Kreises (zu ihren Aufgaben als Koordinatorin siehe Abschn. 6.2), Workshops und Arbeitsgruppen, an denen Personen aus Verwaltungen sowie verschiedene Interessenvertreter~innen und Stakeholder~innen teilnehmen (Leconte, 2019). Die Mitwirkung dieser Akteure wird als ein zentrales Element des Projekts und ein wichtiger Faktor für eine langfristige Umsetzung der Landschaftsqualität-Ziele und Maßnahmen des Plans aufgefasst. Der gesamte Prozess wurde vor Projektbeginn bewusst geplant; die Durchführung fügt sich lebensnah in den Alltag ein.

Die Rolle der Landschaftsarchitekt~innen in diesem Falle erweitert sich durch Übernahme der federführenden Verfahrensleitung und von Aufgaben eines „médiateur". Die klassische Rolle von Landschaftsarchitekt~innen als „Fachleute für Landschaft" wird um gänzlich neue Rollen ergänzt (Briffaud, 2011). Indem Landschaftsarchitekt~innen den Verfahrensprozess einschließlich öffentlicher Mitwirkung weitgehend gestalten und moderieren, können sie gezielt darauf hinwirken, dass breit gestreutes Landschaftswissen zusammengetragen wird, dass diese in Landschafts-Analyse und die Festlegung von Landschaftsqualität-Ziele n einfließen, und dass Fachleute gemeinsam mit verschiedenen sonstigen Akteuren einen Maßnahmenkatalog erstellen. Wichtig für die erfolgreiche Verfahrensgestaltung sind die Auswahl und Nutzung geeigneter Kommunikationsmittel (Davodeau & Toublanc, 2010) und Kommunikations-Formate, sowie eine Anpassung des Planungsverfahrens insgesamt (Montembault et al., 2015). Im Zuge dieser Entwicklung hat sich das Forschungsfeld im Bereich Landschaft erweitert (eiteres hierzu siehe Abschn. 7.4), und es werden neue Lehrinhalte in den französischen „écoles de paysage" angeboten, um die zukünftigen Landschaftsarchitekten auf die neuen Aufgabe vorzubereiten (Briffaud, 2011) (vgl. Abschn. 6.6).

6.3.4 Übertragbarkeit

Seit den 1990er Jahren finden sich in Frankreich vermehrt Projekte der Landschaftsentwicklung, in denen der Prozess sowie die Form und Intensität der Kommunikation während des Verfahrens sehr wichtig sind, zum Teil wichtiger genommen werden als das

Management der inhaltlichen Projektarbeit. Dabei rücken positivistisch-materielle Dimensionen von Landschaft als Objekt oder Gegenstand des Handelns in den Hintergrund, währen die konstruktivistische Dimension von Landschaft als Grundlage für Diskussion zwischen einer Vielzahl von Akteuren in den Vordergrund gestellt wird. Diese (gegenüber früheren Gepflogenheit) geänderte Form der Planung und die Entwicklung „von" und „mit" Landschaft ähnelt einem geplanten sozial-gesellschaftlichen Prozess, dessen Ziel die „Kompromissfindung zwischen unterschiedlichen Gruppen" ist (Donadieu & Perigord, 2005, S. 185). Praxiserfahrungen mit erfolgreichem Verfahrensmanagement haben dazu geführt, die Entwicklung entsprechender Kompetenz als Aufgabe in Bildung und Schulung aufzunehmen (vgl. Abschn. 6.4 und 6.6). Die landschaftsplanerische Praxis weist, durch einige Entwicklungs- und Pilotprojekte angeregt (Bruns et al., 2005, S. 260 ff.), zunehmend partizipatorische Elemente auf (Hage, 2019). Doch bei der in Deutschland eingeführten Landschaftsplanung liegen Verfahrens- und inhaltliches Projektmanagement federführend in einer und dabei der fachlichen Hand; zudem geht es weniger um Zielabgleiche zwischen allen öffentlichen Belangen, sondern um die Sache, insbesondere um die Verwirklichung von Naturschutz-Zielen. Eine Übertragbarkeit von Planungsformen der *plan de paysage* auf die Landschaftsplanung wäre möglich, falls sie in eine gesamtplanerische Bestimmung überführt und dabei aus ihrer Fachbestimmtheit entlassen würde.

6.3.5 Verfahrenskoordination durch einen Projektbeirat, Beispiel „Rheintalbahn"

Das folgende Beispiel illustriert das Management von Verfahren zur Entscheidung über bestimmte Vorhaben mit Landschaftswirkungen. Verfahrens- und Vorhabenmanagement liegen in getrennten Händen. Das gewählte Beispiel ist Teil der Verkehrswegeplanung in Deutschland. Diese sind in der Regel mehrstufig, beginnend mit der Bedarfsplanung, gefolgt von der Raumordnung mit Raumordnungsverfahren, bei Bundeverkehrslinien auch Verfahren zur Linienbestimmung, sodann den Zulassungsverfahren mit Genehmigungsplanung und Planfeststellungsverfahren, und schließlich der Bauplanung mit Ausführungsplanung und Bauausführung. Auf jeder Ebene sind Prüfungen absehbarer Umweltwirkungen durchzuführen und in diesem Rahmen auch Wirkungen auf Landschaften zu ermitteln und zu beurteilen. Das Verfahrensmanagement verlangt hierfür geeignete Informationen vom Vorhabenträger. Der Detaillierungsgrad der für Entscheidungen verfügbaren Vorhaben- und Umwelt-Informationen nimmt mit jeder Stufe zu. Auf übergeordneten Ebenen (Bund, Land) werden als Landschaftsinformationen zum Beispiel Gebiete gesamtstaatlicher Bedeutung (vgl. Abschn. 6.2) und Kategorien wie *Vorrangflächen für Natur und Landschaft* und *Unzerschnittene verkehrsarme Räume* (Balla & Günnewig, 2017, S. 295; D. Günnewig, persönl. Mitteilung, 2020), auf Ebene der Planzulassung und -feststellung meistens das Landschaftsbild berücksichtigt. Für jedes Verfahren sind förmliche Beteiligungen vorgeschrieben, wobei einzelne Verfahrensträger zusätzlich informelle Beteiligungen im Rahmen ihres Verfahrensmanagements ergänzend durchführen (Fürst & Scholles, 2008). Auf übergeordneten Ebenen vertreten verschiedene Träger Öffentliche Belange die mit Umweltaspekten verbundenen Interessen. Von dem Vorhaben Betroffene kommen in der Praxis meist erst im Zuge von Zulassung- und Planfeststellungsverfahren mit dann bereits konkretisierten Plänen in Berührung, so auch im Fall der Planungen für die „Rheintalbahn".

Als „Rheintalbahn" ist die durch Baden-Württemberg führende Strecke der „Neuen Eisenbahn-Alpentransversale" (NEAT) bekannt. Vorgesehen ist die Erweiterung der Bahnstrecke Karlsruhe-Basel auf vier Gleise. Nach Abschluss von Bedarfsplanung und Raumordnung (mit formeller Öffentlichkeitsbeteiligung) werden im Rahmen von Zulassungs- und Planfeststellungsverfahren die Pläne der Deutschen Bahn über die reine Linienführung hinaus konkreter. Eine Behörde (im jeweils zuständigen Regierungspräsidium) organisiert und moderiert diese Verfahren für einzelne Streckenabschnitte. Das Vorhaben trifft politisch wie auch in der Bevölkerung des Oberrheins grundsätzlich auf Zustimmung. Es weckt zugleich viel Aufmerksamkeit und das Verfahrensmanagement sieht sich einer Vielzahl verschiedenster Interessen ausgesetzt.

Mit konkretisierten Planunterlagen deutlich wird, welche Auswirkungen mit dem Vorhaben verbunden sein würden, die beiden neuen Gleise parallel neben die vorhandene Autobahn zu legen. Diese Gleisführung in ebenerdiger Lage verändert nicht nur das „*Landschaftsbild*". Sie verändert vorhandene Wegeverbindungen und die Erscheinung vieler Gebiete in großem Umfang, es ist mit Lärmentwicklung und weiteren die Lebensqualität viele Tausend Menschen beeinflussender Effekte verbunden, unter anderem mit Nachbarschaftseffekten wie z. B. veränderten Eigentumswerten und Entwicklungsperspektiven am gesamten Oberrhein. Einige der Wirkungen wurden nach Einschätzung vieler (zum Teil fachlich beschlagener) Ortsansässiger als durch Vorhabenträger und Behörden unzureichend oder sogar falsch ermittelt oder dargestellt. Konkurrierend zu den Plänen reichen örtliche Kommunen und Initiativen daher eigene Wirkungsermittlungen ein, wie zum Beispiel zur Lärmentwicklung, und im Rahmen formeller Beteiligung auch Alternativen zu Streckenführung und Ausbau. Um ihre Eingaben und Vorschläge wirkungsvoll zu vertreten, reichen sie im förmlichen Verfahren 172.000 Einwendungen mit dem Ziel ein, eigene Ermittlungen sowie vorgeschlagene Alternativen prüfen zu lassen. Hiermit sind die mit dem Prozessmanagement betrauten Stellen personell und zeitlich überfordert. Die Initiativen vom Oberrhein erwirken, dass sie Zugang zu umfangreicheren Informationen erhalten. Und sie setzen 2009 einen Projektbeirat durch. Eine solches Konstrukt ist zwar in keinem Gesetz vorgesehen, erweist sich aber für das weitere Verfahrensmanagement als gutes Modell. Vertreten sind im Beirat Bund, Land und Region, Planer und Bahn und die Initiativen. Seine Beiträge sind beratender Natur und seine Beschlüsse nicht rechtsverbindlich, aber oder vielleicht wegen dieser Mittelstellung und seinem informellen Zuschnitt ist seine Arbeit wirksam. Die Beteiligten verpflichten sich, Ratschläge und Beschlüsse umzusetzen. So gelingt es, dass Vorhabenträger und Behörden die Wirkungsermittlungen (wie z. B. Lärmberechnungen) der Initiativen als fachlich den eigenen ebenbürtig anerkennen, und dass sie Vorschläge zu Linienführung und zu Projektdetails aus der Region aufgreifen. Die Bahn legt 2013 neue Planungen vor, die nun verfolgt werden. Eine Anrufung von Gerichten war nicht notwendig, stünde als Mittel allerdings offen.

6.3.6 Übertragbarkeit

Die Initiativen am Oberrhein sind ein Beispiel aktiver Übernahme von Verantwortung. Mehrere Initiativen mit insgesamt über 22.000 Mitgliedern hatten sich 2004 zur „Interessengemeinschaft Bahnprotest an Ober- und Hoch-Rhein (IG BOHR)" zusammengeschlossen[5], dem Zweck, zur Durchsetzung eines „menschenverträglichen, umweltgerechten und zukunftsfähigen Ausbaus der Rheintalbahn" beizutragen. Der auf ihren Vorschlag zustande gekommener Projektbeirat ist ein auf andere Verfahren übertragbares Modell, insbesondere dort wo die Bevölkerung sich durch Pläne von Vorhabenträgern in Lebens- und Entwicklungsinteressen elementar berührt sieht. Die sachliche Berücksichtigung solcher Interessen liegt bei entsprechend zuständigen Fachleuten und Fachbehörden; das interessenunabhängige Verfahrensmanagement bei einer Gruppe von Personen, die zum Interessenausgleich befähigt ist, und zwar durch Vertrauen, das sie allseits genießen, und durch Nachweis von Management- und Moderationskompetenz.

Am Oberrhein wurde im Rahmen des kooperativen Verfahrensmanagements deutlich, welches Landschaftsbewusstsein in der Bevölkerung herrscht und welche Raumbezüge damit verbunden sind, ein Befund den zu auf andere Fälle zu übertragen ein Umdenken bei vielen fachlich mit Landschaft befassten Akteuren erfordern dürfte. Im Gebiet, das großräumig allgemein als Oberrhein bekannt ist, beziehen sich einzelne Interessensgruppen mit Namen und Wirkungskreis auf kleinere Gebiete wie „Nördliches Markgräfler Land" oder auf Gemeindeverbünde wie „Herbolzheim-Kenzingen", „Mahlberg-Orschweier", usw. Diese Namen bezeichnen Landschaften im Sinne der Landschaftskonvention. Die so bezeichneten Gebiete sind nicht mit wissenschaftlich gebildeten oder fachlich etablierten Landschaftsauffassungen identisch, wie zum Beispiel den geografisch hergeleiteten und durch Naturschutzfachleute üblicherweise genutzten „Naturräumlichen Einheiten". Es handelt sich um die Umgebung, für die und in der Menschen ihre Interessen aktiv wahrnehmen.

6.3.7 Fazit

Beide Beispiele illustrieren Möglichkeiten eigenständigen Verfahrensmanagements, das die Mitwirkung einzelne Personen und Gruppen (z. B. in Verbänden, Initiativen oder

---

[5] http://www.ig-bohr.de/IG_BOHR_Kurzinfo_ueber_die_IG_BOHR.pdf (20.11.2019).

Vereinen organisiert) im Rahmen öffentlicher Entscheidungsverfahren durch Vertrauensaufbau und Kooperationsangebote unterstützt. Es werden Hinweise gegeben, wie Management- und Mitwirkungsmöglichkeiten auch in anderen Fällen nutzbar sind. Regierungen und Verwaltungen haben die Kompetenz, das Management von Verwaltungsverfahren als eigene Aufgabe zu definieren und Verfahren so zu organisieren, dass demokratische und rechtsstaatliche Prinzipien konsequenter als bisher zur Anwendung kommen. Mit Regeln öffentlicher Übernahme von Mitverantwortung und Mitwirkung ausgestattet können sie der Verantwortung gerecht werden, Ziele erstrebenswerter Landschaftsqualität als Ergebnis öffentlicher und transparenter Meinungsbildung zu bestimmen.

6.4 Landschaftsentwicklung als Teil persönlicher Biografien verstehen

Die Landschaftskonvention benennt zwei Aufgaben, die in der Anwendungspraxis bisher meist getrennt erledigt werden, deren Zusammenführung aber vielversprechende Perspektiven eröffnet:

- Die Steigerung des Landschaftsbewusstseins (zur bisherigen Praxis vgl. Abschn. 5.4);
- Die Beobachtung von Landschaftsveränderung (zur bisherigen Praxis vgl. Abschn. 5.6).

Mit Artikel 6 A ist die Verpflichtung verbunden, „das Bewusstsein für den Wert von Landschaften, die ihnen zukommende Rolle und die Veränderungen, denen sie unterworfen sind, zu schärfen". Mit der Beobachtung von Landschaftsveränderungen (Art. 6 C.1 iii) ist die Gewinnung von Erkenntnissen über Landschaften verändernde Kräfte und von diesen Kräften ausgehenden Druck zu verbinden (Art. 6 C.1 iii). Als Mittel zur Bewusstseinssteigerung dienen zum Beispiel Aufklärungs- und Informationskampagnen (wie im *Explanatory Report* empfohlen), „Lehrpfade" oder „Mitmachaktionen"; es überwiegen auf Sensibilisierung ausgerichtete Angebote (vgl. Abschn. 5.4). Aus didaktischer Sicht wirkungsvoller als ein Nachvollziehen vorgegebener Inhalte ist die Anwendung des Prinzips „Learning by doing" und das Anregen von Aktivität und Interesse (Vollmers, 1997). Aktivere Rollen einzunehmen ist beispielsweise bei der Mitwirkung an *Atlas de Paysages,* bei *Observatoires Photographiques de Paysage* und bei *Plan de Paysage* möglich (vgl. Abschn. 2.4 und 5.6). Aktives mit Veränderung verbundenes Engagement ist für Bewusstseinssteigerung förderlich. Dies hängt mit der (schon von Aristoteles formulierten) Erkenntnis zusammen, dass ein Bewusstsein für den Wert vieler Dinge und deren Rolle im Leben zwar latent immer vorhanden ist, es für menschliches Aktivwerden aber äußerer Anstöße bedarf. Menschen erregen sich, mit den Worten des Philosophen, wenn als bedrohlich empfundene Veränderungen im Anzug sind, die *Phobos* auslösen; Schrecken und Schauder.

So kann ein öffentliches und individuelles Landschafts-Bewusstsein, wie von Ipsen (2006) beschrieben, als zwar grundsätzlich vorhanden, aber nicht als ständig wach angenommen werden. Uns erregende Veränderungen vermögen es zu „wecken", wenn wir uns beispielsweise über Verkehrslärm (z. B. Güterzüge), Einschränkung der Naherholung (z. B. neue Baugebiete) oder Veränderungen im Erscheinungsbild vertrauter Umgebung (z. B. Windräder) erregen, und zwar unterschiedlich stark je nach persönlicher Grundeinstellung und Vorstellung darüber, wer auf welche Weise Einfluss auf unsere Umgebung nimmt (vgl. Ipsen, 2002, S. 10, 2006, S. 86).

6.4.1 Beteiligungs- und Präventionsparadoxa überwinden

Das Dilemma, nicht früh genug „wach geworden" zu sein, nicht auf Entscheidungen über Verkehrs-, Bau- und Energieprojekte Einfluss genommen zu haben, diese nicht verhindert oder zumindest verändert zu haben, wird im Rahmen räumlicher Planung auch als „Beteiligungsparadoxon" bezeichnet (vgl. Reinert & Sinnig, 1997, S. 144): Möglichkeiten öffentlicher Mitwirkung werden oftmals erst wahrgenommen, wenn Planungen sich bereits in einem fortgeschrittenen Stadium befinden und Entscheidungen über Projekte gefallen sind, die die persönliche Lebenssituation spürbar zu verändern drohen (Bruns, 2016a). Solche Veränderungen nachträglich zu verhindern, ist schwierig oder nicht möglich. Hier könnte das Vorsorgeprinzip greifen: Frühzeitig und vorausschauend handeln, um absehbare als Belastung empfundene Veränderungen zu vermeiden. Das Vorsorgeprinzip liegt Regelungen zum Immissionsschutz, Hochwasserschutz, Gewässerreinhaltung und zur Umweltprüfung zugrunde. Doch ist ein grundlegendes Dilemma der Prävention, dass Maßnahmen beispielsweise des vorsorgenden Hochwasserschutzes großen Nutzen für die Bevölkerung insgesamt bringen und dieser Nutzen wirksamer ist, als wenige besonders gefährdete Menschen oder Objekte aufwendig zu schützen, die dem Allgemeinwohl dienende Vorsorge aber nicht mit großem individuell wahrgenommenem Nutzen verbunden ist (und umgekehrt). Dieses aus der Gesundheitsvorsorge bekannte „Präventionsparadoxon" (Rose et al., 2008) trifft auch auf Umwelt und Landschaft zu und hier verstärkt es das Beteiligungsparadoxon: die Mitwirkungsmotivation schwindet in dem Maße, wie der eigene Nutzen gering erscheint.

Um Beteiligungs- und Präventionsparadoxa zu überwinden, um uns sozusagen zu „erregen" bevor eine bedrohliche Veränderung eintritt, müssen Voraussetzungen dafür geschaffen werden, dass persönliche und allgemeine Interessen und Nutzen als zusammenhängend wahrnehmbar und erlebbar sind. Die folgenden Fälle geben hierzu praktische Anregungen; sie dienen auch dazu, Anstöße für weitere methodische Entwicklungen individueller, gemeinschaftlicher und gesellschaftlicher Mitwirkung bei Projekten zu geben, die das Ausbilden und Wecken von Landschaftsbewusstsein mit dem Zusammentragen von Landschaftswissen verbinden: Die „Verbesserung des Wissens über die eigene Landschaft", ein Projekt des norwegischen Umweltministeriums mit dem Ziel,

Landschaftsdynamik und darauf wirkende Kräfte in Beziehung zu setzen; eine in den Niederlanden entwickelte und als ‚De landschapsbiografie' bezeichnete Vorgehensweise, die geeignet ist, bei Ortsansässigen vorhandenes Landschaftswissen mit archäologischem, geschichtlichem und sonstigem öffentlich verfügbarem Wissen zusammenzuführen; die „Landschaftsbiografie einer Industrie-Landschaft", eine Untersuchung wechselnder Ideen und Vorstellungen unterschiedlicher mit der Stadterneuerung auf dem Gelände der in Kopenhagen gelegenen Carlsberg-Brauerei verbundener Protagonisten.

6.4.2 Beispiel „forbedre de faktiske kunnskapene om egne landskap", Norwegen

Um seine Grundlagen für künftige Landschaftsentwicklungen zu verbessern, ist das norwegische Umweltministerium bestrebt, die Kenntnisse über die Landschaften des Landes zu mehren und Wirkungen miteinander interagierender Kräfte landschaftlicher Transformation besser zu verstehen. Verschiedene Transformation antreibende Kräfte werden identifiziert und ihr komplexes Wirken und Zusammenwirken untersucht. Grundlage hierfür sind unter anderem multi-temporale Analysen, wie zum Beispiel Untersuchungen des Wandels von Landbedeckung und Nutzungen, Änderungen der Zugänglichkeit von Gebieten für Menschen, usw. Die Untersuchungen umfassen folgende Arbeiten (Eiter & Potthoff, 2007, 2016):

- Nach markanten Epochen gegliederte historisch-chronologische Analysen von Nutzungen und Nutzungswandel und Veränderung der Landbedeckung (Vegetation) über Zeiträume von rund 2000 Jahren;
- Verknüpfung von Ergebnissen dieser multi-temporalen Analysen mit vorhandenem Landschaftswissen, etwa dem Wissen Ortsansässiger über Traditionen (z. B. landwirtschaftliche Nutzungsformen), soziale Organisation örtlicher Gemeinschaften, kulturelle Entwicklungen, usw.
- Untersuchung der Wirkungen und Wechselwirkungen von Kräften und Einflüssen, die auf Landschaft und ihre Transformation wirken.

Ergebnisse der chronologischen Untersuchung lassen sich grafisch als Zeitstrahl veranschaulichen. Wie in Abb. 6.2 modellhaft illustriert, lassen sich Verknüpfungen landschaftlicher Veränderungen mit verschiedenen Ursachen und Verursachern entlang des Zeitstrahls verorten und dabei nach „E = extern" und „I = intern" unterscheiden. Schritt für Schritt entsteht ein Abbild des „Lebens" einer Landschaft, die grafische Veranschaulichung einer „Landschaftsbiografie" (dazu unten mehr). Darin unterschieden werden Wirkungs-Arten nach „d = direkt" und „i = indirekt". Als „direkte" Wirkungen sind solche bezeichnet, bei denen bestimmte Kräfte unmittelbar zu Veränderungen führen, wenn etwa Bodenabtrag (Erosion) durch landwirtschaftliches Arbeiten (Wissen Ortsansässiger)

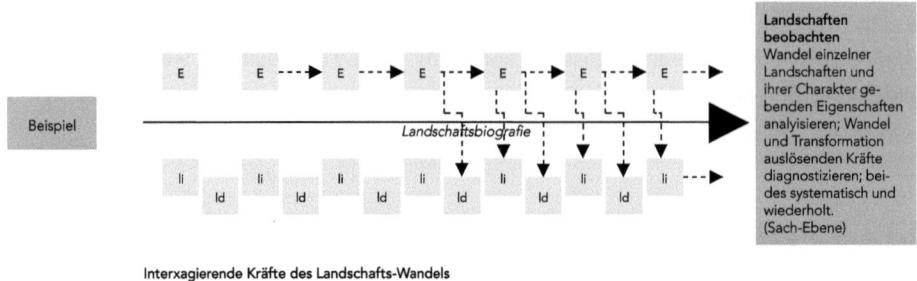

Abb. 6.2 Inter-agierende Kräfte landschaftlicher Transformation (Eigene Darstellung)

oder durch Wind und Wasser (Fachwissen) ausgelöst werden. Als „indirekte" Wirkungen sind solche bezeichnet, die mittelbar zu Veränderungen führen, etwa bei Umsetzung landwirtschaftlicher Politik durch die Verausgabung von Subventionen. Intern aktiv sind dementsprechend vor allem örtlich aktive Kräfte (z. B. Grad der Erosions-Anfälligkeit in Abhängigkeit von Bodenart und Nutzungsregime). Extern sind Kräfte, die von außerhalb auf ein Gebiet wirken, wie z. B. Einflüsse technologischer Innovation, nationaler und internationaler Politik und Gesetze.

In ländlichen Regionen Skandinaviens lassen sich im Laufe der Zeit Veränderungen etwa der Verkehrswege, der landwirtschaftlichen Nutzung, der Vegetationsbedeckung, des Tourismus und der Freizeitnutzung erleben. Naturschutz und insbesondere Gebietsschutz sind ebenfalls mit Veränderungen verbunden und Ortsansässige wie Erholungsuchende erleben zum Beispiel veränderte Nutzungsmöglichkeiten und Zugänglichkeit persönlich sehr stark. Veränderungen der Zugänglichkeit von Gebieten registrieren sie als Teile landschaftlicher Transformation (z. B. Ausbau bzw. Schließen oder Aufgabe von Verkehrswegen, Parkplätzen, usw.). Sie wirken sich auf die Qualität landschaftlichen Erlebens direkt aus, aber auch indirekt, wenn sie zur Lenkung von Erholungsuchenden und damit zur Konzentration von Freizeitaktivitäten auf bestimmte (relativ gut erreichbare) Stellen führen.

6.4.3 Übertragbarkeit und Weiterentwicklung

Das oben erläuterte Modell lässt sich allgemein anwenden, wenn es die individuelle Konstruktion der individuellen Geschichte einer spezifischen Landschaft als spezifischen *Prozess* abbildet. Im Unterschied zu Biografien von Menschen ist kein Beginn landschaftlicher Prozesse als einzelner Zeitpunkt auszumachen, sondern Landschaftsentwicklung ist bereits das Ergebnis laufender Prozesse, die ihrerseits durch Initiativen oder Akteure in Gang gesetzt wurden, sozusagen als Prozess im Prozess. Die *Prozessbiografie* ist ein bewährtes Hilfsmittel, um den Verlauf eines Prozesses entlang einer Zeitachse in seinen Grundzügen nachzuvollziehen, im englischen Sprachgebrauch auch „processmapping" genannt (www.processmapping.com). Wie bei der Anwendung in der Evaluationspraxis, werden Abbildungen von Prozessen erstellt, die erkennen lassen, welche Aktivitäten bzw. Prozesse zu welchen Ergebnissen führen (McLaughlin & Jordan, 1999). Wie im oben dargestellten Beispiel führt die Abbildung des Prozesses zu Vereinfachungen, die eine Abbildung und damit Wahrnehmen des Zusammenwirkens verschiedener Kräfte und Akteure im Laufe der Zeit erlaubt. Die Schlüsselidee gemäß Prozessbiografie ist zu beschreiben, wie und mit welcher Intensität Akteure (von ihrer Perspektive aus) Teil von Prozessen sind.

Das allgemeine Prozess-Modell ist auf Prozesse landschaftlicher Veränderung übertragbar. Akteure sind zu identifizieren und zu aktivieren, Mitwirkungsaktivitäten und -intensitäten sind zu konzipieren. Die Grobstruktur des Prozessmanagements wird „in den Zusammenhang der organisatorischen Rahmenbedingungen und der gewünschten Wirkungen gestellt" (Säck-da Silva, 2009, S. 118). So wird es möglich die *Prozess-Biografie* zur *Landschafts-Biografie* weiterzuentwickeln. Das Ziel ist, aus der Geschichte einer Landschaft für ihre Zukunft zu lernen, sowohl gemeinschaftlich als auch individuell und persönlich.

6.4.4 ‚De landschapsbiografie'

Landschaftsbiografie ist der Begriff für ein ursprünglich vor allem in Großbritannien und den Niederlanden angewendetes geografisch-historisches und kulturgeschichtliches Konzept (Kolen & Bosma, 2010; Pollard & Reynolds, 2002; Samuels, 1979), das sich zu einem eigenständigen Gebiet mit Wurzeln in verschiedenen Disziplinen entwickelt hat (Kolen et al., 2015). In praktischer Anwendung wird versucht, individuelle Biografien und gemeinschaftlich Erlebtes zu verknüpfen, Landschaftsveränderung mit den Biografien von Ortsansässigen in Verbindung zu bringen. Denn Menschen erleben Veränderungen ihrer räumlichen und sozialen Umgebung als Teil ihres eigenen Lebensweges. Sie sind, so die Annahme, befähigt Informationen zu einzelnen geschichtlich-gesellschaftlich definierte Phasen im „Leben" ihrer Alltagslandschaft zu geben, und zwar jeweils mit Bezug auf ihre eigene (Landschafts-)Biografie, also wie sie ihre räumlich-soziale Umgebung erlebt haben und erleben, welche Auswirkungen bestimmte Entscheidungen auf das Leben in ihrer Umgebung und speziell ihr eigenes Leben haben, was sie sich für die Zukunft wünschen, usw.

Zum Beispiel konnte im Projekt *‚Boerenverstand'* („Bauernverstand") in der Niederländischen Region Vecht Landschafts-Wissen zusammengetragen werden, das Ortslandwirte aus ihrer persönlichen Erinnerung heraus im Rahmen von Befragungen mitteilten. Dieses

Wissen, etwa über spezifische Formen von Feldbegrenzungen, floss in Entwicklungsplanungen ein, bei dem Gewicht auf die Wahrnehmbarkeit regionaler Identität gelegt wird (Kolen et al., 2017, S. 125–126). Fachleute hatten zunächst noch vorhandene Feldbegrenzungen (z. B. Zäune, Gatter, Türen) im Zuge von Feldbegehungen erfasst, beschrieben und dokumentiert (Karten, Fotos, Stichworte). Das Material wurde Ortslandwirten vorgelegt, so dass sie die Befunde aus ihrer Erinnerung heraus kommentieren und durch Anekdoten und Wissen über Bauweisen und Material ergänzen konnten. Die Ergebnisse wurden systematisch als Katalog und Kataster dokumentiert. Sie erzählen Geschichten von Menschen und Erlebnissen und sie erhellen hierdurch die Geschichte ländlichen Lebens in der Region Vecht. Individuelle Biografien und die Biografie von Vecht sind untrennbar miteinander verbunden.

6.4.5 Übertragbarkeit und Weiterentwicklung

Seit den ersten Projekten, die vor allem dazu dienten, die Rolle kulturgeschichtlicher Relevanz in räumlicher Planung zu stärken, wurde das Konzept Landschaftsbiografie vielfältig angewendet und dabei weiterentwickelt (vgl. Kolen et al., 2015). Verschiedene Landschaften wurden biografisch untersucht, wie Moorlandschaften, eingedeichte Landschaften, Industrielandschaften, durch Infrastrukturen (wie große Verkehrswege) geprägte Landschaften, und auch städtisch geprägte Landschaften, wie etwa die Biografie einer Stadtstraße bis hin zur Biografie einer ganzen Stadt.

Gemeinsam ist vorliegenden Landschaftsbiografien, dass sie über die rein geschichtswissenschaftlich-systematische Beschäftigung mit einer Landschaft hinausgehend sich auf Aufgaben räumlicher Planung, Landschaftsmanagement und politischer Entscheidungen hin ausrichten. Einheitliche Vorgehensweisen und ein festes methodisches Repertoire haben sich dagegen bisher nicht ausbilden können, so dass die Übertragbarkeit des Konzepts Landschaftsbiografie auf verschiedene Fälle flexibel möglich ist. Das folgende Beispiel illustriert, wie hiermit eine konzeptionelle und methodologische Weiterentwicklung verbunden sein kann.

6.4.6 Biografie einer Industrielandschaft

Die Landschaftskonvention schließt alle Landschaften ein und auch die Anwendbarkeit der Landschaftsbiografie erstreckt sich auf alle Landschaften (Vgl. Kolen et al., 2015). Ein Beispiel für die Anwendung im städtischen Kontext ist die Biografie des 30 Hektar umfassenden Gebiets der ursprünglich inmitten von Kopenhagen gelegenen Carlsberg Brauerei (Riesto, 2018). Anlass und Gegenstand der biografischen Untersuchung ist die 2006 begonnene Transformation von einer industriellen Nutzung hin zu einer Mischung aus Wohnen, kulturellen Einrichtungen, Dienstleistungen und Geschäften. Der Betrachtungszeitraum setzt bei der Brauereigründung an, wobei ein lupenartiger Fokus der Untersuchung auf der Planungsperiode zwischen 2006 und 2009 liegt. Ziel der Planung ist, das bisher unzugängliche Betriebsgelände öffentlich zugänglich zu machen und „attraktive Angebote" für „städtisches Leben" zu machen. Doch keine der Pläne geht auf die im Gebiet vorhandenen Straßen, Plätze und sonstigen Freiräume ein, ihre Namen tauchen nicht auf, ihre Geschichten fallen unter den Tisch. Hier stellt sich die Frage, welches Verständnis und welches Bewusstsein professionelle Denkmalschützer, Planer und Architekten mit der Carlsberg Brauerei verbinden, und von welchen Annahmen und Wertvorstellungen sie bei Planungen für die Stadterneuerung an dieser Stelle ausgehen. Im Untersuchungsergebnis zeigt sich, wie vor allem wirtschaftliche Motivation die Planungen antreiben. Mit der Landschaftsbiografie bieten sich Chancen, das Verständnis und Bewusstsein auch derjenigen einzubeziehen, die als Arbeiter und Angestellte bei Carlsberg beschäftigt waren, sowie derjenigen die derzeit im Stadtteil wohnen und arbeiten. Im Untersuchungsergebnis zeigt sich, wie groß das Interesse vor allem an guter Lebensqualität ist.

In Weiterentwicklung des Landschaftsbiografie-Konzepts stellt die Carlsberg-Biografie zwei Blickwinkel des Umgangs mit im Laufe der Zeit erebter Kulturgüte dar, und sie stellt Protagonisten vor, die sich auf unterschiedliche Weise mit dem Carlsberg-Gebiet identifizieren: Eine Sichtweise konzentriert sich auf Kulturgüter besonderen Interesses (wie spezielle Artefakte, einschließlich Gebäude); als Stellvertreter~innen der „offiziell" über das Carlsberg-Gebiet verbreiteten Geschichte berücksichtigt die Biografie Wertvorstellungen von Vertreter~innen der Firma, der Stadt und von ihnen beauftragter Fachleute. Eine andere Sichtweise nimmt alle und dabei auch weniger „herausragende" Kulturgüter wahr, einschließlich der Alltagsumgebung von Anwohnern und Erwerbstätigen; diese Protagonisten sind heterogene Gruppen, wie vormals bei Carlsberg Beschäftigte (mit ihren über mehrere Generationen mündlich überlieferten Erinnerungsschätzen), sowie die heutigen Kultur-Pionier~innen (Galeristen, Skater, usw.), Ladenbesitzer~innen, junge Unternehmer~innen, Vertreter~innen der Anwohnerschaft, usw.

Dementsprechend kommen verschiedene Methoden zum Einsatz, die erlauben beide Seiten zu erschließen und danach zu forschen, welche Menschen jeweils als „Autor~innen der Landschaft" gelten können und Einfluss auf verschiedene Entwicklungen nahmen. Der Blick wechselt dabei zwischen der Betrachtung gegenwärtiger Diskurse und Entwicklungen (die jüngsten „Kapitel" der Biografie) und, als Vorläufer hierzu, der geschichtlichen Betrachtung früherer Entwicklungen (Riesto, 2018, S. 54). Folgende Methoden kommen zum Einsatz:

- Teilnehmende Beobachtung und Dokumentation öffentlicher Veranstaltungen und politischer Debatten, öffentlicher Führungen durch das Gebiet, dabei Untersuchung gegenwärtiger Diskurse und Entwicklungen;

- Analyse von Schriftstücken wie Mitschriften von Sitzungen, Fachgutachten, Medienberichten, Wettbewerbsausschreibungen, usw.) und Planunterlagen und Karten, hierdurch Untersuchung von Einflüssen, die Architekt~innen, Ingenieur~innen und Unternehmer~innen auf die Entwicklung der Carlsberg-Landschaften hatten (Riesto, 2018, S. 84–86),
- Sammlung und Auswertung mündlich und visuell überlieferter Quellen, wie archivierte Fotos, Zeichnungen, Karten und Ergebnisse früherer ortsgeschichtlicher Untersuchen, einschließlich öffentlich verfügbarer Biografien einzelner Personen,
- Gespräche und Interviews mit Brauerei-Mitarbeiter~innen über alltägliche Abläufe, über die Namen mit denen sie einzelnen Plätzen und Wegen (inoffiziell) bezeichnen und den Bedeutungen, die sie ihnen zumessen, und über überlieferte Legenden und schönen Geschichten die „die Leute" sich über die Brauerei erzählen,
- Analyse der mit Symbolen verbundenen Bedeutungen (z. B. auch Carlsberg-Branding), Untersuchung räumlich-sozialer Organisation (z. B. räumliche Trennung sozialer Klassen) (Seite 90) und sichtbarer und unsichtbarer Grenzen (Riesto, 2018, S. 97).

Auf dieser Grundlage wird die Untersuchung der Einflüsse möglich, die „Offizielle" einerseits und Ortsansässige wie Anwohner sowie Beschäftigte der örtlichen Firmen und Betriebe andererseits ausüben, einschließlich der verschiedenen Ziele und Wertschätzung von Gebäuden und Freiräumen.

6.4.7 Weiterentwicklung

Beispiele wie ‚Boerenverstand' und die Mitwirkung Ortsansässiger bei der Carlsberg-Biografie ermutigen zur Weiterentwicklung der Landschaftsbiografie. Dazu führen Studierende am Fachbereich Architektur, Stadtplanung und Landschaftsplanung der Universität Kassel im industriell geprägten und kulturell vielfältigen Kasseler Stadtteil ‚Nordstadt' zwei Projekte durch; eines bezieht weite Teile der Nordstadt insgesamt ein, ein anderes den in der Nordstadt liegenden Campus der Universität und dessen näheres Umfeld. Anliegen ist, in der Landschaftsbiografie so weit wie möglich Ortsansässige zu Wort kommen zu lassen. Durch langjährige Zusammenarbeit ist der Fachbereich mit verschiedenen Akteuren des Stadtteils gut vernetzt. Folgende Stellen, Gruppierungen und Personen wirken bei den Projekten mit:

- Politik, insbesondere Ortsvorsteher und Abgeordnete im Stadtparlament, Ausländerbeirat, Seniorenbeirat;
- Religionsgemeinschaften, insbesondere deren Gemeindezentren und verschiedene Arbeitsgruppen;
- Verwaltung mit Stadtplanungsamt, Integrationsbeauftragter, Beratungsstellen, Kinderkrippen, Bürgerhaus;

- Quartiersmanagement, getragen von der gemeinnützigen Gesellschaft für Aus- und Fortbildung mbH, Quartiersbüro finanziert vom Sozialamt;
- Bildungseinrichtungen wie VHS, Schlachthof, Schulen, Uni Kassel;
- Vereine, insbesondere Bürgerverein, Seniorenverein, Kleingartenvereine und Sportvereine
- Ehrenämter
- Verbände und Wohlfahrtsverbände, z. B. Stadtteiltreff Mombach des DRK (Treffpunkt für zahlreiche Gruppen Ortsansässiger), Träger von Gemeinschaftsunterkünften, Nachbarschaftstreff;
- Einzelpersonen, wie Betreiber von Geschäften, Restaurants, usw.

Grundlagen der Landschaftsbiografie sind eine aus Initiativen der Bevölkerung heraus entstandene Stadtteil-Chronik sowie Darstellungen der Geschichte der Universität Kassel (Bürgerverein Nordstadt e. V., 1992; Referat für Öffentlichkeitsarbeit der GhK, 1979), so dass Studierende sich auf die Arbeit mit Ortsansässigen konzentrieren können. Alltagsumgebung und Alltagsabläufe stehen im Mittelpunkt des Interesses, wie etwa das persönliche Erleben von Schulwegen. Prinzipien und Methoden sind:

- *Interkulturelle Kommunikation*
  Methoden: Umfragen, Diskussionsveranstaltungen, Interviews, teilnehmende Beobachtung;
  Kommunikationshürden gering, da kulturelle Vielfalt bei Ortsansässigen und Studierendengruppen ähnlich.
- *Interkulturelle Achtsamkeit*
  Methoden: Spontane Ansprache (z. B. an Haltestellen, Marktständen), vorbereitete Treffen (z. B. im Bürgerhaus, in Schulen);
  Art und Zeitpunkt der Kommunikation situationssensibel nach kulturellen Spezifika justieren, gegenseitiger Respekt und Anerkennung

Erfolgreich kam ‚Foto-Voice' als Kommunikations-Methode zum Einsatz, eine im Rahmen von Partizipations- und Aktionsforschung entstandene (Latz, 2017) und als Kombination aus Foto und Kommentierung bestehende Methode, die erlaubt räumliche-lokales Wissen freizulegen (Wang, 1999; Wang et al., 2004). Die „Foto-Voice"-Methode lässt sich mit einem „Go-Along" verknüpfen, also mit einem während des Gehens engagiert geführten Gesprächs bzw. Interviews (Evans & Jones, 2011), und als *„Walking-Voice"* zur visuell-kommunikativen Methoden des Erkenntnisgewinns weiterentwickeln: während des Gehens werden an bestimmten Stellen (bei Bedarf geo-referenziert) Fotos aufgenommen und die Stellen und Fotos kommentiert Münderlein (2020, S. 220). In den Nordstadtprojekten nehmen Ortsansässige im Ver-„lauf" gemeinsam mit Studierenden zurückgelegten Strecken eine begrenzte Anzahl von Fotos (hier max. 10) auf und schreiben dazu jeweils Stichworte auf. Es kommen viele kommentierte Bilder zusammen, so von solchen die

Hinweise auf individuelle oder gemeinschaftliche Ortsverbundenheit geben, die als Privatisierung öffentlichen Raums wahrgenommen werden, die Gefahrenpunkte im Verkehr zeigen, usw. Die Verwendung des Methodenmix aus Fotografieren und Gehen bietet den Vorteil niedrig liegender Kommunikationsbarrieren, so dass während des Gehens Aspekte der Alltagsumgebung zur „zur Sprache kommen", die oft gar nicht so einfach in Worte fassen lassen (Bruns & Münderlein, 2017).

Die Landschaftsbiografie kommt so zu Erkenntnissen auch darüber, wie Macht und Soziale Gerechtigkeit sich räumlich auswirken, etwa in Form sichtbarer Grenzen, der Gestalt von Zugänglichkeit bzw. Barrierefreiheit, als Hinweise auf Regeln wie Ge- und Verbote, usw. (vgl. Taylor & Lennon, 2012). Es zeigt sich, dass manch große Idee kaum mehr blieb als Vision, wie etwa ein quasi-familiäres Zusammenwachsen von Betrieben und Belegschaft (Idee der Gründerzeit) oder von Bildungseinrichtungen und Anwohnerschaft durch räumlich enge Anordnung (Idee der 1960er Jahre). In der Landschaftsbiografie zieht sich eine räumlich unsichtbare Linie zwischen Universitätsgelände und angrenzenden Nachbarschaften, über die hinaus es wenig Austausch gibt. Auch bilden nach Kassel aus verschiedenen Herkunftsländern zugezogene Personen – durch (rational gedachte) Planung völlig ungesteuert – so etwas wie „Inseln" aus, die anhand baulicher oder siedlungsstruktureller Merkmale nicht auszumachen sind, zwischen den aber wirksame Barrieren der Ein- und Ausgrenzung bestehen.

6.4.8 Zusammenfassung

Bemerkenswert sind das große Interesse und Engagement, mit denen sich Leute mit ihrem persönlichen Beitrag zur Landschaftsbiografie zusammenfinden. Angeregt durch die Chance, ihre Geschichten zu erzählen, kommen sie mit persönlichen Aufzeichnungen, bringen Bücher, Broschüren und Akten zu den Treffen, wieder andere Fotos, Aquarelle und Skizzen. Die Leute erzählen sich Geschichten, verbinden darin Vergangenes mit Gegenwart und Zukunft. Vergleichbar mit einem „Buffet Canadien" (auch als „Potluck" bekannt), kommen verschiedenste Beiträge zusammen, wie Aufzeichnungen, Bilder und Geschichten. Zwischen dem Mitgebrachten gelingt es, Fäden zu spannen, (Landschafts-) Biografien vieler zu einer zu verweben (Münderlein et al., 2019), Stücke einzufügen, mit dem „Gewebe" zu „vernähen". Es sind Facetten dessen, was Menschen in ihrer Umgebung als Landschaft auffassen, erkennen und wichtig finden.

Ein strukturelles Gerüst besitzt die Landschaftsbiografie indem sie, wie in den oben dargestellten Beispielen, nach Zeitabschnitten gegliedert ist (Karro et al., 2014) und folgende Komponenten beinhaltet:

- Multi-temporale historisch-geografischer Landschafts-Analyse (Kleefeld & Burggraaff, 1997), etwa durch Überlagerung von Karten die Landbedeckungen und Nutzungen unterschiedlicher Epochen darstellen,

- Verknüpfung mit Informationen zu gesellschaftlichen und kulturellen Entwicklungen, vor allem durch Auswerten verschiedener Quellen (Archive, Bibliotheken, usw.),
- Querbezüge aufbauend und in der Geschichte vor- und zurückspringend verschiedene auf Landschaftsentwicklung wirkende Kräfte identifizieren,
- Sammlung von Informationen über das Wahrnehmen und Erleben landschaftlicher Veränderung durch Ortsansässige, Verknüpfen verschiedener Facetten wahrgenommenen und erlebten Wandels,
- Verknüpfung wahrgenommener und erlebter Landschaftsveränderungen mit multitemporaler Analyse, Diskussion mit Ortsansässigen, ergänzend Auswertung folkloristischer Erzählungen, künstlerische Arbeiten (z. B. Mundart-Dichtung, Arbeiten örtlicher Foto-Vereine, Malerei, usw.),
- Ermitteln was Menschen zu verschiedenen Zeiten jeweils über die Zukunft gedacht haben oder denken; diese mit tatsächlichen Abläufen abgleichen.

Mit der Landschaftsbiografie stehen Vorgehensweisen zur Verfügung, mit denen es gelingen kann Landschaft zu jedem Zeitpunkt ihrer Geschichte als Ergebnis eines andauernden und komplexen Interaktions-prozesses zwischen Mentalitäten und Werten, institutionellen und gouvernementalen Veränderungen, sozialen und ökonomischen Entwicklungen und ökologischer Dynamiken zu verstehen (Roymans et al., 2009, S. 339; siehe auch: Kühne & Jenal, 2020; Kühne & Schönwald, 2015).

6.4.9 Fazit: Landschaftsentwicklung als mit dem eigenen Leben verbunden erleben

Landschaftsbiografien dokumentieren Verbindungen persönlicher Erfahrung mit Landschaftsveränderung, Veränderung von Wahrnehmung und von Landschaftsdynamik im Laufe des Lebens (Transformationserfahrung auf zwei Ebenen), sowie Verbindung von Ortsveränderung und Wahrnehmung neuer Umgebung, z. B. Urlaub, Umzug von Ort zu Ort, Migration und Flucht.

Landschaftsbiografien erlauben, nach Verknüpfungen zwischen Landschaft und kognitiven, ästhetischen und emotionalen, oder auch funktionalen Dimensionen des Landschaftsbewusstseins zu suchen (zu den Dimensionen vgl. Abschn. 3.2). Sie machen es möglich, Wandel und Transformation auslösenden Kräfte diagnostisch zu ermitteln und beides systematisch und, in die Zukunft gedacht, regelmäßig wiederholt. Das Anliegen, Landschaftsbewusstsein auf diese Weise zu wecken fördert die Motivation öffentlicher Stellen, Mitwirkungsprozesse in Gang zu setzen. Aktive Teilnahme fördernde Methoden motivieren die Leute, bisherige, gegenwärtige und künftige Landschaftsentwicklung als mit dem eigenen Leben verbunden wahrzunehmen und zu erleben. Methoden, die durch viele Beiträge umfassendes Landschaftswissen generieren, lassen sich im Sinne von Citizen-Science weiterentwickeln (vgl. dazu Abschn. 7.4).

So wie eindrücklicher Journalismus individuelle Schilderungen in Berichte etwa über Klimawandel oder Biodiversitätsabnahme einfließen lässt, um deren Alltagsrelevanz an persönlicher Betroffenheit festzumachen, so liegen auch in der Verknüpfung individueller Alltagserfahrung mit Veränderungen räumlicher Umgebung Möglichkeiten zur Steigerung von Landschaftsbewusstsein. Die oben dargestellten Fälle illustrieren, wie Verbindungen etwa zwischen persönlich empfundener Nutzungsfreiheit und allgemeiner Zugänglichkeit von Gebieten, zwischen persönlichen Erinnerungen und Denkmalschutz-Zielen, oder zwischen Geschichten die „die Leute" sich erzählen und gesellschaftlicher Bedeutung wirtschaftlicher Ikonen, zu gesteigertem Landschaftsbewusstsein führen, mal mehr hinsichtlich emotional aufgeladenen Verbindungen zwischen Lebensgeschichten mit der Geschichte der Heimatregion, wie mit der Landschaftsbiografie des Eichsfeld eindrücklich wird (Bernstein, 2018), mal mehr hinsichtlich örtlicher Verbundenheit und Identität (Butler & Sarlöv-Herlin, 2019), oder auch mehr aus landeskundlicher Sicht (Kluckert, 1999; Peuckert, 1950; Pollard & Reynolds, 2002).

Waches Landschaftsbewusstsein und die Entwicklung eigener Haltung sind Grundlagen und Voraussetzung für nachhaltige Landschaftsentwicklung.

6.5 Nachhaltige Landschaftsentwicklung messen

6.5.1 Erwartungen und Perspektiven

Mit Anwendung der Europäischen Landschaftskonvention sind Ideen, Grundsätze und Prinzipien der „sustainable development" zu verwirklichen (vgl. Abschn. 2.1 und 4.1). Hiermit verbinden sich zwei *Erwartungen* (Council of Europe, 2006, S. 15): Zum einen soll Landschaftsentwicklung dazu beitragen ein „ausgewogenes und harmonisches Verhältnis zwischen gesellschaftlichen Bedürfnissen, wirtschaftlicher Tätigkeit und der Umwelt zu erreichen" (Präambel), zum anderen möge Landschaftsentwicklung so ablaufen, dass, im Wortlaut des Brundtland-Berichts von 1987 (Passus 27), „die Bedürfnisse der Gegenwart befriedigt werden, ohne dabei künftigen Generationen die Möglichkeit zur Befriedigung ihrer eigenen Bedürfnisse zu nehmen".

In bisheriger Praxis hat sich kein Anwendungsstandard herausbilden können, der die genannten Erwartungen voll und ganz erfüllen könnte (Roe, 2007; Selman, 2008). Vielmehr wird versucht, gesellschaftliche, wirtschaftliche und ökologische Nachhaltigkeitsziele jeweils einzeln zu operationalisieren (Selman, 2010). Zudem wird bei politischen Beschlüssen über die Entwicklung bestimmter Landschaften versucht, die Bestimmung von Zielen erstrebenswerter Landschaftsqualität fallweise an Nachhaltigkeitsprinzipien auszurichteten. Bisher wurden keine Instrumente herangezogen, mit denen das Erreichen gesteckter Ziele nachgewiesen werden könnte, etwa anhand des Grades menschlichen Wohlergehens und Wohlbefindens.

Um die genannten Erwartungen zu erfüllen, müsste es gelingen die in der Konvention nicht näher bestimmten Begriffe „ausgewogen" und „harmonisch" sowie die Generationen übergreifende Sicht in praktischer Anwendung zu konkretisieren. Auch müsste nachgewiesen werden, wie nachhaltig Landschaftsentwicklungen im Einzelfall ablaufen. Anhaltspunkte für die praktische Handhabung gibt das Ministerkomitee am 20.02.2008 im Rahmen der Regeln zur Handhabung des Landschaftspreises (mit Resolution CM/(2008)3; Council of Europe, 2008). Hierfür hat es Kriterien aufgestellt nach denen mit dem Preis ausgezeichnete Projekte beispielhaft für nachhaltige Landschaftsentwicklung sein sollen. Vorbildlich sind danach Projekte, die Teil bestehender Nachhaltigkeitspolitik sind (Angenommen wird, dass Nachhaltigkeit in solcher Politik konkretisiert wird). Die Vergabepraxis verfolgt den Ansatz, Projekte als nachhaltig auszuzeichnen, die partizipativ zustande kommen sind und dauerhaft Bestand haben, zum Beispiel als langfristig angelegte und abgesicherte Regeneration post-industrieller Gebiete (vgl. Council of Europe, 2016a). Die Vergabekriterien beziehen sich somit vorrangig auf die Frage der Berücksichtigung von Bedürfnissen künftiger Generationen. Um Nachweise über das Erreichen von Nachhaltigkeitszielen zu führen empfiehlt der Europarat, gesellschaftliches Wohlergehen und individuelles Wohlbefinden als Maßstab heranzuziehen. Landschaft, so die Begründung, trage zu Wohlergehen und Wohlbefinden bei, seien Ausdruck menschlicher Lebensqualität, um deren Verbesserung es der Konvention geht (Council of Europe, 2006, S. 13 und 31).

Potentiale einer stärker als bisher an Nachhaltigkeitsgrundsätzen orientierten Anwendung der Landschaftskonvention verbinden sich mit dem Verständnis von Landschaft als Träger von Merkmalen und Zielen nachhaltiger Entwicklung und dabei als Ausdruck menschlicher Lebensqualität. Es eröffnen sich vier *Perspektiven:*

1. Ziele anzustrebender Landschafts-Qualität erfüllen *Erwartungen* nachhaltiger Entwicklung indem sie sich auf über Generationen hinweg relevante Handlungsfelder beziehen.
2. Ursache-Wirkung-Beziehungen lassen sich aussagekräftig abbilden (OECD, 1993);
3. Fortschritte des Ziel-Erreichens lassen sich im Zeitverlauf nachweisen und messen
4. Laufende Berichterstattung führt dazu, dass Gesellschaft und Politik mit dem Erreichen von Zielen lernen (Erfolge und Fehler), sich neue Ziele zu stecken und auf diese Weise laufend weiterzudenken (Kegler, 2014, S. 47).

Diese Perspektiven werden nachfolgend näher erörtert. Wechselbezüge zwischen Landschaft und Nachhaltigkeitszielen sind offenzulegen, messbar zu machen und politisch zu operationalisieren.

6.5.2 Perspektive 1: Über Generationen hinweg relevante Handlungsfelder

Auch wenn kurzfristig wechselnde Themen wichtig sind, um, wie im vorigen Kapitel erörtert, Landschaftsbewusstsein wach zu halten, repräsentieren tagesaktuelle Fragen doch selten jene großen Linien, die über Generationen hinweg beständig sind und Handeln erfordern. Nach dem Ausklingen öffentlicher Aufmerksamkeit sedimentieren kurzzeitig hoch gehandelte Themen in die Tiefen kollektiver Gedächtnisse, wo sie als Teile spezieller Wissensbestände weiterleben. Beispiele sind „Sozialbrache" (Hartke, 1956) und „Stummer Frühling" (Carson, 1962), medienwirksame Schlagworte die schon vierzig bis fünfzig Jahre nachdem sie in aller Munde waren erklärungsbedürftige Begriffe wurden. Auch als Experimentierfeld zum Resilienz-Test mögen sie taugen (Kegler, 2014, S. 117–119), nicht aber als Maß der Erfüllung von Nachhaltigkeits-Erwartungen. Gegenwartsthemen, dagegen, die vermutlich auch Zukunftsthemen sind, führt die Agenda 2030 der Vereinten Nationen in 17 Handlungsfeldern unter dem Titel *Sustainable Development Goals, SDGs,* zusammen (Böttiger, 2020). Diese Handlungsfelder beziehen sich auf gegenwärtig und bis in absehbare Zukunft zu bewältigende Herausforderungen, wie zum Beispiel *bevölkerungs- und demografische Veränderungen, Klima(-wandel), Energie(-wende), Sicherheit und Gesundheit, Ernährung, Migration und Urbanisierung, Biodiversitätsentwicklung.*

Viele, wenn nicht die meisten, dieser an große gesellschaftliche Herausforderungen geknüpften Handlungsfelder sind in Landschaft eingebunden (European Science Foundation, 2010). Im Beziehungsgeflecht zwischen den großen Herausforderungen und Landschaft besonders relevante Handlungsfelder sind – Nennung ohne Rangfolge – *Gesundheit und Wohlbefinden, Klimawandel und Stadtklima, Boden, Wasser und Ernährung, Identität und landschaftsbasiertes Erbe, kulturelle und biologische Diversität,* und weitere. Beziehungen zwischen Ziele anzustrebender Landschafts-Qualität und Erwartungen nachhaltiger Entwicklung werden unten an ausgewählten Beispielen näher betrachtet. Der Fokus liegt auf *Gesundheit und Wohlbefinden;* gesellschaftliches Wohlergehen und individuelles Wohlbefinden stehen, wie oben erwähnt, durch ihre Ziel- und Zweckbestimmung im Zentrum der Landschaftskonvention. Es sind jeweils internationale, nationale, regionale und lokale Bezüge anzusprechen. Auch für die Betrachtung regionaler und lokaler Beziehungen zwischen Landschaft und nachhaltiger Entwicklung gilt das Prinzip der „großen Linien". Kurzzeitig Aufmerksamkeit weckende Ereignisse (z. B. Schadbringendes Hochwasser) oder Vorhaben (vom Verkehrsprojekt europäischer Bedeutung bis zum Projekt der Stadterneuerung) sind wichtig, um das öffentliche Landschaftsbewusstsein auch lokal immer wieder wach zu halten.

6.5.3 Perspektive 2: Ursache-Wirkung-Beziehungen in aussagekräftiger Abbildung

Fortschritte des Erreichens gesteckter Ziele zu messen setzt voraus, dass sich Wirkungen ergriffener Maßnahmen auf bestimmte Ursachen zurückführen lassen. Bisherige methodische Entwicklungen hängen mit der Aufgabe zusammen, Fortschritte bei der Umsetzung umweltpolitischer Ziele zu beobachten. Diese hat ihren Ursprung in der gesellschaftlichen Wahrnehmung und Problematisierung von Umweltveränderungen („Saurer Regen", „Waldsterben", usw.). Die Fortschritts-Beobachtung richtet ihren Blick nicht allein auf die menschliche Umwelt, sieht Umwelt nicht als Menschen umgebendes Wirksystem, sondern schließt den Menschen als Teil des Wirksystems ein, einschließlich menschlicher Sicherheit und Gesundheit. Entsprechende Ursache-Wirkungs-Beziehungen sind komplex; sie lassen sich über lange Zeiträume hinweg mit bisher verfügbaren Mitteln empirisch (Beobachten, Messen) nicht vollständig erfassen. Zur Komplexitätsreduzierung dient die aussagekräftige Abbildung von Wirkungsketten. Im Nachgang zum Brundtland-Report und der UN Riokonferenz von 1992 schlug die UN-Kommission für Nachhaltige Entwicklung, CSD[6], vor, Ursache-Wirkung-Zusammenhänge mithilfe von *„pressure–state–response"* Indikatoren abzubilden. Dabei sind *„pressure"*-Indikatoren solche, die sich auf *Ursachen* und damit auch auf *Kräfte* die Veränderungen auslösen beziehen, als „driving forces" bezeichnet (vgl. Abb. 6.2). *„State"*-Indikatoren sind solche, die sich auf den durch verschiedene Wirkungen erzeugten *Zustand* beziehen, während *„response"*-Indikatoren sich auf jene *Antworten* beziehen, die gefunden werden, um Zustände im Sinne angestrebte Ziele zu erreichen (durch Ergreifen von Maßnahmen). Verschiedene Zugänge bieten sich an, um Ursache-Wirkung-Beziehungen mithilfe von Indikatoren *praktisch* abzubilden:

- Systemische Modellierung, Ableitung von Indikatoren etwa mithilfe von Erkenntnissen aus der Ökosystemforschung über Strukturen, Funktionen und Leistungen von Ökosystemen, eine Abbildungsweise die zum Beispiel dem Konzept der „Ökosystem-Dienstleistung" zugrunde liegt, das sich seinerseits planungs- und entscheidungspraktisch einsetzen lässt (Haaren et al., 2020);
- Auf die großen Herausforderungen hin orientierte, pragmatisch im Sinne von common sense auf Wirkungsketten bezogene Zusammenführung empirischer Daten aus verschiedenen, über lange Zeitreihen betriebener Mess- und Beobachtungsprogramme, wie dies in Deutschland zum Beispiel im Rahmen der „Ökosystemaren Umweltbeobachtung" zur Anwendung kommt (Schönthaler et al., 2003);

---

[6] Kommission der Vereinten Nationen für Nachhaltige Entwicklung (Commission on Sustainable Development, CSD), arbeitete seit 1992 und wurde 2013 durch das Hochrangige Politische Forum für Nachhaltige Entwicklung abgelöst (High-level Political Forum on Sustainable Development, HLPF).

- Um fachliche Vorstellungen und öffentliche Ansprüche zu berücksichtigen bietet sich an, beide mithilfe von Indikatoren in einem System zu synthetisieren, das die Landschafts-Konstruktion sowohl verschiedener Expert~innen, als auch verschiedener Teile der Öffentlichkeit bzw. der Bevölkerung abbildet (Sowińska-Świerkosz & Chmielewski, 2016).

Bei der Überprüfung, welche Art der Abbildung von Ursache-Wirkungs-Beziehungen den Zweck erfüllen kann, für die Messung nachhaltiger Landschaftsentwicklung aussagekräftige Ergebnisse zu liefern, zeigen sich im Vergleich der drei Zugänge mehrere Vor- und Nachteile. Diese werden nachfolgend am Beispiel Landschaft und Gesundheit erörtert. Im Nachhaltigkeits-Handlungsfeld Gesundheit laufen mehrere Ursache-Wirkungs-Beziehungen zusammen; Ziele zur Reinhaltung und Verfügbarkeit sauberen Wassers und sauberer Luft dienen letztendlich menschlicher Gesundheit, ebenso wie der Zugang zu Grünflächen und Erholungsgebieten, die Verlangsamung der Erderwärmung usw.

Gesundheit umfasst mehr als das Fehlen von Krankheit, Behinderung und Belastung durch Lärm und stoffliche Einflüsse. Gesundheit ist als „Zustand umfassenden körperlichen, geistigen und sozialen Wohlbefindens" zu verstehen (World Health Organization, 2006 [1946], S. 1). Dem umfassenden Gesundheitsverständnis entsprechend trägt Handlungsfeld 3 der UN-Agenda 2030 den Titel „health and well-being". Der Begriff „well-being ist mit Bezug auf die Bevölkerung mit „Wohlergehen", mit Bezug auf einzelne Personen als „Wohlbefinden" zu übersetzen (Weltgesundheitsorganisation, 2012). Die Landschaftskonvention bezeichnet Landschaft als zentral für individuelles Wohlbefinden sowie gesellschaftliches Wohlergehen (Präambel). Über gesundheitsförderliche und -erhaltende Wirkfaktoren operationalisiert lassen sich Bezüge zwischen physischem, psychischem und sozialem Wohlbefinden und Landschaft identifizieren (vgl. Ward Thompson, 2011). Dies sind zum Beispiel (Münderlein & Bruns, 2019, S. 492–493):

- *Psychisches Wohlbefinden:* Steigerung des Subjektiven Wohlbefindens, Wiederherstellung der Aufmerksamkeit, Verringerung von Stress, Gefühl von Sinnhaftigkeit und Verständlichkeit, u. a. durch Sinneseindrücke aus und Aufenthalt in oder Kontakt mit räumlicher Umgebung/Umwelt; ergänzend auch gesellschaftlich-kulturelle und individuelle Bedeutungs- und Wertzuschreibungen, da diese Wahrnehmung und Aufenthalt in einem Raum maßgeblich prägen können. Es bestehen Bezüge zur Ausbildung örtlicher und regionaler Identität (Artikel 5 a).
- *Physisches Wohlbefinden:* Förderung körperlicher Aktivität, Genuss von Licht und frischer Luft, Verbesserung von Vitalfunktionen, Verringerung von Stresshormonen, Verbesserung von Genesungsprozessen.
- *Soziales Wohlbefinden:* Räume sozialer Interaktion, Integration und Inklusion, kollektives Landschaftserleben, gemeinschaftliches Handeln.

Systemische Modellierung von Ökosystemen, der oben als erster genannter Zugang, basiert auf Erkenntnissen aus der Ökosystemforschung. Zur Anwendung kommen Modelle, die Ökosysteme funktional und raumbezogen beschreiben, wohlwissend, dass sie schon damit nicht als Ganzes abzubilden sind, vielmehr Vereinfachungen in Kauf zu nehmen sind durch Auswahl (1) von Systemteilen und (2) von (systemtheoretisch hergeleiteten) Ursache-Wirkung-Beziehungen, sowie (3) durch Grenzen hierfür jeweils vorliegender Informationen. In Bezug auf Gesundheit lassen sich Ursache-Wirkungsbeziehungen systemisch nur teilweise abbilden. Ursachen-Indikatoren (z. B. Reinigungsleistung von Kläranlagen, Begrenzung landwirtschaftlicher Düngung, usw.) und Zustands- und Wirkungs-Indikatoren sind durch Messreihen handhabbar zu machen. Doch sind die menschliches Wohlbefinden erzeugende Folge-Wirkungen systemisch nicht ohne Weiteres einzuordnen (sind nicht Teil klassischer Ökosystem-Modelle), und sie sind durch Indikatoren nicht so zu repräsentieren bzw. zu messen, dass sie mit ökosystemaren Größen sinnvoll in Beziehung zu setzen wären.

Angemessener als System-Modelle zu verwenden, erscheint, unter Inkaufnahme weiteren Komplexitätsverlusts, die Verfolgung mehr oder weniger linear strukturierter Wirkungsketten. Übertragen auf das oben genannte Beispiel wäre dies (ergänzt nach Schönthaler et al., 2003, S. 74):

- Begrenzung und Kontrolle stofflicher Einträge in Grund- und Oberflächenwasser aufgrund politischer Beschlüsse (Ursache),
- Güte von Grund- und Oberflächenwasser und deren Verbesserung (Zustand),
- Verfügbarkeit gesunden aus Grundwasser gewonnen Trinkwassers (angestrebte Wirkung),
- Klares Wasser in Fließgewässern, dessen Wahrnehmen Wohlbefinden hervorruft (Folge-Wirkung),
- Wiedereinstellen typischer Pflanzen- und Tierarten, deren Wahrnehmung Erlebens- und Empfindungsgewinne erzeugen (Folgewirkung).

Die so dargestellte Wirkungskette ist in sich schlüssig, wenn Messungen von Wasser- und Gewässer-Qualität durch Messungen von Erleben- und Wahrnehmen-Qualität ergänzt und diese miteinander in Beziehung werden. Hierbei erfolgt eine Verlagerung der Betrachtung auf die lokale Ebene. Während sich eine Vielzahl örtlich gemessener Wasser- und Gewässerdaten über mehrere Schritte zu regional und national verwendbaren Indices aggregieren lassen, bleiben Aussagen über das Erleben und Wahrnehmen der Qualität menschlicher Umgebung und eine dabei gespürte Steigerung des Wohlbefindens ortsgebunden. Dies gilt, wie unten gezeigt wird, auch für die Methoden, mit denen sich Landschaftswahrnehmen und -erleben messen lassen.

Da die Berücksichtigung sinnlich empfunder Landschafts-Qualität und deren Gesundheit fördernde Wirkungen individuelle Zugänge erfordert liegt nahe, die Auswahl von Indikatoren anzustrebender Landschafts-Qualität nicht Expert~innen allein zu überlassen. Da die offiziell verbindliche Formulierung von LQ-Zielen laut Landschaftskonvention eine Aufgabe öffentlicher Stellen ist, die Konvention aber gleichzeitig bestimmt, dass mit der Formulierung gebietsspezifischer LQ-Ziele die „Ansprüche der Bevölkerung/Öffentlichkeit an die Landschaftsbeschaffenheit (caractéristiques paysagères) ihrer Umgebung" zum Ausdruck zu bringen sind, müssen praktische Wege gefunden werden, diese Ansprüche in die „offizielle" Zielbestimmung einfließen zu lassen. Eine praktisch anwendbares Synthese-Modell wurde in der Roztocze Region entwickelt, wo Polen seit 2019 gemeinsam mit der Ukraine ein grenzüberschreitendes Biosphärenreservat aufbaut (Sowińska-Świerkosz & Chmielewski, 2016). Mehrere Fachleute und die „Öffentlichkeit" der Roztocze Region repräsentierende Personen werden gebeten, Angaben darüber zu machen, welche Merkmale ihrer Ansicht nach bestimmend für Beschaffenheit und Qualität einzelner Landschaften sind. Aus diesen Angaben werden anschließend Indikatoren abgeleitet, die zur Formulierung von LQ-Zielen heranzuziehen sind (Sowińska-Świerkosz & Chmielewski, 2016, S. 598). Insgesamt kommen in diesem Falle 80 Indikatoren zur Anwendung; davon sind 49 qualitativ und 31 quantitativ anwendbar.

6.5.4 Perspektive 3: Fortschritte nachweisen und messen

Ziele angestrebter Landschafts-Qualität sind das Maß für den Nachweis, wie weit angestrebte Zustände in einer Landschaft innerhalb bestimmter Zeitverläufe erreicht werden. Sie sind vergleichbar mit Umweltqualitätszielen anhand derer sich Angaben darüber machen lassen, wie weit mit den Zielen definierte Zustände in einem räumlich definierten Gebiet erreicht werden, etwa im Sinne eines Erfolgsnachweises nachhaltiger Gebietsnutzung (Pokorny, 2001, S. 67–69). Landschafts-Qualitätsziele (LQ-Ziele) eignen sich als Maß auch zum Messen von Fortschritten nachhaltiger Landschaftsentwicklung. Verwendung finden dabei dieselben Indikatoren, die in die Bestimmung von LQ-Zielen einfließen. Diese auf einem positivistischen Ansatz basierenden Indikatoren beziehen sich auf Ursache-Wirkung-Zusammenhängen, so dass sich mit ihrer Hilfe Angaben über die Wirksamkeit ergriffener Maßnahmen machen lassen. Aufgrund der oben bereits erwähnten stark vereinfachten modellhaften Abbildung von Wirkungsketten bleiben beim Fortschrittsnachweis solche Ursachen außer Acht, die möglicherweise Einfluss auf Landschaftsqualität haben, im Modell und damit in den Indikatoren aber nicht berücksichtig sind. Mit dem hier gewählten Ansatz des einfachen Wirkungsnachweises verbundene Potentiale werden am Beispiel das oben eingeführten Handlungsfelds Gesundheit und Wohlbefinden erläutert.

Unterschieden werden nationale und regionale Ebenen, die von menschlicher Alltagswelt mehr oder weniger weit entfernt liegen, und, auf der anderen Seite, Ansätze für die Messung von Gesundheit und Wohlbefinden auslösenden Wirkungen, die mit der

6.5 Nachhaltige Landschaftsentwicklung messen

Qualität menschlicher Umgebung zusammenhängen. Auch bei den anzustrebenden Zielen sind auf der einen Seite gesamtgesellschaftlich formulierte Ziele sowohl nachhaltiger Entwicklung als auch nachhaltiger Landschaftsentwicklung, sowie auf der anderen Seite spezifische und auf bestimmte Gebiete bezogene Qualitäts-Ziele zu unterscheiden (vgl. Tab. 6.5): zum einen beschließen Staaten und Länder eigene Nachhaltigkeits-Strategien (wie z. B. *Perspektiven für Deutschland*) und legen fest, wie sie die *Sustainable Development Goals, SDGs* (UN *Agenda 2030 für nachhaltige Entwicklung*) konkretisieren und praktisch handhaben, Veränderungen beobachten und Fortschritte mithilfe ausgewählter Indikatoren (und Maßstäbe) ermitteln, beschreiben und bewerten wollen; zum anderen bestimmen kommunale und sonstige für bestimmte Gebiete zuständige Körperschaften gebietsspezifische Ziele, wie z. B. Schutz-, Management- und Entwicklungsziele (dabei gegebenenfalls auf SDGs Bezug nehmend), und legen fest wie sie einzelne Ziele umsetzen und deren Wirkung beobachten und bewerten wollen.

Im öffentlichen Gesundheitswesen kommen hoch aggregierte Indikatoren zum Einsatz, die sich auf die Bevölkerungsgesundheit beziehen; einige weisen Landschaftsbezüge auf. Zum Beispiel verwendet die Deutsche Nachhaltigkeitsstrategie im Handlungsfeld ‚Gesundheit' neben Größen wie Sterblichkeits- und Geburtenraten, „Raucherquote" und „Adipositatsquote" auch Indikatoren wie Emissionen von Luftschadstoffen und Feinstaubexposition (PM-Exposition). Zahlreiche dieser Größen sind zu einzelnen nationalen Indikatoren aggregiert, beim Indikator ‚Luftschadstoffe' zum Beispiel fünf verschiedene Arten von Stoffen, die ihrseits differenziert mit Hilfe zahlreicher Parameter gemessen werden. Gesundheitsrelevante Indikatoren mit Landschaftsbezügen kommen außerhalb des Handlungsfeldes ‚Gesundheit' zusätzlich in folgenden Handlungsfeldern zum Einsatz:

- Wasser: ‚Phosphor in Fließgewässern' und ‚Nitrat im Grundwasser',
- Städte/Siedlungen: ‚Siedlungsdichte' und ‚Freiraumentwicklung pro Einwohner',
- Klima(-wandel): ‚Treibhausgasemissionen',
- Leben an Land: ‚Artenvielfalt und Landschaftsqualität' und ‚Eutrophierung der Ökosysteme' (insbesondere durch atmosphärische Stickstoffeinträge).

Ursache-Wirkung-Beziehungen sind zum Teil offenkundig. So wirken sich stoffliche und sonstige Veränderungen der Qualität von Wasser und Luft unmittelbar auf menschliche Gesundheit aus. Die Messung von Treibhausgasen (in CO_2-Äquivalenten) erlaubt Rückschlüsse auf die Wirkung von Emissionen auf die (globale bis lokal spürbare) Erwärmung, die sich ihrerseits insbesondere in Siedlungsgebieten auf Gesundheit und Wohlbefinden auswirken. Weniger offensichtlich ist dagegen, wie auf Dichte und Flächen bezogene Indikatoren sich dafür eignen, Ziele zum Ausdruck bringen wie solche, dass Städte und Gemeinden inklusiver und nachhaltiger gestaltet werden (Näheres dazu weiter unten), unter anderem um menschliches Wohlbefinden zu verbessern. Schwer nachvollziehbar ist, wie sich für den Indikator „Artenvielfalt und Landschaftsqualität" als Messgröße die

Tab. 6.3 Beispiele für hoch aggregierte Indikatoren zur Messung gesundheitsförderlicher Landschaftsqualität

Gebietstyp	Indikatoren (Beispiele): Entwicklung von
Städtisch geprägte Agglomerationen	• Freiraumanteil pro Person
	• Erreichbarkeit, Zugänglichkeit und Frequentierung von Vegetation und grünbestimmten Freiräumen (BMUB, 2017; Rittel, 2014; White et al., 2013),
Länder und Regionen mit hohem Anteil städtisch geprägter Agglomerationen	• Anteil, Erreichbarkeit, Zugänglichkeit und Frequentierung von Erholungsgebieten, wie z. B. Naturparken (Bruns & Münderlein, 2018; Weber, 2013)

Bestandsentwicklung von 51 ausgewählten Vogelarten eignet, die ausgewählte Lebensraumtypen repräsentieren und in Form eines Index zum Einsatz kommt. Die Auswahl geht von der Annahme aus, dass diese Vogelarten aufgrund ihrer Habitat-Bindung sich als Anzeiger für Nachhaltigkeit der Landnutzung eignen. Landschaftsbezogene Wirkungen werden nicht erklärt. So arbeitet die Nachhaltigkeitsstrategie Bezüge zwischen Artenvielfalt, Landschaft und Gesundheit/Wohlbefinden selbst dort nicht heraus, wo sie bestehen, hier etwa durch Bezüge zwischen Wohlbefinden und dem Wahrnehmen und Erleben von Vögeln, deren Vorkommen Teil der Landschaftsqualität ausmachen. Anderseits ist nachvollziehbar, wie „Freiraumfläche pro Einwohner" in hoch aggregierter Form das Erreichen von Zielen abbildet, den allgemeinen Zugang zu öffentlich verfügbaren Flächen zu sichern, einschließlich inklusiver Grünflächen und damit alle Teile der Bevölkerung einbeziehend. Wenn dies bei der Verwendung des Indikators so erklärt wird, lassen sich mit Hilfe quantitativer Größen Aussagen auch über Qualität vermitteln. Zum Beispiele lassen sich auf nationaler Ebene für die Beobachtung von Fortschritten der Entwicklung gesundheitsförderlicher Landschaftsqualität folgende Indikatoren anwenden (Tab. 6.3).

Bei der Nachverfolgung räumlicher Entwicklung im Laufe der Zeit lassen sich Größen wie Anteile, Erreichbarkeit und Zugänglichkeit quantifizieren, etwa als Fläche pro Person, als Distanz zwischen Wohnort und Grünfläche bzw. Erholungsgebiet, usw. Ein Indikator wie „Frequentierung" dient als Maß der Nachfrage, die ihrerseits mit der wahrgenommenen Zugänglichkeit und Qualität eines Gebiets zusammenhängt. Das Maß für Frequentierung beruht auf Annahmen, es sei denn es lägen genauere Kenntnisse darüber vor welche Qualitäten für Grade der Frequentierung ausschlaggebend sind. Solche Kenntnisse lassen sich zum Beispiel durch Beobachtungen vor Ort, durch Befragungen, usw. gewinnen (Näheres dazu unten). Je überschaubarer die Größe einzelner Bezugsgebiete ist, umso weniger lässt sich von Qualitäts-Annahmen ausgehen, und umso mehr verlagert sich das Gewicht weg von quantitativ einsetzbaren Indikatoren hin zu der Frage, wie es gelingen kann Fortschritte beim Erreichen angestrebter Landschaftsqualität in Abhängigkeit von menschlicher Wahrnehmung zu messen. Nachfolgend werden hierfür geeignete

Methoden erörtert. Ausgewählte Beispiele stehen stellvertretend für Maßnahmen, die mit der Landschaftskonvention gefördert werden sollen wie Gestaltung von Landschaften oder Nachhaltiges Landschaftsmanagement.

Es geht um Methoden, die ein aussagekräftiges Nachverfolgen von Fortschritten im Lauf der Zeit gestatten. So kann zum Beispiel die Aufenthaltsqualität eines Stadtplatzes unter anderem anhand verschiedener Qualitätskomponenten wie etwa Luftqualität (Komplex-Indikator aus Gehalten verschiedener Stoffe) sowie Lufttemperatur und -feuchtigkeit und Wind mithilfe von Geräten gemessen werden; erforderlich ist aber ergänzend Angaben darüber zu beschaffen, wie verschiedene den Platz nutzende Menschen die gemessenen Merkmale und Zustände erleben und konstruieren, etwa als Behaglichkeit und thermisches Wohlbefinden. Lassen sich solche Angaben für den begrenzten Raum eines Stadtplatzes durch Beobachtung des Verhaltens im Raum und Personenbefragung beschaffen (Lenzholzer & Vries, 2020), ist Ähnliches für größere Räume nur mit erheblichem Aufwand möglich. Angesichts Wohlbefinden und Gesundheit zunehmend belastender Wirkungen globaler Erwärmung ist die Entwickelung neuer Methoden z. B. mittels Internet basierter Ressourcen ins Auge zu fassen.

6.5.4.1 Gesundheit und Wohlbefinden fördernde Wirkungen von Gestaltungsmaßnahmen, Beispiel Wohngebiete in englischen und schottischen Städten

Übergewicht und Bewegungsarmut gehören zu den weltweit führenden gesundheitlichen Risikofaktoren. Ursachen für Bewegungsarmut liegen überwiegend darin, dass im alltäglichen von sitzenden Tätigkeiten bestimmten Lebens- und Arbeitsumfeld schwierig ist, ein hohes Maß an Bewegung aufrechtzuerhalten. Auch leben viele Menschen in einem Umfeld, das sich nicht für körperliche Betätigung eignet (World Health Organization, 2017). Städte und Gemeinden sind bestrebt, insbesondere das Wohnumfeld so umzugestalten, dass es zu körperlicher Aktivität einlädt, und zwar für alle Teile der Bevölkerung und damit nach Inklusions-Aspekten (Umsetzung von Prinzipien sozialer Gerechtigkeit). Die Bandbreite reicht von einfachsten Maßnahmen wie den Abbau von Bewegungshindernissen (barrierefreie Zugänge und Verkehrswege) über die Ausweisung und Gestaltung von Wohn- und Fahrrad-Straßen bis hin zu vollständiger Umgestaltung ganzer Quartiere. Kommunen nehmen sich solche Gestaltungsmaßnahmen in der Überzeugung vor, dass sie hiermit Beiträge im Sinne nachhaltiger Entwicklung leisten, dass lange wirkende und zugleich gesundheitlich präventiv wirkende Leistungen erbringen, die der ganzen Bevölkerung zugutekommen.

Hierfür werden öffentliche Mittel (Steuergelder) eingesetzt und nicht zuletzt ist schon daher wichtig, gestaltungsbedingte Wirkungen zu messen. Die Frage ist, ob und wie weit eine gestalterisch veränderte Wohn-Umgebung dazu führt, dass Menschen sich wohler fühlen als vor Durchführung der Maßnahmen, etwa dadurch, dass sie sich mehr bewegen, sich an mehr Grün erfreuen und mehr soziale Kontakte haben. Es geht also nicht um die grundsätzliche Frage nach Zusammenhängen zwischen grünbestimmten

Freiräumen, Bewegung und Gesundheit, sondern darum die Wirkungen bestimmter Maßnahmen nachzuweisen, etwa indem Ortsansässige danach gefragt werden, ob sie mehr Zeit draußen verbringen, sich dort mehr bewegen und dabei mehr soziale Kontakte haben, und sich infolgedessen insgesamt wohler fühlen, sich mit ihrem Wohngebiet mehr identifizieren, usw. Um Ursache-Wirkungs-Beziehungen zwischen Gestaltung und Wohlbefinden nachzuvollziehen, müssen Wandlungsprozesse untersucht werden. Hierfür kommen Verlaufsstudien (auch Längsschnittstudien genannt) zum Einsatz, bei denen dieselbe empirische Untersuchung zu mehreren Zeitpunkten durchgeführt, in diesem Fall vor, während und nach Planung und Umsetzung der Maßnahmen, und die Ergebnisse der einzelnen Untersuchungswellen verglichen werden. Ergebnisse sind mit Ergebnissen aus Kontrollmessungen zu vergleichen, die zeitgleich an nicht umgestalteten Stellen durchgeführt werden (hohe Grade an Vergleichbarkeit vorausgesetzt).

Entsprechende Studien wurden zum Beispiel in mehreren Wohngebieten in England und Schottland für bestimmte Zielgruppen wie Menschen im Rentenalter durchgeführt (Ward Thompson, 2017, S. 243–248). Durch freiwillige Teilnahme gebildete Kohorten (sozialwissenschaftlich als durch bestimmte Gemeinsamkeiten geprägte Gruppen) begleiten den Prozessverlauf von der Vorplanung über die Verwirklichung bis (etwa ein halbes Jahr) nach dem Abschluss der Umgestaltungsmaßnahmen, nehmen an der Umgestaltung selber teil und werden auch einbezogen, um Indikatoren zu bestimmen die Auskunft über die Qualität ihrer Umgebung geben. Alle Mitglieder der Kohorten beantworten im Prozessverlauf wiederholt eine Reihe standardisierter Fragen sowohl zu ihrer grundlegenden Lebenszufriedenheit und ihrem alltäglichen Bewegungsgrad und Grad an sozialer Interaktion, also auch zu den spezifischen Bewegungen und sozialen Begegnungen in den Umgestaltungsgebieten. Auf diese Weise lassen sich gestaltungsbedingte Veränderungen vor dem Hintergrund allgemeiner Veränderungen beurteilen. Ergebnisse sind zum Beispiel, dass die in den Studien eingeschlossenen Personen es leichter fanden, sich in den umgestalteten Gebieten zu bewegen als vorher, und dass sie nun häufiger und lieber Spaziergänge in den Wohnstraßen vor der Haustür unternehmen. Bestätigt wurden solche Ergebnisse durch parallel zur Befragung durchgeführten teilnehmenden Beobachtungen, wobei zudem steigende Grade an sozialer Vernetzung dokumentiert werden konnten.

Kommen mehrere Messungen der Art zusammen, wie sie hier beispielhaft erläutert werden, lassen sich auf nationaler Ebene quantitativ verwendete Indikatoren wie „Anteil grünbestimmter Freiflächen" für bestimmte Landschaften qualitativ validieren und auf diese Weise Beziehungen zwischen nationalen und gebietsspezifischen Ebenen mit empirisch gewonnen Erkenntnissen genauer darstellen. Zeitlich sind Verlaufsstudien begrenzt (schon durch Verfügbarkeit erforderlicher Ressourcen), so dass es kaum Erkenntnisse über Langzeitwirkungen gibt, die zweifelsfrei auf Maßnahmen zurückgeführt werden können, mit der städtische Freiräume oder Erholungsgebiete umgestaltet werden. Potenziale für die Gewinnung solcher Erkenntnisse bieten sich mit der Weiterentwicklung des Landschaftsbiografie-Konzepts (siehe dazu weiter unten).

6.5.4.2 Gesundheit und Wohlbefinden fördernde Wirkungen von Managementmaßnahmen, Beispiel Geo-Naturpark Bergstraße-Odenwald, Deutschland

Der Geo-Naturpark Bergstraße-Odenwald wurde 2015 in das „International Geoscience & Geoparks Programme" der UNESCO aufgenommen. Diese Geoparks dienen als Modellregionen für die Umsetzung Globaler Nachhaltigkeitsziele (Deutsche UNESCO-Kommission, 2017)-. Naturparke wurden in Deutschland ursprünglich eingerichtet, um Erholung zu gewährleisten und entsprechende infrastrukturelle Einrichtungen vorzuhalten (Marschall, 2007, S. 75)5, und so steht die Umsetzung des UN Nachhaltigkeitsziels ‚Gesundheit und Wohlergehen/Wohlfinden' als Ziel auch des Geoparks an oberster Stelle. Die Umsetzung beruht auf Erfahrungen zum „heilsamen Zusammenhang" zwischen „Natur und Gesundheit" und erfolgt durch eine Vielzahl von „Landschaftserlebnis-Angeboten", die „gesundheitsfördernd für Körper, Geist und Psyche zugleich sind", wie Wandern, Nordic Walking, Radfahren, usw. (Geo-Naturpark Bergstraße-Odenwald, 2018, S. 9). Auch die soziale Komponente des landschaftsbezogenen Wohlbefindens wird in der Angebotsentwicklung berücksichtigt. So bietet der Geo-Naturpark Veranstaltungen zum Team-Building für Firmen und Unternehmen an, welche in dem kollektiven Gestalten und Durchführen von Aktivitäten im Parkgebiet bestehen. Der Erfolg dieser sozial verbindenden Angebote wird durch Teilnehmerinnen und Teilnehmer evaluiert (Interview mit Gespräch zur Integration von Gesundheitsbelangen in die Gebietsentwicklungsplanung mit der Verwaltung des Geo-Naturparks Bergstraße Odenwald., 27.07.2016).

Geoparks sind als Modellgebiete der UNESCO angehalten, Forschung anzuregen und dabei gewonnene Erkenntnisse in ihre regelmäßige Berichterstattung und weitere Planung aufzunehmen. Dazu gehören Frage nach Gesundheit fördernden Eigenschaften von Landschaften. In der Studie „Macht Landschaft Glücklich" ging es speziell um die Frage, ob und wie sich subjektives Landschaftserleben und damit verbundenes Wohlbefinden (Stimmungen, Emotionen) messen lassen und mit welchen Wahrnehmungs- und Erlebnisfaktoren es verknüpft ist (Münderlein, 2020). Die Studie umfasst drei empirische Untersuchungen:

- Mithilfe von Emotions- und Stimmungsfragebögen und einer Skala bewerten Naturparkbesucher~innen vor und nach einem Ausflug (z. B. einer Wanderung) ihr subjektives Empfinden zu einzelnen Aspekten.
- Um die Landschafts-Sicht einzelner Personen zu erfassen, begleiten Forscher mehrere Personen auf Wanderungen und sammeln (per GPS genau zu verortende) Antworten zu Fragen nach der Bedeutung bestimmter Orte und bei ihrer Wahrnehmung aufkommenden Gefühlen.
- Zusätzlich fotografieren Menschen ihre Umgebung mit Sofortbildkameras, fangen Dinge und Orte ein und ergänzen die Fotos mit Beschreibungen und Kommentaren (Besonders Licht, Atmosphäre, Raumeindrücke, Pfade, Farben oder ein Gefühl von Weite erweisen sich dabei als wichtig (zu Foto-Voice-Methoden siehe Abschn. 6.4).

Es werden Erkenntnisse über das von spezifischen Menschen in spezifischen Landschaften erlebte und dabei gesteigerte Wohlbefinden gewonnen. Die Erkenntnisse geben Hinweise darauf, wie sich landschaftsbezogenes Wohlbefinden praktisch greifbar machen lässt (vgl. Münderlein, 2020, S. 631 ff. und 672 ff.):

- Menschen nehmen Landschaften kurzzeitig stationär sitzend oder stehend, meistens aber in Bewegung gehend, laufend und fahrend wahr, abzubilden als Sequenzerlebnis (vgl. Lee, 2012; dazu schon Appleyard et al., 1964; Cullen, 1961; Lynch, 1960);
- Erlebte Räume weisen keine scharfen Grenzen auf; sie haben Nah-, Mittel- und Fernbereiche die mit abnehmender Wahrnehmungsschärfe ineinander „fließen" (Cakci-Kaymaz, 2012; Ungar, 1999);
- Beziehungen zwischen der physisch-materiellen Beschaffenheit menschlicher Umgebung und deren Erleben und Wahrnehmen als Landschaft lassen sich herausarbeiten und, wenn Aussagen mehrerer Personen zusammen betrachtet werden, auftretende Häufungen erkennen und (z. B. plangrafisch) darstellen;
- Schnittstellen zwischen Landschaft und Gesundheit(Abraham et al., 2007; Bruns & Münderlein, 2018; Claßen et al., 2009; Claßen, 2016; Gebhard & Kistemann, 2016b; zusammenfassend Bruns & Münderlein, 2018) lassen sich als ökologische, ästhetische, physische, psychische, soziale, pädagogische, symbolische „Wirkkomponenten" auffassen; diese lassen sich zur Entwicklung praktisch handhabbarer Parameter und Kriterien heranziehen.

Sequentielle Erlebnisfolgen und unscharf ineinanderfließende Wahrnehmungsbereiche lassen sich plangrafisch zum Beispiel als „Heatmaps" darstellen, aber nicht (wie raumplanerisch üblich) flächendeckend „erfassen" und auf vorab „kartierte" Einheiten projizieren. Erlebnis- und Wahrnehmungsdichte lässt sich in solchen Heatmaps ergänzend (z. B. mittels Farbabstufung) visualisieren (Münderlein, 2020, S. 660 ff.). Abb. 6.3 illustriert, wie sich die räumliche Dichte positiver emotionaler Bewertungen aus Erlebniswanderungen visualisieren lassen. Abb. 6.4 illustriert, wie sich die räumliche Dichte von Aussagen zu symbolischen Zuschreibungen und Assoziationen visualisieren lässt.

Auftretende Häufungen bestimmter Nennungen sind Momentaufnahmen; sie lassen sich zum Teil durch Gemeinsamkeiten kultureller Hintergründe und Zugehörigkeiten erklären (die sich in dynamischen Gesellschaften wandeln). Festzuhalten ist, dass sich aus einer ausschließlich materiell-physischen „Erfassung" räumlicher Umgebung keine Erkenntnisse gewinnen lassen, die erlauben Aufschluss über Landschaften geben, „wie sie von Menschen wahrgenommen werden" (Definition der Landschaftskonvention). Solche Aufschlüsse zu gewinnen erfordert den Einsatz wahrnehmungsbasierter Methoden. Mit ihnen sind Erkenntnisse zu gewinnen die zeigen, dass Menschen Landschaft im Kopf nicht flächendeckend (wie etwa Geograph~innen) abbilden. Auf solchen Erkenntnissen aufbauend verzichten zum Beispiel die französischen Plan de Paysage darauf, LQ-Ziele flächendeckend darzustellen (vgl. Abschn. 6.3.3).

6.5 Nachhaltige Landschaftsentwicklung messen

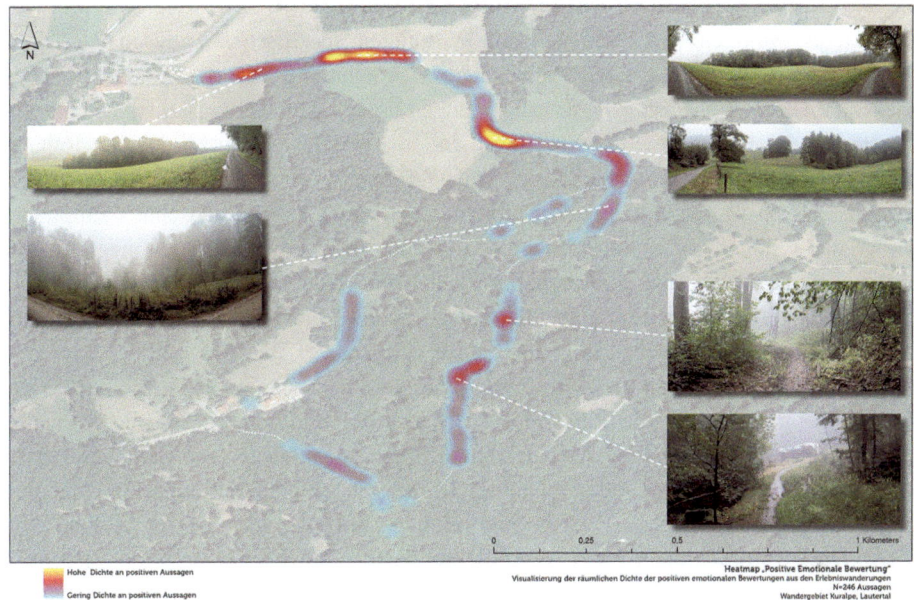

Abb. 6.3 Visualisierung räumlicher Dichte positiver emotionaler Bewertungen (Münderlein, 2020)

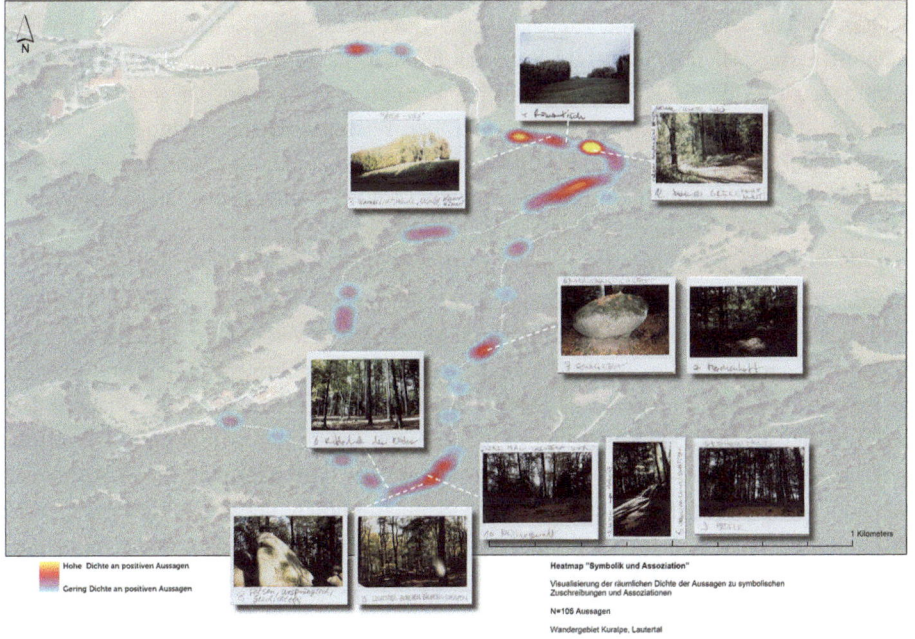

Abb. 6.4 Heatmap „Symbolik und Assoziation" (Münderlein, 2020)

6.5.4.3 Breite öffentliche Mitwirkung, Crowdsourcing

Subjektives Wohlbefinden lässt sich auf Wirkungen spezifischen Landschaftserlebens zurückführen und in praktischer Anwendung wahrnehmungsbasierter Methoden (überwiegend qualitativ) messen. Um Wahrnehmungen breiter Bevölkerungskreise zu spiegeln, müssten mehr Personen einbezogen werden, als bei der Auswahl der im Rahmen oben dargestellter Beispiele berücksichtigten Gruppen. Wenn es Menschen, wie oben gezeigt möglich ist, Emotionen und Stimmungen als subjektives Landschafts-Empfinden verbal und bildlich zu dokumentieren, dann sind die Voraussetzungen gegeben von Mensch zu Menschen über Landschafts-Erleben über begrenzte Personenzahlen hinaus zu kommunizieren. Crowdsourcing und Citizen Science bieten das Potenzial, um große Beteiligtenzahlen zu erreichen (allgemein dazu vgl. Bonn et al., 2016).

Als „Sensoren" verstanden, vermögen Menschen über die Sinne Informationen aus ihrer Umgebung aufzunehmen, im Gehirn zu verarbeiten und dort, um im Bild der neurobiologischen Analogie zu bleiben, jederzeit abrufbar zu speichern (van Lammeren et al., 2017, S. 138). Als Kommunikationsmittel können, jetzt in messtechnischer Analogie, Geräte eingesetzt werden, die verbale und bildliche Informationen aufnehmen und speichern. Diese Informationen lassen sich Internet-basiert miteinander verbinden. Beispiele „smart" miteinander verbundener technischer Aufnahmegeräte sind laufend aktive Sensoren von Wetterstationen und Überwachungskameras, deren gespeicherte Daten zentral sowie zunehmend auch dezentral abrufbar sind. Durch Menschen am meisten verwendete Geräte sind Smartphones. Mit geo-position-Funktionen ausgestattet, vermögen Smartphones mittels Kamera große Mengen verbal kommentierter Bild-Daten, den im oben erläuterten Beispiel mit Sofortbild-Kameras ähnlich, aufzunehmen und, nun anders als beim ausgedruckten Bild, jederzeit abrufbar verfügbar zu machen. Diese Art von Web-Partizipation, auch als Crowdsourcing und bei Wissenschaftsanwendung als „Citizen Science" bezeichnet, erlaubt eine kollaborativ organisierte Produktion und Zusammenführung von Informationen, die, große Teilnehmerzahlen vorausgesetzt, aus einer Vielzahl individueller Beiträge zum Erleben und Konstruieren von Landschaft bestehen.

Eine Strategie ist, verbal kommentierte Bilder zusammenzuführen und auszuwerten, die Menschen auf verschiedenen Sozialen Medien posten. Dieses Vorgehen ist aufgrund der Eigenschaften Sozialer Medien mit Problemen wie der Verstärkung von Bestätigungsfehlern verbunden (Theile, 2018). Eine andere Strategie des Crowdsourcing ist, Menschen gezielt zur Teilnahme einzuladen. Dieses Vorgehen wird im Rahmen der Plan de Paysage und der in verschiedenen Ländern aufgebauten Landschafts-Observatorien verfolgt. In Frankreich sind die an den Standorten des *observatoire photographique du paysage* entstandenen Fotoserien auf einer Internet-Seite öffentlich verfügbar (Beispiel: http://observatoiredespaysages.fr/cote-normande-14/). Mithilfe einer App besteht Zugriff auf bestimmte Standorte und Fotoserien, und die App führt Smartphone-Nutzer~innen zu den Standorten. Dort lassen sich von einer bestimmten Stelle aus neue Bilder machen, die dem vorgegebenen Bildausschnitt entsprechen. Dann wird das Bild automatisch erstellt und zur Datenbank geschickt: https://play.google.com/store/apps/details?id=org.panfrance&hl=en_US.

Einen Schritt weiter geht die Nature Conservancy of Canada (NCC), eine Nichtregierungsorganisation. Sie unterhält in einigen ihrer Management-Gebiete Pfade mit mehreren Monitoring-Stationen, genannt „Snapshots for Science", wo die Gelegenheit besteht Fotos aufzunehmen und diese stichwortartig kommentiert auf einer Website hochzuladen. Besucher~innen platzieren ihre Kamera (meistens ein Smartphone) auf einem hierfür vorgesehenen Pfosten, so dass die entstehenden Fotos von immer denselben Positionen aufgenommen werden (vgl. Abb. 6.5). Die Bedienung ist leicht und erfordert keine besonderen Kenntnisse. Beides sind wichtige Voraussetzungen dafür, dass Menschen zahlreich teilnehmen und sehr niedrige Schwellen überwinden müssen, um Beiträge zu produzieren (Bernstein et al., 2019).

Gebietsbesucher~innen wirken an der wachsenden Sammlung von Bildern mit und tragen so dazu bei, die Gebietsentwicklungen kurz- bis langfristig zu dokumentieren. Im Beispiel geht es darum, die Entwicklung von Wiesen, Prairie und Savanne im Jahresverlauf und im Verlauf von Jahren und Jahrzehnten zu dokumentieren. Die so genannten „Snapshots for Science" fokussieren diese Entwicklungen an bestimmten Stellen, die, mit den „Hotspots" oben genannter „Heatmaps" vergleichbar, für Besucher~innen und Wissenschaftler~innen landschaftlich gleichermaßen von besonderer Bedeutung sind.

Abb. 6.5 Snapshot for Science, Besucher tragen zur Dokumentation von Landschaftsveränderungen bei. (Foto: Diedrich Bruns)

Alltagskonstruktion trifft auf Expert~innenkonstruktion. Während Luftbild-Serien die Entwicklung der Pflanzendecke flächenhaft und Pflanzenökolog~innen die Entwicklung der Zusammensetzung der Pflanzendecke verfolgen, zeichnen kommentierte Bilderserien nach, wie Gebietsbesucher~innen die Entwicklung persönlich wahrnehmen. In den betreffenden Regionen Ontarios interessieren sich viele Menschen für die hoch wachsenden Pflanzen der Prairie, deren Entwicklung sie hier miterleben können und deren Jahrhunderte alte Geschichte in vielen Erzählungen und Bildern immer wieder in Erinnerung gerufen wird. Sie sind wie Besucher~innen von Graslandschaften (in Deutschland etwa der Rhön, siehe Beispiel unten) gespannt, ob und wie es gelingt, das Offenland und die darin vorkommenden markanten Gräser durch gezieltes Management auch in Zukunft erleben zu können, ob also das Management nachhaltig wirksam ist.

Das Prinzip „Snapshot for Science" fügt sich in eine Reihe klassischer bis neuer Arten der Mitwirkung von Privatpersonen an allgemeinen und wissenschaftlichen Beobachtungen ein. Klassische Beispiel sind Vogelzählungen (z. B. Übermittlung von Gartenvogelvorkommen an einen Naturschutzverband) und Wetterbeobachtungen (z. B. Übermittlung von Blühzeitpunkten an so genannte phänologische Netze von Wetterdiensten). Neuerdings tragen Tausende von Personen zur Quantifizierung gesamtgesellschaftlich relevanter Entwicklungen bei, etwa der nächtlichen Lichtemission oder der schnellen Schadensabschätzung bei Flutereignissen (Dransch et al., 2018). Internet-basierte *observatoire photographique du paysage* ergänzen diese Reihe um Beiträge landschaftlicher Sensorik, um kommentierte Bilder in denen Beziehungen zwischen der physisch-materiellen Beschaffenheit menschlicher Umgebung und deren Erleben und Wahrnehmen als Landschaft ihren aussagekräftigen Niederschlag finden (Modus 2-Verständnis von Wissensgenerierung).

6.5.4.4 Generelle Anwendbarkeit der Methoden

Vor einer generellen Anwendbarkeit bisher gewonnener Erkenntnisse in der Praxis sind offen gebliebene Fragen zu klären (siehe weiter dazu auch Kap. 7). Diese beziehen sich etwa auf die Messbarkeit menschlichen (insbesondere emotionalen) Erlebens und Wahrnehmens von Landschaft im „Freilandlabor" (außerhalb kontrollierter Laborbedingungen), die Beziehungen zwischen naturwissenschaftlichem „Messen" bestimmter Umweltphänomene und dem „Messen" des Wahrnehmens und Erlebens solcher Phänomene (vgl. Lenzholzer, 2015), das Überführung von Beziehungen zwischen der physisch-materiellen Beschaffenheit einer Landschaft und deren Erleben und Konstruieren in praktisch handhabbare Größen dabei Berücksichtigung laufender Veränderung sowohl von Landschaften, also auch des Erlebens und Konstruierens von Landschaften (Dynamik soziokultureller Faktoren), was Auswirkungen auf die Formulierung von Nachhaltigkeitszielen, Landschaftsqualität-Ziele n und von Ziel- und Leitbildkonzepten (etwa durch Überprüfung und Anpassung) sowie auf die Ermittlung von Fortschritten beim Erreichen dieser Ziele hat. Der definitorische Ansatz der Europäischen Landschaftskonvention, welcher Landschaft über die menschliche Wahrnehmung ausdeutet, ist gleichzeitig auch als Aufforderung zur lokalen Auseinandersetzung mit Landschaft anzusehen. Die in

6.5 Nachhaltige Landschaftsentwicklung messen

Abb. 6.3 und 6.4 vorgestellten perzeptionsbasierten Karten verdeutlichen, dass die changierende Erlebnis- und Wahrnehmungsdichte nicht ohne weiteres in sinnhafter Weise auf übergeordnete Maßstabsebenen überführt werden kann. Um dem Anspruch aus der Landschaftskonvention gerecht zu werden und das planungswissenschaftliche Problem des Skalierungsverlustes zu vermeiden, gilt es zum einen neue Formen des plangrafischen Denkens und Kommunizierens zu etablieren und zum anderen die Integration von Ergebnissen im Kontext von existierenden Planungsmaßstäben und Bezugsgebieten sowie entsprechenden Aussagetiefen zu überdenken (siehe Tab. 6.4).

Perspektivisch lässt sich, noch offener Fragen ungeachtet, für die künftige Praxis eine Erweiterung eingeführter Instrumente in Betracht ziehen. Rahmengebend hierfür sind die für Länder und große Regionen quantitativ (auf Kardinalskalen einsetzbaren) Indikatoren nachhaltiger Entwicklung. Diese lassen sich um landschaftsbezogene Indikatoren ergänzen. Für Stadt- und Gemeindegebiete und für Schutz-, Management- und Entwicklungsgebiete kommen sowohl quantitative und qualitative (auf Ordinalskalen einsetzbare) Indikatoren zum Einsatz, um Fortschritte beim Erreichen bestimmter LQ-Ziele zu ermitteln. Bei Gebieten, die durch Gesetze, Verfahren und Verträge definiert sind, kommen quantitative Messverfahren zum Einsatz, wenn der Erfolg rechtlich verbindlich (gesetzlich, baurechtlich, Planfeststellung, usw.) festgelegter und vertraglich (z. B. Gewährleistung nach VOB oder BGB) zu erbringender Leistungen nachzuweisen ist, in Deutschland zum Beispiel auch bei Kompensationsmaßnahmen nach Naturschutzrecht (vgl. Tab. 6.4).

Landschaftsbeobachtungen beziehen sich auf Gebiete unterschiedlicher Größenordnung, so dass Methoden entsprechend anzupassen sind. Sie finden in bisherige Praxis für

Tab. 6.4 Berichterstattung über Fortschritte beim Erreichen angestrebter Landschaftsqualität. (Eigene Zusammenstellung)

Bezugsgebiet	Messverfahren, Indikatoren	Landschaftsbeobachtung	
		Bisherige Praxis	Perspektiven
Staatsgebiete • Land • Große Regionen	Kardinalskalen, quantitative Indikatoren	Landschaftsobservatorien; Teil von Umweltbeobachtung, Flächenstichprobe, Quality Count, usw	Systematische Beobachtung in ausgewählten Gebieten (Methoden wie unten)
Stadt-/Gemeindegebiete; Schutz-, Management- und Entwicklungsgebiete (einschließlich durch Vorhabenwirkungen betroffene Gebiete)	Zusätzlich Ordinalskalen und qualitative Indikatoren; Monetisierung vertraglich zu erbringender Leistungen	Landschaftsobservatorien; Teile von Fachplanung und Umweltberichten, Monitoring, Beweissicherung bei Bauvorhaben, usw	Citizen-Science, Umweltbeobachtung, Landschaftsbiografie, Flurbilanz erweitert, „Wohlbefinden-Stichprobe"

große Gebiete zum Beispiel in Form von Landschaftsobservatorien wie in Frankreich und Spanien, Countryside Quality Counts wie in England (The Countryside Agency, 2004) und im Rahmen von Umweltprüfung anhand ausgewählter Indikatoren statt (Haines-Young et al., 2004). Für Stadt- und Gemeindegebiete sowie für Schutz-, Management- und Entwicklungsgebiete (einschließlich durch Vorhaben definierte Projektgebiete) sind Landschaftsbeobachtungen bisher Teil von Umweltberichten, werden im Rahmen der Fortschreibung von Fachplanungen (z. B. in Landschaftsplänen) und der Flurbilanz (Krebs & Beck, 2008) angesprochen (erweitert um Ökosystemleistungen), werden beim Monitoring und der Beweissicherung im Rahmen von Bauvorhaben berücksichtigt, usw.

Perspektivisch lassen sich Landschaftsobservatorien als Citizen-Science-Programme ausbauen, Umweltberichte um landschaftsbezogene Indikatoren erweitern und ein System wie die „Flächenstichprobe" zur einer „Wohlbefinden- Stichprobe" ausbauen, z. B. bei der Fortschreibung des Erholungswertes für etablierte Erholungsgebiete und bei UNESCO-Gebieten, die Rechenschaft über Erfolge in den Bereichen Gesundheit und Wohlbefinden sowie Erholungswirkungen ablegen. Potenziale sind außerdem mit der Erweiterung von Umweltbeobachtung bzw. Umwelt-Monitoring um Landschaftsbeobachtung und -Monitoring (Bürger & Dröschmeister, 2001; Herbert, 2003)verbunden.

6.5.5 Perspektive 4: Laufende Berichterstattung

Da die Anwendung der Landschaftskonvention nachhaltiger Entwicklung zuträglich und Landschaftsentwicklung nachhaltig verlaufen soll, ist die Berichterstattung über Fortschritte beim Erreichen angestrebter Landschaftsqualität perspektivisch als Teil der Berichterstattung über Fortschritte nachhaltiger Entwicklung anzusehen. Das Berichtswesen liegt bei Staaten, Regionen, Städte und Gemeinden und andere Gebietskörperschaften. Sie berichten auf verschiedenen Ebenen (vgl. Tab. 6.5) über Fortschritte beim Erreichen von Zielen nationaler Nachhaltigkeitsstrategien, gebietsspezifischer Entwicklungsziele ausgewiesener Modellgebiete sowie lokal vereinbarte Qualitäts- und Entwicklungsziele.

Am Beispiel der Berichtspflichten für die Entwicklung großer Gebiete wird nachfolgend illustriert, wie Politik und Gesellschaft über Fortschritte des Erreichens von Zielen aussagekräftig unterrichtet werden können. Es wird dargestellt, wie Zustände und beobachtete Veränderungen beschrieben, Wirkungen ergriffener Maßnahmen (soweit erkennbar) abgeschätzt und diese insgesamt (auf anzustrebende Ziele hin) bewertet werden. Hierfür liegen Informationen als Zeitreihen über mehrere Jahre vor und ermöglichen Langfristvergleiche und entsprechende Bilanzierungen.

Biosphärenreservate, Geoparks und Welterbestätten (einschließlich Erbe-Landschaften) sind Beispiele der Verbindungen, welche die UNESCO zwischen UN-Nachhaltigkeitszielen und deren praktische Umsetzung herzustellen sucht. Es geht um die Erprobung und gesellschaftliche Verankerung von Nachhaltigkeitszielen im Alltag. In den Modellgebieten ist das Erreichen spezifischer Ziele systematisch und

Tab. 6.5 Bezugsrahmen für Beobachtung von Landschaftsveränderungen und Berichterstattung. (Eigene Zusammenstellung)

Kontexte für Berichterstattung	Ziel-Bezüge für Fortschrittsnachweis	Wertbezüge für Fortschrittsnachweis	Ursache-Wirkung-Abbildung	Messgrößen
Global/national thematisierte Herausforderungen, „Grand Challenges"	Internationale/nationale Strategien, Programme, Instrumente	Internationale Abkommen/Richtlinien, nationales Recht	Generell anwendbare Modelle	Indikatoren, überwiegend quantitativ
Regional/lokal gebietsspezifisch zu behandelnde Probleme und Vorhaben	Regionale/lokale Strategien sowie Schutz-, Management- und Gestaltungsmaßnahmen	Satzungen, Zielvereinbarungen, Zielkonzepte mit LQ-Zielen	Gebiets-spezifische Wirkungsketten	Spezifische Messung, überwiegend qualitativ

regelmäßig nachzuweisen; es besteht regelmäßige Berichtspflicht (10jähriger Turnus). Berichtet wird über Fortschritte beim Erreichen von Zielen nachhaltiger Entwicklung in Bezug auf durchgeführte Maßnahmen, und zwar gestützt durch öffentliche Mitwirkung und unter Berücksichtigung der im Berichtszeitraum nachweisbaren Mehrung von Kenntnissen und Kompetenzen nachhaltigen Gebietsmanagements. Über Fortschritte nachhaltiger Entwicklung zu berichten bedeutet, hierbei nicht nur die drei ‚Säulen' der Nachhaltigkeit gleichgewichtig einfließen zu lassen, sondern vor allem auch die Beachtung von Wirkungen, die heutiges Tun auf Folgegenerationen hat. Im Sinne der Landschaftskonvention müsste in praktischer Umsetzung so etwas wie eine „Generationen-Folgeprüfung" eingerichtet und praktisch gehandhabt werden.

Als Beispiel dient nachfolgend die Berichterstattung über das BR Rhön. Anfang der 1990er Jahre begann in Deutschland der Aufbau eines Sektoren und Medien übergreifenden Umweltbeobachtungssystems (SRU, 1991). Unter anderem wurde 1997 bis 2002 die „Konzeption für eine ökosystemare Umweltbeobachtung" mit Umweltberichterstattung (Haber et al., 1997; Schönthaler et al., 1997) am Beispiel des BR Rhön modellhaft umgesetzt und konkretisiert (Haber et al., 1994). Auftrag der ökosystemaren Umweltbeobachtung und -berichterstattung ist es, global, national und regional als relevant eingestufte „Umweltprobleme" mit Raumbezug „im Ursache-Wirkungszusammenhang zu erfassen und darzustellen" (Schönthaler et al., 2003, S. 69), und regelmäßig über entsprechend verknüpfte Mess- und Beobachtungsergebnisse zu berichten. Um Nachhaltigkeitsziele zu operationalisieren und über Messergebnisse allgemeinverständlich zu berichten, werden als „Grand Challenge" eingestufte Handlungsfelder regionalisiert und durch Indikatoren abgebildet, die Regionsbezug haben (Tab. 6.6). Ein international angestrebtes Ziel ist zum Beispiel, die global zu beobachtende Biodiversität-Abnahme zu verlangsamen und möglichst aufzuhalten. Für die Rhön wird das Handlungsfeld „Biodiversität" über die Bestandsentwicklung von Pflanzen- und Tierarten gemessen, die aus positivistischer Perspektive für Offenlandbiotope spezifisch und repräsentativ sind und auf Veränderungen empfindlich regieren und, in etwa 10jährigen Intervallen stichprobenartig beobachtet, entsprechend deutliche Trendaussagen erlauben. Ergänzend wird über die Entwicklung der mit Gehölz bestockten Flächen berichtet, die sich über digitale Auswertungen von Luftbild-Serien messen lässt (Schönthaler et al., 2003, S. 191–193). Indem das Biosphärenreservat über Bestandsentwicklungen dieser sogenannten „Offenlandarten" und den „Gehölzanteil" berichtet, macht es, auch wenn dies in der Berichterstattung nicht ausdrücklich formuliert wird, zugleich Aussagen über Qualitätsmerkmale, die wichtig für das Erleben und Wahrnehmen der für Rhön-Landschaften spezifischen Weite und Ferne sind, Qualitäten mit denen der Auftritt des BR überregional wirbt, und über die im Rahmen eines Systems wie „Snapshot-for-Science" wahrnehmungsbasiert berichtet werden könnte. Bei den Ursachen für Veränderungen in der Bestandsentwicklung von Arten und Gehölzanteil unterscheidet die Berichterstattung zwischen externen und internen Einflüssen und Kräften (vgl. Abb. 6.2). Externe Einflüsse sind zum Beispiel atmosphärische Stoff-Einträge (z. B. Begünstigung von Pflanzenarten, die von Stickstoff profitieren)

6.5 Nachhaltige Landschaftsentwicklung messen

Tab. 6.6 Allgemeine und gebietsspezifische Anwendung ausgewählter Indikatoren nachhaltiger Entwicklung. (Eigene Darstellung auf der Grundlage von Schönthaler et al., 2003)

UN Agenda 2030 „Leben an Land"	Deut. Nachhaltigkeitsstrategie Indikatoren (Beispiele)	Modellprojekt Rhön Indikatoren (Beispiele)
Ziel-Beispiel Biodiversität-Erhalt: Landökosysteme schützen, wiederherstellen und ihre nachhaltige Nutzung fördern	Artenvielfalt, ausgedrückt durch Punktzahlen auf der Grundlage von Bestandsentwicklungen für 51 ausgewählte Vogelarten, Vorgabe eines bis 2030 zu erreichenden Werts (100 Punkte)	Entwicklung von Rhön-spezifischen Offenland-Ökosystemen und – Landschaften
		Bestandsentwicklung spezifischer „Offenland-Arten" als Indikator für „Offenland"
		Entwicklung der mit Gehölzen bestockten Flächen und deren Auswirkungen auf Ökosysteme, Biozönosen und Landschaften
Ziel-Beispiel Reduzierung atmosphärischer Stickstoffeinträge	Fläche empfindlicher Ökosysteme, bei der als kritisch eingestufte Belastungsgrenzen überschritten werden	Entwicklung der auf Stickstoffeintrag empfindlich reagierenden Pflanzen und Grasland-Ökosysteme als Indikator für "Offenland"

und die Förderbedingungen, die zur Aufgabe der Nutzung ertragsarmer Flächen führen (Zunahme des Gehölzanteils). Interne Einflüsse sind, auf der anderen Seite, im Rahmen des Gebietsmanagements beeinflussbar, etwa durch aktive Gehölzreduzierung als Maßnahme zur Umsetzung des Ziels, Rhönlandschaften offen zu halten. Regional bzw. örtlich ermittelte bzw. gemessene Werte (z. B. Stickstoffeintrag) werden mit politisch relevanten Umweltstandards in Bezug gesetzt (z. B. „Critical Loads" als Maß für die langfristige Schädigung von Ökosystem-Funktionen). Perspektivisch besteht die Möglichkeit, über Landschaft künftig ausdrücklich in der BR-Berichterstattung als eigenen Belang zu berichten und dabei auf „Grenzen akzeptabler Veränderung" als regional vereinbarten Standard Bezug zu nehmen.

Mit Blick auf die Übertragbarkeit und Weiterentwicklung bisheriger Praxis berichten europäische Staaten auf verschiedene Weise über Fortschritte nachhaltiger Entwicklung und über Umweltentwicklung, bei denen sich Anknüpfungspunkte zu Landschaft bieten, wie etwa die *„Coordination of Information on the Environment"* mit dem Projekt „CORINE Land Cover (CLC)" der Europäischen Union zur einheitliche Gewinnung von Daten der Landbedeckung und Landnutzung, sowie deren Auswertung und laufende Dokumentation von Veränderungen (Koordination durch die Europäische Umweltagentur, öffentliche Verfügbarkeit nach Open Data Standards). Aus den CLC-Daten lassen sich materiell-physische Landschaftsinformationen und entsprechende Hinweise auf Landschaftsveränderungen gewinnen. Des Weiteren sei das Übereinkommen über die biologische Vielfalt sowie FFH- und Vogelschutzrichtlinien zu nennen, welches die Berichterstattung über Beobachtungen wildlebender Tier- und Pflanzenarten, Lebensräume und Lebensgemeinschaften und Ökosysteme und Berichterstattung über deren Zustand und Veränderungen adressiert. Aus den Daten lassen sich Hinweise auf belebte Teile menschlicher Umgebung entnehmen, die für landschaftliches Erleben und Wahrnehmen und damit für die Qualität menschlichen Lebens wichtig sind, wie z. B. Beiträge wildlebender Tiere und Pflanzen sowie biologischer Vielfalt zu menschlicher Lebensqualität. Darüber hinaus bestehen Berichte aufgrund von Daten, die über bestimmte Programme, Pläne und Vorhaben und mit diesen verbundenen Umweltwirkungen nach Maßgabe von Umweltprüfungs-Richtlinien der EU gewonnen werden und zur Bereitstellung entsprechender Informationen in öffentlich zugänglichen Umweltberichten und Verfahren dienen. Enthalten sind Landschaft betreffende Informationen, da Landschaft nach EU-Recht Teil von Umwelt ist und zudem Wechselbeziehungen zwischen Landschaft und anderen Umweltbereichen bestehen, allen voran die menschliche Gesundheit (Bezüge zur Umgebungsqualität, Erholung, Luftqualität, usw.), sowie Kulturelles Erbe (Bezüge zu „Kulturlandschaften"), Sachgüter (Bezüge zur materiellen Umgebung), Tiere, Pflanzen und die biologische Vielfalt (Bezüge zur Lebensqualität), usw. In Umweltberichten sind Angaben zur Überwachung bzw. zum Monitoring zu machen, die nach jeweils einschlägigen Vorschriften durchzuführen sind (z. B. nach Wasser-, Immissionsschutz- und Naturschutz-Recht). Die gewonnenen Erkenntnisse sind auf Geltungsbereiche der jeweils zu prüfenden Programme, Pläne und Vorhaben sowie auf bestimmte Zeiträume beschränkt.

Nationale Reglungen über Beobachtungs- und Berichtspflichten in Bezug auf Umwelt, die über internationale Vorgaben hinausgehen und konkrete Anknüpfungspunkte zu Landschaft aufweisen, sind zum Beispiel auf Landschaft unmittelbar gerichtete Beobachtungsprogramme der Landschaftsobservatorien (z. B. Frankreich, vgl. Abschn. 5.6). Die Programme erfüllen Anforderungen an systematische und laufende Berichterstattung; die Beobachtungspunkte sind festgelegt. Daneben existieren gesetzlich verankerte Verpflichtung zur Umweltbeobachtung (zum Teil als Umsetzung von EU-Recht), in Deutschland fachrechtlich näher geregelt, wie z. B. in Gesetzen zum Bodenschutz (§ 19 BBodSchG, Dauerbeobachtung) und Naturschutz (§ 12 BNatSchG, Umweltbeobachtung), Verpflichtungen zum Monitoring gemäß Wasserrahmenrichtlinie, FFG-Richtlinie, u. a. (siehe oben). Aus Ergebnissen der Umweltbeobachtung lassen sich, wie im Beispiel BR Rhön gezeigt (siehe oben), über den Komplex „Naturhaushalt" Hinweise auf belebte Teile menschlicher Umgebung entnehmen, die für landschaftliches Erleben und Wahrnehmen und damit für die Qualität menschlichen Lebens wichtig sind. Solche Hinweise sind auch aus der Wirkungsermittlung und -bewertung zu erwarten (z. B. Monitoring, Erfolgskontrolle).

6.5 Nachhaltige Landschaftsentwicklung messen

In der Europäischen Union zählt Landschaft per EU-rechtlicher Definition zu Umwelt und Länder müssen, wenn sie gemäß Århus-Konvention und Umweltinformationsrichtlinie 2003/4/EG über Umweltentwicklung berichten, Landschaftsentwicklung dabei prinzipiell einschließen. Zum Beispiel sind in Deutschland Ergebnisse der Umweltbeobachtung in „Umweltzustandsberichten" darzustellen (§ 11 Umweltinformationsgesetz). Umwelt ist darin aufzuschlüsseln nach „Umweltbestandteilen wie Luft und Atmosphäre, Wasser, Boden, Landschaft und natürliche Lebensräume …, die Artenvielfalt und ihre Bestandteile, … sowie die Wechselwirkungen zwischen diesen Bestandteilen" (§ 2 (3) Umweltinformationsgesetz). Das Berichtswesen ist nach Verantwortungsbereichen aufgeteilt:

- Das Statistisches Bundesamt (StBA) berichtet mit dem „Indikatorenbericht" zur Deutschen Nachhaltigkeitsstrategie (Statistisches Bundesamt, 2018) über nachhaltige Entwicklung insgesamt.
- Das Umweltbundesamt (UBA) berichtet mit den „Daten zur Umwelt" über die Entwicklung des „Umweltzustands in Deutschland" und nimmt dabei auf Ziele der Nachhaltigkeitsstrategie direkt Bezug, dabei, wie oben erläutert, indirekt auch auf Ziele anzustrebender Landschaftsqualität.
- Das Bundesamt für Naturschutz (BfN) berichtet mit den „Daten zur Natur" über Entwicklungen, die einschlägig in Bezug auf Naturschutzziele sind. Die Berichte nehmen keinen direkten Bezug auf Ziele der Nachhaltigkeitsstrategie und erwähnen Ziele anzustrebender Landschaftsqualität in Bezug auf Naturschutzziele.

Berichterstattung über Fortschritte nachhaltiger Entwicklung im „Indikatorenbericht" nutzen Ergebnisse der Auswertung von Datenreihen zu den Indikatoren der Nachhaltigkeitsstrategie. Hinweise lassen sich hieraus auch auf Landschaftsqualität ziehen, ähnlich wie auf Europäischer Ebene (siehe oben), über Veränderungen von Landbedeckung *(land cover)*. Aus den „Daten zur Umwelt" lassen sich Rückschlüsse auf Landschaft über Veränderungen von Lebensräumen, Lebensgemeinschaften und Ökosystemen ziehen. Beziehen sich „Indikatorenberichte" und „Daten zur Umwelt" direkt auf Ziele nachhaltiger Entwicklung, erwähnt der Bericht des BfN von 2016 die SDGs nicht (Bundesamt für Naturschutz, 2016) und es lassen sich Rückschlüsse auf nachhaltige Entwicklung und Landschaftsentwicklung nur indirekt über „Vielfalt" aktueller Flächennutzung, über „Gefährdung" unter anderem durch „Zerschneidung" (Gharadjedaghi et al., 2004) und über Grade der Abweichung fachlich definierter Referenzzustände ziehen, etwa jener der „Intakten Aue" (Brunotte et al., 2009). Auch die in Umweltprüfungen fortschreibungspflichtiger Programme und Pläne aufzunehmenden Inhalte eignen sich teilweise zur Berichterstattung auch über Landschaft und Wechselbeziehungen zwischen Landschaft und weiteren Belangen.

Die genannten Berichtstypen und darin verwendete Indikatoren erfüllen, mit Ausnahme der Umweltprüfung, Anforderungen an Beobachtungen über lange Zeitreihen durchzuführen und darüber zu berichten, nicht aber die Anforderung Fortschritte beim Erreichen angestrebter Landschaftsqualität mit Bezug auf menschliche Wahrnehmung zu dokumentieren. Künftig auszuschöpfende Potentiale liegen in gegenüber bisheriger Praxis weiterreichender inhaltlicher Auseinandersetzung und Methodenentwicklung, die über eine Anwendung von „Trivialindikatoren" hinausgehen (Hartlik & Machtolf, 2018, S. 167) und spezifische Berichte über spezifische Landschaften enthalten.

6.6 Für Nachhaltige Landschaftsentwicklung lernen

Bildung gilt als zentrale Aufgabe, um Ziele nachhaltiger Entwicklung zu erreichen. Internationale Übereinkunft hierüber wurde während der UN Dekade für Bildung für Nachhaltige Entwicklung (BNE) 2005–2014 erzielt (vgl. Bormann & Haan, 2008). Im Rahmen des UNESCO „Weltaktionsprogramms Bildung für nachhaltige Entwicklung" arbeiten UNESCO und Bildungsministerien weltweit daran, BNE als Beitrag für das Erreichen der Sustainable Development Goals (SDGs) voranzutreiben. Fünf Handlungsfelder des Aktionsprogramms sind Politische Unterstützung, Ganzheitliche Transformation von Lehr- und Lernumgebungen, Kompetenzentwicklung bei Lehrenden und Multiplikatoren, Stärkung und Mobilisierung der Jugend, Förderung nachhaltiger Entwicklung auf lokaler Ebene. Einzelne Staaten setzen das Aktionsprogramm um und binden dabei nicht nur klassische Bildungsinstitutionen, sondern auch städtische Einrichtungen, private und über Verbände organisierte Bildungsträger sowie Wirtschaftsunternehmen ein (vgl. https://www.bne-portal.de/).

Zielen nachhaltiger Entwicklung ist die Landschaftskonvention verpflichtet, so auch mit ihrem Bildungsauftrag. In Artikel 6 Absatz B benennt die Landschaftskonvention Adressaten und Inhalte ihres in Artikel 6 A grundsätzlich an die „Gesellschaft", an „private Organisationen" und an „Behörden" gerichteten Bildungsauftrags. In bisheriger Bildungspraxis sind demensprechend insbesondere „Fachleute für Landschaftsfragen und Landschaftsentwicklung und -gestaltung", „Fachleute aus dem privaten und öffentlichen Sektor", „Verbände" sowie Träger von „Schulunterricht und Hochschulkursen" in Bildung und Schulung aktiv, die sich auf Landschaft beziehen. Laut „Aktionsprogramm Bildung für nachhaltige Entwicklung" sind, um Prinzipien nachhaltiger Entwicklung gerecht zu werden, nicht nur Fachleute, sondern alle Teile der Öffentlichkeit Adressaten einschlägiger Bildungsangebote. In Bezug auf Landschaft geht es dabei nicht nur um Wissens- und Kompetenz-Bildung, sondern auch um Bewusstseins-*Bildung* (vgl. Abschn. 5.4 und 5.5).

Zwei Beispiele illustrieren nachfolgend, wie Vorgaben umzusetzen sind, welche die Konvention zu Lerninhalten macht. Nach Artikel 6 B sind zum einen „landschaftsbezogene Werte", und zum anderen Fragen, die mit Landschaftsschutz, -management, -planung und -entwicklung in Verbindung stehen zu behandeln. Da die Konvention Gewicht auf Grundsätze von Demokratie, Rechtsstaatlichkeit und Nachhaltigkeit legt, kommen entsprechende Inhalte in den Beispielen ebenfalls zum Tragen. Die zwei Beispiele illustrieren darüber hinaus, wie sich die in den voranstehenden Kapiteln herausgearbeiteten Anforderungen an Wissen und Kompetenzen erlernen lassen. Dargestellt werden jeweils Inhalte und Themen, Vorgehensweisen und Methoden, Hinweise zur Übertragbarkeit wie etwa bei den Beispielen Landscape Education and Democracy sowie Interkulturell.real.

6.6.1 Landscape Education for Democracy

Wie kann die Gestaltung der Alltagsumgebung unter aktiver Mitwirkung der Bevölkerung gelingen? Welche Information haben verschiedene Bevölkerungsteile zu Informationen über ihre Umgebung und darüber, wie sie sich solche Informationen beschaffen können? Wo und wie manifestiert sich soziale Ungerechtigkeit in der Alltagsumgebung, und wie lässt sie sich überwinden? Was wäre zu tun, um das Landschaftsbewusstsein in der Bevölkerung zu stärken? Schwierige Fragen, auf die es selten eindeutige Antworten gibt (Fetzer, 2018, S. 147–148). Studierende mit solchen Fragen zu konfrontieren und auf Herausforderungen demokratischer Meinungsbildung und Entscheidungsfindung über Landschaft als Ausdruck menschlicher Umgebung vorzubereiten ist das Ziel des 2015 begonnen ERASMUS + Projekts Landscape Education for Democracy, kurz ‚LED' (Ruggeri, 2019), das mit dem Folgeprojekt LED2LEAP laufend weiterentwickelt wird. Im Rahmen einer Strategischen Partnerschaft arbeiten Lehrende mehrerer Hochschulen[7] daran, ein europäisches Studienangebot zur partizipativen und inklusiven Landschaftsentwicklung zu etablieren und jährlich anzubieten (Ruggeri & Fetzer, 2019). Das Angebot umfasst sechs Themenbereiche:

- Landschaft und Demokratie: Kennenlernen einschlägiger Theorien, Quellen (Literatur, Beispiele, offizielle Handreichungen, usw.), Fallstudien, kulturelle Differenzierung;
- Öffentliche Mitwirkung: Verständnisse von Partizipation, Beteiligungsmethoden und -techniken, Beteiligungs-Dilemmata und Herausforderungen;
- Gesellschaft, Gemeinschaft und Identität: Verständnisse von Identität, Orts- und Gemeinschafts-Gebundenheit und deren räumliche Manifestationen, Verständnisse von Sozial-Kapital und sozialer Vernetzung;
- Gemeinschaft und Gestaltung von Landschaft: Methoden und Techniken (digital und analog) für die Beschaffung und Einordnung von Information, für die Beurteilung der Qualität von Alltagsumgebung und für die partizipative Entwicklung von Vorstellungen über wünschenswerte Qualitätsverbesserungen;
- Kommunikation: Methoden und Techniken gemeinschaftlichen Austauschs über Landschaftsinformation (auch: wie und was nehmen Menschen in ihrer Umgebung wahr?), Landschaftsqualität und Entwicklungsziele (welche Wert- und Wunschvorstellungen

---

[7] Norwegian University of Life Sciences (Koordinator), die Hochschule für Wirtschaft und Umwelt Nürtingen-Geislingen (Koordinationsstelle E-Learning), die Universitäten von Kassel, Budapest und Bologna, sowie das LE:NOTRE Institut.

haben Ortsansässige, Besucher~innen, Fachleute, usw.?), Planung als gemeinschaftlich erzählte Geschichte;
- Praktische Anwendung: Überprüfen von Verständnissen, Theorien, Methoden und Techniken durch Anwendung in einem ausgewählten Gebiet (Dorf, Stadtteil), durch Kennenlernen und Einordnung verschiedener mit der Präsenz von Fachleuten verbundenen Wirkungen auf örtliche Gemeinschaften und deren Denken über die eigene Umgebung.

Diese Themen werden in drei Modulen behandelt, von denen zwei als E-Learning-Angebot für eine globale Teilnehmer~innenschaft zugänglich sind; ein Präsenz-Modul wird in Form einer Summer-School durchgeführt und dient der praktischen Anwendung. Das Projekt LED2LEAP ergänzt als dritte Komponente, dass die Hochschulen fortlaufend in sogenannten ‚Living Labs' mit ihrem Umfeld zusammenarbeiten und dadurch eine größere Wirksamkeit sowohl beim Lernen als auch im Umfeld zu erreichen suchen (z. B. mit Fokus im Urban Gardening: https://landscape-diary.net/buntebeete/blog/).

Die E-Learning-Module bestehen einerseits aus Input- und Diskussionsveranstaltungen und anderseits hiermit inhaltlich verknüpften Tutorials, in denen Studierende in Gruppenarbeit Lösungen für verschiedene Aufgaben erarbeiten und präsentieren (Leistungsnachweise in Form von Wiki Einträgen, Protokollen und Ergebnissen der Gruppenarbeit, Ausarbeitungen über Fallstudien). Studierende lernen eingangs theoretische Grundlagen demokratischer Entscheidung und öffentlicher Mitwirkung kennen. Sie befassen sich sodann mit praktisch für Bewusstseinssteigerung und Beteiligung anwendbaren Methoden, entwickeln Kompetenz im Umgang mit vielschichtigen Prozessen aus Interaktion und Kommunikation mit zahlreichen Beteiligten, und sie sensibilisieren sich dabei zugleich für Fragen, ob und wo sich soziale Ungerechtigkeit im öffentlichen Raum manifestiert. Verschiedene Aufgaben regen zu praktischer Anwendung und Überprüfung von Methoden an, etwa solchen der empirischen Sozialforschung und der Umweltpsychologie.

Absolventen der E-Learning-Module können sich für die internationale Summer-School bewerben, die jährlich wechselnd an verschiedenen Orten stattfindet (Leistungsnachweise in Form von Interviewprotokollen, Landschaftsanalysen und mit Teilen der Bevölkerung gemeinsam erarbeiteten Vorschlägen für die Entwicklung der Alltagsumgebung). Studierende entwickeln und testen in enger Kooperation mit Bewohnerschaft, Kommunalvertretung und anderen Akteuren der Zivilgesellschaft verschiedene Mitwirkungsmodelle, einschließlich Methoden partizipativer Landschaftsanalyse (vgl. Abb. 6.6). Sie arbeiten in kleinen Gruppen an verschiedenen Fragestellungen und tauschen sich laufend über Fortschritte aus. Ergebnisse sind öffentlich verfügbar, und was „gemeinsam gelernt" wurde, wird öffentlich diskutiert und, demokratisch gedacht, mit Transferleistung wieder zurück in die Bevölkerung gespiegelt, in ‚Living Labs' weitergeführt.

6.6 Für Nachhaltige Landschaftsentwicklung lernen

Abb. 6.6 Studierende im „Go-along Interview" mit Schulkindern und ihren Eltern (Eigene Aufnahme)

6.6.2 Interkulturell.real für eine situationssensible Planung

Kulturelle gesellschaftliche Vielfalt prägen das Erleben und Konstruieren von Landschaft zunehmend. Kulturell bedingte Präferenzen und Vorstellungen, gemeinschaftliche und zugleich unterschiedliche Nutzungen und mit räumlicher Umgebung verbundene Assoziationen bestimmen darüber, was einzelnen Menschen zum Beispiel Pflanzen und Bauten, Wald- und Gewerbegebiete und anderes in der Umgebung Wahrgenommenes bedeuten (Bruns, 2016b; Bruns & Münderlein, 2017). Landschafts-Bildung und – Forschung müssen sich die Frage stellen, welche Chancen, Herausforderungen und Konflikte mit zunehmender Vielfalt verbunden sind (vgl. Kost & Petrow, 2021). „Interkulturalität" ist Teil gesellschaftlicher Realität; in sozialen Strukturen sind verschiedene wechselseitig miteinander im Austausch stehende Kulturen auszumachen (Dietz, 2018). Interkulturalität in der Realität alltäglicher Raumnutzung verstehen und Erkenntnisse planerisch umzusetzen ist Ansatz von „Interkulturell.real" (Bruns & Paech, 2015). Nachfolgend wird beispielhaft dargestellt, wie das Konzept „Interkulturell.real" für die Planung und Entwicklung kulturell vielfältiger städtischer Räume nutzbar zu machen ist. Studierende des Fachbereichs ASL (Architektur, Stadtplanung, Landschaftsplanung) der Universität Kassel haben dieses Konzept angewendet und erprobt, um sich mit seiner Hilfe auf komplexe

Situationen sensibel einstellen zu können (dazu auch: Bruns, 2021). Der Begriff „*situationssensibel*" findet sich in pädagogischen Wissensgebieten und hier zum Beispiel in der so genannten „Ermöglichungsdidaktik" (Schüßler, 2012, S. 145). Wie Lehrende sind Planerinnen und Planer mit der Aufgabe befasst, verschiedenste Bedingungen und Sichtweisen *situationssensibel* zu erkennen, darauf einzugehen und weitere anzubieten, dabei zu beobachten, wie Beteiligte auf Angebote reagieren, sodass Prozesse nicht blockiert, sondern weiterentwickelt werden.

Das ASL-Studium (seit 1971) in Kassel folgt didaktischen Prinzipien der Verbindung von Wissenschaft und Berufspraxis, so auch im Rahmen des Projektstudiums. Die Universität ist in der Nähe von Stadtteilen wie ‚Nordstadt' und ‚Rothenditmold' verortet, die sich mit ihrer großen gesellschaftlichen Vielfalt als beispielhaft „Interkulturell.real" bezeichnen lassen. Hier fanden zwischen 2010 und 2018 mehrere studentische Projekte statt, jeweils beginnend mit einer Situations-, Akteurs- und Stadtteilanalyse und dann bis hin zur Ausarbeitung planerischer Konzept und teilweise auch realisierbare Planungs- und Gestaltungsvorschläge. Verschiedene Methoden kamen zur Anwendung und wurden dabei an jeweils spezifische Situationen angepasst:

- Situationsanalyse: Erweiterung der Methoden klassischer Analyse (vgl. Gilgen, 2006), zunächst um Akteure und Gruppen zu identifizieren und für eine Zusammenarbeit zu gewinnen.
- Landschaftswissen durch Einklinken in tägliche Abläufe gewinnen: Informationen werden in Begleitung von Bewegungen, die im Alltag üblich sind gesammelt, wie zum Beispiel beim Gehen (Schulweg, Einkaufsweg, usw.). Methoden kommen zur Anwendung, die sich unter dem Begriff „Go-Along" zusammenfassen lassen (vgl. Abb. 6.6) (Evans & Jones, 2011; Münderlein, 2020, S. 176–178).
- Während sich Informationen bei-„läufig" verdichten, wird zugleich Vertrauen aufgebaut und auf dieser Basis lässt sich Aufschluss über Erfahrungen und Bewertungen räumlicher Umgebung gewinnen, sowie, was in Bezug auf Interkulturalität wichtig ist, auch über In-Besitznahme öffentlichen Raums durch verschiedene Personen (-gruppen) und durch kultur-spezifische Arten und Formen (Kühl, 2016; Tolia-Kelly, 2010).
- Analyse sozialer, räumlicher, funktionaler und gestalterischer Entwicklung. Zum Beispiel werden häufig genutzte Aufenthaltsorte und Wegstrecke kartographisch dokumentiert und räumlich mit der Lage von Wohnungen der Befragten in Beziehung gesetzt.
- Beurteilung: Verdeutlichen, welche Personen welche Areale nutzen und warum sie dies tun, Probleme und Potenziale erkennen, etwa welches Lieblingsorte und welche Hass-Orte sind, usw.

6.6.3 Übertragbarkeit, Strukturen und Ressourcen

Strukturen, didaktische Prinzipien und Lerninhalte dargestellter Beispiele lassen sich in Lehrpläne weiterführender Schulen und Studienpläne von Hochschulstudiengänge integrieren. An Fachbereichen, wo das LED-Angebot im Rahmen des LED-Projekts regelmäßig durchgeführt wird, können sich Teilnehmerinnen und Teilnehmer nachgewiesene Leistungen im Rahmen von Wahlpflicht-Modulen oder wahlfreien Modulen anerkennen lassen. Im Rahmen einer Akkreditierung von Studiengängen oder einer Studienreform lässt LED sich als zwei- oder dreiteiliges Modul in Hochschul-Curricula aufnehmen. Ähnliches gilt für Studienpläne sowie für Lehrpläne höherer Schulen. Ein Projekt wie Interkulturell.real lässt sich im Rahmen aller Studiengänge und Lehrpläne aufnehmen, die einen etwa 12 ECTS (oder Äquivalent) umfassendes Projekt-Modul beinhalten. Gute Erfahrungen konnten damit gemacht werden, für die Durchführung eines Projekts etwa vier Stunden pro Wochentag im Laufe einer 12-wöchigen Laufzeit vorzusehen.

Um Lerninhalte anzubieten, die mit Landschaft im Sinne der Landschaftskonvention verbunden sind, müssen entsprechende Ressourcen vorhanden sein. Enge Verbindungen von Theorie und Praxis als Lernkonzept vorausgesetzt, sind folgende Kompetenzen erforderlich wie Kenntnisse in Theorie und Praxis räumlicher Entwicklung, einschließlich öffentlicher Verwaltung und Entscheidungsfindung, Kenntnisse über und Erfahrungen mit Demokratie und Rechtsstaatlichkeit, einschließlich Politik, Recht und Rechtsprechung, Wissensgebiete, die sich mit menschlicher Wahrnehmung und Erleben sowie mit der Entwicklung menschlicher Wertvorstellungen befassen, einschließlich Mensch-Umwelt-Beziehungen (z. B. Umweltpsychologie) sowie gemeinschaftlicher und gesellschaftlicher Dimensionen (z. B. Stadt- und Regionalsoziologie).

Lernen inhaltlich konsekutiv aufzubauen bedeutet nicht nur, fortgeschrittenes Lernen auf einen soliden Sockel aus Grundlagenwissen und grundlegenden Kompetenzen zu setzen. Dies bedeutet auch, Lernende schrittweise für Landschaft und das Erleben und Wahrnehmen von Landschaft zu sensibilisieren, also für das, was Menschen alltäglich in Bezug auf ihre Umgebung tun. Es reicht nicht, Methoden kennen zu lernen mit deren Hilfe Landschaftswissen eruiert werden kann. Eine eigenes Landschafts-Bewusstsein zu entwickeln ist Voraussetzung für situationssensibles Handeln. Dieses Einstimmen auf alltägliches Landschaftserleben beginnt zum Beispiel in Kassel am Fachbereich ASL als fester Teil von Modulen der Anfangssemester. Mit eigenen Sinnen die Umgebung wahrnehmen bedeutet, Farben sehen, Luft fühlen, Geräusche hören, Düfte riechen, usw. Studierende setzen ihre Wahrnehmungen in Bild, sowohl als Panorama also auch im Detail. Sie drücken wahrgenommene Empfindungen (die z. B. ein singender Vogel oder ein nah vorbeifahrendes Auto auslösen) zeichnerisch in Skizzen aus, einer Methode, die zum Standardrepertoire von Landschaftsarchitekt~innen gehört (Bell, 2018, S. 210–214). Sie nutzen Piktogramme um zu visualisieren, wie sich „Untergrund anfühlt" (Mengel et al., 2018, S. 182–187). Sie messen ihr Wohlbefinden vor und nach dem

Besuch einer Parkanlage, und bereiten sich damit auf die Anwendung von Mess- und Bewertungsmethoden vor.

Auch wenn Expert~innen „offiziell" fachlich argumentieren, wenn sie zum Beispiel mit Statistiken argumentieren, die Klima- oder Biodiversitätswandel belegen, so nehmen sie Landschaften zugleich immer auch als Menschen wahr. Teil von Bildung für Nachhaltige Entwicklung sollte sein offenzulegen, wie Fachleute, ihrer Spezialkenntnis ungeachtet, auch Zugehörigkeit, Neugier, Ruhe, und vieles mehr zu empfinden. Auch bei der eigenen Berufswahl mögen emotionale Erlebnisse eine Rolle spielen. Gesellschaftlich thematisierte Ereignisse wie Insektensterben und Dürresommer bedürfen rationaler Antworten, aber ohne die emotionalen Wirkungen solcher Ereignisse zu kennen, wird es keine politischen Mehrheiten für die Umsetzung von Maßnahmen geben können. Kunst, Kultur, Wirtschaft und Finanzwesen sind wichtige Partner bei der Lösung großer Herausforderungen.

6.7 Fazit

Anhand von Beispielen wird illustriert, dass es über bisher übliche Inhalte und Lernformen hinaus gelingen kann, Methoden zu erlernen mit denen sich Landschaftswissen generieren lässt, das fachliches Wissen ergänzt. Es wird möglich, Wissen über Landschaft, Demokratie und Nachhaltigkeit zusammenführen und integriert zu vermitteln (vgl. Howard et al., 2013). Bildungsressorts und Bildungsträger können stärker als bisher darauf hinarbeiten, demokratische und rechtsstaatliche Prinzipien sowie daraus abgeleitete Praxis-Methoden zu Lernzielen zu erklären und dementsprechende Inhalte in Lehrprogramme aufnehmen. Didaktische Prinzipien sind Theorie und Praxis verbinden, learning by doing, eigene Sensibilisierung durch Landschaftsbeobachtung/-erleben oder auch die Vorbereitung auf Arbeiten in multikulturell wahrgenommene Landschaften, Inter-/transkulturelles Lernen.

Erfahrungs- und Methodenaustausch soll im Rahmen europäischer Bildungszusammenarbeit und mit Blick auf freien Austausch von Personen und Dienstleistungen gestärkt werden. Träger Europäische Zusammenarbeit in Bezug auf Bildung im Sinne der Landschaftskonvention sind unter anderem das European Council of Landscape Architecture Schools (ECLAS) und das European Network of Universities for the Implementation of the European Landscape Convention (UNICSCAPE). Beide gehören zu den Nichtregierungsorganisationen, die den Europarat bei der Umsetzung der Landschaftskonvention beraten. Sie veranstalten Tagungen und geben Publikationen zu Bildungsthemen heraus (z. B. Gao & Egoz, 2019).

7 Fazit und Ausblick: Zukünfte der Europäischen Landschaftskonvention

7.1 Einordnung in den Kontext aktueller gesellschaftlicher Entwicklungen

Die Europäische Landschaftskonvention kann in weiten Teilen als postmodernes Dokument gelten: Dies gilt zunächst einmal für ihr Verständnis von Landschaft, das sowohl positivistische wie konstruktivistische Züge trägt, bisweilen deutet die Wortwahl auch auf gewisse Residuen eines essentialistischen Verständnisses hin. Es entsteht eine Uneindeutigkeit, wie sie für einen postmodernen Zugriff auf Welt typisch ist. Daneben wird die moderne Planungshierarchie durch ein Verständnis eines Umganges mit Landschaft ersetzt, das eher auf postmoderne netzwerkartige Strukturen von Personen mit unterschiedlichen Zugängen zu und Bedürfnissen an Landschaften ausgerichtet ist, Politiker~innen, Planer~innen, Interessierte, Bürger~innen etc. (Allmendinger, 2000), ein Wandel des Verständnisses von landschaftsbezogener Politik und Administration, der unter dem Bedeutungsgewinn von ‚Governance' zusammengefasst werden kann. Auch die Differenzierung zwischen Exerpert~innen und Lai~innen im Kontext der ELC, etwa durch den Bedeutungsgewinn durch *Citizen Science,* lässt sich als Übergang zu einer Wissensproduktion im Modus 2 interpretieren und damit in Postmodernisierungsprozesse einordnen.

Neben diesen Aspekten, die auf postmoderne Einflüsse hindeuten, finden sich in der Konvention jedoch auch Elemente modernistischer Weltsicht: etwa in der starken Bedeutung der Kognition gegenüber dem Ästhetischen und dem Emotionalen. Auch die repräsentationale Subjekt-Objekt-Spaltung kann als Element eines solchen modernistischen Denkens gelten. Hier hat sich der Stand der landschaftsbezogenen Wissenschaftstheorien seit Inkrafttreten der Konvention weiterentwickelt.

Die Errungenschaften der ELC in Bezug auf Perspektivenvielfalt und Mitwirkungsmöglichkeiten sind jedoch (zumindest potenziell) durch eine zunehmende gesellschaftliche Sehnsucht nach Eindeutigkeit und klaren Strukturen in Gefahr (Bauer, 2018). Gerade im Kontext der unterschiedlichen kulturellen, sozialen und individuellen Konstruktion von Landschaft, der Verschiedenartigkeit von symbolischen Besetzungen, ästhetischen Zuschreibungen und emotionalen Zuwendungen bedeutet Ambiguitätsintoleranz den Verlust an Vielfalt an Weltdeutungen und damit eine Verarmung der ‚Wirklichkeit'.

7.2 Stärkung der Konvention durch Benchmarking

Bei den Vorbereitungen für die Europäische Landschaftskonvention betont der KGRE (Empfehlung Nr. 40 im Protokoll des Treffens vom 27.05.1998), dass dieser völkerrechtliche Vertrag ein starkes Instrument und dessen Durchsetzung systematisch überwacht werden soll. Der erste Entwurf der Konvention (der dem KGRE am 27.05.1998 vorgelegt wurde), sieht die Einrichtung eines „europäischen Landschaftskomitees" vor, das als Überwachungsinstanz auf juristischer und politischer Ebene über Anwendung, Umsetzung und Wirkungen der Konvention regelmäßig Bericht erstattet. Hierzu ist es nicht gekommen.

Überwachung und Monitoring sind umstrittene Themen. So zeigte sich zum Beispiel die deutsche Delegation kurz vor der Verabschiedung des Vertragstexts skeptisch gegenüber der Einrichtung einer supranationalen Instanz und macht den Vorschlag, die Rolle der Beobachtung der Konventionsanwendung vorhandenen Strukturen des Europarats zu überlassen (Arbeitsgruppen-Protokoll vom 15.05.2000). Im Vertragstext wird Überwachung durch *„monitoring"* ersetzt. Die französischsprachige Fassung der Konvention verwendet in Artikel 10 den Passus *„Suivi de la mise en oeuvre"*, was im Sinne von „Verfolgung" oder „Begleitung" zu verstehen ist. Diese Aufgabe wahrzunehmen obliegt den für Landschaft zuständigen Stellen des Europarats. Eine Bündelung des Berichtswesens nimmt der Europarat auf der Webseite der Landschaftskonvention vor. Das hier angesiedelte Informationssystem „CoE L6" dient als *„Landscape Observatory"* (nicht zu verwechseln mit den der Landschaftsbeobachtung dienenden *„observatoires du paysage"*) und damit als Instrument der Beobachtung der Konventionsanwendung in Europa. Hier legen Vertragsstaaten Informationen über die Umsetzung allgemeiner und spezifischer Maßnahmen ab. Da keine Berichtspflicht besteht, sind Informationen lückenhaft. Engagierte Ländervertreter~innen berichten über politische und administrative Aktivitäten, sowie über Aktivitäten ihrer Regionen und Kommunen. Dagegen fehlen Informationen von und über Länder, deren Vertreter~innen wenig engagiert sind. Die Nutzung des *Observatory* als Quelle für Beispiele (etwa für vorliegendes Buch), die sich als Referenz für Best Practice eignen, ist bei aller Lückenhaftigkeit grundsätzlich möglich. Eine Stärkung der Landschaftskonvention im Sinne eines „starken Instruments" geht von dem Ablagesystem dagegen kaum aus.

7.2 Stärkung der Konvention durch Benchmarking

Das Observatory böte die Grundlage für ein Benchmarking. Treten Vertragspartner in offenen Wettbewerb miteinander, liegt hier die Chance, die ursprüngliche Idee aufzunehmen, die Konvention durch Beobachtung und Berichterstattung als starkes Instrument zu entwickeln. Hierfür müsste der ursprüngliche Vorschlag des KGRE wieder aufgegriffen werden, das Berichtswesen verpflichtend zu machen, um sodann die Berichte sowohl inhaltlich als auch hinsichtlich der Fortschreibung zu systematisieren und in einen kontinuierlichen Prozess des Vergleichens erzielter Fortschritte zu überführen (siehe dazu auch Novellierungsvorschlag in Abschn. 7.5). Verzichtbar ist dabei, was Ende der 1990er Jahre vor allem föderal organisierte Länder abgelehnt hatten, nämlich die Errichtung einer mit Überwachungsaufgaben-betrauten supranational tätigen Institution. In ihre Stelle kann die Nutzung des *Observatory* ergänzt um ein fortschreibungsfähiges Benchmarking treten, also eine vergleichende Bewertung von Erfolgen bei der Konventionsanwendung. Beobachtungsaufgaben gehen dadurch von einer zentral und autark arbeitenden Stelle auf ein interaktiv nutzbares und von allen Staaten gemeinsam betriebenes und sich mit jedem neuen Eintrag weiterentwickelnden System über. An diesem müssten sich auch föderal strukturierte Länder engagiert beteiligen wollen, bliebe doch jede lokale und regionale Souveränität gewahrt, und alle Beteiligten könnten sich miteinander im offenen Wettbewerb messen, wüssten jederzeit, wo sie sich selber mit ihren eigenen Anwendungsfortschritten einordnen können. Länder wie Deutschland könnten zum Beispiel genauer darlegen was es bedeutet, wenn das Bundesumweltministerium verlauten lässt (Bundesministerium für Umwelt et al., 2007), die Bundesrepublik Deutschland wende die inhaltlichen Regelungen Konvention auch ohne Ratifizierung an (vgl. dazu Czybulka, 2007)[1] und von sachverständiger Seite der Hinweis gegeben wird, Deutschland über Vorbildfunktion im Umgang mit Landschaft aus, gehöre es doch zu den Ländern „mit einem weit ausgestalteten, etablierten Instrumentarium hinsichtlich des Umganges mit Landschaft" (Deutscher Bundestag, 2004, S. 39, Punkt 3,4). Auch einzelne Projektträger könnten sich mit ihren Leistungen präsentieren, etwa solchen die sich ausdrücklich auf die Landschaftskonvention beziehen und sie selbst in Ländern zur Anwendung bringen, die keine Vertragspartner sind.

Mit einem flexibel handhabbaren Konventions-Monitoring rückt die Mitwirkung der Vertragsstaaten und einzelner Projektträger gegenüber den Aktivitäten der für Landschaft zuständigen Organe in den Vordergrund. Letzteren obläge es, die im *Observatory* abgelegte Angaben in eine jährliche Berichterstattung zu überführen. Hiermit eröffnet sich die Möglichkeit, Fortschritte bei der Anwendung und Umsetzung der Konvention in transparenter Weise zu dokumentieren (Vertragsstaaten bleibt anheimgestellt, Serien eigener Fortschrittsberichte aufzulegen). Die bisher auf Jahreskonferenzen vorgestellten und diskutierten Berichte des Europarats lassen sich um die Funktion eines auf Benchmarking-Ergebnissen basierenden Fortschrittsberichts erweitern. Analog zu Berichten über Fortschritte beim Erreichen von Zielen nachhaltiger Entwicklung können auch

---

[1] Der untersucht, ob die Ratifizierung tatsächlich überflüssig ist.

für die Darstellung von Fortschritten der Konventionsumsetzung aussagekräftige Indikatoren eingesetzt werden. Als Vergleichsmaßstab dient die Einordnung erreichter Leistungen, etwa von Maßnahmenwirkungen, von Mitwirkungsgraden, von Vorbildfunktion usw., aufgetragen auf einer Ordinalskala. Indikatoren können auf den Maßgaben aufbauen, die bei der Vergabe des Landschaftspreises herangezogen werden, ergänzt um Merkmale guten Landschaftshandelns, auf die Vertragsstaaten sich gemeinsam einigen.

Das System dient über Fortschrittsmessung hinaus auch der Intensivierung Europäischer Zusammenarbeit in Landschaftsangelegenheiten und erfüllt so einer der zwei zentralen Ziele der Konvention. Von gemeinsamem Interesse ist zum Beispiel der Austausch über Gesetze und Regelungen sowie über Ideen dazu, wie Recht, Verlautbarungen von Verwaltungen und laufende Rechtsprechung und Verwaltungsentscheidungen das Landschaftshandeln jeweils prägen und wie erfolgreich und wirksam sie sind. Bereits Praxis ist, dass Vertragsstaaten über gute Beispiele zu spezifischen Maßnahmen berichten. Mit guten Beispielen aufzuwarten bietet Anreiz über diese als gute Vorbilder zu berichten, an Konferenzen, Tagungen, Workshops und Länderseminaren teilzunehmen, Ergebnisse in Zeitschriften zu veröffentlichen, Referenztexte bereitzustellen und bisher regional in Landessprachen verfasste Schriften allgemein verfügbar zu machen (etwa Anleitungen von Ministerien zur Umsetzung spezifischer Maßnahmen).

7.3 Stärkung der Ziel- und Maßnahmenplanung als geregeltes Verfahren

Der Vertragstext macht Angaben zur Bestimmung von Landschaftsqualitäts-Zielen und von Maßnahmen zur Umsetzung der Ziele. Ergänzend haben Vertragsstaaten eigene Verfahrensvorgaben herausgegeben. Verbindliche Regeln in die Konvention selbst aufzunehmen wäre daher sinnvoll. Als Orientierungshilfe hierfür können aussagekräftig formulierte Regeln wie zum Beispiel europäische Richtlinien zur Durchführung von Umweltprüfungen dienen (vgl. Artikel 2 der SUP-Richtlinie). Sie enthalten Vorgaben zur Berichterstattung im Rahmen festgelegter Verfahrensabläufe:

- Ausarbeitung eines Berichts, darin darzustellende Informationen, zeitlichen Vorgaben wann der Bericht zu erstellen, bereitzustellen und zu berücksichtigen ist;
- Festlegung von Umfang und Detaillierungsgrad der im Bericht aufzunehmenden Informationen (in der Praxis als *Scoping* eingeführt);
- Gewinnung der im Bericht darzustellenden Informationen;
- Durchführung von Konsultationen, Festlegung von Fristen, Einbeziehen von Behörden und Öffentlichkeit (einschließlich der Definition des Begriffs „Öffentlichkeit");
- Berücksichtigung des Berichts und der Konsultationsergebnisse bei Entscheidungen;

7.3 Stärkung der Ziel- und Maßnahmenplanung als geregeltes Verfahren

- Unterrichtung der Behörden und der Öffentlichkeit über Entscheidungen, einschließlich der Begründungen und dabei herangezogener Informationen, sowie Angaben zum Monitoring;
- Monitoring der weiteren Entwicklungen (hier der Umweltwirkungen), Feststellen unerwünschter Entwicklungen, Hinweise auf Abhilfemaßnahmen.

Auf Verfahren für Ziel- und Maßnahmenplanungen im Sinne der Landschaftskonvention übertragen, können folgende Vorschläge aufgenommen werden:

- Vorlage eines fortschreibungsfähigen Berichts mit Informationen über Landschaftszustand und -entwicklung, Landschaftsqualitäts-Zielen und Schutz-, Management- und Entwicklungsmaßnahmen;
- Parlamentarische Entscheidung über die Festlegung von Umfang und Detaillierungsgrad der in den Bericht aufzunehmenden Informationen;
- Gewinnung der im Bericht darzustellenden Informationen im Rahmen öffentlicher Mitwirkung durchzuführender Arbeitspakete wie Landschaftsanalyse, Ziel- und Maßnahmenplanung;
- Öffentliche Mitwirkung durch Einbeziehen von Behörden und Teilen der Öffentlichkeit, die für Landschaft Verantwortung tragen;
- Berücksichtigung des Berichts und der Konsultationsergebnisse bei Entscheidungen über die künftige Entwicklung aufgrund spezifischer Angaben über anzustrebende Ziele;
- Unterrichtung der Behörden und der Öffentlichkeit über Entscheidungen, einschließlich der Begründungen und dabei herangezogener Informationen, sowie Angaben zum Monitoring;
- Monitoring der weiteren Entwicklungen (hier der Umweltwirkungen), Feststellen unerwünschter Entwicklungen, Hinweise auf Abhilfemaßnahmen.

Eine Landschaftsanalyse umfasst die Identifikation, Beschreibung und Bewertung von Landschaften. Bei der Durchführung kommen, wie im Beispiel *Plan de paysage* von Blois, partizipative Formen dieser Aktivitäten zur Anwendung (vgl. Abschn. 2.4 und 5.8). Für eine zusammenhängende Darstellung der Ergebnisse lässt sich folgende Gliederung empfehlen:

- Identifikation (in den offiziellen Fassungen der Konvention *„identification"*) und Beschreibung:
  - Beschreibung der spezifischen Beschaffenheit einer bestimmten Landschaft;
  - Dokumentation der Ergebnisse (z. B. als Landschaftsinventarisierung, Landschaftskataster, Landschaftsatlas, u. ä.);
- Analyse (in den offiziellen Fassungen *„to analyse"; „à anayliser"*):

- Untersuchung der identifizierten Landschaft auf der Grundlage beschriebener und dokumentierter Beschaffenheit;
- Untersuchung von Landschafts-Veränderungen („to take note of changes"; suivre les transformations"), einschließlich der Landschaftsveränderungen auslösender Kräfte („forces and pressures transforming them"; „les dynamiques et les pressions qui les modifient");
- Herausarbeiten von Zusammenhänge zwischen natürlichen und durch Menschen in Gang gesetzte Veränderungen („the action and interaction of natural and/or human factors; „l'action de facteurs naturels et/ou humains et de leurs interrelations").
- Beurteilung (in den offiziellen Fassungen *„to assess", x", „à qualifier"*):
  - Abschätzung von Wirkungen, die mit gegenwärtigen, absehbaren und/oder geplanten Veränderungen zusammenhängen können (im Sinne einer Diagnose), zum Beispiel durch wertenden Vergleich planerisch aufgestellter Entwicklungs-Szenarien;
  - Zuschreibung von Werten zu Landschaften und Landschaftsbeschaffenheit ausmachende Merkmalen aufgrund von Wertvorstellungen verschiedener an der Landschaft spezifisch interessierter Personen und Gruppen.

Die Ergebnisse der Landschaftsanalyse sind grundlegend für die Vorbereitung von Landschaftspolitik und der Umsetzung entsprechender Maßnahmen. Die jeweils zu ergreifenden Maßnahmen sind an der spezifischen Beschaffenheit einzelner Landschaften und den für spezifische Landschaften politisch vereinbarten Zielen auszurichten (Déjeant-Pons, 2007, S. 19). Landschaften sind dementsprechend zielgemäß zu planen und zu schützen, zu managen und zu entwickeln, also auf der Grundlage jener Werte, die ihnen im öffentlichen Mitwirkungsprozess zugeordnet werden (Büttner, 2008, S. 221–223). LQ-Ziele beziehen sich auf Ergebnisse der Analyse, sowie auf Ergebnisse der Landschaftsbeurteilung und der Beobachtung von Landschaftsveränderungen bzw. des Monitorings durchgeführter Maßnahmen. Zu beachten ist, dass Landschaftsbeobachtungen sich sowohl auf historische, sowie auf gegenwärtig ablaufende Veränderungen beziehen, während ein Monitoring sich (einer Erfolgskontrolle vergleichbar) auf die Veränderungen bezieht, die durch Umsetzung planmäßig durchgeführter Maßnahmen eintreten. Für die Verwirklichung von Zielen sind geeignete Maßnahmen zu benennen, insbesondere zu Schutz, Management und Entwicklung von Landschaften. Es sind Handlungen für die Umsetzung von Maßnahmen vorzuschlagen, wie der Einsatz von Instrumenten, die Gestaltung von Gebieten, usw.

7.4 Forschung und Entwicklung durch Konventionsanwendung

Im Laufe 20jähriger Konventionsanwendung offengebliebene, durch Forschung zu adressierende Fragen wurden jeweils am Ende der Kap. 2 bis 6 angesprochen. Weitere Landschaft und die Landschaftskonvention berührende Themen benennt das Science

Policy Briefing der European Science Foundation (2010), sowie auch das Rahmenprogramm ‚Horizon Europe'. Einige Themen werden nachfolgend beispielhaft dargestellt. Bisher aus unterschiedlichen Perspektiven heraus betriebene „Landschaftsforschung" stellt Bezüge zur Konvention zwar gelegentlich her, rücken sie aber selten in den Mittelpunkt (vgl. zum Beispiel Themen und Felder der Landschaftsforschung in Kühne et al., 2019a, b). Auch Titel von Artikeln einschlägiger wissenschaftlicher Journale, allen voran *Landscape Research,* lassen erkennen, wie die Zahl verschiedener auf Landschaft bezogenen Studien insgesamt zunimmt, deren Ergebnisse und Erkenntnisse *für* die Konventionsanwendung fruchtbar zu machen sind, aber selten von Studien *über* die Konvention und noch seltener von solchen berichtet wird deren Ansatz es ist, *durch* Konventionsanwendung zu Erkenntnissen zu gelangen. Ähnlich fällt das Ergebnis bei einer Durchsicht von Forschungs- und Entwicklungsbedarfen aus, die verschiedene Autor~innen in Fachbüchern und Fachzeitschriften benennen (Meijering et al., 2015; van den Brink et al., 2017). Um Erkenntnisse zu gewinnen, die der Konventionsentwicklung unmittelbar dient, muss die künftige Forschungsperspektive die Landschaftskonvention und ihre Anwendung in den Blick nehmen.

7.4.1 Forschung für und über Konventionsanwendung

Der KGRE hatte Ende der 1990er Jahre Studien gezielt *für* die Konvention und deren Vorbereitung beauftragt, wie insbesondere Untersuchungen zu landschaftspolitischen, -administrativen und -rechtlichen Handelns in Europäischen Länder (vgl. Abschn. 4.3, siehe auch Prieur, 1997, Teil I, D). Untersuchungen zur Ratifizierung der Konvention durch einzelne Länder sind ebenfalls in die Kategorie der Studien für die Konvention einzuordnen (z. B. Czybulka, 2007). Für die Konventionsanwendung weiterführende Kenntnisse bringen auch vergleichende sprachliche Untersuchungen (vgl. Abschn. 3.2), grundlegende Wahrnehmungsforschung, Untersuchungen zu Ortsbindung und -identität usw. hervor.

Das Spektrum bisheriger Untersuchungen *über* die Landschaftskonvention reicht von Analysen mit ihr verbundener Potenziale (Déjeant-Pons, 2006; Jeschke & Mandl, 2012; Jones, 2007; Landschaftsverband Rheinland, 2007; Stöglehner & Schmidt, 2007), Einordnungen in nationale Rechtsrahmen (z. B. Kemper, 2010, 2015) und die Ableitung konkreter Handlungsempfehlungen (Bruns, 2006, 2015) bis hin zu kritischen Bestandsaufnahmen (Atmanagara, 2015; Kühn & Danielzyk, 2006; Scott, 2011). Publikationen über Konventionsanwendungen beziehen sich häufig auf Praxisfälle in verschiedenen Ländern (vgl. Jones, 2007; Jørgensen et al., 2016). Vergleiche ausgewählter Fälle praktischer Konventionsanwendung erweisen sich als fruchtbarer Forschungsansatz und in der Zusammenschau mehrerer Beispiele erschließen sich nützliche Erkenntnisse für die Praxis (vgl. dazu Leconte, 2019).

Da die Konventionsanwendung auf Freiwilligkeit beruht, ist für die Weiterentwicklung der Konvention und ihrer Anwendung wichtig zu wissen, welche Anlässe und Herausforderungen verschiedene Akteure zum Landschaftshandeln motivieren. In Einzelfällen sind dies, wie gezeigt werden konnte, mit Landschaft verbundene regionale Entwicklungsperspektiven und Landschaft verändernde Projekte, wie zum Beispiel bauliche und infrastrukturelle Vorhaben. Landschaft ist im Einzelfall als Träger verschiedener Interessen anzusehen, die zu landschaftsspezifischen Auseinandersetzungen führen. Wenn das Wissen über Landschaft bei verschiedenen Akteuren unterschiedlich ausgebildet ist, sind auch die zu Landschaftshandeln führenden Motivationen unterschiedlich (für Frankreich vgl. Cabrit et al., 2017). Die weiterführende Frage ist, vor welchem Hintergrund gesellschaftlicher Themen und Herausforderungen diese Auseinandersetzungen stattfinden und welche nicht nur orts- und fallspezifischen, sondern grundsätzlichen zu Landschaftshandeln führende Motivationen hiermit zusammenhängen. Diese Frage stellt sich ausgehend von der Annahme, dass gesellschaftliche Herausforderungen wie beispielsweise Demografischer Wandel, Klimawandel und Energiewende (z. B. Green Deal der EU) als Treiber staatlichen, regionalen und örtlichen Landschaftshandelns anzusehen sind. Als politische, rechtliche und administrative Reaktion auf Zusammenhänge zwischen ökologischer und Landschaftlicher Vielfalt regelt beispielsweise Frankreich landschaftliche Belange seit 2016 nicht mehr in einem eigenen Landschaftsgesetz, sondern im Rahmen eines Gesetzes über Biodiversität. Der vorrangig gesellschaftliche und kulturelle Ansatz der Europäischen Landschaftskonvention wird vor dem Hintergrund von Klima- und Biodiversitätswandel durch einen ökologischen Ansatz ergänzt (Leconte, 2019).

7.4.2 Forschung durch Konventionsanwendung

Studien, die *durch* Anwendung der Konvention zu Erkenntnissen zu gelangen, setzen bei Handlungen an, die verschiedene Akteure vor Herausforderungen stellt: Politik und Verwaltung stehen vor der Frage, wie unbestimmte Begriffe der Konvention praktisch handhabbar gemacht werden können, so etwa „Wahrnehmung", „Charakter", „Qualität", „Essentiell", „Identität", usw. Projektmanager interessieren Antworten auf die Frage, wie verschiedene Arbeitspakete der Landschaftsanalyse auf eine möglichst breite Basis gestellt werden können, etwa durch ehrenamtliches Engagement im Sinne von Citizen Science (vgl. Stegmann, 2014). Auch Verfahrensmanager suchen nach Möglichkeiten, die Zahl der bei Landschaftsanalyse und -entwicklung mitwirkenden Personen zu vergrößern, etwa durch Nutzung internetbasierter Ressourcen (wie Participatory GIS oder Soziale Medien), und fragen danach wie verlässlich und valide entsprechende Beiträge sind (Stemmer, 2016; Theile, 2018). Für Verfahrens- und Projektmanager sind Kenntnisse darüber wichtig, welche Einflüsse verschiedene Akteure als Persönlichkeiten aufgrund ihrer Position, Ausbildung und Praxiserfahrung auf Landschaftshandeln haben (Leconte, 2019).

7.4 Forschung und Entwicklung durch Konventionsanwendung

Ansatzpunkte für Forschung und Entwicklung *durch* Anwendung der Landschaftskonvention seien im Folgenden beispielhaft aufgeführt und nachfolgend erläutert:

- Handhabung unbestimmter Begriffe der Landschaftskonvention, neben Landschaft auch Qualität, Charakter und Identität
- Rolle der Grundsätze und Prinzipien nachhaltiger Entwicklung in Bezug auf Landschaft im Rahmen praktischer Konventions-Anwendung.
- Grundeinstellungen verschiedener Akteure in Bezug auf die Anwendung demokratischer Prinzipien beim Umgang mit Landschaft, und die hierbei relevanten Wertvorstellungen.
- Verfahren der Entscheidungsvorbereitung, -findung und -umsetzung in Bezug auf Landschaft.
- Konzepte und Methoden der Beobachtung und Beurteilung von Landschaftsveränderung.
- Konzepte und Methoden zur Messung und Berichterstattung über das Erreichen erstrebenswerter Ziele.

7.4.3 Theorien, Herangehensweisen, Methoden

Bei Studien durch praktische Konventionsanwendung stellt sich als konzeptuelle Ausgangsfrage, wie der Begriff von Landschaft als *„essenzieller Teil der Qualität menschlicher Umgebung"* zu handhaben und inhaltlich zu füllen ist. In Abhängigkeit von menschlicher Wahrnehmung sind *„essenziell"* und *„Qualität"* (sowie *„Charakter"* und *„Identität"*) schwer zu handhabende Größen. Sie lassen sich, etwa im Vergleich zu Wirtschafts- oder Ökosystemen, nicht ohne Weiteres als „Elemente" systemischer Modelle verstehen und dann über „Funktionen" und „Leistungen" operationalisieren (Ansatz des Ökosystemdienstleistungskonzepts; siehe kritisch hierzu Kirchhoff, 2019; Kühne & Duttmann, 2019). Konstruktivistische Konzepte eigenen sich dagegen als Grundlage für Forschung durch praktische Konventionsanwendung. Auf dieser theoretischen Grundlage lässt sich zum Beispiel prüfen, wie weit Anforderungen nach Messbarkeit menschlichen (insbesondere emotionalen) Erlebens und Wahrnehmens von Landschaft entsprochen werden kann, durchzuführen womöglich im „Freilandlabor" (vgl. ‚Living Labs' im LED-Projekt) und außerhalb kontrollierter Laborbedingungen. Beziehungen zwischen naturwissenschaftlichem „Messen" bestimmter Umweltphänomene und dem sozialwissenschaftlichen „Messen" des Wahrnehmens und Erlebens solcher Phänomene sind zu berücksichtigen, wie beispielsweise zwischen gemessener und gefühlter Temperatur (vgl. Lenzholzer, 2015).

Geht es um die Frage, wie spezifische Qualitätsangaben für Gebiete überschaubarer Größe zu machen sind, werden Fallstudien durchzuführen und keine von einer Landschaft auf andere übertragbare Ergebnisse zu erwarten sein. Vielmehr sind Methoden zu entwickeln die erlauben, für spezifische Landschaften „räumlich-lokales Wissen freizulegen" (Münderlein, 2020, S. 220). Ansatzpunkte bieten Vorgehensweisen, den Blick auf bestimmte Aspekte dessen zu fokussieren, was Menschen in ihrer Umgebung wahrnehmen und wertschätzen. Anwendungsrelevante Aspekte lassen sich allgemein zum Beispiel mittels „Erholungswert" (z. B. Grebe, 2018, S. 84–85) oder im Begriff des „guten Lebens" ausdrücken (Gebhard & Kistemann, 2016a). Besonderen Bezügen zwischen Lebensgeschichte, räumliche Wahrnehmung und damit verbundene Alltagsroutinen nachzuspüren, erfordert biografische Zugänge. Ansatzpunkte hierfür bieten kommunikative im Rahmen von Partizipations- und Aktionsforschung erprobte Methoden. Beispiele sind Kombinationen aus Interview und Geo-Tracking und Kombinationen aus „Go-Along", Fotografie und Bild-Kommentierung (Münderlein et al., 2019). Durch ihren individuellen Zuschnitt bringen solche Methoden Voraussetzungen auch dafür mit, auf kulturelle gesellschaftliche Vielfalt einzugehen, die das Erleben und Wahrnehmen von Landschaft prägen. Kulturell bedingte Präferenzen und Vorstellungen, gemeinschaftliche und zugleich unterschiedliche Nutzungen und mit räumlicher Umgebung verbundene Assoziationen bestimmen darüber, was einzelnen Menschen zum Beispiel Pflanzen und Bauten, Wald- und Gewerbegebiete und anderes in der Umgebung Wahrgenommenes bedeuten (Bruns, 2016b; Bruns & Münderlein, 2017). Die zu wählenden Methoden müssen zudem in der Lage sein zu eruieren, wie Landschaftsbeurteilungen sich auf Transformation als Teil von Landschaft einzustellen vermögen, einschließlich der Wertvorstellungen über Landschaft die ihrerseits laufenden Veränderungen unterworfen sind. Die Methoden sollten hinsichtlich Landschaftsbewusstsein erweiterbar sein und es erlauben besser zu verstehen, wie das Erleben und Wahrnehmen von Qualitätsveränderungen in der räumlichen und sozialen Umgebung mit der Ausbildung von Landschaftsbewusstsein zusammenhängen.

Geht es um Fragen, die mit dem Begriff Identität zusammenhängen, müssen Zugänge gewählt werden, die erlauben einmal den Europäischen Zusammenhang und zum anderen lokale Zusammenhänge aufzuschlüsseln, die mit spezifischen Landschaften verbunden sind. Zu untersuchen sind sowohl eine Außensicht *auf* Landschaft als Teil Europäischer Identität, eine Sicht die besonders im Erbe-Begriff kulminiert, als auch die Sicht der Leute vor Ort („… so, wie von Menschen wahrgenommen"), die mit Begriffen wie z. B. Ortsbindung und (besonders) im deutschsprachigen Raum auch Heimat verknüpft sind (vgl. Hülz et al., 2019; Kühne et al., 2014; Kühne & Spellerberg, 2010). Die Forschungspraxis steht vor der Herausforderung der Operationalisierung von Identität als schier „unermessliche" Größe. Bisherige wissenschaftliche Zugänge sind einmal theoretische Befassungen (z. B. Ipsen, 1994; Weichhart, 1990) und Untersuchungen einschlägiger Begriffe (z. B. Seidenspinner, 2006), sodann Untersuchungen (etwa am Beispiel von Erbelandschaften) zur Unterscheidung von (statischen) Außen- und (dynamischen) Binnensichten (Kloos, 2014), zwischen Image und Identität (Zimmermann, 2009), zwischen Wertschöpfung und

Alltagsleben (Linz, 2017), sowie einzelne Fallstudien (z. B. Dix, 2002; Flender et al., 2001). Erheblicher Forschungsbedarf besteht an Methodenentwicklung für die Handhabung der Begriffe Identität, Ortsverbundenheit, Ortsbindung und Landschaft in Bezug auf Erinnerung, Erleben und Wahrnehmen (Bruns & Münderlein, 2019).

Die in Abschn. 6.5 dargestellten Beispiele verdeutlichen, dass Ergebnisse aus kleinräumig dichtem Landschaftserleben und -wahrnehmen nicht auf regionale und überregionale Maßstäbe hochskaliert werden können. Die forschungspraktische Frage ist daher, wie aus lokalen Anwendungen heraus gewonnene Erkenntnisse herangezogen werden können, um im Rahmen nationaler Landschaftspolitik für große Bezugsgebiete verwendete Indikatoren zu substantiieren, die hinsichtlich Auswahl und Inhalt bisher weniger auf validem Wissen und mehr auf (mehr oder weniger plausiblen) Annahmen beruhen.

Die Befähigung größerer Bevölkerungsteile im Sinne *civil science* einen eigenständigen Beitrag zu landschaftsbezogener Forschung zu leisten, schien – durchaus zeittypisch, denn die Landschaftskonvention wurde um die Jahrtausendwende verhandelt – als nicht relevant betrachtet worden zu sein. Doch gerade ist dieses Wissen der Zivilgesellschaft (die damit nicht allein Ziel von ‚Wertvermittlungsbemühungen' würde) im Zuge der Bildungsexpansion seit den 1960er Jahren (Dahrendorf, 1968a) kontinuierlich gewachsen und kann – wie empirische Studien nahelegen (Stemmer, 2016; Stemmer & Bruns, 2017) – als wichtiger landschaftsbezogener Forschung angesehen werden.

Forschung und Entwicklung können dazu beitragen, das Ziel der Konvention umzusetzen, europäische Zusammenarbeit in Landschaftsangelegenheit zu fördern. Bei Aufbau, Strukturierung und Durchführung grenzüberschreitender Forschung und Entwicklung kann auf Erfahrungen und Vorarbeiten aus europäisch geförderten Projekten zurückgegriffen werden, neben individueller Förderung insbesondere im Rahmen von HORIZON und COST, aber zum Beispiel auch grenzüberschreitende durch ERDF-Projekte und geförderte Vorhaben im Rahmen von INTERREG.

Diese Ausführungen zur Forschung über, mit und für die Konventions*anwendung* verdeutlichen wiederum auf die Produktion von Wissen im Modus 2: Nicht (reine) Grundlagenwissenschaft wird betrieben, sondern häufig zweckgerichtete Forschung zur Anwendung der Konvention.

7.5 Novellierung der Landschaftskonvention

Erkenntnisse aus Untersuchungen zu Begriffsdefinitionen, Regeln und Handlungsprogramm, bisheriger Konventionsanwendung, sowie zu Überlegungen noch auszuschöpfender Anwendungspotentiale legen die Novellierung der Konvention nahe. Im Sinne einer stärkeren Wirkung gilt es, den Vertrag mit wirksamen Normen zu stärken. Unbestimmte sind durch eindeutige Begriffe zu ersetzen und Regeln größerer Durchschlagskraft aufzunehmen. Denn, so zeigt sich in 20jähriger Anwendungspraxis, bisher ist die Landschaftskonvention, im Vergleich etwa mit „harten" Grenz- und Richtwerten oder verbindlichen Vorschriften ausgestatteten Gesetzen, ein „zahnloser Tiger". Praktiker~innen tendieren dazu, unbestimmte Begriffe an eigene Bedürfnisse anzupassen und die Substanz der Konvention für ihre jeweiligen Aufgabenbereiche so zu formen, dass sie in vorhandene Strukturen und die Anwendung von Regeln in eingeübte Traditionen passen. Dem gegenüber steht jedoch eine zunehmende Pluralisierung von Welt, der nur so nur schwer Rechnung getragen werden kann. Das Beispiel der deutschsprachigen Fassung des Vertragstexts illustriert, wie einzelne Begriffe und Regeln der Konvention durch Formulierungen ersetzt werden können, die im Anwendungsland etablierte Konzepte und Vorgehensweisen spiegeln, und wie solch weitreichende Interpretation zu mehr oder weniger großen Abweichungen von Ziel, Zweck und Aufgabenbestimmung der Konvention führen kann.

Ziel- und Zweckbestimmung des Vertragswerks müssen klarer voneinander unterscheidbar und dementsprechend präziser formuliert werden. Die Konvention muss verbindlich anzuwendende Verfahrensregeln aufnehmen. Zusammenfassend sind folgende Präzisierungsvorschläge zu diskutieren:

- *Definition Landschaft*
- *Ziele und Zweck*
- *Geltungsbereich*
- *Verfahrensregeln*
- *Beobachtung der Konventionsanwendung*

Jede Vertragspartei oder die in Artikel 10 der Konvention genannten Sachverständigenausschüsse können Vorschläge zur Novellierung der Konvention unterbreiten (Artikel 17). Vorschläge werden fachlich geprüft und, je nach Empfehlung, durch das Ministerkomitee des Europarats genehmigt oder abgelehnt, und zwar mit Zustimmung der Vertragsstaaten. Ein genehmigter Wortlaut geht den Vertragsparteien zur Annahme zu und tritt bei Erreichen der hinreichenden Zahl an Ratifikationen als Zusatz-Protokoll und Änderung der Konvention in Kraft. Für die Anwendung des Novellierungsverfahrens liegt ein Präzedenzfall vor. Gemäß Artikel 17 wurde 2016 unter der Kennziffer CETS Nr. 219 ein Novellierungsvorschlag gemacht. Der Vorschlag wurde geprüft und diskutiert, das Verfahren bisher aber nicht abgeschlossen. Ziel des angestrebten Zusatz-Protokolls ist die Förderung der europäischen Zusammenarbeit mit außereuropäischen Staaten, die die Konventions-Bestimmungen durch ihren Beitritt umsetzen wollen (Council of Europe, 2016b). Nach Inkrafttreten würde die Konvention umbenannt in „Council of Europe Landscape Convention". Weitere Änderungen betreffen Wortlaute, mit denen von der europäischen auf die globale Ebene abgehoben wird. So würde etwa in der Präambel nach dem fünften Absatz die Bedeutung von Landschaft als Teil der Qualität menschlichen Lebens durch den Passus „importance of the landscape at global level as an essential component of human being's surroundings" hervorgehoben.

7.5.1 Definition von Landschaft in der Landschaftskonvention

Landschaft ist der zentrale ‚Gegenstand', auf den sich alle allgemeinen und spezifischen Handlungsaufträge der Konvention richten. Ihre Landschaftsdefinition ist in sich teilweise widersprüchlich und eröffnet weitreichende Interpretationsspielräume (vgl. Abschn. 3.5). Bei einer Begriffsneufassung ist der Verpflichtung zu entsprechen, die *Vielfalt verschiedener Landschaftsauffassungen* zu respektieren. Von den Sprachen Europas sind einige als Amts- und Arbeitssprachen anerkannt (24 allein in der Europäischen Union). Es gibt wenige verbindliche von den beiden offiziellen Vertragsfassungen ausgehende Übersetzungen der Konvention in weitere Landessprachen; der Europarat hat auf seiner Webseite 43 „inoffizielle" sprachliche Fassungen der Landschaftskonvention publiziert. Manche Vertragsstaaten haben die Landschafts-Definition der Konvention in eigenes Recht übernommen. Sie haben Landschaft zum Teil in eigenen Verfassungen (insgesamt 10), und zum Teil fachgesetzlich kodifiziert. Nicht erkennbar ist, ob und wie eingehende Prüfungen vorgenommen wurden, wie das was in der Landschaftskonvention unter Landschaft verstanden wird, in einzelnen Sprachen am besten zum Ausdruck kommt. Eine Konsequenz aus dieser Praxis ist, dass die Landschaftsdefinition der Konvention selber so präzise formuliert sein muss, dass sie bei Übersetzungen möglichst wenige Bedeutungsverluste erleidet. Zweckdienlich hierfür ist, so wenig unbestimmte Rechtsbegriffe wie möglich zu verwenden, denn jeder dieser Begriffe bieten, wenn er in praktischer Anwendung inhaltlich gefüllt wird, großen Interpretationsspielraum. So wird in verschiedenen Regionen Unterschiedliches verstanden, wenn von Areal, Territorium, Charakter und Merkmal die Rede ist.

Die Vielfalt der Sprachen und Dialekte ist Teil der kulturellen Vielfalt Europas und damit auch Teil der Vielfalt seiner Landschaften und deren je eigenen Spezifika. In Anerkennung kultureller und sprachlicher Verschiedenartigkeit empfiehlt sich bei der Begriffsneufassung folgende Schritte zu unternehmen: So sollte eine Überarbeitung der Definition von Landschaft vorgenommen werden, bei der in Abschn. 3.5 aufgezeigten sprachlichen und inhaltlichen Inkonsistenzen aufgelöst werden. Des Weiteren sollte die Veröffentlichung der überarbeiteten Landschafts-Definition in allen Sprachen Europas, mit inhaltlicher Erläuterung erfolgen, bei gleichzeitiger Prüfung dessen, wie das was in der Landschaftskonvention unter Landschaft (und anderen Begriffen) verstanden wird in einzelnen Sprachen Europas am besten zum Ausdruck kommt. Auch die Konkretisierung der Landschafts-Definition in Landesverfassungen oder in inhaltlich einschlägigem Recht der Vertragsstaaten, ebenfalls mit inhaltlichen Erläuterungen wäre ein anzugehender Punkt (Konkretisierungen könnten auf Ergebnissen von Untersuchungen über Mehrheitsauffassung aufbauen). Die offiziellen Landschafts-Definitionen sollten bei offiziellem Verwaltungshandeln angewandt werden, indem sich etwa Inhalte von Landschaftsinventaren, Landschaftsbeobachtungen, Landschaftsplanungen, usw. auf diese Definitionen widerspruchsfrei beziehen, ebenso wie die Nutzung offizieller Landschafts-Definitionen in Fach- bzw. Rechtsurteilen.

Aktuelle Entwicklung wie Internationalisierung von Gesellschaften (Zu- und Abwanderung, kulturelle und sprachliche Verschiebungen) und sonstige gesellschaftliche Herausforderungen machen laufende Anpassungen von Landschafts-Definitionen erforderlich. Denn früher wurde unter Landschaft etwas Anderes verstanden als heute, weiterer Verständniswandel ist zu erwarten (nicht zuletzt auch aufgrund der Umsetzung der Landschaftskonvention), Alltags- und Elitendiskurse prägen unterschiedliche und sich laufend wandelnde Auffassungen.

7.5.2 Ziele und Zweck der Landschaftskonvention präzisieren

Ziele der Konvention sind gemäß Artikel 1c, 3, 5 und 6D die Förderung und Organisation von Handlungen, und zwar a) die *Förderung* von Schutz, Management, Planung und Entwicklung von Landschaften; sowie b) die *Organisation* europäischer Zusammenarbeit in Angelegenheiten, die mit Landschaft zu tun haben. Ziele sind nicht, wie in der Anwendungspraxis häufig angenommen wird, die Handlungen selbst. Die Novellierung ist schon deswegen angeraten, um solchen Missverständnissen vorzubeugen.

Die Handlungen dienen dem Zweck, *Landschaft als Teil der Qualität menschlichen Lebens* (Präambel) und als *wesentlicher Bestandteil des Lebensraums der Menschen, Ausdruck der Vielfalt ihres gemeinsamen Kultur- und Naturerbes und als Grundlage ihrer Identität* (Art. 5, a.) zu erhalten und zu sichern. Die *„Qualität und Vielfalt Europäischer Landschaften"* stellen ein Gemeinschaftsgut *(„common resource")* dar, und es ist wichtig hinsichtlich ihres Schutzes, ihres Managements und ihrer Planung und Entwicklung in Europa zusammenzuarbeiten (Präambel).

Bei der Novellierung sind Ziel und Zweck der Konvention zu präzisieren: Zum einen ist die *Zweckbestimmung* und zentrale Aufgabe der Konvention, Landschaft als Teil der Qualität menschlichen Lebens und als Bestandteil des Lebensraums der Menschen, sowie als europäisches Gemeinschaftsgut zu erhalten und zu sichern. Zum anderen ist das *Ziel* der Konvention die Förderung von Handlungen, die ihrem Zweck und der Erfüllung ihrer zentralen Aufgabe dienen; diese Handlungen umfassen das Schützen, Managen, Planen und Entwickeln von Landschaften, sowie alle hierfür Rahmen und Grundlagen schaffende politische, rechtliche, administrative und sonstige Handlungen. In diesem Zusammenhang sind auch Zuständigkeiten zu präzisieren und insbesondere klarzustellen, dass Erhaltung und Sicherung der Qualität menschlichen Lebens Teil der Daseinsvorsorge sind. Für das deutsche BVerfG ist Daseinsvorsorge eine Leistung, *„derer der Bürger zur Sicherung einer menschenwürdigen Existenz unumgänglich bedarf"* (BVerfG, 1984). Aufgaben allgemeiner Daseinsvorsorge liegen im Verantwortungs- und Zuständigkeitsbereich verschiedener staatlicher und vor allem kommunaler Stellen und gehören hier zum Kernbereich der Selbstverwaltung. Nicht die Gesamtaufgabe, sondern allenfalls Teilaufgaben können, nach entsprechender Zuweisung, auch Fachbehörden oder kommunalen Betrieben übertragen werden.

7.5.3 Geltungsbereich

Der Geltungsbereich der Europäische Landschaftskonvention erstreckt sich umfassend auf alle Landschaften. Interpretationsspielraum bietet einmal der Hinweis, dass Vertragsstaaten innerhalb ihrer Staatsgrenzen gesonderte Regeln erlassen können (Artikel 15). Zum anderen lassen die Aufzählungen der Konvention Fragen zu, etwa dazu was „natürliche, ländliche, städtische und verstädterte Gebiete" jeweils sind, wozu der Hinweis auf „Landflächen, Binnengewässer und Meeresgebiete" dient, sowie dazu welche „Landschaften, als außergewöhnlich" zu betrachten sind, und warum, ebenso welche als alltäglich zu bezeichnen oder was eine *„degradierte* Landschaft" ist (Artikel 2).

Eine eindeutige Formulierung bedarf keiner Erläuterungen und Einschränkungen, so dass die beispielhaften Aufzählungen verzichtbar sind. Bestimmter als in der vorliegenden Fassung ist eine Formulierung, nach der sich die Konvention auf alle Landschaften bezieht, und zwar „in Anerkennung dessen, dass Landschaft überall einen wichtigen Teil menschlicher Lebensqualität darstellt" (Präambel der ELK).

Interpretationsspielraum bezüglich des Geltungsbereichs bietet auch die Vorgabe der Konvention, nach der Landschaft überall ein „essentieller Teil menschlicher Umgebung" ist (Art. 5 a). Vertragsstaaten könnten, mit Verweis auf unbestimmte Begriffe wie „essentiell" und „Umgebung", Abweichungen von der umfassenden Geltung der Konvention begründen. Durch Forschung und Entwicklung ist der Frage nachzugehen, wie die mit der Zweckbestimmung der Konvention konsistente Vorgabe, praktisch zu interpretieren ist, wie also der Begriff „essentieller Teil" in Bezug auf „Qualität menschlicher Umgebung" aufzufassen ist.

7.5.4 Verfahrensregeln ergänzen

Präziser als in der vorliegenden Fassung sind die Verfahren darzustellen, nach denen die mit der Konvention definierten Handlungen durchzuführen sind. Anhaltspunkte hierfür bieten Formulierungen Europäischer Richtlinien zur Durchführung von Umweltprüfungen (vgl. Abschn. 7.3). Die Konvention kann vergleichbare Verfahrensregeln aufnehmen. In der vorliegenden Fassung zählt der Vertragstext eine Reihe spezifischer Maßnahmen in Form eines Drehbuchs auf, die sich zur Formulierung einzuhaltender Vorgehensweisen eignen. Diese Formulierungen können sich inhaltlich am Beispiel Frankreichs orientieren, wo das Landschaftsgesetz klare Vorgaben in Form von „Arbeitspaketen" insbesondere für Landschaftsbeobachtung und Landschaftsplanung macht (Vgl. Abschn. 2.4).

Aussagekräftig formulierte Verfahrensvorgaben enthalten zum Beispiel europäische Richtlinien zur Durchführung von Umweltprüfungen, die auf die Durchführung von Handlungen gemäß Landschaftskonvention übertragbar sind und bei der Novellierung sinngemäß aufgenommen werden können (vgl. Abschn. 7.3):

- Inhaltliche Vorgaben bei der Durchführung „Spezifischer Maßnahmen"
- Verfahrens-Vorgaben bei der Durchführung „Spezifischer Maßnahmen", einschließlich des Monitorings landschaftlicher Entwicklungen;
- Definition des Begriffs „Öffentlichkeit".

Als Aufgabe verbleibt, Regeln für öffentliche Mitwirkung bei Landschaftsbeobachtung und für die Bestimmung von Landschaftsqualität-Ziele n zu präzisieren.

7.6   Schlussbemerkung

Die Europäische Landschaftskonvention stellt gegenüber den bis zu ihrer Entstehung geltenden Vorstellungen von Landschaft und dem planerischen Umgang mit ihren physischen Grundlagen einen wesentlichen Fortschritt dar: Einerseits begreift sie Landschaft (auch) als soziales Konstrukt, andererseits fordert sie die Integration der Bevölkerung in den Planungsprozess. Mit diesen Innovationen hat sie in großen Teilen Europas den Umgang mit Landschaft grundlegend gewandelt. Aus heutiger Perspektive wirkt jedoch das, was vor rund 20 Jahren hochaktuell und innovativ erschien bereits als ‚state of the art', umfangreiche Bürgerbeteiligungen (auch über das hinaus, was die Konvention nahelegt) gehören zur Planungspraxis, *Citizen Science* ist im Begriff, sich als Teil der Landschaftsforschung zu etablieren. Diesen Entwicklungen könnte eine Aktualisierung der Konvention Rechnung tragen, gleiches gilt auch für ein Überdenken der landschaftstheoretischen Grundposition, die aktuell essentialistische, positivistische und konstruktivistische Ansätze vereinigt und durch diese Unspezifität eine Wirkung in weiten Teilen der landschaftsbezogenen Wissenschaften erschwert. Eine Aktualisierung scheint auch angesichts einer stärkeren Offenheit für die Veränderlichkeit gesellschaftlicher Landschaftsvorstellungen wie auch gegenüber unterschiedlichen Perspektiven nötig, ‚Bevölkerung' besteht (wenn sie es denn je getan hat), nicht aus einer einheitlichen und konturlosen Masse, die mit ‚Werten' beaufschlagt werden kann, um dann den Deutungsmustern der Landschaftsexpert~innen zu folgen, sondern weist einen hohen Grad an Differenzierung auf und besteht aus unterschiedlich intensiv interessierten, betroffenen und informierten Individuen mit der Fähigkeit zur Selbstorganisation zur Erreichung der eigenen Ziele.

Überlegungen zur weiteren Entwicklung der Europäischen Landschaftskonvention gehen vom Konzept des Landschaftshandelns aus (Leconte, 2019). Landschaftshandeln umfasst ‚schützen' (Landschaften erhalten und pflegen), ‚managen' (Landschaften erhalten und nachhaltig entwickeln) und ‚planen' (Landschaften aufwerten, wiederherstellen, gestalten). Den Anspruch auf menschenwürdige Landschaft mit dem Grundrecht auf öffentliche Bestimmung ihrer Qualität in einem Vertrag zu regeln, bleibt auch bei Weiterentwicklungen der Landschaftskonvention oberste Maxime. Was und wie etwas zu erhalten, zu pflegen, zu entwickeln, aufzuwerten, wiederherzustellen und zu gestalten ist, muss Gegenstand öffentlicher Verhandlung und Aushandlung sein. Respekt gilt allen, die

7.6 Schlussbemerkung

sich dabei einbringen. Bisher weist die Konvention staatlichen Stellen beispielsweise in Artikel 1 Abs. b eine herausragende Stellung zu (vgl. Abschn. 4.5). ‚Landschaftspolitik' definiert sie hier als „von den zuständigen staatlichen Stellen formulierte allgemeine Grundsätze, Strategien und Leitlinien, auf Grund deren spezifische Maßnahmen zum Schutz, zur Pflege und zur Planung von Landschaften ergriffen werden können". Künftig muss klargestellt werden, wie die öffentliche Mitwirkung in diesem und anderen Handlungsfeldern konzipiert werden soll. Dies gilt auch für die Abfassung der sprachlich verschiedenen Fassungen. So ist zu präzisieren, wie zum Beispiel die Formulierung von Landschaftsqualitäts-Zielen erfolgen soll und wie dabei die „Ansprüche der Öffentlichkeit an die Landschaftsmerkmale ihrer Umgebung" (Artikel 1 c der inoffiziellen deutschsprachigen Fassung der Konvention) einfließen.

Die Beherrschung abstrakter Ideen wie Religion, Staat, Recht und Raum sind grundlegend, um gemeinsam komplexe Handlungen zu vollziehen und erfolgreich verschiedene Formen der Sozialintegration zu entwickeln und zu festigen (Harari, 2018). Landschaft ist eine abstrakte Idee, die Menschen Mittel- und Nordeuropas vor rund 800 Jahren entwickelten, um damit das Gebiet zu bezeichnen, in dem sie gemeinsam leben, sich zusammengehörig fühlen und nach eigenen Vorstellungen und Regeln handeln. Diese Idee von Landschaft greift die Landschaftskonvention auf, indem sie die Bedeutung von Landschaft als Raum gemeinsamen Handelns und gemeinsamer Zugehörigkeit hervorhebt. Sie fasst Landschaft als „wesentlichen Bestandteil des Lebensraums der Menschen" auf, als „Ausdruck der Vielfalt ihres gemeinsamen Kultur- und Naturerbes und als Grundlage ihrer Identität" auf (Art. 5 a). Sie betont (in der Präambel) die enge Verbindung von Landschaft und der „Herausbildung lokaler Kulturen" und dem Streben „nach aktiver Beteiligung an der Landschaftsentwicklung". Sie verweist auf Europäische Prinzipien von Demokratie, Rechtsstaatlichkeit und Menschenrechten. Für die Anwendung und Entwicklung der Landschaftskonvention an erster Stelle steht nach wie vor das Ziel „Wir wollen mehr Demokratie wagen" (Regierungserklärung von Willy Brandt, 1969) im Sinne von Mitverantwortung und Engagement der Bevölkerung zu verwirklichen.

Wer könnte sich diesem Ziel nicht anschließen wollen? Während der ersten Konferenzen, die der Europarat seit Inkrafttreten der Konvention ausrichtet, melden sich unter anderem auch die Vertreter~innen Deutschlands (Michael von Webisky) und Österreichs (Arthur Spiegler) zu Wort. Am 22 November 2002 heben sie die große Bedeutung der Landschaftskonvention hervor und berichten über Fortschritte, die ihre Länder bereits gemacht haben, um die Konvention zu zeichnen und zu ratifizieren (Council of Europe, 2011, S. 9). Diese Schritte sind Formsache, denn die Praxis setzt Ziel, Zweck und Maßnahmen der Konvention in allen Ländern Europas längst um.

Anhang

A.1 Deutsche Fassung[1]

Europäisches Landschaftsübereinkommen[2]
Florence, 20.X.2000
Nichtamtliche Übersetzung

Präambel
Die Mitgliedstaaten des Europarats, die dieses Übereinkommen unterzeichnen –

in der Erwägung, dass es das Ziel des Europarats ist, eine engere Verbindung zwischen seinen Mitgliedern herbeizuführen, um die Ideale und Grundsätze, die ihr gemeinsames Erbe bilden, zu wahren und zu fördern, und dass dieses Ziel insbesondere durch den Abschluss von Übereinkünften auf wirtschaftlichem und sozialem Gebiet verfolgt wird;

in dem Wunsch, eine nachhaltige Entwicklung ausgehend von einem ausgewogenen und harmonischen Verhältnis zwischen gesellschaftlichen Bedürfnissen, wirtschaftlicher Tätigkeit und der Umwelt zu erreichen;

in der Erkenntnis, dass die Landschaft auf kulturellem, ökologischem, umweltpolitischem und gesellschaftlichem Gebiet im öffentlichen Interesse eine wichtige Rolle spielt und eine die wirtschaftliche Tätigkeit begünstigende Ressource darstellt, deren Schutz, Pflege und Gestaltung zur Schaffung von Arbeitsplätzen beitragen können;

in dem Bewusstsein, dass die Landschaft zur Herausbildung der lokalen Kulturen beiträgt und dass sie ein Grundbestandteil des europäischen Natur- und Kulturerbes ist und somit zum Wohlergehen der Menschen und zur Festigung der europäischen Identität beiträgt;

---

[1] https://rm.coe.int/1680080621, zuletzt abgerufen am 13.04.2021.
[2] Der Vertrag von Lissabon zur Änderung des Vertrags über die Europäische Union und des Vertrags zur Gründung der Europäischen Gemeinschaft in Kraft am 1. Dezember 2009 in Kraft. Als Konsequenz ab diesem Zeitpunkt gilt jede Bezugnahme auf die Europäische Wirtschaftsgemeinschaft die Europäische Union zu lesen.

in Anerkenntnis der Tatsache, dass die Landschaft überall ein wichtiger Bestandteil der Lebensqualität der Menschen ist: in städtischen Gebieten und auf dem Land, in geschädigten Gebieten wie auch in Gebieten, die von hoher Qualität sind, in besonders schönen Gebieten wie auch in gewöhnlichen Gebieten;

in Anbetracht dessen, dass die Entwicklungen im Bereich der Landwirtschaft, der Forstwirtschaft, der industriellen und bergbaulichen Produktionstechniken, der Regionalplanung, der Städteplanung, des Verkehrswesens, der Infrastruktur, des Tourismus und der Freizeit sowie, ganz allgemein, weltwirtschaftliche Veränderungen in vielen Fällen die Umwandlung von Landschaften beschleunigen;

bemüht, dem Wunsch der Öffentlichkeit nach qualitativ hochwertigen Landschaften und nach aktiver Beteiligung an der Entwicklung von Landschaften zu entsprechen;

in der Überzeugung, dass die Landschaft ein wesentlicher Bestandteil des Wohlergehens des Einzelnen und der Gesellschaft ist und dass ihr Schutz, ihre Pflege und ihre Gestaltung Rechte und Pflichten für jedermann mit sich bringen;

unter Berücksichtigung der vorhandenen völkerrechtlichen Übereinkünfte im Bereich des Schutzes und der Pflege des Natur- und Kulturerbes, der Regional- und Raumplanung, der kommunalen Selbstverwaltung und der grenzüberschreitenden Zusammenarbeit, insbesondere des Übereinkommens über die Erhaltung der europäischen wildlebenden Pflanzen und Tiere und ihrer natürlichen Lebensräume (Bern, 19. September 1979), des Übereinkommens zum Schutz des architektonischen Erbes Europas (Granada, 3. Oktober 1985), des Europäischen Übereinkommens zum Schutz des archäologischen Erbes (revidiert) (Valletta, 16. Januar 1992), des Europäischen Rahmenübereinkommens über die grenzüberschreitende Zusammenarbeit zwischen Gebietskörperschaften (Madrid, 21. Mai 1980) und seiner Zusatzprotokolle, der Europäischen Charta der kommunalen Selbstverwaltung (Straßburg, 15. Oktober 1985), des Übereinkommens über die biologische Vielfalt (Rio, 5. Juni 1992), des Übereinkommens zum Schutz des Kultur- und Naturerbes der Welt (Paris, 16. November 1972) und des Übereinkommens über den Zugang zu Informationen, die Öffentlichkeitsbeteiligung an Entscheidungsverfahren und den Zugang zu Gerichten in Umweltangelegenheiten (Aarhus, 25. Juni 1998);

in Anbetracht dessen, dass die Qualität und die Vielfalt der europäischen Landschaften ein gemeinsames Gut darstellen und dass es wichtig ist, zu seinem Schutz, seiner Pflege und seiner Gestaltung zusammenzuarbeiten;

von dem Wunsch geleitet, eine neue Übereinkunft zu schaffen, die ausschließlich dem Schutz, der Pflege und der Gestaltung aller Landschaften Europas gewidmet ist –

sind wie folgt übereingekommen:

Kapitel I – Allgemeine Bestimmungen
Artikel 1 – Begriffsbestimmungen
Im Sinne dieses Übereinkommens bedeutet

a. „Landschaft" ein vom Menschen als solches wahrgenommenes Gebiet, dessen Charakter das Ergebnis des Wirkens und Zusammenwirkens natürlicher und/oder anthropogener Faktoren ist;
b. „Landschaftspolitik" von den zuständigen staatlichen Stellen formulierte allgemeine Grundsätze, Strategien und Leitlinien, aufgrund deren spezifische Maßnahmen zum Schutz, zur Pflege und zur Gestaltung von Landschaften ergriffen werden können;
c. „landschaftsbezogenes Qualitätsziel" in Bezug auf eine bestimmte Landschaft die von den zuständigen staatlichen Stellen formulierten Ansprüche der Öffentlichkeit an die Landschaftsmerkmale ihrer Umgebung;
d. „Landschaftsschutz" Maßnahmen zur Erhaltung und Pflege der maßgeblichen oder charakteristischen Merkmale einer Landschaft, die durch den kulturhistorischen Wert der Landschaft begründet sind, der auf ihr natürliches Erscheinungsbild und/oder die Tätigkeit des Menschen zurückzuführen ist;
e. „Landschaftspflege" unter dem Aspekt der nachhaltigen Entwicklung durchgeführte Maßnahmen zur Gewährleistung der Erhaltung einer Landschaft, um so durch gesellschaftliche, wirtschaftliche und ökologische Prozesse hervorgerufene Veränderungen zu steuern und aufeinander abzustimmen;
f. „Landschaftsgestaltung" durchgreifende, vorausschauende Maßnahmen zur Verbesserung, Wiederherstellung oder Neuschaffung von Landschaften.

Artikel 2 – Geltungsbereich
Vorbehaltlich des Artikels 15 findet dieses Übereinkommen auf das gesamte Hoheitsgebiet der Vertragsparteien Anwendung und erfasst natürliche, ländliche, städtische und stadtnahe Gebiete. Es schließt Landflächen, Binnengewässer und Meeresgebiete ein. Es betrifft Landschaften, die möglicherweise als außergewöhnlich betrachtet werden, sowie gewöhnliche oder geschädigte Landschaften.

Artikel 3 – Ziele
Ziel dieses Übereinkommens ist es, den Schutz, die Pflege und die Gestaltung der Landschaft zu fördern und die europäische Zusammenarbeit in Landschaftsfragen zu organisieren.

Kapitel II – Nationale Maßnahmen
Artikel 4 – Aufteilung der Zuständigkeiten
Jede Vertragspartei führt dieses Übereinkommen, insbesondere die Artikel 5 und 6, entsprechend ihrer eigenen Zuständigkeitsverteilung im Einklang mit ihren Verfassungsgrundsätzen und ihrer Verwaltungsorganisation sowie unter Beachtung des Subsidiaritätsprinzips durch, wobei die Europäische Charta der kommunalen Selbstverwaltung zu berücksichtigen ist. Unbeschadet der Bestimmungen dieses Übereinkommens stimmt jede Vertragspartei die Durchführung dieses Übereinkommens mit ihrer eigenen Politik ab.

Artikel 5 – Allgemeine Maßnahmen

Jede Vertragspartei verpflichtet sich,

a. Landschaften als wesentlichen Bestandteil des Lebensraums der Menschen, als Ausdruck der Vielfalt ihres gemeinsamen Kultur- und Naturerbes und als Grundstein ihrer Identität rechtlich anzuerkennen;
b. durch Ergreifen der in Artikel 6 aufgeführten spezifischen Maßnahmen eine auf den Schutz, die Pflege und die Gestaltung der Landschaft ausgerichtete Landschaftspolitik zu erarbeiten und umzusetzen;
c. Verfahren für die Beteiligung der Öffentlichkeit, der Kommunal- und Regionalbehörden und anderer Parteien einzuführen, die ein Interesse an der Festlegung und Umsetzung der unter Buchstabe b genannten Landschaftspolitik haben;
d. die Landschaft in ihre Regional- und Städteplanungspolitik und in ihre Kultur-, Umwelt-, Agrar-, Sozial- und Wirtschaftspolitik sowie in andere, sich möglicherweise unmittelbar oder mittelbar auf die Landschaft auswirkende Politiken aufzunehmen.

Artikel 6 – Spezifische Maßnahmen

A Bewusstseinsbildung

Jede Vertragspartei verpflichtet sich, in der Zivilgesellschaft, bei privaten Organisationen und bei staatlichen Stellen das Bewusstsein für den Wert von Landschaften, die ihnen zukommende Rolle und die Veränderungen, denen sie unterworfen sind, zu schärfen.

B Ausbildung und Erziehung

Jede Vertragspartei verpflichtet sich, Folgendes zu fördern:

a. die Ausbildung von Fachleuten für Landschaftsevaluierung und landschaftsbezogene Maßnahmen;
b. multidisziplinäre Ausbildungsprogramme im Bereich Landschaftspolitik, Landschaftsschutz, Landschaftspflege und Landschaftsgestaltung für Fachleute aus dem privaten und staatlichen Sektor sowie für betroffene Verbände;
c. Schulunterricht und Hochschulkurse, die sich in den entsprechenden Fächern und Fachrichtungen mit den landschaftsbezogenen Werten und den sich im Rahmen des Schutzes, der Pflege und der Gestaltung von Landschaften ergebenden Fragen befassen.

C Erfassung und Bewertung

1. Zur Verbesserung der Kenntnis der eigenen Landschaften verpflichtet sich jede Vertragspartei, unter aktiver Beteiligung der in Artikel 5 Buchstabe c genannten interessierten Parteien,
   a. I die eigenen Landschaften in ihrem gesamten Hoheitsgebiet zu erfassen;

II ihre Charakteristika und die sie verändernden Kräfte und Belastungen zu analysieren;

III Veränderungen zu beobachten;

b. den Zustand der auf diese Weise erfassten Landschaften unter Berücksichtigung der ihnen von den interessierten Parteien und der betroffenen Bevölkerung zugeschriebenen besonderen Werte zu bewerten.

2. Diese Erfassungs- und Bewertungsverfahren werden von dem zwischen den Vertragsparteien nach Artikel 8 auf europäischer Ebene organisierten Austausch von Erfahrungen und Methoden geleitet.

D Landschaftsbezogene Qualitätsziele

Jede Vertragspartei verpflichtet sich, nach einer öffentlichen Befragung gemäß Artikel 5 Buchstabe c für die erfassten und bewerteten Landschaften landschaftsbezogene Qualitätsziele festzulegen.

E Umsetzung

Jede Vertragspartei verpflichtet sich, zur Umsetzung ihrer Landschaftspolitik ein Instrumentarium einzuführen, dessen Ziel der Schutz, die Pflege und/oder die Gestaltung der Landschaft ist.

Kapitel III – Europäische Zusammenarbeit

Artikel 7 – Internationale Politiken und Programme

Die Vertragsparteien verpflichten sich, bei der Prüfung der landschaftsbezogenen Dimension internationaler Politiken und Programme zusammenzuarbeiten und gegebenenfalls die Einbeziehung von Landschaftsaspekten in diese Politiken und Programme zu empfehlen.

Artikel 8 – Gegenseitige Hilfe und Austausch von Informationen

Die Vertragsparteien verpflichten sich zusammenzuarbeiten, um die Wirksamkeit der aufgrund anderer Artikel dieses Übereinkommens ergriffenen Maßnahmen zu erhöhen, und werden insbesondere

a. einander technische und wissenschaftliche Hilfe in Landschaftsfragen durch die gemeinsame Nutzung und den Austausch von Erfahrungen und der Ergebnisse von Forschungsvorhaben leisten;

b. den Austausch von Landschaftsfachleuten insbesondere für Ausbildungs- und Informationszwecke fördern;

c. Informationen über alle von diesem Übereinkommen erfassten Fragen austauschen.

Artikel 9 – Grenzüberschreitende Landschaften

Die Vertragsparteien ermutigen zur grenzüberschreitenden Zusammenarbeit auf lokaler und regionaler Ebene und erarbeiten, wann immer erforderlich, gemeinsame Landschaftsprogramme und führen diese durch.

Artikel 10 – Überwachung der Durchführung des Übereinkommens

1. Bestehende, nach Artikel 17 der Satzung des Europarats eingesetzte zuständige Sachverständigenausschüsse werden vom Ministerkomitee des Europarats mit der Überwachung der Durchführung des Übereinkommens betraut.
2. Nach jeder Sitzung der Sachverständigenausschüsse übermittelt der Generalsekretär des Europarats dem Ministerkomitee einen Bericht über die durchgeführte Arbeit und über die Wirkung des Übereinkommens.
3. Die Sachverständigenausschüsse schlagen dem Ministerkomitee die Vergabekriterien und Verfahrensvorschriften für den Landschaftspreis des Europarats vor.

Artikel 11 – Landschaftspreis des Europarats

1. Der Landschaftspreis des Europarats ist eine Auszeichnung, die Kommunal- und Regionalbehörden und von ihnen gebildeten Gruppen verliehen werden kann, die im Rahmen der Landschaftspolitik einer Vertragspartei dieses Übereinkommens eine Politik oder Maßnahmen zum Schutz, zur Pflege und/oder zur Gestaltung ihrer Landschaft durchgeführt haben, die sich als nachhaltig wirksam erwiesen haben und somit für andere Gebietskörperschaften in Europa als Vorbild dienen können. Die Auszeichnung kann auch nichtstaatlichen Organisationen verliehen werden, die im Bereich des Schutzes, der Pflege oder der Gestaltung der Landschaft einen besonders bemerkenswerten Beitrag geleistet haben.
2. Bewerbungen um den Landschaftspreis des Europarats sind von den Vertragsparteien an die in Artikel 10 genannten Sachverständigenausschüsse zu richten. Interessierte grenzüberschreitende Kommunal- und Regionalbehörden und Gruppen von Kommunal- und Regionalbehörden können sich bewerben, sofern sie die Pflege der fraglichen Landschaft gemeinsam betreiben.
3. Das Ministerkomitee bestimmt und veröffentlicht auf Vorschlag der in Artikel 10 genannten Sachverständigenausschüsse die Kriterien für die Verleihung des Landschaftspreises des Europarats, beschließt die diesbezüglichen Verfahrensvorschriften und verleiht den Preis.
4. Durch Verleihung des Landschaftspreises des Europarats sollen die Preisträger ermutigt werden, den nachhaltigen Schutz sowie die nachhaltige Pflege und/oder Gestaltung der betroffenen Landschaftsgebiete zu gewährleisten.

Kapitel IV – Schlussbestimmungen
Artikel 12 – Verhältnis zu anderen Rechtsinstrumenten

Dieses Übereinkommen lässt die Anwendung strengerer Bestimmungen im Bereich des Schutzes, der Pflege und der Gestaltung der Landschaft, die in anderen geltenden oder künftigen verbindlichen nationalen oder internationalen Rechtsinstrumenten enthalten sind, unberührt.

Artikel 13 – Unterzeichnung, Ratifikation und Inkrafttreten

1. Dieses Übereinkommen liegt für die Mitgliedstaaten des Europarats zur Unterzeichnung auf. Es bedarf der Ratifikation, Annahme oder Genehmigung. Die Ratifikations-, Annahme- oder Genehmigungsurkunden werden beim Generalsekretär des Europarats hinterlegt.
2. Dieses Übereinkommen tritt am ersten Tag des Monats in Kraft, der auf einen Zeitabschnitt von drei Monaten nach dem Tag folgt, an dem zehn Mitgliedstaaten des Europarats nach Absatz 1 ihre Zustimmung ausgedrückt haben, durch das Übereinkommen gebunden zu sein.
3. Für jeden Unterzeichnerstaat, der später seine Zustimmung ausdrückt, durch das Übereinkommen gebunden zu sein, tritt es am ersten Tag des Monats in Kraft, der auf einen Zeitabschnitt von drei Monaten nach Hinterlegung der Ratifikations-, Annahme- oder Genehmigungsurkunde folgt.

Artikel 14 – Beitritt

1. Nach Inkrafttreten dieses Übereinkommens kann das Ministerkomitee des Europarats durch einen mit der in Artikel 20 Buchstabe d der Satzung des Europarats vorgesehenen Mehrheit und mit einhelliger Zustimmung der Vertragsstaaten, die Anspruch auf einen Sitz im Ministerkomitee haben, gefassten Beschluss die Europäische Gemeinschaft und jeden europäischen Staat, der nicht Mitglied des Europarats ist, einladen, dem Übereinkommen beizutreten.
2. Für jeden beitretenden Staat oder die Europäische Gemeinschaft im Falle ihres Beitritts tritt dieses Übereinkommen am ersten Tag des Monats in Kraft, der auf einen Zeitabschnitt von drei Monaten nach Hinterlegung der Beitrittsurkunde beim Generalsekretär des Europarats folgt.

Artikel 15 – Geltungsbereich

1. Jeder Staat oder die Europäische Gemeinschaft kann bei der Unterzeichnung oder bei der Hinterlegung seiner beziehungsweise ihrer Ratifikations-, Annahme-, Genehmigungs- oder Beitrittsurkunde einzelne oder mehrere Hoheitsgebiete bezeichnen, auf die dieses Übereinkommen Anwendung findet.
2. Jeder Staat kann jederzeit danach durch eine an den Generalsekretär des Europarats gerichtete Erklärung die Anwendung dieses Übereinkommens auf jedes weitere in der Erklärung bezeichnete Hoheitsgebiet erstrecken. Das Übereinkommen tritt für dieses Hoheitsgebiet am ersten Tag des Monats in Kraft, der auf einen Zeitabschnitt von drei Monaten nach Eingang der Erklärung beim Generalsekretär folgt.
3. Jede nach den Absätzen 1 und 2 abgegebene Erklärung kann in Bezug auf jedes darin bezeichnete Hoheitsgebiet durch eine an den Generalsekretär gerichtete Notifikation

zurückgenommen werden. Die Rücknahme wird am ersten Tag des Monats wirksam, der auf einen Zeitabschnitt von drei Monaten nach Eingang der Notifikation beim Generalsekretär folgt.

Artikel 16 – Kündigung

1. Jede Vertragspartei kann dieses Übereinkommen jederzeit durch eine an den Generalsekretär des Europarats gerichtete Notifikation kündigen.
2. Die Kündigung wird am ersten Tag des Monats wirksam, der auf einen Zeitabschnitt von drei Monaten nach Eingang der Notifikation beim Generalsekretär folgt.

Artikel 17 – Änderungen

1. Jede Vertragspartei oder die in Artikel 10 genannten Sachverständigenausschüsse können Änderungen dieses Übereinkommens vorschlagen.
2. Jeder Änderungsvorschlag wird dem Generalsekretär des Europarats notifiziert, der ihn den Mitgliedstaaten des Europarats, den anderen Vertragsparteien und allen europäischen Nichtmitgliedstaaten, die nach Artikel 14 dieses Übereinkommens zum Beitritt eingeladen wurden, übermittelt.
3. Die in Artikel 10 genannten Sachverständigenausschüsse prüfen jede vorgeschlagene Änderung und legen den mit Dreiviertelmehrheit der Vertreter der Vertragsparteien beschlossenen Wortlaut dem Ministerkomitee zur Genehmigung vor. Nach seiner Genehmigung durch das Ministerkomitee mit der in Artikel 20 Buchstabe d der Satzung des Europarats vorgesehenen Mehrheit und mit einhelliger Zustimmung der Vertragsstaaten, die Anspruch auf einen Sitz im Ministerkomitee haben, wird der Wortlaut den Vertragsparteien zur Annahme zugeleitet.
4. Jede Änderung tritt für die Vertragsparteien, die sie angenommen haben, am ersten Tag des Monats in Kraft, der auf einen Zeitabschnitt von drei Monaten nach dem Tag folgt, an dem drei Mitgliedstaaten des Europarats dem Generalsekretär ihre Annahme der Änderung mitgeteilt haben. Für jede Vertragspartei, welche die Änderung später annimmt, tritt sie am ersten Tag des Monats in Kraft, der auf einen Zeitabschnitt von drei Monaten nach dem Tag folgt, an dem die betreffende Vertragspartei dem Generalsekretär ihre Annahme der Änderung mitgeteilt hat.

Artikel 18 – Notifikationen

Der Generalsekretär des Europarats notifiziert den Mitgliedstaaten des Rates und jedem Staat oder der Europäischen Gemeinschaft, die diesem Übereinkommen beigetreten sind,

a. jede Unterzeichnung;
b. jede Hinterlegung einer Ratifikations-, Annahme-, Genehmigungs- oder Beitrittsurkunde;

c. jeden Zeitpunkt des Inkrafttretens dieses Übereinkommens nach den Artikeln 13, 14 und 15;
d. jede Erklärung nach Artikel 15;
e. jede Kündigung nach Artikel 16;
f. jeden Änderungsvorschlag, jede nach Artikel 17 angenommene Änderung und den Tag ihres Inkrafttretens;
g. jede andere Handlung, Notifikation, Information oder Mitteilung im Zusammenhang mit diesem Übereinkommen.

Zu Urkund dessen haben die hierzu gehörig befugten Unterzeichneten dieses Übereinkommen unterschrieben.

Geschehen zu Florenz am 20. Oktober 2000 in englischer und französischer Sprache, wobei jeder Wortlaut gleichermaßen verbindlich ist, in einer Urschrift, die im Archiv des Europarats hinterlegt wird. Der Generalsekretär des Europarats übermittelt allen Mitgliedstaaten des Europarats und jedem Staat oder der Europäischen Gemeinschaft, sofern sie zum Beitritt zu diesem Übereinkommen eingeladen worden sind, beglaubigte Abschriften.

A.2 Französische Fassung[3]

Convention européenne du paysage[4]
Florence, 20.X.2000

Préambule
Les Etats membres du Conseil de l'Europe, signataires de la présente Convention,

Considérant que le but du Conseil de l'Europe est de réaliser une union plus étroite entre ses membres, afin de sauvegarder et de promouvoir les idéaux et les principes qui sont leur patrimoine commun, et que ce but est poursuivi en particulier par la conclusion d'accords dans les domaines économique et social;

Soucieux de parvenir à un développement durable fondé sur un équilibre harmonieux entre les besoins sociaux, l'économie et l'environnement;

Notant que le paysage participe de manière importante à l'intérêt général, sur les plans culturel, écologique, environnemental et social, et qu'il constitue une ressource favorable à l'activité économique, dont une protection, une gestion et un aménagement appropriés peuvent contribuer à la création d'emplois;

---

[3] https://rm.coe.int/1680080621, zuletzt abgerufen am 13.04.2021.
[4] Le traité de Lisbonne modifiant le traité sur l'Union européenne et le traité instituant la Communauté européenne est entré en vigueur le 1er décembre 2009. Par conséquent, à partir de cette date, toute mention de la Communauté économique européenne doit être lue comme l'Union européenne.

Conscients que le paysage concourt à l'élaboration des cultures locales et qu'il représente une composante fondamentale du patrimoine culturel et naturel de l'Europe, contribuant à l'épanouissement des êtres humains et à la consolidation de l'identité européenne;

Reconnaissant que le paysage est partout un élément important de la qualité de vie des populations: dans les milieux urbains et dans les campagnes, dans les territoires dégradés comme dans ceux de grande qualité, dans les espaces remarquables comme dans ceux du quotidien;

Notant que les évolutions des techniques de productions agricole, sylvicole, industrielle et minière et des pratiques en matière d'aménagement du territoire, d'urbanisme, de transport, de réseaux, de tourisme et de loisirs, et, plus généralement, les changements économiques mondiaux continuent, dans beaucoup de cas, à accélérer la transformation des paysages;

Désirant répondre au souhait du public de jouir de paysages de qualité et de jouer un rôle actif dans leur transformation;

Persuadés que le paysage constitue un élément essentiel du bien-être individuel et social, et que sa protection, sa gestion et son aménagement impliquent des droits et des responsabilités pour chacun;

Ayant à l'esprit les textes juridiques existant au niveau international dans les domaines de la protection et de la gestion du patrimoine naturel et culturel, de l'aménagement du territoire, de l'autonomie locale et de la coopération transfrontalière, notamment la Convention relative à la conservation de la vie sauvage et du milieu naturel de l'Europe (Berne, 19 septembre 1979), la Convention pour la sauvegarde du patrimoine architectural de l'Europe (Grenade, 3 octobre 1985), la Convention européenne pour la protection du patrimoine archéologique (révisée) (La Valette, 16 janvier 1992), la Convention-cadre européenne sur la coopération transfrontalière des collectivités ou autorités territoriales (Madrid, 21 mai 1980) et ses protocoles additionnels, la Charte européenne de l'autonomie locale (Strasbourg, 15 octobre 1985), la Convention sur la diversité biologique (Rio, 5 juin 1992), la Convention concernant la protection du patrimoine mondial, culturel et naturel (Paris, 16 novembre 1972), et la Convention sur l'accès à l'information, la participation du public au processus décisionnel et l'accès à la justice en matière d'environnement (Aarhus, 25 juin 1998);

Reconnaissant que la qualité et la diversité des paysages européens constituent une ressource commune pour la protection, la gestion et l'aménagement de laquelle il convient de coopérer;

Souhaitant instituer un instrument nouveau consacré exclusivement à la protection, à la gestion et à l'aménagement de tous les paysages européens,

Sont convenus de ce qui suit:

Chapitre I – Dispositions générales
Article 1 – Définitions
Aux fins de la présente Convention:

a. «Paysage» désigne une partie de territoire telle que perçue par les populations, dont le caractère résulte de l'action de facteurs naturels et/ou humains et de leurs interrelation;
b. «Politique du paysage» désigne la formulation par les autorités publiques compétentes des principes généraux, des stratégies et des orientations permettant l'adoption de mesures particulières en vue de la protection, la gestion et l'aménagement du paysage;
c. «Objectif de qualité paysagère» désigne la formulation par les autorités publiques compétentes, pour un paysage donné, des aspirations des populations en ce qui concerne les caractéristiques paysagères de leur cadre de vie;
d. «Protection des paysages» comprend les actions de conservation et de maintien des aspects significatifs ou caractéristiques d'un paysage, justifiées par sa valeur patrimoniale émanant de sa configuration naturelle et/ou de l'intervention humaine;
e. «Gestion des paysages» comprend les actions visant, dans une perspective de développement durable, à entretenir le paysage afin de guider et d'harmoniser les transformations induites par les évolutions sociales, économiques et environnementales;
f. «Aménagement des paysages» comprend les actions présentant un caractère prospectif particulièrement affirmé visant la mise en valeur, la restauration ou la création de paysages.

Article 2 – Champ d'application
Sous réserve des dispositions de l'article 15, la présente Convention s'applique à tout le territoire des Parties et porte sur les espaces naturels, ruraux, urbains et périurbains. Elle inclut les espaces terrestres, les eaux intérieures et maritimes. Elle concerne, tant les paysages pouvant être considérés comme remarquables, que les paysages du quotidien et les paysages dégradés.

Article 3 – Objectifs
La présente Convention a pour objet de promouvoir la protection, la gestion et l'aménagement des paysages, et d'organiser la coopération européenne dans ce domaine.

Chapitre II – Mesures nationales
Article 4 – Répartition des compétences
Chaque Partie met en œuvre la présente Convention, en particulier ses articles 5 et 6, selon la répartition des compétences qui lui est propre, conformément à ses principes constitutionnels et à son organisation administrative, et dans le respect du principe de subsidiarité, en tenant compte de la Charte européenne de l'autonomie locale. Sans déroger aux dispositions de la présente Convention chaque Partie met en œuvre la présente Convention en accord avec ses propres politiques.

Article 5 – Mesures générales
Chaque Partie s'engage:

a. à reconnaître juridiquement le paysage en tant que composante essentielle du cadre de vie des populations, expression de la diversité de leur patrimoine commun culturel et naturel, et fondement de leur identité;
b. à définir et à mettre en œuvre des politiques du paysage visant la protection, la gestion et l'aménagement des paysages par l'adoption des mesures particulières visées à l'article 6;
c. à mettre en place des procédures de participation du public, des autorités locales et régionales, et des autres acteurs concernés par la conception et la réalisation des politiques du paysage mentionnées à l'alinéa b ci-dessus;
d. à intégrer le paysage dans les politiques d'aménagement du territoire, d'urbanisme et dans les politiques culturelle, environnementale, agricole, sociale et économique, ainsi que dans les autres politiques pouvant avoir un effet direct ou indirect sur le paysage.

Article 6 – Mesures particulières

A Sensibilisation

Chaque Partie s'engage à accroître la sensibilisation de la société civile, des organisations privées et des autorités publiques à la valeur des paysages, à leur rôle et à leur transformation.

B Formation et éducation

Chaque Partie s'engage à promouvoir:

a. la formation de spécialistes de la connaissance et de l'intervention sur les paysages;
b. des programmes pluridisciplinaires de formation sur la politique, la protection, la gestion et l'aménagement du paysage, destinés aux professionnels du secteur privé et public et aux associations concernés;
c. des enseignements scolaire et universitaire abordant, dans les disciplines intéressées, les valeurs attachées au paysage et les questions relatives à sa protection, à sa gestion et à son aménagement.

C Identification et qualification

1. En mobilisant les acteurs concernés conformément à l'article 5.c et en vue d'une meilleure connaissance de ses paysages, chaque Partie s'engage:
    a. I à identifier ses propres paysages, sur l'ensemble de son territoire;
    II à analyser leurs caractéristiques ainsi que les dynamiques et les pressions qui les modifient;
    III à en suivre les transformations;
    b. à qualifier les paysages identifiés en tenant compte des valeurs particulières qui leur sont attribuées par les acteurs et les populations concernés.

2. Les travaux d'identification et de qualification seront guidés par des échanges d'expériences et de méthodologies, organisés entre les Parties à l'échelle européenne en application de l'article 8.

D Objectifs de qualité paysagère
Chaque Partie s'engage à formuler des objectifs de qualité paysagère pour les paysages identifiés et qualifiés, après consultation du public conformément à l'article 5.c.

E Mise en œuvre
Pour mettre en œuvre les politiques du paysage, chaque Partie s'engage à mettre en place des moyens d'intervention visant la protection, la gestion et/ou l'aménagement des paysages.

Chapitre III – Coopération européenne

Article 7 – Politiques et programmes internationaux
Les Parties s'engagent à coopérer lors de la prise en compte de la dimension paysagère dans les politiques et programmes internationaux, et à recommander, le cas échéant, que les considérations concernant le paysage y soient incorporées.

Article 8 – Assistance mutuelle et échange d'informations
Les Parties s'engagent à coopérer pour renforcer l'efficacité des mesures prises conformément aux articles de la présente Convention, et en particulier:

a. à offrir une assistance technique et scientifique mutuelle par la collecte et l'échange d'expériences et de travaux de recherche en matière de paysage;
b. à favoriser les échanges de spécialistes du paysage, notamment pour la formation et l'information;
c. à échanger des informations sur toutes les questions visées par les dispositions de la présente Convention.

Article 9 – Paysages transfrontaliers
Les Parties s'engagent à encourager la coopération transfrontalière au niveau local et régional et, au besoin, à élaborer et mettre en oeuvre des programmes communs de mise en valeur du paysage.

Article 10 – Suivi de la mise en œuvre de la Convention

1. Les Comités d'experts compétents existants, établis en vertu de l'article 17 du Statut du Conseil de l'Europe, sont chargés par le Comité des Ministres du Conseil de l'Europe, du suivi de la mise en œuvre de la Convention.
2. Après chacune des réunions des Comités d'experts, le Secrétaire Général du Conseil de l'Europe transmet un rapport sur les travaux et le fonctionnement de la Convention au Comité des Ministres.

3. Les Comités d'experts proposent au Comité des Ministres les critères d'attribution et le règlement d'un Prix du paysage du Conseil de l'Europe.

Article 11 – Prix du paysage du Conseil de l'Europe

1. Peuvent se voir attribuer le Prix du paysage du Conseil de l'Europe les collectivités locales et régionales et leurs groupements qui, dans le cadre de la politique de paysage d'une Partie à la présente Convention, ont mis en œuvre une politique ou des mesures visant la protection, la gestion et/ou l'aménagement durable de leurs paysages, faisant la preuve d'une efficacité durable et pouvant ainsi servir d'exemple aux autres collectivités territoriales européennes. La distinction pourra également être attribuée aux organisations non gouvernementales qui ont fait preuve d'une contribution particulièrement remarquable à la protection, à la gestion ou à l'aménagement du paysage.
2. Les candidatures au Prix du paysage du Conseil de l'Europe seront transmises aux Comités d'experts visés à l'article 10 par les Parties. Les collectivités locales et régionales transfrontalières et les regroupements de collectivités locales ou régionales concernés peuvent être candidats, à la condition qu'ils gèrent ensemble le paysage en question.
3. Sur proposition des Comités d'experts visés à l'article 10 le Comité des Ministres définit et publie les critères d'attribution du Prix du paysage du Conseil de l'Europe, adopte son règlement et décerne le prix.
4. L'attribution du Prix du paysage du Conseil de l'Europe doit conduire les sujets qui en sont titulaires à veiller à la protection, à la gestion et/ou à l'aménagement durables des paysages concernés.

Chapitre IV – Clauses finales

Article 12 – Relations avec d'autres instruments

Les dispositions de la présente Convention ne portent pas atteinte aux dispositions plus strictes en matière de protection, de gestion ou d'aménagement des paysages contenues dans d'autres instruments nationaux ou internationaux contraignants qui sont ou entreront en vigueur.

Article 13 – Signature, ratification, entrée en vigueur

1. La présente Convention est ouverte à la signature des Etats membres du Conseil de l'Europe. Elle sera soumise à ratification, acceptation ou approbation. Les instruments de ratification, d'acceptation ou d'approbation seront déposés près le Secrétaire Général du Conseil de l'Europe.
2. La Convention entrera en vigueur le premier jour du mois qui suit l'expiration d'une période de trois mois après la date à laquelle dix Etats membres du Conseil de l'Europe auront exprimé leur consentement à être liés par la Convention conformément aux dispositions du paragraphe précédent.

3. Pour tout signataire qui exprimera ultérieurement son consentement à être lié par la Convention, celle-ci entrera en vigueur le premier jour du mois qui suit l'expiration d'une période de trois mois après la date de dépôt de l'instrument de ratification, d'acceptation ou d'approbation.

Article 14 – Adhésion

1. Après l'entrée en vigueur de la présente Convention, le Comité des Ministres du Conseil de l'Europe pourra inviter la Communauté européenne et tout Etat européen non membre du Conseil de l'Europe à adhérer à la Convention, par une décision prise à la majorité prévue à l'article 20.d du Statut du Conseil de l'Europe, et à l'unanimité des Etats Parties ayant le droit de siéger au Comité des Ministres.
2. Pour tout Etat adhérent ou pour la Communauté européenne en cas d'adhésion, la présente Convention entrera en vigueur le premier jour du mois qui suit l'expiration d'une période de trois mois après la date de dépôt de l'instrument d'adhésion près le Secrétaire Général du Conseil de l'Europe.

Article 15 – Application territoriale

1. Tout Etat ou la Communauté européenne peuvent, au moment de la signature ou au moment du dépôt de leur instrument de ratification, d'acceptation, d'approbation ou d'adhésion, désigner le ou les territoires auxquels s'appliquera la présente Convention.
2. Toute Partie peut, à tout moment par la suite, par une déclaration adressée au Secrétaire Général du Conseil de l'Europe, étendre l'application de la présente Convention à tout autre territoire désigné dans la déclaration. La Convention entrera en vigueur à l'égard de ce territoire le premier jour du mois qui suit l'expiration d'une période de trois mois après la date de réception de la déclaration par le Secrétaire Général.
3. Toute déclaration faite en vertu des deux paragraphes précédents pourra être retirée en ce qui concerne tout territoire désigné dans cette déclaration, par notification adressée au Secrétaire Général du Conseil de l'Europe. Le retrait prendra effet le premier jour du mois qui suit l'expiration d'une période de trois mois après la date de réception de la notification par le Secrétaire Général.

Article 16 – Dénonciation

1. Toute Partie peut, à tout moment, dénoncer la présente Convention en adressant une notification au Secrétaire Général du Conseil de l'Europe.
2. La dénonciation prendra effet le premier jour du mois qui suit l'expiration d'une période de trois mois après la date de réception de la notification par le Secrétaire Général.

Article 17 – Amendements

1. Toute Partie ou les Comités d'experts visés à l'article 10 peuvent proposer des amendements à la présente Convention.
2. Toute proposition d'amendement est notifiée au Secrétaire Général du Conseil de l'Europe qui la communique aux Etats membres du Conseil de l'Europe, aux autres Parties et à chaque Etat européen non membre qui a été invité à adhérer à la présente Convention conformément aux dispositions de l'article 14.
3. Toute proposition d'amendement est examinée par les Comités d'experts visés à l'article 10 qui soumettent le texte adopté à la majorité des trois quarts des représentants des Parties au Comité des Ministres pour adoption. Après son adoption par le Comité des Ministres à la majorité prévue à l'article 20.d du Statut du Conseil de l'Europe et à l'unanimité des représentants des Etats Parties ayant le droit de siéger au Comité des Ministres, le texte est transmis aux Parties pour acceptation.
4. Tout amendement entre en vigueur à l'égard des Parties qui l'ont accepté le premier jour du mois qui suit l'expiration d'une période de trois mois après la date à laquelle trois Parties membres du Conseil de l'Europe auront informé le Secrétaire Général qu'elles l'ont accepté. Pour toute autre Partie qui l'aura accepté ultérieurement, l'amendement entrera en vigueur le premier jour du mois qui suit l'expiration d'une période de trois mois après la date à laquelle ladite Partie aura informé le Secrétaire Général de son acceptation.

Article 18 – Notifications
Le Secrétaire Général du Conseil de l'Europe notifiera aux Etats membres du Conseil de l'Europe, à tout Etat ou la Communauté européenne ayant adhéré à la présente Convention:

a. toute signature;
b. le dépôt de tout instrument de ratification, d'acceptation, d'approbation ou d'adhésion;
c. toute date d'entrée en vigueur de la présente Convention conformément aux articles 13, 14 et 15;
d. toute déclaration faite en vertu de l'article 15;
e. toute dénonciation faite en vertu de l'article 16;
f. toute proposition d'amendement, ainsi que tout amendement adopté conformément à l'article 17 et la date à laquelle cet amendement entre en vigueur;
g. tout autre acte, notification, information ou communication ayant trait à la présente Convention.

En foi de quoi, les soussignés, dûment autorisés à cet effet, ont signé la présente Convention.
Fait à Florence, le 20 octobre 2000, en français et en anglais, les deux textes faisant également foi, en un seul exemplaire qui sera déposé dans les archives du Conseil de l'Europe. Le Secrétaire Général du Conseil de l'Europe en communiquera copie certifiée conforme à

chacun des Etats membres du Conseil de l'Europe ainsi qu'à tout Etat ou à la Communauté européenne invités à adhérer à la présente Convention.

A.3 Englische Fassung[5]

European Landscape Convention[6]
Florence, 20.X.2000

Preamble
The member States of the Council of Europe signatory hereto,

Considering that the aim of the Council of Europe is to achieve a greater unity between its members for the purpose of safeguarding and realising the ideals and principles which are their common heritage, and that this aim is pursued in particular through agreements in the economic and social fields;

Concerned to achieve sustainable development based on a balanced and harmonious relationship between social needs, economic activity and the environment;

Noting that the landscape has an important public interest role in the cultural, ecological, environmental and social fields, and constitutes a resource favourable to economic activity and whose protection, management and planning can contribute to job creation;

Aware that the landscape contributes to the formation of local cultures and that it is a basic component of the European natural and cultural heritage, contributing to human well-being and consolidation of the European identity;

Acknowledging that the landscape is an important part of the quality of life for people everywhere: in urban areas and in the countryside, in degraded areas as well as in areas of high quality, in areas recognised as being of outstanding beauty as well as everyday areas;

Noting that developments in agriculture, forestry, industrial and mineral production techniques and in regional planning, town planning, transport, infrastructure, tourism and recreation and, at a more general level, changes in the world economy are in many cases accelerating the transformation of landscapes;

Wishing to respond to the public's wish to enjoy high quality landscapes and to play an active part in the development of landscapes;

Believing that the landscape is a key element of individual and social well-being and that its protection, management and planning entail rights and responsibilities for everyone;

---

[5] https://rm.coe.int/1680080621, zuletzt abgerufen am 13.04.2021.

[6] (*) The Treaty of Lisbon amending the Treaty on European Union and the Treaty establishing the European Community entered into force on 1 December 2009. As a consequence, as from that date, any reference to the European Economic Community shall be read as the European Union.

Having regard to the legal texts existing at international level in the field of protection and management of the natural and cultural heritage, regional and spatial planning, local selfgovernment and transfrontier co-operation, in particular the Convention on the Conservation of European Wildlife and Natural Habitats (Bern, 19 September 1979), the Convention for the Protection of the Architectural Heritage of Europe (Granada, 3 October 1985), the European Convention on the Protection of the Archaeological Heritage (revised) (Valletta, 16 January 1992), the European Outline Convention on Transfrontier Co-operation between Territorial Communities or Authorities (Madrid, 21 May 1980) and its additional protocols, the European Charter of Local Self-government (Strasbourg, 15 October 1985), the Convention on Biological Diversity (Rio, 5 June 1992), the Convention concerning the Protection of the World Cultural and Natural Heritage (Paris, 16 November 1972), and the Convention on Access to Information, Public Participation in Decision-making and Access to Justice on Environmental Matters (Aarhus, 25 June 1998);

Acknowledging that the quality and diversity of European landscapes constitute a common resource, and that it is important to co-operate towards its protection, management and planning;

Wishing to provide a new instrument devoted exclusively to the protection, management and planning of all landscapes in Europe,

Have agreed as follows:

Chapter I – General provisions
Article 1 – Definitions
For the purposes of the Convention:

a. "Landscape" means an area, as perceived by people, whose character is the result of the action and interaction of natural and/or human factors;
b. "Landscape policy" means an expression by the competent public authorities of general principles, strategies and guidelines that permit the taking of specific measures aimed at the protection, management and planning of landscapes;
c. "Landscape quality objective" means, for a specific landscape, the formulation by the competent public authorities of the aspirations of the public with regard to the landscape features of their surroundings;
d. "Landscape protection" means actions to conserve and maintain the significant or characteristic features of a landscape, justified by its heritage value derived from ist natural configuration and/or from human activity;
e. "Landscape management" means action, from a perspective of sustainable development, to ensure the regular upkeep of a landscape, so as to guide and harmonise changes which are brought about by social, economic and environmental processes;
f. "Landscape planning" means strong forward-looking action to enhance, restore or create landscapes.

Article 2 – Scope

Subject to the provisions contained in Article 15, this Convention applies to the entire territory of the Parties and covers natural, rural, urban and peri-urban areas. It includes land, inland water and marine areas. It concerns landscapes that might be considered outstanding as well as everyday or degraded landscapes.

Article 3 – Aims

The aims of this Convention are to promote landscape protection, management and planning, and to organise European co-operation on landscape issues.

Chapter II – National measures

Article 4 – Division of responsibilities

Each Party shall implement this Convention, in particular Articles 5 and 6, according to its own division of powers, in conformity with its constitutional principles and administrative arrangements, and respecting the principle of subsidiarity, taking into account the European Charter of Local Self-government. Without derogating from the provisions of this Convention, each Party shall harmonise the implementation of this Convention with its own policies.

Article 5 – General measures

Each Party undertakes:

a. to recognise landscapes in law as an essential component of people's surroundings, an expression of the diversity of their shared cultural and natural heritage, and a foundation of their identity;
b. to establish and implement landscape policies aimed at landscape protection, management and planning through the adoption of the specific measures set out in Article 6;
c. to establish procedures for the participation of the general public, local and regional authorities, and other parties with an interest in the definition and implementation of the landscape policies mentioned in paragraph b above;
d. to integrate landscape into its regional and town planning policies and in its cultural, environmental, agricultural, social and economic policies, as well as in any other policies with possible direct or indirect impact on landscape.

Article 6 – Specific measures

A Awareness-raising

Each Party undertakes to increase awareness among the civil society, private organisations, and public authorities of the value of landscapes, their role and changes to them.

B Training and education

Each Party undertakes to promote:

a. training for specialists in landscape appraisal and operations;
b. multidisciplinary training programmes in landscape policy, protection, management and planning, for professionals in the private and public sectors and for associations concerned;
c. school and university courses which, in the relevant subject areas, address the values attaching to landscapes and the issues raised by their protection, management and planning.

C Identification and assessment

1. With the active participation of the interested parties, as stipulated in Article 5.c, and with a view to improving knowledge of its landscapes, each Party undertakes:
   a. I to identify its own landscapes throughout its territory;
      II to analyse their characteristics and the forces and pressures transforming them;
      III to take note of changes;
   b. to assess the landscapes thus identified, taking into account the particular values assigned to them by the interested parties and the population concerned.
2. These identification and assessment procedures shall be guided by the exchanges of experience and methodology, organised between the Parties at European level pursuant to Article 8.

D Landscape quality objectives
Each Party undertakes to define landscape quality objectives for the landscapes identified and assessed, after public consultation in accordance with Article 5.c.

E Implementation
To put landscape policies into effect, each Party undertakes to introduce instruments aimed at protecting, managing and/or planning the landscape.

Chapter III – European Co-Operation
Article 7 – International policies and programmes
Parties undertake to co-operate in the consideration of the landscape dimension of international policies and programmes, and to recommend, where relevant, the inclusion in them of landscape considerations.

Article 8 – Mutual assistance and exchange of information
The Parties undertake to co-operate in order to enhance the effectiveness of measures taken under other articles of this Convention, and in particular:

a. to render each other technical and scientific assistance in landscape matters through the pooling and exchange of experience, and the results of research projects;

b. to promote the exchange of landscape specialists in particular for training and information purposes;
c. to exchange information on all matters covered by the provisions of the Convention.

Article 9 – Transfrontier landscapes

The Parties shall encourage transfrontier co-operation on local and regional level and, wherever necessary, prepare and implement joint landscape programmes.

Article 10 – Monitoring of the implementation of the Convention

1. Existing competent Committees of Experts set up under Article 17 of the Statute of the Council of Europe shall be designated by the Committee of Ministers of the Council of Europe to be responsible for monitoring the implementation of the Convention.
2. Following each meeting of the Committees of Experts, the Secretary General of the Council of Europe shall transmit a report on the work carried out and on the operation of the Convention to the Committee of Ministers.
3. The Committees of Experts shall propose to the Committee of Ministers the criteria for conferring and the rules governing the Landscape award of the Council of Europe.

Article 11 – Landscape award of the Council of Europe

1. The Landscape award of the Council of Europe is a distinction which may be conferred on local and regional authorities and their groupings that have instituted, as part of the landscape policy of a Party to this Convention, a policy or measures to protect, manage and/or plan their landscape, which have proved lastingly effective and can thus serve as an example to other territorial authorities in Europe. The distinction may be also conferred on non-governmental organisations having made particularly remarkable contributions to landscape protection, management or planning.
2. Applications for the Landscape award of the Council of Europe shall be submitted to the Committees of Experts mentioned in Article 10 by the Parties. Transfrontier local and regional authorities and groupings of local and regional authorities concerned, may apply provided that they jointly manage the landscape in question.
3. On proposals from the Committees of Experts mentioned in Article 10 the Committee of Ministers shall define and publish the criteria for conferring the Landscape award of the Council of Europe, adopt the relevant rules and confer the Award.
4. The granting of the Landscape award of the Council of Europe is to encourage those receiving the award to ensure the sustainable protection, management and/or planning of the landscape areas concerned.

Chapter IV – Final clauses

Article 12 – Relationship with other instruments

The provisions of this Convention shall not prejudice stricter provisions concerning landscape protection, management and planning contained in other existing or future binding national or international instruments.

Article 13 – Signature, ratification and entry into force

1. This Convention shall be open for signature by the member States of the Council of Europe. It shall be subject to ratification, acceptance or approval. Instruments of ratification, acceptance or approval shall be deposited with the Secretary General of the Council of Europe.
2. The Convention shall enter into force on the first day of the month following the expiry of a period of three months after the date on which ten member States of the Council of Europe have expressed their consent to be bound by the Convention in accordance with the provisions of the preceding paragraph.
3. In respect of any signatory State which subsequently expresses its consent to be bound by it, the Convention shall enter into force on the first day of the month following the expiry of period of three months after the date of the deposit of the instrument of ratification, acceptance or approval.

Article 14 – Accession

1. After the entry into force of this Convention, the Committee of Ministers of the Council of Europe may invite the European Community and any European State which is not a member of the Council of Europe, to accede to the Convention by a majority decision as provided in Article 20.d of the Council of Europe Statute, and by the unanimous vote of the States parties entitled to hold seats in the Committee of Ministers.
2. In respect of any acceding State, or the European Community in the event of its accession, this Convention shall enter into force on the first day of the month following the expiry of a period of three months after the date of deposit of the instrument of accession with the Secretary General of the Council of Europe.

Article 15 – Territorial application

1. Any State or the European Community may, at the time of signature or when depositing ist instrument of ratification, acceptance, approval or accession, specify the territory or territories to which the Convention shall apply.
2. Any Party may, at any later date, by declaration addressed to the Secretary General of the Council of Europe, extend the application of this Convention to any other territory specified in the declaration. The Convention shall take effect in respect of such territory on the first day of the month following the expiry of a period of three months after the date of receipt of the declaration by the Secretary General.

3. Any declaration made under the two paragraphs above may, in respect of any territory mentioned in such declaration, be withdrawn by notification addressed to the Secretary General of the Council of Europe. Such withdrawal shall become effective on the first day of the month following the expiry of a period of three months after the date of receipt of the notification by the Secretary General.

Article 16 – Denunciation

1. Any Party may, at any time, denounce this Convention by means of a notification addressed to the Secretary General of the Council of Europe.
2. Such denunciation shall become effective on the first day of the month following the expiry of a period of three months after the date of receipt of the notification by the Secretary General.

Article 17 – Amendments

1. Any Party or the Committees of Experts mentioned in Article 10 may propose amendments to this Convention.
2. Any proposal for amendment shall be notified to the Secretary General of the Council of Europe who shall communicate it to the member States of the Council of Europe, to the others Parties, and to any European non-member State which has been invited to accede to this Convention in accordance with the provisions of Article 14.
3. The Committees of Experts mentioned in Article 10 shall examine any amendment proposed and submit the text adopted by a majority of three-quarters of the Parties' representatives to the Committee of Ministers for adoption. Following its adoption by the Committee of Ministers by the majority provided for in Article 20.d of the Statute of the Council of Europe and by the unanimous vote of the States parties entitled to hold seats in the Committee of Ministers, the text shall be forwarded to the Parties for acceptance.
4. Any amendment shall enter into force in respect of the Parties which have accepted it on the first day of the month following the expiry of a period of three months after the date on which three Council of Europe member States have informed the Secretary General of their acceptance. In respect of any Party which subsequently accepts it, such amendment shall enter into force on the first day of the month following the expiry of a period of three months after the date on which the said Party has informed the Secretary General of its acceptance.

Article 18 – Notifications

The Secretary General of the Council of Europe shall notify the member States of the Council of Europe, any State or the European Community having acceded to this Convention, of:

a. any signature;
b. the deposit of any instrument of ratification, acceptance, approval or accession;
c. any date of entry into force of this Convention in accordance with Articles 13, 14 and 15;
d. any declaration made under Article 15;
e. any denunciation made under Article 16;
f. any proposal for amendment, any amendment adopted pursuant to Article 17 and the date on which it comes into force;
g. any other act, notification, information or communication relating to this Convention.

In witness whereof the undersigned, being duly authorised thereto, have signed this Convention.

Done at Florence, this 20th day of October 2000, in English and in French, both texts being equally authentic, in a single copy which shall be deposited in the archives of the Council of Europe. The Secretary General of the Council of Europe shall transmit certified copies to each member State of the Council of Europe and to any State or to the European Community invited to accede to this Convention.

Literatur

Aalen, F. H., Whelan, K., & Stout, M. (Hrsg.). (1997). *Atlas of the Irish Rural Landscape.* University of Toronto Press.

Aalen, F. H. A. (1996). Approaches to the study and management of landscape. In F. H. A. Aalen (Hrsg.), *Landscape study and management. International Colloquium on Landscape Study and Management, Dublin, September 27–28, 1994* (S. 1–12). Boole Press.

Abraham, A., Sommerhalder, K., Bolliger, H., & Abel, T. (2007). *Landschaft und Gesundheit. Das Potential einer Verbindung zweier Konzepte.* Universität Bern.

Albert, G. (2005). *Hermeneutischer Positivismus und dialektischer Essentialismus Vilfredo Paretos.* VS Verlag.

Al-Khanbashi, M. (2020). *The social construction and use of landscape and public space in the age of migration: Arab immigrants in Berlin.* Springer VS. (In Vorbereitung).

Allmendinger, P. (2000). *Planning in postmodern Times.* Routledge.

Apolinarski, I., Gailing, L., & Röhring, A. (2006). Kulturlandschaft als regionales Gemeinschaftsgut. Vom Kulturlandschaftsdilemma zum Kulturlandschaftsmanagement. In U. Matthiesen, R. Danielzyk, S. Heiland, & S. Tzschaschel (Hrsg.), *Kulturlandschaften als Herausforderung für die Raumplanung. Verständnisse – Erfahrungen – Perspektiven* (Forschungs- und Sitzungsberichte, Bd. 228, S. 81–98). Selbstverlag.

Appleyard, D., Lynch, K., & Myer, J. R. (1964). *The view from the road.* MIT Press.

Aschenbrand, E. (2016). Einsamkeit im Paradies. Touristische Distinktionspraktiken bei der Aneignung von Landschaft. *Berichte. Geographie und Landeskunde, 90*(3), 219–234.

Aschenbrand, E. (2017). *Die Landschaft des Tourismus. Wie Landschaft von Reiseveranstaltern inszeniert und von Touristen konsumiert wird.* Springer VS.

Aschenbrand, E., & Grebe, C. (2018). Erneuerbare Energie und ‚intakte' Landschaft: Wie Naturtourismus und Energiewende zusammenpassen. In O. Kühne & F. Weber (Hrsg.), *Bausteine der Energiewende* (S. 523–538). Springer VS.

Atmanagara, J. (2015). Chancen und Grenzen der Europäischen Landschaftskonvention zur Steuerung von Prozessen des Landschaftswandels. In O. Kühne, K. Gawroński, & J. Hernik (Hrsg.), *Transformation und Landschaft. Die Folgen sozialer Wandlungsprozesse auf Landschaft* (S. 307–319). Springer VS.

Baas, H., Groenewoudt, B., & Raap, E. (2011). The Dutch approach. Public participation and the role of NGOs and local authorities in the protection, management and development of cultural landscapes in the Netherlands. In M. Jones & M. Stenseke (Hrsg.), *The European landscape convention. Challenges of participation* (Landscape Series, Bd. 13, S. 45–66). Springer Science+Business Media B.V.

Balchin, P. N., Sykora, L., & Bull, G. H. (1999). *Regional policy and planning in Europe.* Routledge.

Balla, S., & Günnewig, D. (2017). Von der Projektbewertung zum Umweltbericht – Erfahrung zur Strategischen Umweltprüfung für den Bundesverkehrswegeplan 2030. *UVP-report, 31*(4), 290–299. https://doi.org/10.17442/uvp-report.031.35.

Barney, G. O. (Hrsg.). (1981). *The global 2000 report to the President of the U.S. The technical report*. Council on environmental quality and the department of state. Pergamon Print.

Bätzing, W. (2000). Postmoderne Ästhetisierung von Natur versus „schöne Landschaft" als Ganzheitserfahrung – Von der Kompensation der „Einheit der Natur" zur Inszenierung von Natur als Erlebnis. In A. Arndt, K. Bal, & H. Ottmann (Hrsg.), *Hegels Ästhetik. Die Kunst der Politik - Die Politik der Kunst*. Zweiter Teil (S. 196–202). Akademie.

Bauer, C. (2015). Stiftung von Legitimation oder Partizipationsverflechtungsfalle. Welche Folgen hat die Öffentlichkeitsbeteiligung beim Stromnetzausbau? *Der moderne Staat – Dms: Zeitschrift für Public Policy, Recht und Management, 8*(2), 273–293.

Bauer, T. (2018). *Die Vereindeutigung der Welt. Über den Verlust an Mehrdeutigkeit und Vielfalt* (Was bedeutet das alles? Bd. 19492, 3., erneut durchgesehene Aufl.). Reclam.

Beck, U. (2006). *Weltrisikogesellschaft. Auf der Suche nach der verlorenen Sicherheit*. Suhrkamp.

Beck, U. (2007). *Weltrisikogesellschaft. Auf der Suche nach der verlorenen Sicherheit* (Edition Zweite Moderne). Suhrkamp.

Bell, S. (2018). Reading the landscape: Field sketching as a method of research for design. In S. Hennecke, H. Kegler, K. Klaczynski, & D. Münderlein (Hrsg.), *Diedrich Bruns wird gelehrt haben. Eine Festschrift* (S. 206–215). Kassel University Press.

Bender, G. (2004). Modus 2 – Wissenserzeugung in globalen Netzwerken? In U. Matthiesen (Hrsg.), *Stadtregion und Wissen. Analysen und Plädoyers für eine wissensbasierte Stadtpolitik* (S. 87–96). VS Verlag.

Berger, P. L., & Luckmann, T. (1966). *The social construction of reality. A treatise in the sociology of knowledge*. Anchor Books.

Bernstein, F. (2018). *Eichsfeld – Eine Landschaftsbiografie. Eine Landschaftsbiographische Analyse der Grenzregion Eichsfeld*. Masterarbeit, Universität Kassel.

Bernstein, F., Kaußen, L., & Stemmer, B. (2019). Online-Partizipation und Landschaft. In O. Kühne, F. Weber, K. Berr, & C. Jenal (Hrsg.), *Handbuch Landschaft* (S. 547–558). Springer VS.

Berque, A. (1995). *Les raisons du paysage. De la Chine antique aux environnements de synthèse*. Hazan.

Berr, K. (2017). Zur Moral des Bauens, Wohnens und Gebauten. In K. Berr (Hrsg.), *Architektur- und Planungsethik. Zugänge, Perspektiven, Standpunkte* (S. 111–138). Springer VS.

Berr, K. (2019). Heimat und Landschaft im Streit der Weltanschauungen. In M. Hülz, O. Kühne, & F. Weber (Hrsg.), *Heimat. Ein vielfältiges Konstrukt* (S. 27–51). Springer VS.

Berr, K., Jenal, C., Kühne, O., & Weber, F. (2019). *Landschaftsgovernance. Ein Überblick zu Theorie und Praxis*. Springer VS.

Berr, K., & Kühne, O. (2019). Moral und Ethik von Landschaft. In O. Kühne, F. Weber, K. Berr, & C. Jenal (Hrsg.), *Handbuch Landschaft* (S. 351–365). Springer VS.

Berr, K., & Kühne, O. (2020). *„Und das ungeheure Bild der Landschaft …". The Genesis of Landscape Understanding in the German-speaking Regions*. Springer VS.

Berr, K., & Schenk, W. (2019). Begriffsgeschichte. In O. Kühne, F. Weber, K. Berr, & C. Jenal (Hrsg.), *Handbuch Landschaft* (S. 23–38). Springer VS.

Beyme, K. v. (2013). *Von der Postdemokratie zur Neodemokratie*. Springer VS.

Bishop, K., & Phillips, A. (2004). *Countryside planning. New approaches to management and conservation*. Earthscan.

Blackbourn, D. (2007). *Die Eroberung der Natur. Eine Geschichte der deutschen Landschaft*. Random House.

Bloemers, J. H. F. (2007). Die Europäische Landschaftskonvention in den Niederlanden und Nordwest-Europa aus der Sicht der Kulturgeschichte. In Landschaftsverband Rheinland (Hrsg.), *Europäische Landschaftskonvention. Tagungsdokumentation 2006* (S. 32–37). Selbstverlag des LVR, Umweltamt Köln.

BMUB. (2017). Grün in der Stadt – Für eine lebenswerte Zukunft. Weißbuch Stadtgrün, Bundesministerium für Umwelt, Naturschutz, Bau und Reaktorsicherheit. https://digital.zlb.de/viewer/resolver?urn=urn:nbn:de:kobv:109-1-7797211#?. Zugegriffen: 15. Febr. 2021.

Böheim, J. (1930). *Das Landschaftsgefühl des ausgehenden Mittelalters*. B. G. Teubner.

Bonn, A., Richter, A., Vohland, K., Pettibone, L., Brandt, M., Feldmann, R., & Goebel, C. (2016). Grünbuch. Citizen Science Strategie 2020 für Deutschland, Bürger schaffen Wissen. https://nbn-resolving.org/urn:nbn:de:101:1-20160621985. Zugegriffen: 5. Jan. 2021.

Bonney, R., Cooper, C. B., Dickinson, J., Kelling, S., Phillips, T., Rosenberg, K. V., & Shirk, J. (2009). Citizen science: A developing tool for expanding science knowledge and scientific literacy. *BioScience, 59*(11), 977–984. https://doi.org/10.1525/bio.2009.59.11.9.

Bormann, I., & Haan, G. de. (2008). *Kompetenzen der Bildung für nachhaltige Entwicklung. Operationalisierung, Messung, Rahmenbedingungen, Befunde*. VS Verlag.

Börzel, T. A. (1999). Organizing Babylon – On the different conceptions of policy networks. *Public Administration, 76*(2), 253–273.

Bosco, F. J. (2015). Actor-Network theory, networks, and relational geographies. In S. C. Aitken & G. Valentine (Hrsg.), *Approaches to human geography. Philosophies, theories, people and practices* (2. Aufl., S. 150–162). SAGE.

Bosselmann, P. (1993). Dynamic simulations of urban environments. In R. W. Marans & D. Stokols (Hrsg.), *Environmental simulation. Research and policy issues* (S. 279–302). Plenum Press.

Böttiger, H. (2020). *Agenda 2030. Der Kompass zu einer lebenswerten Welt*. Michael Imhof.

Brettschneider, F. (2015). Richtig kommunizieren. „Stuttgart 21" und die Lehren für die Kommunikation bei Infrastruktur- und Bauprojekten. In G. Bentele, R. Bohse, U. Hitschfeld, & F. Krebber (Hrsg.), *Akzeptanz in der Medien- und Protestgesellschaft. Zur Debatte um Legitimation, öffentliches Vertrauen, Transparenz und Partizipation* (S. 281–299). Springer VS.

Brettschneider, F., & Schuster, W. (Hrsg.). (2013). *Stuttgart 21. Ein Großprojekt zwischen Protest und Akzeptanz*. Springer VS.

Brielmann, A. A., & Pelli, D. G. (2017). Beauty Requires Thought. *Current Biology, 27*(10), 1506–1513. https://doi.org/10.1016/j.cub.2017.04.018.

Briffaud, S. (2011). Quel paysage pour les paysagistes? Un retour sur l'expérience de l'École de paysage de Bordeaux. In G. Bertrand & S. Briffaud (Hrsg.), *Le Paysage. Retour d'expériences entre recherche et projet, actes du colloque, Les rencontres de l'abbaye d'Arthous, 9 au 10 octobre 2008* (S. 26–36). Conseil général des Landes.

Bröchler, S., & Blumenthal, J. v. (2006). Von Government zu Governance – Analysen zu einem schwierigen Verhältnis. In J. v. Blumenthal & S. Bröchler (Hrsg.), *Von Government zu Governance. Analysen zum Regieren im modernen Staat* (S. 7–21). LIT.

Brown, G., & Raymond, C. M. (2014). Methods for identifying land use conflict potential using participatory mapping. *Landscape and Urban Planning, 122*, 196–208. https://doi.org/10.1016/j.landurbplan.2013.11.007.

Brown, G., Reed, P., & Raymond, C. M. (2020). Mapping place values: 10 lessons from two decades of public participation GIS empirical research. *Applied Geography, 116*. https://doi.org/10.1016/j.apgeog.2020.102156.

Brunotte, E., Dister, E., Günther-Diringer, D., Koenzen, U., & Mehl, D. (2009). *Flussauen in Deutschland. Erfassung und Bewertung des Auenzustandes* (Naturschutz und Biologische Vielfalt, Bd. 87). Bundesamt für Naturschutz.

Bruns, D. (2006). Die Europäische Landschaftskonvention. Bedarf es eines deutschen Sonderwegs? *Stadt +Grün, 54*(12), 14–19.

Bruns, D. (2007). Die Europäische Landschaftskonvention. Anknüpfungspunkt und Impuls für eine moderne Landschaftspolitik. In S. Körner & I. Marschall (Hrsg.), *Die Zukunft der Kulturlandschaft. Verwilderndes Land, wuchernde Stadt?* (BfN-Skripten, Bd. 224, S. 189–204). Eigenverlag.

Bruns, D. (2010). Die Europäische Landschaftskonvention – Eine Aufforderung zu mehr Landschafts-Governance. *Garten + Landschaft, 120* (2), 33–35.

Bruns, D. (2013). Landschaft – Ein internationaler Begriff? In D. Bruns & O. Kühne (Hrsg.), *Landschaften: Theorie, Praxis und internationale Bezüge. Impulse zum Landschaftsbegriff mit seinen ästhetischen, ökonomischen, sozialen und philosophischen Bezügen mit dem Ziel, die Verbindung von Theorie und Planungspraxis zu stärken* (S. 153–168). Oceano.

Bruns, D. (2015). Die Euopäische Landschaftskonvention – Eine Antwort auf die landschaftlichen Herausforderungen sich transformierender Gesellschaft. In O. Kühne, K. Gawroński, & J. Hernik (Hrsg.), *Transformation und Landschaft. Die Folgen sozialer Wandlungsprozesse auf Landschaft* (S. 293–305). Springer VS.

Bruns, D. (2016a). Adressing participatory challenges for sustainalbe landscapes. In K. Jørgensen, M. Clemetsen, A.-K. Halvorsen Thorén, & T. Richardson (Hrsg.), *Mainstreaming landscape through the European landscape convention* (S. 129–137). Routledge.

Bruns, D. (2016b). Kulturell diverse Raumaneignung. In F. Weber & O. Kühne (Hrsg.), *Fraktale Metropolen. Stadtentwicklung zwischen Devianz, Polarisierung und Hybridisierung* (S. 231–240). Springer VS.

Bruns, D. (2021). Interkulturell.Real – Analysen von Stadträumen für eine situationssensible Planung. In S. Kost & C. A. Petrow (Hrsg.), *Kulturelle Vielfalt in Freiraum und Landschaft. Wahrnehmung, Partizipation, Aneignung und Gestaltung.* Springer (Im Druck).

Bruns, D., & Green, B. (2001). Identifying threatened, valued landscapes. In B. Green & W. Vos (Hrsg.), *Threatened landscapes. Conserving cultural environments* (S. 119–128). Spon Press.

Bruns, D., & Kühne, O. (2013a). Landschaft im Diskurs. Konstruktivistische Landschaftstheorie als Perspektive für künftigen Umgang mit Landschaft. *Naturschutz und Landschaftsplanung, 45*(3), 83–88.

Bruns, D., & Kühne, O. (Hrsg.). (2013b). *Landschaften: Theorie, Praxis und internationale Bezüge. Impulse zum Landschaftsbegriff mit seinen ästhetischen, ökonomischen, sozialen und philosophischen Bezügen mit dem Ziel, die Verbindung von Theorie und Planungspraxis zu stärken.* Oceano Verlag.

Bruns, D., & Kühne, O. (2015a). Gesellschaftliche Transformation und die Entwicklung von Landschaft. Eine Betrachtung aus der Perspektive der sozialkonstruktivistischen Landschaftstheorie. In O. Kühne, K. Gawroński, & J. Hernik (Hrsg.), *Transformation und Landschaft. Die Folgen sozialer Wandlungsprozesse auf Landschaft* (S. 17–34). Springer VS.

Bruns, D., & Kühne, O. (2015b). Zur kulturell differenzierten Konstruktion von Räumen und Landschaften als Herausforderungen für die räumliche Planung im Kontext von Globalisierung. In B. Nienaber & U. Roos (Hrsg.), *Internationalisierung der Gesellschaft und die Auswirkungen auf die Raumentwicklung. Beispiele aus Hessen, Rheinland-Pfalz und dem Saarland* (Arbeitsberichte der ARL, Bd. 13, S. 18–29). Hannover: Selbstverlag. https://shop.arl-net.de/media/direct/pdf/ab/ab_013/ab_013_02.pdf. Zugegriffen: 26. Nov. 2018.

Bruns, D., & Leconte, L. (2016). Umsetzung der ELC durch Landschaftsplanung in verschiedenen Ländern Europas. In Bund Heimat und Umwelt in Deutschland (BHU) (Hrsg.), *Konventionen zur Kulturlandschaft. Dokumentation des Workshops „Konventionen zur Kulturlandschaft – Wie können Konventionen in Europa das Landschaftsthema stärken" am 1. und 2. Juni 2015 in Aschaffenburg* (S. 21–32). Selbstverlag.

Bruns, D., Mengel, A., & Weingarten, E. (2005). *Beiträge der flächendeckenden Landschaftsplanung zur Reduzierung der Flächeninanspruchnahme* (Naturschutz und Biologische Vielfalt, Bd. 25). Bundesamt für Naturschutz.

Bruns, D., & Münderlein, D. (2017). Kulturell diverse Landschaftswertschätzung und Visuelle Kommunikation. In O. Kühne, H. Megerle, & F. Weber (Hrsg.), *Landschaftsästhetik und Landschaftswandel (RaumFragen: Stadt – Region – Landschaft* (S. 303–318). Springer VS.

Bruns, D., & Münderlein, D. (2018). „Paysage à votre santé". Gesundheitsfördernde Landschaften - Eine Betrachtung von Naturparken. In F. Weber, F. Weber, & C. Jenal (Hrsg.), *Wohin des Weges? Regionalentwicklung in Großschutzgebieten* (Arbeitsberichte der ARL, Bd. 21, S. 250–281). Selbstverlag.

Bruns, D., & Münderlein, D. (2019). Internationale Konzepte zur Erklärung von Mensch-Ort-Beziehungen. In M. Hülz, O. Kühne, & F. Weber (Hrsg.), *Heimat. Ein vielfältiges Konstrukt* (S. 99–119). Springer VS.

Bruns, D., Ortacesme, V., Stiles, R., Vries, J. de, Holden, R., & Jørgensen, K. (2010). *Tuning Landscape Architecture Education in Europe. Version 27*. Eigenverlag.

Bruns, D., & Paech, F. (2015). „Interkulturell_real" in der räumlichen Entwicklung. Beispiele studentischer Arbeiten zur Wertschätzung städtischer Freiräume in Kassel. In B. Nienaber & U. Roos (Hrsg.), *Internationalisierung der Gesellschaft und die Auswirkungen auf die Raumentwicklung. Beispiele aus Hessen, Rheinland-Pfalz und dem Saarland* (Arbeitsberichte der ARL, Bd. 13, S. 54–71). Hannover: Selbstverlag. https://shop.arl-net.de/media/direct/pdf/ab/ab_013/ab_013_05.pdf. Zugegriffen: 26. Nov 2018.

Bruun, M. (2016). How and why was the European landscape convention conceived? In K. Jørgensen, M. Clemetsen, A.-K. Halvorsen Thorén, & T. Richardson (Hrsg.), *Mainstreaming Landscape through the European Landscape Convention* (S. 5–12). Routledge.

Bucci, M. (2001). The role of local and regional authorities towards the adoption and the implementation of the European Landscape Convention. In Council of Europe (Hrsg.), *First Conference of the Contracting and Signatory States to the European Landscape Convention, 22–23 November 2001, Strasbourg. T-FLOR 1 (2001) 19* (Appendix 7). Council of Europe Printing Office.

Büchter, C. (2002). *Zum Dilemma einer querschnittsorientierten Fachplanung*. Dissertation, Universität Kassel.

Bundesamt für Naturschutz, (Hrsg.). (2016). *Daten zur Natur [Themenheft]*. Görres-Druckerei und Verlag GmbH.

Bundesministerium für Umwelt, Naturschutz und Reaktorsicherheit. (2007). *Schreiben mit AZ N I 4 – 45061/4 vom 10.09.2007 an den Bund Deutscher Landschaftsarchitekten der am 24.07.2007 ein „Memorandum zur Europäischen Landschaftskonvention" an Umweltminister Gabriel überstellt hatte*.

Burckhardt, L. (1990). [1977] Landschaftsentwicklung und Gesellschaftsstruktur. In G. Gröning & U. Herlyn (Hrsg.), *Landschaftswahrnehmung und Landschaftserfahrung. Texte zur Konstitution und Rezeption von Natur als Landschaft* (S. 105–116). Minerva.

Burckhardt, L. (2004). *Wer plant die Planung? Architektur, Politik und Mensch*. Martin Schmitz.

Bürger, K., & Dröschmeister, R. (2001). Naturschutzorientierte Umweltbeobachtung in Deutschland, ein Überblick. *Natur und Landschaft, 76*(2), 49–57.

Bürgerverein Nordstadt e. V. (1992). *Die Geschichte der Kasseler Nordstadt*. Kassel.

Butler, A., & Berglund, U. (2014). Landscape character assessment as an approach to understanding public interests within the European landscape convention. *Landscape Research, 39*(3), 219–236. https://doi.org/10.1080/01426397.2012.716404.

Butler, A., & Sarlöv-Herlin, I. (2019). Changing landscape identity – Practice, plurality, and power. *Landscape Research, 44*(3), 271–277. https://doi.org/10.1080/01426397.2019.1589774.

Büttner, N. (2006). *Geschichte der Landschaftsmalerei*. Hirmer.

Büttner, T. (2008). *Kulturlandschaft als planerisches Konzept. Die Einbindung des Schutzgutes „historische Kulturlandschaft" in der Planungsregion Oberfranken-West.* Dissertation, TU Berlin. Berlin. http://opus.kobv.de/tuberlin/volltexte/2009/2120. Zugegriffen: 8. April 2021.

Cabrit, J.-L., Soulié, M.-C., & Thibault, J.-P. (2017). Démarches paysagères en Europe – Eléments de parangonnage pour les politiques publiques françaises. Rapport no. 010731–01 du Conseil général de l'environnement et du développement durable. https://www.vie-publique.fr/rapport/37189-demarches-paysageres-en-europe-elements-de-parangonnage-pour-les-polit. Zugegriffen: 31. März 2021.

Cakci-Kaymaz, I. C. (2012). Landscape Perception. In M. Ozyavuz (Hrsg.), *Landscape Planning* (S. 251–276). InTech.

Carson, R. (1962). *Silent spring.* Mifflin.

Castiglioni, B. (2012). Education on landscape for children. In Council of Europe (Hrsg.), *Landscape facets. Reflections and proposals for the implementation of the European Landscape Convention* (S. 217–267). Council of Europe Publishing.

Chilla, T., Kühne, O., & Neufeld, M. (2016). *Regionalentwicklung* (UTB, Bd. 4566). Ulmer.

Chilla, T., Kühne, O., Weber, F., & Weber, F. (2015). „Neopragmatische" Argumente zur Vereinbarkeit von konzeptioneller Diskussion und Praxis der Regionalentwicklung. In O. Kühne & F. Weber (Hrsg.), *Bausteine der Regionalentwicklung* (S. 13–24). Springer VS.

Claßen, T. (2016). Empirische Befunde zum Zusammenhang von Landschaft und physischer Gesundheit. In U. Gebhard & T. Kistemann (Hrsg.), *Landschaft, Identität und Gesundheit. Zum Konzept der Therapeutischen Landschaften* (S. 71–91). Springer VS.

Claßen, T., Brei, B., & Hornberg, C. (2009). Alles im „Grünen Bereich". Forschungsergebnisse zur gesundheitlichen Bedeutung von Bewegung im urbanen Grün-Raum. In Niedersächsisches Ministerium für Umwelt und Klimaschutz (Hrsg.), *Umwelt und Sport. Partnerschaft für die Zukunft* (S. 14–22). Eigenverlag.

Clemetsen, M., Krogh, E., & Halvorsen Thorén, K. (2011). Developing new tools for landscape analysis in local planning processes in Norway. In M. Jones & M. Stenseke (Hrsg.), *The European landscape convention. Challenges of participation* (Landscape Series, Bd. 13, S. 219–235). Springer Science+Business Media B.V.

Committee of Ministers. (2008). Recommendation CM/Rec(2008)3 of the Committee of Ministers to member states on the guidelines for the implementation of the European Landscape Convention, Council of Europe. https://rm.coe.int/16802f80c9. Zugegriffen: 18. Febr. 2021.

Congress of Local and Regional Authorities. (1998). Consultation intergouvernementale, am 8/9. November in Strasbourg (Recommendation 40(1998). https://rm.coe.int/168050a7a5. Zugegriffen: 12. Apr. 2021.

Cosgrove, D. (1984). *Social formation and symbolic landscape.* University of Wisconsin Press.

Council of Europe (Hrsg.). (1983). *Empfehlung Nr. R (1984) 2 des Ministerkomitees an die Mitgliedstaaten des Europarats zur Europäischen Charta für Raumordnung (Charta von Torremolinos).* Council of Europe Printing Office.

Council of Europe. (1998). *Adopted texts. 5th Session; (26–28 May 1998); recommendations 40–52; opinion 8; resolutions 60–73 = Textes adoptés.* Council of Europe.

Council of Europe. (2000). Europäisches Landschaftsübereinkommen. Nichtamtliche Übersetzung. https://www.coe.int/en/web/conventions/full-list/-/conventions/treaty/176. Zugegriffen: 10. Febr. 2021.

Council of Europe. (2002). Florence convention. Synthesis of the received information concerning summary descriptive note on the landscape policies pursued in the Council of Europe member states. www.coe.int/t/dg4/cultureheritage/heritage/landscape/tflor-2003-11rev-synthese_en.pdf. Zugegriffen: 4. März 2021.

Council of Europe, (Hrsg.). (2006). *Landscape and sustainable development. Challenges of the European landscape convention.* Council of Europe Publishing.
Council of Europe. (2007). Synoptic presentation of the status of landscape policies pursued by the member states of the Council of Europe. https://www.coe.int/en/web/landscape/4th-conference. Zugegriffen: 4. März 2021.
Council of Europe. (2008). Resolution of the Committee of Ministers CM/Res(2008)3 on the rules governing the Landscape Award of the Council of Europe. https://search.coe.int/cm/Pages/result_details.aspx?ObjectId=09000016805d3d39. Zugegriffen: 8. Apr. 2021.
Council of Europe. (2011). *Report of the first conference of the contracting and signatory states to the European landscape convention.* Council of Europe Printing Office.
Council of Europe (Hrsg.). (2016a). *European Landscape Convention. The Landscape Award Alliance of the Council of Europe* (European spatial planning and landscape series, Bd. 103). Strasbourg: Council of Europe Printing Office.
Council of Europe. (2016b). Protocol amending the European Landscape Convention. https://www.coe.int/en/web/conventions/full-list/-/conventions/treaty/219?_coeconventions_WAR_coeconventionsportlet_languageId=de_DE. Zugegriffen: 7. Apr. 2021.
Council of Europe. (2019). *Draft Recommendation "Landscape and Democracy: public participation". 10th Council of Europe Conference on the European Landscape Convention. CEP-CDCPP (2019) 15E.* Council of Europe Printing Office.
Council of Europe & Congress of Local and Regional Authorities. (1996). „Draft European Landscape Convention", with an emphasis on rural landscapes. https://rm.coe.int/native/0900001680500d6c. Zugegriffen: 8. Apr. 2021.
The Countryside Agency. (2004). Countryside quality counts. Tracking change in the English countryside. Research notes: CRN 85. http://publications.naturalengland.org.uk/publication/60074. Zugegriffen: 31. März 2021.
Countryside Commission. (1993). „Landscape Assessment Guidance" (CCP423).
Countryside Commission. (1994). „The New Map of England: A celebration of the south western landscape" (CCP444).
Cullen, G. (1961). *Townscape.* Architectural Press.
Czybulka, D. (2007). Die Europäische Landschaftskonvention. *Zeitschrift für Europäisches Umwelt- und Planungsrecht (EurUP), 5*(6), 250–258.
Dahl, R. A. (1971). *Polyarchy. Participation and opposition.* Yale University Press.
Dahl, R. A. (1998). *On democracy.* Yale University Press.
Dahrendorf, R. (1957). *Soziale Klassen und Klassenkonflikt in der industriellen Gesellschaft.* Enke.
Dahrendorf, R. (1961). *Gesellschaft und Freiheit. Zur soziologischen Analyse der Gegenwart.* Piper.
Dahrendorf, R. (1968a). *Bildung ist Bürgerrecht. Plädoyer für eine aktive Bildungspolitik* (Die Zeit Bücher, Neuauflage). Christian Wegner.
Dahrendorf, R. (1968b). *Pfade aus Utopia. Arbeiten zur Theorie und Methode der Soziologie.* Piper.
Dahrendorf, R. (1971 [1958]). *Homo sociologicus. Ein Versuch zur Geschichte, Bedeutung und Kritik der Kategorie der sozialen Rolle.* Westdeutscher.
Dahrendorf, R. (1979). *Lebenschancen. Anläufe zur sozialen und politischen Theorie* (Suhrkamp-Taschenbuch, Bd. 559). Suhrkamp.
Dahrendorf, R. (1987). *Fragmente eines neuen Liberalismus.* Deutsche Verlags-Anstalt.
Dahrendorf, R. (1990). *Betrachtungen über die Revolution in Europa in einem Brief, der an einen Herrn in Warschau gerichtet ist.* Deutsche Verlags-Anstalt.
Daugstad, K. (2011). The participatory dimension in nature conservation processes: Examples of ideology and practice from Norway. In M. Jones & M. Stenseke (Hrsg.), *The European landscape convention. Challenges of participation* (Landscape Series, Bd. 13, S. 67–79). Springer Science+Business Media B.V.

Davies, D. (1988). The evocative symbolism of trees. In D. Cosgrove & S. Daniels (Hrsg.), *The Iconography of Landscape. Essays on the Symbolic Representation, Design and Use of Past Environments* (Cambridge Studies in Historical Geography, Bd. 9, S. 32–42). Cambridge University Press.

Davodeau, H. (2003). *LA SENSIBILITE PAYSAGERE A L'EPREUVE DE LA GESTION TERRITORIALE, Paysages et politiques publiques de l'aménagement en Pays de la Loire*. Dissertation, Université d'Angers. Angers.

Davodeau, H., & Toublanc, M. (2010). Le paysage outil, les outils du paysage. *Outils pour decider ensemble, co-constriction ou construction en commun d'objects collectifs*, 375–391.

Déjeant-Pons, M. (2006). The European landscape convention. *Landscape Research, 31*(4), 363–384.

Déjeant-Pons, M. (2007). Die Europäische Landschaftskonvention. In Landschaftsverband Rheinland (Hrsg.), *Europäische Landschaftskonvention. Tagungsdokumentation 2006* (S. 13–31). Selbstverlag des LVR, Umweltamt Köln.

Dessing, N., & Pedroli, B. (2013). Voldoet Nederland nog wel aan de Europese Landschapsconventie? *Landschap tijdschrift voor landschapsecologie en milieukunde, 30*(1), 15–19.

Deutsche UNESCO-Kommission. (2017). *Modellregion für nachhaltige Entwicklung. UNESCO-Geopark Bergstraße-Odenwald und die Globale Nachhaltigkeitsagenda*. Bonn.

Deutscher Bundestag (Hrsg.). (2004). Umweltgutachten 2004 des Rates von Sachverständigen für Umweltfragen. Umweltpolitische Handlungsfähigkeit sichern. Drucksache 15/3600. http://dipbt.bundestag.de/extrakt/ba/WP15/867/86731.html. Zugegriffen: 15. Febr. 2021.

Dietz, G. (2018). Interculturality. In H. Callan (Hrsg.), *The international encyclopedia of anthropology* (S. 1–19). Wiley Blackwell.

Dix, A. (2002). Das Mittelrheintal – Wahrnehmung und Veränderung einer symbolischen Landschaft des 19. *Jahrhundert. Petermanns Geographische Mitteilungen, 146*, 44–53.

Dollinger, F. (2013). Schutzgut „Landschaft" – wie unterscheidet man die „Wahre Landschaft" von der „Ware Landschaft"? *Raumplanung aktuell. Die Zeitschrift für die Salzburger Raumentwicklung, 9*(1), 13–29.

Donadieu, P. (2009). Quel bilan tirer des politiques de paysage en France? Projets de paysage. https://www.projetsdepaysage.fr/quel_bilan_tirer_des_politiques_de_paysage_en_france. Zugegriffen: 8. Apr. 2021.

Donadieu, P., & Perigord, M. (2005). *Clés pour le paysage (Collection Géophrys)*. Ophrys.

Dower, M. (2008). The European landscape convention – Its origins, focus and relevance at European level to land use and landscape planning. In Natural England (Hrsg.), *Landscape character network workshop proceedings "The European Landscape Convention and its relevance to land use and landscape planning"* (S. 9–14). Austin Court.

Dransch, D., Kyba, C. C., Schröter, K., Yang, B., Schorlemmer, D., Barz, B., & Denzler, J. (2018). Citizen Science – Gemeinsam Wissen schaffen. *System Erde, 8*(1), 46–51. https://doi.org/10.2312/GFZ.syserde.08.01.7

Drexler, D. (2009a). Kulturelle Differenzen der Landschaftswahrnehmung in England, Frankreich, Deutschland und Ungarn. In T. Kirchhoff & L. Trepl (Hrsg.), *Vieldeutige Natur. Landschaft, Wildnis und Ökosystem als kulturgeschichtliche Phänomene* (Sozialtheorie, S. 119–136). transcript.

Drexler, D. (2009b). *Landschaft und Landschaftswahrnehmung: Untersuchung des kulturhistorischen Bedeutungswandels von Landschaft anhand eines Vergleichs von England, Frankreich, Deutschland und Ungarn*. Dissertation, Technische Universität München.

Drexler, D. (2010). *Landschaften und Landschaftswahrnehmung: Untersuchung des kulturhistorischen Bedeutungswandels von Landschaft anhand eines Vergleichs von England, Frankreich, Deutschland und Ungarn*. Technische Universität München.

Drexler, D. (2013). Die Wahrnehmung der Landschaft – Ein Blick auf das englische, französische und ungarische Landschaftsverständnis. In D. Bruns & O. Kühne (Hrsg.), *Landschaften: Theorie, Praxis und internationale Bezüge. Impulse zum Landschaftsbegriff mit seinen ästhetischen, ökonomischen, sozialen und philosophischen Bezügen mit dem Ziel, die Verbindung von Theorie und Planungspraxis zu stärken* (S. 37–54). Oceano.

Edler, D. (2020). Altindustrielle Klanglandschaften und moderne 3D-kartographische Ansätze ihrer Wiedergabe und Erhaltung. In R. Duttmann, O. Kühne, & F. Weber (Hrsg.), *Landschaft als Prozess* (S. 267–280). Springer VS.

Egner, H. (2006). Autopoiesis, Form und Beobachtung. *Mitteilungen der Österreichischen Geographischen Gesellschaft, 148,* 92–108.

Egoz, S., Makhzoumi, J., & Pungetti, G. (2011). *The right to landscape. Contesting landscape and human rights.* Ashgate.

Eisel, U. (1982). Die schöne Landschaft als kritische Utopie oder als konservatives Relikt. Über die Kristallisation gegnerischer politischer Philosophien im Symbol „Landschaft". *Soziale Welt, 33*(2), 157–168.

Eiter, S., & Potthoff, K. (2007). Improving the factual knowledge of landscapes: Following up the European Landscape Convention with a comparative historical analysis of forces of landscape change in the Sjodalen and Stølsheimen mountain areas, Norway. *Norsk Geografisk Tidsskrift - Norwegian Journal of Geography, 61*(4), 145–156. https://doi.org/10.1080/00291950701709127.

Eiter, S., & Potthoff, K. (2016). Landscape changes in Norwegian mountains: Increased and decreased accessibility, and their driving forces. *Land Use Policy, 54,* 235–245. https://doi.org/10.1016/j.landusepol.2016.02.017.

Eiter, S., & Vik, M. L. (2015). Public participation in landscape planning: Effective methods for implementing the European Landscape Convention in Norway. *Land Use Policy, 44,* 44–53. https://doi.org/10.1016/j.landusepol.2014.11.012.

Europäische Umweltagentur. (2019). Die Umwelt in Europa – Zustand und Ausblick 2020. Zusammenfassung. https://www.eea.europa.eu/de/publications/die-umwelt-in-europa-zustand. Zugegriffen: 4. Jan. 2021.

European Science Foundation. (2010). *Landscape in a changing world. Bridging divides, integrating disciplines, serving society. Science policy briefing October 2010.* ESF.

Evans, J., & Jones, P. (2011). The walking interview: Methodology, mobility and place. *Applied Geography, 31*(2), 849–858. https://doi.org/10.1016/j.apgeog.2010.09.005.

Ewald, K. C. (2000). Vorwort. In P. Stirnemann & D. Sauerländer (Hrsg.), *Landschaftswandel: Werkzeuge zum Messen und Bewerten von Veränderungen in der Landschaft.* Verlag Sauerländer.

Färber, A. (2014). Potenziale freisetzen: Akteur-Netzwerk-Theorie und Assemblageforschung in der interdisziplinären kritischen Stadtforschung. *sub\urban zeitschrift für kritische stadtforschung, 2*(1), 95–103.

Farina, A., & Naveh, Z. (Hrsg.). (1993) Landscape approach to regional planning [Themenheft]. *Landscaping and Urban Planning* (24).

Faurest, K., & Fetzer, E. (2015). A condition of the spirit. Mapping landscape, language and culture. In D. Bruns, O. Kühne, A. Schönwald, & S. Theile (Hrsg.), *Landscape culture – Culturing landscapes. The differentiated construction of landscapes* (237–246). Springer VS.

Fetzer, E. (2018). Towards landscape education for democracy. In S. Hennecke, H. Kegler, K. Klaczynski, & D. Münderlein (Hrsg.), *Diedrich Bruns wird gelehrt haben. Eine Festschrift* (S. 170–177). Kassel University Press.

Finke, P. (2014). *Citizen Science. Das unterschätzte Wissen der Laien.* Oekom.

Flender, A., Pfau, D., Schmidt, S., & Weipert, M. (2001). *Regionale Identität zwischen Konstruktion und Wirklichkeit. Eine historisch-empirische Untersuchung am Beispiel des Siegerlandes* (Schriftenreihe des Instituts für Europäische Regionalforschungen, Bd. 8). Nomos-Verl.-Ges.

Flügel-Martinsen, O. (Hrsg.). (2004). *Die Rückkehr des Politischen. Demokratietheorien heute.* WBG.

Folinais, C. (2006). *Plans de paysage: éléments de bilan.* Selbstverlag.

Fontaine, D. (2017). *Simulierte Landschaften in der Postmoderne. Reflexionen und Befunde zu Disneyland, Wolfersheim und GTA V.* Springer VS.

Fontaine, D. (2018). Die Energiewende und ihr Einzug in saarländische Lehrwerke für Gymnasien: Eine Erfolgsgeschichte? In O. Kühne & F. Weber (Hrsg.), *Bausteine der Energiewende* (S. 369–383). Springer VS.

Fürst, D., & Scholles, F. (2008). *Handbuch Theorien und Methoden der Raum- und Umweltplanung* (3., vollständig überarbeitete Aufl.). Rohn.

Gailing, L. (2012). Sektorale Institutionensysteme und die Governance kulturlandschaftlicher Handlungsräume. Eine institutionen- und steuerungstheoretische Perspektive auf die Konstruktion von Kulturlandschaft. *Raumforschung und Raumordnung, 70*(2), 147–160. https://doi.org/10.1007/s13147-011-0135-x.

Gailing, L. (2014). *Kulturlandschaftspolitik. Die gesellschaftliche Konstituierung von Kulturlandschaft durch Institutionen und Governance* (Planungswissenschaftliche Studien zu Raumordnung und Regionalentwicklung, Bd. 4). Rohn.

Gailing, L. (2018). Die räumliche Governance der Energiewende: Eine Systematisierung der relevanten Governance-Formen. In O. Kühne & F. Weber (Hrsg.), *Bausteine der Energiewende* (S. 75–90). Springer VS.

Gailing, L. (2019). Landschaft und Governance. In O. Kühne, F. Weber, K. Berr, & C. Jenal (Hrsg.), *Handbuch landschaft* (S. 419–428). Springer VS.

Gailing, L., & Röhring, A. (2008). Institutionelle Aspekte der Kulturlandschaftsentwicklung. In D. Fürst, L. Gailing, K. Pollermann, & A. Röhring (Hrsg.), *Kulturlandschaft als Handlungsraum. Institutionen und Governance im Umgang mit dem regionalen Gemeinschaftsgut Kulturlandschaft* (S. 49–70). Verlag Dorothea Rohn.

Gao, L., & Egoz, S. (Hrsg.). (2019). *Lessons from the past, Visions for the future: Celebrating one hundred years of landscape architecture education in Europe.* School of Landscape Architecture, Norwegian University of Life Sciences.

Gebhard, U., & Kistemann, T. (Hrsg.). (2016a). *Landschaft, Identität und Gesundheit. Zum Konzept der Therapeutischen Landschaften.* Springer VS.

Gebhard, U., & Kistemann, T. (2016b). Therapeutische Landschaften: Gesundheit, Nachhaltigkeit, „gutes Leben". In U. Gebhard & T. Kistemann (Hrsg.), *Landschaft, Identität und Gesundheit. Zum Konzept der Therapeutischen Landschaften* (S. 1–17). Springer VS.

Geisen, T., & Riegel, C. (Hrsg.). (2009). *Jugend, Partizipation und Migration. Orientierungen im Kontext von Integration und Ausgrenzung* (2. durchgesehene Aufl.). VS Verlag.

Geisen, T., Riegel, C., & Yildiz, E. (Hrsg.). (2017). *Migration, Stadt und Urbanität. Perspektiven auf die Heterogenität migrantischer Lebenswelten.* Springer VS.

Gemeinde Eichstetten (2004, 9. Juli). Mit PLENUM Gäste durch den Kaiserstuhl begleiten. *Eichstetter Nachrichten,* S. 4.

Geo-Naturpark Bergstraße-Odenwald. (2018). Infomagazin. *Geo-Naturpark aktuell, 16*(1).

Gesemann, F., & Roth, R. (Hrsg.). (2018). *Handbuch lokale Integrationspolitik.* Springer VS.

Bruns, D., & Münderlein, D. (27.07.2016). *Interview mit Christiane Stolz, Dewald Dirk & Jutta Weber. Interview mit* Gespräch zur Integration von Gesundheitsbelangen in die Gebietsentwicklungsplanung mit der Verwaltung des Geo-Naturparks Bergstraße Odenwald. Lorsch.

Gharadjedaghi, B., Heimann, R., Lenz, K., Martin, C., Pieper, V., Schulz, A., Vahabzadeh, A., Finck, P., & Riecken, U. (2004). Verbreitung und Gefährdung schutzwürdiger Landschaften in Deutschland. *Natur und Landschaft, 79*(2), 71–81.

Gibbons, M., Limoges, C., Nowotny, H., Schwartzmann, S., Scott, P., & Trow, M. (1994). *The new production of knowledge. The dynamics of science and research in contemporary societies.* Sage.

Gilgen, K. (2006). *Planungsmethodik in der kommunalen Raumplanung. Vom Praxisbeispiel zur Theorie.* Vdf, Hochschulverlag an der ETH.

Giroux, H. A. (2015). Public Intellectuals against the Neoliberal University. In N. K. Denzin & M. D. Giardina (Hrsg.), *Qualitative Inquiry-Past, Present, and Future. A Critical Reader* (S. 194–221). Left Coast Press.

Göttinger Institut für Demokratieforschung. (2010). Neue Dimensionen des Protests? Ergebnisse einer explorativen Studie zu den Protesten gegen Stuttgart 21. http://www.demokratie-goettingen.de/content/uploads/2010/11/Neue-Dimensionen-des-Protests.pdf. Zugegriffen: 22. März 2019.

Grebe, C. (2018). *Auswirkungen Erneuerbarer Energien auf den Erholungswert von Mittelgebirgslandschaften am Beispiel von Nordhessen.* Kassel University Press GmbH.

Green, B., & Vos, W. (Hrsg.). (2001). *Threatened landscapes. Conserving cultural environments.* Spon Press.

Greffrath, M. (2019). Mehr Demokratie wagen. Eine Vision und was aus ihr geworden ist. https://www.deutschlandfunkkultur.de/mehr-demokratie-wagen-eine-vision-und-was-aus-ihr-geworden.976.de.html?dram:article_id=461102. Zugegriffen: 5. Jan. 2021.

Greider, T., & Garkovich, L. (1994). Landscapes: The social construction of nature and the environment. *Rural Sociology, 59*(1), 1–24. https://doi.org/10.1111/j.1549-0831.1994.tb00519.x.

Günnewig, D. (2020). *Persönliche Mitteilung vom 05.04.2020.*

Haaren, C. von, Lovett, A. A., & Albert, C. (2020). *Landscape planning with ecosystem services. Theories and methods for application in Europe* (Landscape Series). Springer.

Haaren, C. von, Oppermann, B., Friese, K.-I., Hachmann, R., Meiforth, J., Neumann, A., Tiedtke, S., Warren-Kretzschmar, B., & Wolter, F.-E. (2005). *Interaktiver Landschaftsplan Königslutter am Elm. Ergebnisse aus dem E+E-Vorhaben "Interaktiver Landschaftsplan Königslutter am Elm" des Bundesamtes für Naturschutz* (Naturschutz und Biologische Vielfalt, Bd. 24). Bundesamt für Naturschutz.

Haber, W., Schönthaler, K., Kerner, H. F., Köppel, J., & Spandau, L. (1994). *Konzeption für eine ökosystemare Umweltbeobachtung. Pilotprojekt Biosphärenreservate. Berlin (Forschungsbericht 101 04 0404/08, im Auftrag des Umweltbundesamtes, unveröffentlicht).*

Haber, W., Schönthaler, K., Kerner, H.-F., Köppel, J., & Spandau, L. (1997). *Konzeption für eine ökosystemare Umweltbeobachtung. Wissenschaftlich-fachlicher Ansatz* (UBA-Texte, 32/97). UBA.

Haber, W. (2002). Von der "Grünen Charta" bis zum Weltgipfel für nachhaltige Entwicklung. *Schriftenreihe des Deutschen Rates für Landespflege 74 („Die verschleppte Nachhaltigkeit: frühe Forderungen – aktuelle Akzeptanz"),* 37–40.

Hadjar, A., & Becker, R. (2009). Erwartete und unerwartete Folgen der Bildungsexpansion in Deutschland. In R. Becker (Hrsg.), *Lehrbuch der Bildungssoziologie* (S. 195–213). VS Verlag.

Hahn, J. (2012). *Unterschiede und Gemeinsamkeiten der sozialen Konstruktion von Landschaft in Deutschland und Italien.* unveröffentlichte Saatsexamenarbeit.

Haines-Young, R., Martin, J., Tantram, D., & Swanwick, C. (2004). *Countryside quality counts. Tracking changes in countryside quality, constructing an indicator of change in countryside quality.* The Countryside Agency.

Halvorsen Thorén, A.-K., & Jørgensen, K. (2016). The European landscape convention today: Landscape in languages and laws. In K. Jørgensen, M. Clemetsen, A.-K. Halvorsen Thorén, & T. Richardson (Hrsg.), *Mainstreaming landscape through the European landscape convention* (S. 141–148). Routledge.

Harari, Y. N. (2018). *Eine kurze Geschichte der Menschheit* (30. Aufl.). Pantheon.

Hard, G. (1969). Das Wort Landschaft und sein semantischer Hof. Zu Methode und Ergebnis eines linguistischen Tests. *Wirkendes Wort, 19,* 3–14.

Hard, G. (1970a). „Was ist eine Landschaft?". Über Etymologie als Denkform in der geographischen Literatur. In D. Bartels (Hrsg.), *Wirtschafts- und Sozialgeographie* (Neue wissenschaftliche Bibliothek, Bd. 35, S. 66–84). Kiepenheuer & Witsch.

Hard, G. (1970b). *Die „Landschaft" der Sprache und die „Landschaft" der Geographen. Semantische und forschungslogische Studien.* Ferdinand Dümmlers.

Hard, G. (1977). Zu den Landschaftsbegriffen der Geographie. In A. Hartlieb von Wallthor & H. Quirin (Hrsg.), *„Landschaft" als interdisziplinäres Forschungsproblem. Vorträge und Diskussionen des Kolloquiums am 7./8. November 1975 in Münster* (S. 13–24). Aschendorff.

Hard, G. (2002). Zu Begriff und Geschichte von „Natur" und „Landschaft" in der Geographie des 19. und 20. Jahrhunderts [1983 erstveröffentlicht]. In G. Hard (Hrsg.), *Landschaft und Raum. Aufsätze zur Theorie der Geographie* (Osnabrücker Studien zur Geographie, Bd. 22, S. 171–210). Universitätsverlag Rasch.

Hartke, W. (1956). Die „Sozialbrache" als Phänomen der geographischen Differenzierung der Landschaft. *Erdkunde, 10*(4), 257–269.

Hartlik, J., & Machtolf, M. (2018). Gesundheit in der Umweltprüfung. In S. Baumgart, H. Köckler, A. Ritzinger, & A. Rüdiger (Hrsg.), *Planung für gesundheitsfördernde Städte* (Forschungsberichte der ARL, Bd. 8, S. 169–195). Akademie für Raumforschung und Landesplanung Leibniz-Forum für Raumwissenschaften.

Hartz, A., & Kühne, O. (2009). Aesthetic approaches to active urban landscape planning. In A. van der Valk & T. van Dijk (Hrsg.), *Regional planning for open space* (S. 249–278). Routledge.

Hauser, S. (2004). Industrieareale als urbane Räume. In W. Siebel (Hrsg.), *Die europäische Stadt* (S. 146–157). Suhrkamp.

Hellige, H. D. (2011). Diskurse und Kulturen der Nachhaltigkeit in historischer Perspektive. Ein Diskussionsbeitrag, Forschungszentrum Nachhaltigkeit. artec-paper: 172. https://www.uni-bremen.de/fileadmin/user_upload/sites/artec/Publikationen/artec_Paper/172_paper.pdf. Zugegriffen: 8. Apr. 2021.

Herbert, M. (2003). Die Umweltbeobachtung nach § 12 BNatSchG und ihr Verhältnis zur Landschaftsplanung. Wechselverhältnis in inhaltlicher und methodischer Sicht. *Naturschutz und Landschaftsplanung, 35*(4), 110–113.

Hernik, J., & Dixon-Gough, R. (2013). The concept and importance of landscape in Polish language and in Poland. In D. Bruns & O. Kühne (Hrsg.), *Landschaften: Theorie, Praxis und internationale Bezüge. Impulse zum Landschaftsbegriff mit seinen ästhetischen, ökonomischen, sozialen und philosophischen Bezügen mit dem Ziel, die Verbindung von Theorie und Planungspraxis zu stärken* (S. 83–98). Oceano.

Hildebrand, J., & Rau, I. (2012). Die Akzeptanz des Netzausbaus. *Ergebnisse einer umweltpsychologischen Studie. EMF-Spektrum, 2,* 4–7.

Hoffmann-Lange, U. (2000). Bildungsexpansion, politisches Interesse und politisches Engagement in den alten Bundesländern. In O. Niedermayer, & B. Westle (Hrsg.), *Demokratie und Partizipation. Festschrift für Max Kaase* (S. 46–64). Westdeutscher.

Hofmeister, S., & Scurrell, B. (2016). Die ‚Energielandschaft' als StadtLandschaft. Die Transformationsgeschichte einer Region in sozial-ökologischer Perspektive. In S. Hofmeister & O. Kühne (Hrsg.), *StadtLandschaften. Die neue Hybridität von Stadt und Land* (S. 187–214). Springer VS.

Hohl, H. (1977). Das Thema Landschaft in der deutschen Malerei des ausgehenden 18. und beginnenden 19. Jahrhunderts. In A. Hartlieb von Wallthor & H. Quirin (Hrsg.), *„Landschaft" als interdisziplinäres Forschungsproblem. Vorträge und Diskussionen des Kolloquiums am 7./8. November 1975 in Münster* (S. 45–53). Aschendorff.

Hokema, D. (2009). Die Landschaft der Regionalentwicklung: Wie flexibel ist der Landschaftsbegriff? *Raumforschung und Raumordnung, 67*(3), 239–249.

Hokema, D. (2013). *Landschaft im Wandel? Zeitgenössische Landschaftsbegriffe in Wissenschaft, Planung und Alltag*. Springer VS.

Holzinger, M. (2004). *Natur als sozialer Akteur. Realismus und Konstruktivismus in der Wissenschafts- und Gesellschaftstheorie* (Forschung Soziologie, Bd. 197). Opladen: VS Verlag.

Hönes, E.-R. (1982). Der neue Grundsatz des § 2 Abs. 1 Nr. 13 Bundesnaturschutzgesetz. *Natur und Landschaft, 57*(6), 207–211.

Hostmann, M., Buchecker, M., Ejderyan, O., Geiser, U., Junker, B., Schweizer, S., Truffer, B., & Stern, M. Z. (2005). Wasserbauprojekte Gemeinsam Planen. Handbuch für die Partizipation und Entscheidungsfindung bei Wasserbauprojekten. http://www.rivermanagement.ch/entscheidung/docs/handbuch_entscheidung.pdf. Zugegriffen: 5. Okt. 2015.

Howard, P., Thompson, I., & Waterton, E. (Hrsg.). (2013). *The Routledge companion to landscape atudies*. Routledge.

Howard, P. J. (2011). *An introduction to landscape*. Routledge.

Hubig, C. (2007). *Die Kunst des Möglichen II. Ethik der Technik als provisorische Moral* (Edition panta rei, Bd. 2). transcript.

Hülz, M., & Kühne, O. (2015). Handlungsbedarfe und -empfehlungen an die räumliche Planung vor dem Hintergrund einer zunehmenden Internationalisierung der Gesellschaft. In B. Nienaber & U. Roos (Hrsg.), *Internationalisierung der Gesellschaft und die Auswirkungen auf die Raumentwicklung. Beispiele aus Hessen, Rheinland-Pfalz und dem Saarland* (Arbeitsberichte der ARL, Bd. 13, S. 131–135). Selbstverlag.

Hülz, M., Kühne, O., & Weber, F. (Hrsg.). (2019). *Heimat. Ein vielfältiges Konstrukt*. Springer VS.

Hunziker, M. (1995). The spontaneous reafforestation in abandoned agricultural lands: Perception and aesthetic assessment by locals and tourists. *Landscape and Urban Planning, 31*(1–3), 399–410. https://doi.org/10.1016/0169-2046(95)93251-J.

Hunziker, M. (2000). *Einstellungen der Bevölkerung zu möglichen Landschaftsentwicklungen in den Alpen*. Eidgenössische Forschungsanstalt WSL.

Hunziker, M. (2010). Die Bedeutung der Landschaft für den Menschen: Objektive Eigenschaften der Landschaft oder individuelle Wahrnehmung des Menschen? In WSL (Hrsg.), *Landschaftsqualität. Konzepte, Indikatoren und Datengrundlagen* (Forum für Wissen, S. 33–41). Eidgenössische Forschungsanstalt WSL.

Hunziker, M., Felber, P., Gehring, K., Buchecker, M., Bauer, N., & Kienast, F. (2008). Evaluation of landscape change by different social groups. Results of two empirical studies in Switzerland. *Mountain Research and Development, 28*(2), 140–147. https://doi.org/10.1659/mrd.0952. Zugegriffen: 1. Dez. 2017.

International Union for Conservation of Nature. (1994a). Parks for life. Action for protected areas in Europe. https://portals.iucn.org/library/sites/library/files/documents/1994-023.pdf. Zugegriffen: 8. Apr. 2021.

International Union for Conservation of Nature. (1994b). Resolution 19.40 "Conservation of Threatened Landscapes". https://portals.iucn.org/library/sites/library/files/resrecfiles/GA_19_RES_040_Conservation_of_Threatened_Landscape.pdf. Zugegriffen: 8. Apr. 2021.

International Union for Conservation of Nature and Natural Resources. (1993). Red books for threatened landscapes: proceedings of a symposium and workshop. https://www.iucn.org/content/red-books-threatened-landscapes-proceedings-a-symposium-and-workshop. Zugegriffen: 8. Apr. 2021.

Ipsen, D. (1994). Regionale Identität: Überlegungen zum politischen Charakter einer psychosozialen Raumkategorie. In R. Lindner (Hrsg.), *Die Wiederkehr des Regionalen. Über neue Formen kultureller Identität* (S. 232–254). Campus.

Ipsen, D. (2002). Landschaftsbewusstsein in der Niederlausitz. Ergebnisse der Umfrage. Bd. 3. http://www.uni-kassel.de/fb13/AEP/pdf/band3.pdf. Zugegriffen: 8. März 2019.

Ipsen, D. (2006). *Ort und Landschaft*. VS Verlag.
Jenal, C. (2019a). (Alt)Industrielandschaften. In O. Kühne, F. Weber, K. Berr, & C. Jenal (Hrsg.), *Handbuch Landschaft* (S. 831–841). Springer VS.
Jenal, C. (2019b). *„Das ist kein Wald, Ihr Pappnasen!" – Zur sozialen Konstruktion von Wald. Perspektiven von Landschaftstheorie und Landschaftspraxis*. Springer VS.
Jenal, C. (2020). „Ist das ein Wald oder ein Park?". Von erlernten Seh- und Deutungsmustern zu „Wald". *Stadt+Grün, 68*(9), 53–57.
Jeschke, H. P., & Mandl, P. (Hrsg.). (2012). *Eine Zukunft für die Landschaften Europas und die Europäische Landschaftskonvention* (Klagenfurter Geographische Schriften, Bd. 28). Universität Klagenfurt.
Jessop, B. (2002). Governance and metagovernance. On the roles of requisite variety, reflexive observation, and romantic irony in participatory governance. In H. Heinelt, P. Getimis, G. Kafkalas, R. Smith, & E. Swyngedouw (Hrsg.), *Participatory governance in multi-level context. Concepts and experience* (S. 33–58). VS Verlag.
Jiraprasertkun, C. (2015). Thai conceptualizations of space, place and landscape. In D. Bruns, O. Kühne, A. Schönwald, & S. Theile (Hrsg.), *Landscape culture – Culturing landscapes. The differentiated construction of landscapes* (S. 95–110). Springer VS.
Jones, M. (2007). The European landscape convention and the question of public participation. *Landscape Research, 32*(5), 613–633. https://doi.org/10.1080/01426390701552753.
Jones, M., Howard, P., Olwig, K. R., Primdahl, J., & Sarlöv Herlin, I. (2007). Multiple interfaces of the European landscape convention. *Norsk Geografisk Tidsskrift, 61*(4), 207–216. https://doi.org/10.1080/00291950701709176.
Jones, M., & Stenseke, M. (Hrsg.). (2011). *The European landscape convention. Challenges of participation* (Landscape Series, Bd. 13). Springer Science+Business Media B.V.
Jørgensen, K., Clemetsen, M., Halvorsen Thorén, A.-K., & Richardson, T. (Hrsg.). (2016). *Mainstreaming landscape through the European landscape convention*. Routledge.
Kamlage, J.-H., Nanz, P., & Fleischer, B., et al. (2014). Dialogorientierte Bürgerbeteiligung im Netzausbau. In H. Rogall, H.-C. Binswanger, F. Ekardt, A. Grothe, W.-D. Hasenclever, & I. Hauchler (Hrsg.), *Im Brennpunkt: Die Energiewende als gesellschaftlicher Transformationsprozess (Jahrbuch Nachhaltige Ökonomie* (Bd. 4, S. 195–216). Metropolis.
Karro, K., Mägi, M., & Palang, H. (2014). Studying Past Landscapes: Lived, Reconstructed and Animated. *Living Reviews in Landscape Research 8* (1). http://lrlr.landscapeonline.de/Articles/lrlr-2014-1/. Zugegriffen: 13. Febr. 2021.
Kegler, H. (2014). *Resilienz. Strategien & Perspektiven für die widerstandsfähige und lernende Stadt* (Bauwelt Fundamente Stadtplanung, Umweltpolitik, Bd. 151). Birkhäuser.
Kemper, T. (2010). Der holistische Landschaftsbegriffs im deutschen Recht und in der Europäischen Landschaftskonvention. *Natur und Recht, 32*(11), 767–770. https://doi.org/10.1007/s10357-010-1972-z.
Kemper, T. (2015). *Der Schutz historischer Kulturlandschaften nach deutschem Recht im Lichte der Europäischen Landschaftskonvention. Rechtliche Möglichkeiten des passiven Schutzes gemessen an den Anforderungen des Denkmalschutzes*. Dissertation, Eberhard Karls Universität Tübingen. Tübingen. https://publikationen.uni-tuebingen.de/xmlui/bitstream/handle/10900/66551/Doktorarbeit-Kemper.pdf?sequence=6&isAllowed=y. Zugegriffen: 13. Februar 2021.
Kenzler, J. (2007). 13. Thüringer Regionalplanertagung. *ARL Nachrichten, 4*(3), 48–51.
Kianicka, S., Buchecker, M., Hunziker, M., & Müller-Böker, U. (2006). Locals' and Tourists' sense of place. A case study of a Swiss Alpine village. *Mountain Research and Development, 26*(1), 55–63. https://doi.org/10.1659/0276-4741(2006)026[0055:LATSOP]2.0.CO;2.
Kirchhoff, T. (2019). Ökosystemdienstleistungen. In O. Kühne, F. Weber, K. Berr, & C. Jenal (Hrsg.), *Handbuch Landschaft* (S. 807–822). Springer VS.

Kirchhoff, T., & Trepl, L. (2009). Landschaft, Wildnis, Ökosystem: zur kulturbedingten Vieldeutigkeit ästhetischer, moralischer und theoretischer Naturauffassungen. Einleitender Überblick. In T. Kirchhoff & L. Trepl (Hrsg.), *Vieldeutige Natur. Landschaft, Wildnis und Ökosystem als kulturgeschichtliche Phänomene* (Sozialtheorie, S. 13–68). transcript.

Kleefeld, K.-D., & Burggraaff, P. (Hrsg.). (1997). *Perspektiven der historischen Geographie. Siedlung – Kulturlandschaft – Umwelt in Mitteleuropa*. Selbstverlag (Festschrift).

Kleinhückelkotten, S., Neitzke, H.-P., Küchler-Krischun, J., Schell, C., & Mues, A. (2010). *Naturbewusstsein 2009. Umfrage zu Natur und biologische Vielfalt. Studie im Auftrag des Bundesamtes für Naturschutz*. BMU.

Kloos, M. (2014). *Landscape 4, Landschaftsideen Nordeuropas und die visuelle Integrität von Stadt- und Kulturlandschaften im UNESCO-Welterbe*. Dissertation, RWTH Aachen. Aachen.

Kluckert, E. (1999). *Neckarreise. Biographie einer Kulturlandschaft*. Deutsche Verlags-Anstalt DVA.

Kolen, J., & Bosma, K. (2010). 'De landschapsbiografie: Instrument voor onderzoek, planning en ontwerp'. In J. Kolen & K. Bosma (Hrsg.), *Geschiedenis en ontwerp. Handboek voor de omgang met cultureel erfgoed* (S. 212–237). Uitgeverij Vantilt.

Kolen, J., Renes, H., & Bosma, K. (2017). Landscape biography. In A. van den Brink, D. Bruns, H. Tobi, & S. Bell (Hrsg.), *Research in Landscape Architecture. Methods and methodology*. Routledge.

Kolen, J., Renes, H., & Hermans, R. (Hrsg.). (2015). *Landscape biographies. Geographical, historical and archaeological perspectives on the production and transmission of landscapes*. Amsterdam University Press.

Korn, H. (1994). IUCN-Generalversammlung. Von der 19. Generalversammlung der IUCN vom 17.-26. Januar 1994 in Buenos Aires, Argentinien. *Natur und Landschaft, 69*(6), 11–46.

Körner, S. (1995). *Der Aufbruch der modernen Landschaftsplanung in der nationalsozialistischen Landespflege* (Beiträge zur Kulturgeschichte der Natur, Bd. 1). Berlin.

Körner, S. (2006). Eine neue Landschaftstheorie? Eine Kritik am Begriff „Landschaft Drei". *Stadt+Grün, 10*, 18–25.

Körner, S. (2010). *Amerikanische Landschaften. J. B. Jackson in der deutschen Rezeption*. Steiner.

Körner, S., & Eisel, U. (2006). Nachhaltige Landschaftsentwicklung. In D. D. Genske (Hrsg.), *Fläche – Zukunft – Raum. Strategien und Instrumente für Regionen im Umbruch* (Schriftenreihe der Deutschen Gesellschaft für Geowissenschaften, Bd. 37, S. 45–60). Deutsche Gesellschaft für Geowissenschaften.

Körner, S., & Eisel, U. (2009). Nachhaltige Landschaftsentwicklung. In U. Eisel, S. Körner, & N. Wiersbinsk (Hrsg.), *Landschaft in einer Kultur der Nachhaltigkeit* (Arbeitsberichte des Fachbereichs Architektur, Stadtplanung, Landschaftsplanung (Bd. 3, S. 4–27). Universitätsverlag.

Kost, S. (2013). Transformation von Landschaft durch (regenerative) Energieträger. In L. Gailing & M. Leibenath (Hrsg.), *Neue Energielandschaften – Neue Perspektiven der Landschaftsforschung* (S. 121–136). Springer VS.

Kost, S., & Petrow, C. A. (Hrsg.). (2021). *Kulturelle Vielfalt in Freiraum und Landschaft. Wahrnehmung, Partizipation, Aneignung und Gestaltung*. Springer (Im Druck).

Kramer, M., Urbaniec, M., & Möller, L. (Hrsg.). (2003). *Internationales Umweltmanagement. Band I: Interdisziplinäre Rahmenbedingungen einer umweltorientierten Unternehmensführung*. Gabler.

Krebs, S., & Beck, H. (2008). Von der analogen zur digitalen Flurbilanz. Eine Methodenbeschreibung. *Landinfo, 2*, 1–8.

Krüger, S. (2012). Stuttgart 21 – Interessen, Hintergründe, Widersprüche. *Informationen zur Raumentwicklung* (11/12), 589–603. http://www.bbsr.bund.de/BBSR/DE/Veroeffentlichungen/IzR/2012/11_12/Inhalt/DL_Krueger.pdf?__blob=publicationFile&v=2. Zugegriffen: 3. Jan. 2018.

Küchler, J., & Wang, X. (2009). Vielfältig und vieldeutig. Natur und Landschaft im Chinesischen. In T. Kirchhoff & L. Trepl (Hrsg.), *Vieldeutige Natur. Landschaft, Wildnis und Ökosystem als kulturgeschichtliche Phänomene* (Sozialtheorie, S. 201–220). transcript.

Kühl, J. (2016). Walking Interviews als Methode zur Erhebung alltäglicher Raumproduktionen. *Europa Regional, 23*(2), 35–48.

Kühn, M., & Danielzyk, R. (2006). Der Stellenwert der Kulturlandschaft in der Regional- und Raumplanung – Fazit, Ausblick und Handlungsempfehlungen. In U. Matthiesen, R. Danielzyk, S. Heiland, & S. Tzschaschel (Hrsg.), *Kulturlandschaften als Herausforderung für die Raumplanung. Verständnisse – Erfahrungen – Perspektiven* (Forschungs- und Sitzungsberichte, Bd. 228, S. 288–296). Selbstverlag.

Kühne, O. (2006a). *Landschaft in der Postmoderne. Das Beispiel des Saarlandes*. DUV.

Kühne, O. (2006b). Soziale Distinktion und Landschaft. Eine landschaftssoziologische Betrachtung. *Stadt+Grün, 54*(12), 42–45.

Kühne, O. (2008a). *Distinktion – Macht – Landschaft. Zur sozialen Definition von Landschaft*. VS Verlag.

Kühne, O. (2008b). Landschaft und Kitsch. Anmerkungen zu impliziten und expliziten Landschaftsvorstellungen. *Naturschutz und Landschaftsplanung, 40*(12), 403–408.

Kühne, O. (2008c). Die Sozialisation von Landschaft – Sozialkonstruktivistische Überlegungen, empirische Befunde und Konsequenzen für den Umgang mit dem Thema Landschaft in Geographie und räumlicher Planung. *Geographische Zeitschrift, 96*(4), 189–206.

Kühne, O. (2009a). Heimat und Landschaft – Zusammenhänge und Zuschreibungen zwischen Macht und Mindermacht. Überlegungen auf sozialkonstruktivistischer Grundlage. *Stadt+Grün, 57*(9), 17–22.

Kühne, O. (2009b). Landschaft und Heimat – Überlegungen zu einem geographischen Amalgam. *Berichte zur deutschen Landeskunde, 83*(3), 223–240.

Kühne, O. (2013a). Landschaftsästhetik und regenerative Energien – Grundüberlegungen zu De- und Re-Sensualisierungen und inversen Landschaften. In L. Gailing & M. Leibenath (Hrsg.), *Neue Energielandschaften – Neue Perspektiven der Landschaftsforschung* (S. 101–120). Springer VS.

Kühne, O. (2013b). *Landschaftstheorie und Landschaftspraxis. Eine Einführung aus sozialkonstruktivistischer Perspektive*. Springer VS.

Kühne, O. (2013c). Macht und Landschaft: Annäherungen an die Konstruktion von Experten und Laien. In M. Leibenath, S. Heiland, H. Kilper, & S. Tzschaschel (Hrsg.), *Wie werden Landschaften gemacht? Sozialwissenschaftliche Perspektiven auf die Konstituierung von Kulturlandschaften* (S. 237–271). transcript.

Kühne, O. (2014a). Die intergenerationell differenzierte Konstruktion von Landschaft. Ergebnisse einer empirischen Studie zum Thema Wald. *Naturschutz und Landschaftsplanung, 46*(10), 297–302.

Kühne, O. (2014b). Das Konzept der Ökosystemdienstleistungen als Ausdruck ökologischer Kommunikation. Betrachtungen aus der Perspektive Luhmannscher Systemtheorie. *Naturschutz und Landschaftsplanung, 46*(1), 17–22.

Kühne, O. (2014c). Landschaft und Macht: Von Eigenlogiken und Ästhetiken in der Raumentwicklung. *Ausdruck und Gebrauch, 12*, 151–172.

Kühne, O. (2015a). Historical developments: The evolution of the concept of landscape in German linguistic areas. In D. Bruns, O. Kühne, A. Schönwald, & S. Theile (Hrsg.), *Landscape culture – Culturing landscapes. The differentiated construction of landscapes* (S. 43–52). Springer VS.

Kühne, O. (2015b). Materialy i konstruktywistyczny wymiar krajobrazu. W poszukiwaniu integraci. *Dissertations of Cultural Landscape Commission* (30), 35–44. http://www.krajobraz.kulturowy.us.edu.pl/publikacje.artykuly/30/3.kuhne.pdf. Zugegriffen: 3. Febr. 2018.

Kühne, O. (2016). Transformation, Hybridisierung, Streben nach Eindeutigkeit und Urbanizing former Suburbs (URFSURBS): Entwicklungen postmoderner Stadtlandhybride in Südkalifornien und in Altindustrieräumen Mitteleuropas – Beobachtungen aus der Perspektive sozialkonstruktivistischer Landschaftsforschung. In S. Hofmeister & O. Kühne (Hrsg.), *StadtLandschaften. Die neue Hybridität von Stadt und Land* (S. 13–36). Springer VS.

Kühne, O. (2017a). Der intergenerationelle Wandel landschaftsästhetischer Vorstellungen – Eine Betrachtung aus sozialkonstruktivistischer Perspektive. In O. Kühne, H. Megerle, & F. Weber (Hrsg.), *Landschaftsästhetik und Landschaftswandel (RaumFragen: Stadt – Region – Landschaft* (S. 53–67). Springer VS.

Kühne, O. (2017b). Przetreń, krajobraz i krajobraz kulturowe. Terminologia, definicje. In R. Traba, V. Julkowska & T. Stryjakiewicz (Hrsg.), *Krajobrazy kulturowe. Sposoby konstruowania i narracje* (S. 25–45). Neriton.

Kühne, O. (2017c). *Zur Aktualität von Ralf Dahrendorf. Einführung in sein Werk* (Aktuelle und klassische Sozial- und Kulturwissenschaftlerlinnen). Springer VS.

Kühne, O. (2018a). Der doppelte Landschaftswandel. Physische Räume, soziale Deutungen, Bewertungen. *Nachrichten der ARL, 48*(1), 14–17. https://shop.arl-net.de/media/direct/pdf/nachrichten/2018-1/NR_1-18_K%C3%BChne_S14-17_online.pdf. Zugegriffen: 8. Okt. 2018.

Kühne, O. (2018b). *Landscape and power in geographical space as a social-aesthetic construct.* Springer International Publishing.

Kühne, O. (2018c). *Landschaft und Wandel. Zur Veränderlichkeit von Wahrnehmungen.* Springer VS.

Kühne, O. (2018 [2020 erschienen]). Die Landschaften 1, 2 und 3 und ihr Wandel. Perspektiven für die Landschaftsforschung in der Geographie – 50 Jahre nach Kiel. *Berichte. Geographie und Landeskunde, 92*(3–4), 217–231.

Kühne, O. (2018d). *Landschaftstheorie und Landschaftspraxis. Eine Einführung aus sozialkonstruktivistischer Perspektive* (2., aktualisierte und überarbeitete Aufl.). Springer VS.

Kühne, O. (2018e). Postmodernisierung und Großschutzgebiete – Überlegungen zu Natur, Raum und Planung aus sozialkonstruktivistischer Perspektive. In F. Weber, F. Weber, & C. Jenal (Hrsg.), *Wohin des Weges? Regionalentwicklung in Großschutzgebieten (Arbeitsberichte der ARL* (Bd. 21, S. 44–55). Selbstverlag.

Kühne, O. (2019a). Autopoietische Systemtheorie und Landschaft. In O. Kühne, F. Weber, K. Berr, & C. Jenal (Hrsg.), *Handbuch Landschaft* (S. 91–103). Springer VS.

Kühne, O. (2019b). *Landscape theories. A brief introduction.* Springer VS.

Kühne, O. (2019c). Sich abzeichnende theoretische Perspektiven für die Landschaftsforschung: Neopragmatismus, Akteur-Netzwerk-Theorie und Assemblage-Theorie. In O. Kühne, F. Weber, K. Berr, & C. Jenal (Hrsg.), *Handbuch Landschaft* (S. 153–162). Springer VS.

Kühne, O. (2019d). Sozialkonstruktivistische Landschaftstheorie. In O. Kühne, F. Weber, K. Berr, & C. Jenal (Hrsg.), *Handbuch Landschaft* (S. 69–79). Springer VS.

Kühne, O. (2019e). Zwischen Macht und Essenz, Konstrukt und Objekt? Wie Landschaftstheorien Deutungskonkurrenzen von Natur zeigen. *Stadt+Grün, 68*(12), 24–27.

Kühne, O. (2020). Landscape conflicts. A theoretical approach based on the three worlds theory of Karl Popper and the conflict theory of Ralf Dahrendorf, Illustrated by the example of the energy system transformation in Germany. *Sustainability, 12*(17), 1–20. https://doi.org/10.3390/su12176772.

Kühne, O., & Berr, K. (2021). *Wissenschaft, Raum, Gesellschaft. Eine Einführung zur sozialen Erzeugung von Wissen* (RaumFragen: Stadt – Region – Landschaft). Springer VS (Im Druck).

Kühne, O., Berr, K., Schuster, K., & Jenal, C. (2021). *Freiheit und Landschaft. Auf der Suche nach Lebenschancen mit Ralf Dahrendorf.* Springer.

Kühne, O., & Duttmann, R. (2019). Recent challenges of the ecosystems services approach from an interdisciplinary point of view. *Raumforschung und Raumordnung Spatial Research and Planning online first*. https://doi.org/10.2478/rara-2019-0055.

Kühne, O., Gawroński, K., & Hernik, J. (Hrsg.). (2015). *Transformation und Landschaft. Die Folgen sozialer Wandlungsprozesse auf Landschaft*. Springer VS.

Kühne, O., & Jenal, C. (2017). Die Wahrnehmung von Alt- und Totholz sowie zur symbolischen Konnotation von Wald. In NABU Saarland (Hrsg.), *Wertvoller Wald durch Alt- und Totholz* (2., vollständig überarbeitete Auflage, S. 28–30). Die UmweltDruckerei.

Kühne, O., & Jenal, C. (2020). *Baton Rouge – The multivillage metropolis. A neopragmatic landscape biographical approach on spatial pastiches, hybridization, and differentiation*. Springer VS.

Kühne, O., Jenal, C., Weber, F., & Zeck, H. (2018). Das Biosphärenreservat Bliesgau: Einschätzungen durch die Bevölkerung. In F. Weber, F. Weber, & C. Jenal (Hrsg.), *Wohin des Weges? Regionalentwicklung in Großschutzgebieten (Arbeitsberichte der ARL* (Bd. 21, S. 175–191). Selbstverlag.

Kühne, O., & Meyer, W. (2015). Gerechte Grenzen? Zur territorialen Steuerung von Nachhaltigkeit. In O. Kühne & F. Weber (Hrsg.), *Bausteine der Regionalentwicklung* (S. 25–40). Springer VS.

Kühne, O., & Schönwald, A. (2015). *San Diego. Eigenlogiken, Widersprüche und Hybriditäten in und von ‚America's finest city'*. Springer VS.

Kühne, O., Schönwald, A., & Spellerberg, A. (2014). Patries et/ou identités régionales: Quelle caractérisation dans des régions transfrontalières? *Revue Tunisienne de Communication, 62*, 165–180.

Kühne, O., & Spellerberg, A. (2010). *Heimat in Zeiten erhöhter Flexibilitätsanforderungen. Empirische Studien im Saarland*. VS Verlag.

Kühne, O., & Weber, F. (2015). Der Energienetzausbau in Internetvideos – Eine quantitativ ausgerichtete diskurstheoretisch orientierte Analyse. In S. Kost & A. Schönwald (Hrsg.), *Landschaftswandel – Wandel von Machtstrukturen* (S. 113–126). Springer VS.

Kühne, O., Weber, F., Berr, K., & Jenal, C. (Hrsg.). (2019). *Handbuch Landschaft*. Springer VS.

Kühne, O., Weber, F., & Jenal, C. (2018). *Neue Landschaftsgeographie. Ein Überblick* (Essentials). Springer VS.

Kühne, O., Weber, F., & Jenal, C. (2019). Neue Landschaftsgeographie. In O. Kühne, F. Weber, K. Berr, & C. Jenal (Hrsg.), *Handbuch Landschaft* (S. 119–134). Springer VS.

Labat, D., & Aggeri, G. (2013). La loi paysage a-t-elle eu un impact sur la planification territoriale? L'exemple de l'évolution des projets de planification paysagère et des compétences au sein de la fonction publique. Revue Projets de paysage. https://www.projetsdepaysage.fr/la_loi_paysage_a_t_elle_eu_un_impact_sur_la_planification_territoriale_. Zugegriffen: 9. Apr. 2021.

Landschaftsverband Rheinland (Hrsg.). (2007). *Europäische Landschaftskonvention. Tagungsdokumentation*. Selbstverlag des LVR, Umweltamt Köln.

Langer, K. (2019). Landschaft und Partizipation: Landschaft fokussiert zur Sprache bringen – Effektives Verfahrensdesign. In O. Kühne, F. Weber, K. Berr, & C. Jenal (Hrsg.), *Handbuch Landschaft* (S. 535–545). Springer VS.

Latour, B. (2002 [1999]). *Die Hoffnung der Pandora. Untersuchungen zur Wirklichkeit der Wissenschaft*. Suhrkamp.

Latz, A. O. (2017). *Photovoice Research in Education and Beyond. A Practical Guide from Theory to Exhibition*. Routledge.

Leconte, L. (2019). *L'action paysagère en France et an Allemange. La Convention européenne du paysage comme cadre commun?* Dissertation, Universität Kassel; l'Universite d'Angers. Angers.

Lee, J.-Y. (2012). *Die Stadt als Sequenzerlebnis - Analyse und Entwurf stadtgestalterischer Raumsequenzen*. Dissertation, Universität Stuttgart. Stuttgart.

Lehmann, A. (2010). Der deutsche Wald. Kulturmuster und Identitätssymbol. In O. Depenheuer & B. Möhring (Hrsg.), *Waldeigentum. Dimensionen und Perspektiven* (Bibliothek des Eigentums, Bd. 8, S. 3–19). Springer.

Lehmann, A., & Schriewer, K. (Hrsg.). (2000). *Der Wald – Ein deutscher Mythos? Perspektiven eines Kulturthemas* (Lebensformen, Bd. 16). Reimer.

Lehmann, H. (1968). *Formen landschaftlicher Raumerfahrung im Spiegel der bildenden Kunst* (Erlanger Geographische Arbeiten, Bd. 22). Selbstverlag der Fränkischen Geographischen Gesellschaft.

Leibenath, M. (2013). Energiewende und Landschafts-Governance: Empirische Befunde und theoretische Perspektiven. In L. Gailing & M. Leibenath (Hrsg.), *Neue Energielandschaften – Neue Perspektiven der Landschaftsforschung* (S. 45–63). Springer VS.

Leibenath, M. (2014). Landschaftsbewertung im Spannungsfeld von Expertenwissen, Politik und Macht. *UVP-report, 28*(2), 44–49. https://www2.ioer.de/recherche/pdf/2014_leibenath_uvp-report.pdf. Zugegriffen: 26. Jan. 2017.

Leibenath, M. (2017). Raumplanung im Spannungsfeld von Verrechtlichung und Bürgerprotest. Das Beispiel Windenergie in der Planungsregion Oberes Elbtal/Osterzgebirge. In K. Berr (Hrsg.), *Architektur- und Planungsethik. Zugänge, Perspektiven, Standpunkte* (S. 33–45). Springer VS.

Leibenath, M., & Otto, A. (2012). Diskursive Konstituierung von Kulturlandschaft am Beispiel politischer Windenergiediskurse in Deutschland. *Raumforschung und Raumordnung, 70*(2), 119–131. https://doi.org/10.1007/s13147-012-0148-0.

Lembcke, O., Ritzi, C., & Schaal, G. S. (2012). *Zeitgenössische Demokratietheorie. Band 1: Normative Demokratietheorien*. VS Verlag.

Lembcke, O. W., Ritzi, C., & Schaal, G. S. (Hrsg.). (2016). *Zeitgenössische Demokratietheorie. Band 2: Empirische Demokratietheorien*. Springer VS.

Lemonier, M. (2014). Le paysage: Un plan pour l'aménagement. *Diagonal, 191*, 27–28.

Lendi, M. (1984). *Recht und Politik der Raumplanung* (Schriftenreihe zur Orts,- Regional- und Landesplanung, Bd. 31). Institut für Orts- Regional- uund Landesplanung der ETH Zürich.

Lenzholzer, S. (2015). *Weather in the city. How design shapes the urban climate*. Nai010 Publishers.

Lenzholzer, S., & de Vries, S. (2020). Exploring outdoor thermal perception – A revised model. *International Journal of Biometeorology, 64*, 293–300.

Levidow, L. (2005). Expert-based policy or policy-based expertise? Regulating GM grops in Europe. In A. Bogner & H. Torgersen (Hrsg.), *Wozu Experten? Ambivalenzen der Beziehung von Wissenschaft und Politik* (S. 86–108). VS Verlag.

Lewis, J. L. (2010). Interethnic Preferences for landscape change. A comparison of first nations and Euro-Canadian residents. *Landscape Journal, 29*(2), 215–231.

Li, W., & Milburn, L.-A. (2016). The evolution of geodesign as a design and planning tool. *Landscape and Urban Planning, 156*, 5–8. https://doi.org/10.1016/j.landurbplan.2016.09.009.

Linke, S. (2015). Postmoderne Tendenzen in ,ländlich bezeichneten Räumen' – Chancen und Herausforderungen für die Raumentwicklung. In O. Kühne & F. Weber (Hrsg.), *Bausteine der Regionalentwicklung* (S. 109–124). Springer VS.

Linke, S. (2017). Ästhetik, Werte und Landschaft – Eine Betrachtung zwischen philosophischen Grundlagen und aktueller Praxis der Landschaftsforschung. In O. Kühne, H. Megerle, & F. Weber (Hrsg.), *Landschaftsästhetik und Landschaftswandel (RaumFragen: Stadt – Region – Landschaft* (S. 23–40). Springer VS.

Linke, S. (2018). Ästhetik der neuen Energielandschaften – Oder: „Was Schönheit ist, das weiß ich nicht". In O. Kühne & F. Weber (Hrsg.), *Bausteine der Energiewende* (S. 409–429). Springer VS.

Linke, S. I. (2019). *Die Ästhetik medialer Landschaftskonstrukte. Theoretische Reflexionen und empirische Befunde*. Springer VS.

Linz, S. M. (2017). *Gemacht oder gedacht? Inszenierung und Rezeption des Titels Welterbe im Oberen Mittelrheintal*. Dissertation, Johannes Gutenberg-Universität Mainz. Mainz.

Lippuner, R. (2011). Gesellschaft, Umwelt und Technik: Zur Problemstellung einer »Ökologie sozialer Systeme«. *Soziale Systeme. Zeitschrift für soziologische Theorie, 17*(2), 308–335.

Loda, M., Kühne, O., & Puttilli, M. (2020). The social construction of Tuscany in the German and English speaking world – Presented by the analysis of internet images. In D. Edler, C. Jenal, & O. Kühne (Hrsg.), *Modern Approaches to the Visualization of Landscapes* (S. 157–171). Springer VS.

Lucke, D. (1995). *Akzeptanz. Legitimität in der „Abstimmungsgesellschaft"*. Leske + Budrich.

Luginbühl, Y. (2001). Landscape identification, assessment and quality objectives, using cultural and natural resources. In Council of Europe (Hrsg.), *First conference of the contracting and signatory states to the European landscape convention, 22–23 November 2001, Strasbourg. T-FLOR 1 (2001) 19* (Appendix 14). Council of Europe Printing Office.

Luginbühl, Y., Bontron, J.-C., & Cros, Z. (1994). *Méthode pour des atlas de paysages. Identification et qualification*. Edition Villes et territoires.

Luhmann, N. (1984). *Soziale Systeme. Grundriß einer allgemeinen Theorie*. Suhrkamp.

Luhmann, N. (1986). *Ökologische Kommunikation. Kann die moderne Gesellschaft sich auf ökologische Gefährdungen einstellen?* Westdeutscher.

Lynch, K. (1960). *The image of the city*. MIT Press.

Majchrowska, A. (2011). The implementation of the European landscape convention in Poland. In M. Jones & M. Stenseke (Hrsg.), *The European landscape convention. Challenges of participation* (Landscape Series, Bd. 13, S. 81–98). Springer Science+Business Media B.V.

Makhzoumi, J. M. (2015). Borrowed or rooted? The discourse of 'Landscape' in the Arab Middle East. In D. Bruns, O. Kühne, A. Schönwald, & S. Theile (Hrsg.), *Landscape culture – Culturing landscapes. The differentiated construction of landscapes* (S. 111–126). Springer VS.

Marschall, I. (1997). *Wer bewegt die Kulturlandschaft? Bäuerliche Kulturlandschaft als Leitbild des Naturschutzes und der Landschaftsplanung und als Ort landwirtschaftlicher Produktion. Geschichte, Konflikte, Perspektiven*. Dissertation, Universität-Gesamthochschule Kassel. Kassel.

Marschall, I. (2007). *Der Landschaftsplan. Geschichte und Perspektiven eines Planungsinstrumentes*. VDM Verlag Dr. Müller.

Marschall, I., & Schröder, R. (2008). Landschaftspläne in Europa. https://www.bfn.de/fileadmin/BfN/planung/landschaftsplanung/Dokumente/Vilm_2008_Kurzfassung.pdf. Zugegriffen: 9. Apr. 2021.

Marschall, I., & Werk, K. (2007). Die Europäische Landschaftskonvention. Ziele, Inhalt sowie ihre derzeitige landschaftspolitische Bedeutung in Deutschland. *Natur und Recht, 29*, 719–722. https://doi.org/10.1007/s10357-007-1359-y.

Mathewson, K. (2009). Carl Sauer and his crititcs. In W. M. Denevan & K. Mathewson (Hrsg.), *Carl Sauer on Culture and Landscape. Readings and Commentaries* (S. 9–28). Louisiana State University Press.

Mayntz, R. (1997). Politische Steuerung: Aufsteig, Niedergang und Transformation einer Theorie. In R. Mayntz (Hrsg.), *Soziale Dynamik und politische Steuerung. Theoretische und methodologische Überlegungen* (S. 263–292). Campus.

McLaughlin, J. A., & Jordan, G. B. (1999). Logic models: A tool for telling your programs performance story. *Evaluation and Program Planning, 22*(1), 65–72. https://doi.org/10.1016/S0149-7189(98)00042-1.

Meadows, D. H., Meadows, D., Randers, J., & Behrens, W. W. (1972). *The limits to growth. A report for the club of Rome's project on the predicament of mankind*. Universe Books.

MEDDE. (2015). Le plan de paysage. Agir pour le cadre de vie, Ministére de l'Écologie du Developpement durable et de l'Énergie. http://www.guadeloupe.developpement-durable.gouv.fr/le-plan-de-paysage-agir-pour-le-cadre-de-vie-a2190.html. Zugegriffen: 18. Febr. 2021.

Mee, L. D. (2005). The role of UNEP and UNDP in multilateral environmental agreements. *International Environmental Agreements: Politics, Law and Economics, 5*(3), 227–263. https://doi.org/10.1007/s10784-005-3805-8.

Meeus, J. H. A., Wijermans, M. P., & Vroom, M. J. (1990). Agricultural landscapes in Europe and their transformation. *Landscape and Urban Planning, 18*(3/4), 289–352.

Meijering, J. V., Tobi, H., van den Brink, A., Morris, F., & Bruns, D. (2015). Exploring research priorities in landscape architecture: An international Delphi study. *Landscape and Urban Planning, 137*, 85–94. https://doi.org/10.1016/j.landurbplan.2015.01.002.

Meinig, D. W. (Hrsg.). (1979). *The interpretation of ordinary landscapes. Geographical essays*. Oxford University Press.

Mels, T., & Mitchell, D. (2016). Landscape and justice. In N. C. Johnson, R. H. Schein, & J. Winders (Hrsg.), *The Wiley-Blackwell companion to cultural geography* (S. 209–224). Wiley-Blackwell.

Mengel, A. (2001). *Stringenz und Nachvollziehbarkeit in der fachbezogenen Umweltplanung* (Schriftenreihe WAR, Bd. 129). Inst. WAR (Zugl.: Darmstadt, Techn. Univ., Diss., 2000).

Mengel, A., Wickert, J., Stanik, N., Rosenthal, G., & Wichelhaus, A. (2018). Landschaftsplanung lehren, Einführungsstudio und Einführungsprojekt als Einstiegsmodule in die Landschaftsplanungs-Ausbildung an der Universität Kassel. In S. Hennecke, H. Kegler, K. Klaczynski, & D. Münderlein (Hrsg.), *Diedrich Bruns wird gelehrt haben. Eine Festschrift* (S. 178–192). Kassel University Press.

Merleau-Ponty, M. (1962). *Phenomenology of perception*. Routledge & Kegan.

Meyer, W., & Kühne, O. (2012). Nachhaltige Entwicklung durch gerechte Beteiligung im grenzenlosen Raum: Herausforderungen des Klimawandels und Perspektiven für neue institutionelle Lösungen. In A. Knierim, S. Baasch, & M. Gottschick (Hrsg.), *Partizipationsforschung und Partizipationsverfahren in der sozialwissenschaftlichen Klimaforschung. Diskussionspapiere zum Workshop* (S. 78–84). Müncheberg: Workshop-Materialien.

Ministère de l'Écologie, du Développement durable et de l'Énergie, Raymond, R., Luginbühl, Y., Seguin, J.-F., Cedelle, Q., & Grare, H. (Mitarbeiter). (2015). Les Atlas de paysages. Méthode pour l'identification, la caractérisation et la qualification des paysages. https://www.ecologie.gouv.fr/sites/default/files/Les%20Atlas%20de%20paysages%2C%20M%C3%A9thode%20pour%20l%27identification%2C%20la%20caract%C3%A9risation%20et%20la%20qualification%20des%20paysages.pdf. Zugegriffen: 5. Jan. 2021.

Ministère de la Transition Écologique. (2020). Participez à l'appel à projets 2020 „Plan de paysage". https://www.ecologie.gouv.fr/participez-lappel-projets-2020-plan-paysage. Zugegriffen: 13. Apr. 2021.

Ministère de la Transition Écologique. (2021). Politique des paysages. https://www.ecologie.gouv.fr/politique-des-paysages. Zugegriffen: 7. Apr. 2021.

Monstadt, J. (2015). European Power Grids. Raumwissenschaftliche Perspektiven zur Transformationen europäischer Energienetze. *Nachrichten der ARL, 45*(2), 4–6.

Moore, K., Kleinman, D. L., Hess, D., & Frickel, S. (2011). Science and neoliberal globalization: A political sociological approach. *Theory and Society, 40*(5), 505–532.

Morrissey, J. (2015). Regimes of performance: Practices of the normalised self in the neoliberal university. *British Journal of Sociology of Education, 36*(4), 614–634.

Mücher, C. A., Wascher, D. M., Klijn, J. A., Koomen, A. J. M., & Jongman, R. H. G. (2006). A new European landscape map as an integrative framework for landscape character assessment. In R. G. H. Bunce & R. H. G. Jongman (Hrsg.), *Landscape ecology in the Mediterranean. Inside and outside approaches. Proceedings of the European IALE Conference 29 March - 2 April 2005, Faro* (IALE publication series, S. 233–243). Ponsen & Looijen.

Müller, G. (1977). Zur Geschichte des Wortes Landschaft. In A. Hartlieb von Wallthor & H. Quirin (Hrsg.), *„Landschaft" als interdisziplinäres Forschungsproblem. Vorträge und Diskussionen des Kolloquiums am 7./8. November 1975 in Münster* (S. 3–13). Aschendorff.

Müller, N., & Kelcey, J. G. (2011). *Plants and habitats of European cities.* Springer Science+Business Media LLC.

Münderlein, D. (2020). *Macht Landschaft Glücklich? Entwicklung und Erprobung von wahrnehmungsbasierten Methoden zur Ermittlung von landschaftsbezogenem Wohlbefinden und Erholung für die räumliche Planung. Dissertationsschrift.* Dissertation, Universität Kassel. Kassel.

Münderlein, D., & Bruns, A. (2019). Landschaft und Gesundheit. In O. Kühne, F. Weber, K. Berr, & C. Jenal (Hrsg.), *Handbuch Landschaft* (S. 489–503). Springer VS.

Münderlein, D., Kühne, O., & Weber, F. (2019). Mobile Methoden und fotobasierte Forschung zur Rekonstruktion von Landschaft(sbiographien). In O. Kühne, F. Weber, K. Berr, & C. Jenal (Hrsg.), *Handbuch Landschaft* (S. 517–534). Springer VS.

Murdoch, J. (1998). The spaces of Actor-Network theory. *Geoforum, 29*(4), 357–374.

Naveh, Z. (1993). Red Books for threatened Mediterranean landscapes as an innovative tool for holistic landscape conservation. Introduction to the western Crete Red Book case study. *Landscape and Urban Planning, 24*(1–4), 241–247. https://doi.org/10.1016/0169-2046(93)90103-K.

Neef, E. (1963). Topologische und chronologische Arbeitsweisen in der Landschaftsforschung. *Petermanns Geographische Mitteilungen, 107,* 249–259.

Nowotny, H. (2005). Experten, Expertisen und imaginierte Laien. In A. Bogner & H. Torgersen (Hrsg.), *Wozu Experten? Ambivalenzen der Beziehung von Wissenschaft und Politik* (S. 33–44). VS Verlag.

Nowotny, H., Scott, P., & Gibbons, M. (2001). *Re-Thinking science. Knowledge and the public in an age of uncertainty.* Polity.

OECD. (1993). *OECD Core Set of Indicators for Environmental Performance Reviews.* OECD.

Olwig, K. R. (1996). Recovering the substantive nature of landscape. *Annals of the association of American Geographers, 86*(4), 630–653.

Olwig, K. R. (2002). *Landscape, nature, and the body politic. From Britain's renaissance to America's new world.* University of Wisconsin Press.

Olwig, K. R. (2008). The Jutland Ciper: Unlocking the meaning and power of a contested landscape. In M. Jones & K. Olwig (Hrsg.), *Nordic landscapes. Region and belonging on the northern edge of Europe* (S. 12–52). University of Minnesota Press; Published in cooperation with the Center for American Places.

Oppermann, B., Luz, F., & Kaule, G. (1997). Der „Runde Tisch" als Mittel zur Umsetzung der Landschaftsplanung. *Angewandte Landschaftsökologie, 11,* 57–78.

Otremba, M. (2013). Netzausbau und Bürgerbeteiligung – Informieren, diskutieren, mitgestalten. *UMID – Umwelt und Mensch-Informationsdienst* (2), 89–92. https://www.umweltbundesamt.de/sites/default/files/medien/419/publikationen/umid_2_2013.pdf. Zugegriffen: 22. August 2017.

Otto, A., & Leibenath, M. (2013). Windenergielandschaften als Konfliktfeld. Landschaftskonzepte, Argumentationsmuster und Diskurskoalitionen. In L. Gailing & M. Leibenath (Hrsg.), *Neue Energielandschaften – Neue Perspektiven der Landschaftsforschung* (S. 65–75). Springer VS.

Parchmann, C. (2003). *Pluralistische Wirklichkeit und Verwaltungsrecht. Das Beispiel der baurechtlichen Verunstaltungsvorschriften* (Rechtswissenschaften, Bd. 29). Utz.

Peuckert, W.-E. (1950). *Schlesien. Biografie der Landschaft.* Claassen.

Piepmeier, R. (1980). Das Ende der ästhetischen Kategorie „Landschaft". Zu einem Aspekt neuzeitlichen Naturverhältnisses. *Westfälische Forschungen, 30,* 8–46.

Planungsgruppe Ökologie + Umwelt. (1983). *Verfahrensansatz zur Ermittlung von Landschaftsfunktionen. Teilbereich Flur.*

Pohl, J. (1993). *Regionalbewusstsein als Thema der Sozialgeographie. Theoretische Überlegungen und empirische Untersuchungen am Beispiel Friaul* (Münchener geographische Hefte, Bd. 70). Lassleben.

Pokorny, D. (2001). *Umweltqualitätsziele und Umweltstandards für eine dauerhaft-umweltgerechte Landnutzung: dargestellt am Beispiel des Biosphärenreservates Rhön.* Dissertation, Technische Universität München. München.

Pollard, J., & Reynolds, A. (2002). *Avebury: The biography of a landscape.* Duckworth.

Pontresina Tourist Information. (2020a). Bernina-Glaciers-App. https://www.bernina-glaciers.ch/aktuell/bernina-glaciers-app/. Zugegriffen: 5. Jan. 2021.

Pontresina Tourist Information. (2020b). Gletscherweg Morteratsch. Auf den Spuren des ewigen Eises: Gletscherweg Morteratsch. https://www.bernina-glaciers.ch/erlebnisse/faszination-gletscherwelt/gletscherweg-morteratsch/. Zugegriffen: 5. Jan. 2021.

Popitz, H. (1992). *Phänomene der Macht* (2., stark erweiterte Aufl.). Mohr Siebeck.

Popper, K. R. (2019 [1987]). *Auf der Suche nach einer besseren Welt. Vorträge und Aufsätze aus dreißig Jahren.* Piper.

Popper, K. R. (1973). *Objektive Erkenntnis. Ein evolutionärer Entwurf.* Hoffmann und Campe.

Préfet de la Région Alsace. (2015). Atlas des paysages d'Alsace. http://www.paysages.alsace.developpement-durable.gouv.fr/. Zugegriffen: 7. Apr. 2021.

Price, M., & Lewis, M. (1993). The reinvention of cultural geography. *Annals of the Association of American Geographers, 83*(1), 1–17. https://doi.org/10.1111/j.1467-8306.1993.tb01920.x.

Prieur, M. (1997). *Le Droit Applicable aux Paysage en Droit Comparé et en Droit International. Appendix II to the report on the Preliminary Draft European Landscape Convention. Congress of Local and Regional Authorities of Europe Fourth Session, (CG(4)6, Partie II; Appendix II)* (Council of Europe, Hrsg.). Council of Europe Printing Office.

Prieur, M. (2005). Projet de Modèle de loi nationale sur le paysage. In Council of Europe (Hrsg.), *Réunion de travail restreinte concernante le Projet de Modèle de loi sur le paysage. T-FLOR* (S. 6–9). Council of Europe Printing Office.

Prieur, M., & Durousseau, S. (2006). Landscape and public participation. In Council of Europe (Hrsg.), *Landscape and sustainable development. Challenges of the European landscape convention* (S. 165–207). Council of Europe Publishing.

Prominski, M. (2004). *Landschaft entwerfen. Zur Theorie aktueller Landschaftsarchitektur.* Reimer.

Prominski, M. (2006a). Landschaft – Warum weiter denken? Eine Antwort auf Stefan Körners Kritik am Begriff ‚Landschaft Drei'. *Stadt+Grün, 55*(12), 34–39.

Prominski, M. (2006b). Landschaft drei. In Institut für Landschaftsarchitektur und Umweltplanung – Technische Universität Berlin (Hrsg.), *Perspektive Landschaft* (S. 241–251). wvb

Rathfelder, A., & Megerle, H. (2017). Wahrnehmung und Nutzung von Flusslandschaften durch unterschiedliche gesellschaftliche Gruppen am Beispiel des Neckars. In O. Kühne, H. Megerle, & F. Weber (Hrsg.), *Landschaftsästhetik und Landschaftswandel (RaumFragen: Stadt – Region – Landschaft* (S. 121–138). Springer VS.

Referat für Öffentlichkeitsarbeit der GhK. (1979). *Nordstadt-Geschichte(n).* Druck-Center Schomberg.

Reinert, A. (2003). Bürger(innen)beteiligung als Teil der lokalen Demokratie. In A. Ley & L. Weitz (Hrsg.), *Praxis Bürgerbeteiligung. Ein Methodenbuch* (Arbeitshilfen für Selbsthilfe- und Bürgerinitiativen, Bd. 30, S. 33–40). Verlag Stiftung Mitarbeit.

Reinert, A., & Sinnig, H. (1997). Mobilisierung der Kompetenz der Bürgerinnen und Bürger. Das Bürgergutachten ÜSTRA zum öffentlichen Nahverkehr in Hannover. In T. Bühler (Hrsg.), *Bürgerbeteiligung und Demokratie vor Ort* (S. 143–157). Stiftung Mitarbeit.

Reinskås, B. J. (2010). *Framvekst av medverking i norsk landskapsplanlegging eksempelstudie av landskapsressursanalyse som medverkingsbasert metode. Development of public participation in norwegian landscape planning case study based on landscape resource analysis*. Masterthesis, Norwegian University of Life Sciences. Ås. https://nmbu.brage.unit.no/nmbu-xmlui/bitstream/handle/11250/188095/Masteroppg%c3%a5ve_Birgith%20J%c3%b8rgensdottir%20Reinsk%c3%a5s_2010.pdf?sequence=1&isAllowed=y. Zugegriffen: 9. Apr. 2021.

Reuter, W. (2001). Öffentliches-privates Partnerschaftsprojekt „Stuttgart 21". Konflikte, Krisen, Machtkalküle. *disP – The Planning Review, 145*(37), 29–40.

Riedel, W. (1989). *„Der Spaziergang". Ästhetik der Landschaft und Geschichtsphilosophie der Natur bei Schiller*. Königshausen & Neumann.

Riesto, S. (2018). *Biography of an Industrial Landscape. Carlsberg's Urban Spaces Retold* (Landscape and Heritage Research). Amsterdam University Press.

Rittel, K. (2014). *Grün, natürlich, gesund: die Potenziale multifunktionaler städtischer Räume. Ergebnisse des gleichnamigen F+E-Vorhabens (FKZ 3511820800)* (BfN-Skripten, Bd. 371). Bundesamt für Naturschutz.

Ritter, E.-H. (1979). Der kooperative Staat. Bemerkungen zum Verhältnis von Staat und Wirtschaft. *Archiv des öffentlichen Rechts, 104*(3), 389–413.

Roe, M. (2007). Landscape and Sustainability: An overview. In J. F. Benson & M. Roe (Hrsg.), *Landscape and Sustainability* (2. Aufl., S. 1–15). Routledge.

Rose, G., Khaw, K.-T., & Marmot, M. (2008). *Rose's strategy of preventive medicine* (New). Oxford University Press.

Roth, M., Kruse, A., & Kruckenberg, H. (2011). Europäische Agrarlandschaften zwischen kulturellem Erbe und gestaltbarer Zukunft. Klassifizierungsmodelle als Planungsgrundlage – Erkenntnisse aus dem Eucaland-Projekt. *Naturschutz und Landschaftsplanung, 43*(8), 229–236.

Roth, R. (2017). Politische Partizipation von Migratinnen und Migranten. *Forum Wohnen und Stadtentwicklung, 5,* 243–247.

Roymans, N., Gerritsen, F., van der Heijden, C., Bosma, K., & Kolen, J. (2009). Landscape biography as research strategy: The case of the South Netherlands project. *Landscape Research, 34*(3), 337–359. https://doi.org/10.1080/01426390802381185.

Ruggeri, D. (2019). The what, Why and how of landscape education for democracy. *In_bo, Università di Bologna, 10*(4), 6–9. Zugegriffen: 13. Febr. 2021.

Ruggeri, D., & Fetzer, E. (2019). Landscape education for democracy. Methods and methodology. *In_bo, Università di Bologna, 10*(4), 18–33. Zugegriffen: 13. Febr. 2021.

Saage, R. (2005). *Demokratietheorien. Eine Einführung* (Grundwissen Politik, Bd. 37). VS Verlag (Historischer Prozess – Theoretische Entwicklung – Soziotechnische Bedingungen).

Säck-da Silva, S. (2009). *MitWirkung – Zukunft gestalten. Prozessmanagement in der räumlichen Planung*, Universität Kassel.

Samuels, M. S. (1979). The biography of landscape. Cause and culpability. In D. W. Meinig (Hrsg.), *The interpretation of ordinary landscapes. Geographical essays* (S. 51–88). Oxford University Press.

Sarlöv-Herlin, I. (2012). Training of landscape architects. In Council of Europe (Hrsg.), *Landscape facets. Reflections and proposals for the implementation of the European Landscape Convention* (S. 269–288). Council of Europe Publishing.

Schenk, W. (2013). Landschaft als zweifache sekundäre Bildung – Historische Aspekte im aktuellen Gebrauch von Landschaft im deutschsprachigen Raum, namentlich in der Geographie. In D. Bruns & O. Kühne (Hrsg.), *Landschaften: Theorie, Praxis und internationale Bezüge. Impulse zum Landschaftsbegriff mit seinen ästhetischen, ökonomischen, sozialen und philosophischen Bezügen mit dem Ziel, die Verbindung von Theorie und Planungspraxis zu stärken* (S. 23–36). Oceano.

Schenk, W. (2017). Landschaft. In L. Kühnhardt & T. Mayer (Hrsg.), *Bonner Enzyklopädie der Globalität* (Bd. 1, 2, S. 671–684). Springer VS.

Schlottmann, A. (2005). *RaumSprache. Ost-West-Differenzen in der Berichterstattung zur deutschen Einheit* (Geographie, Bd. 4). Steiner (Eine sozialgeographische Theorie).

Schmidt, M. G. (2000). *Demokratietheorien. Eine Einführung* (3., überarbeitete und erweiterte Aufl.). Leske + Budrich.

Schönthaler, K., Kerner, H.-F., Köppel, J., & Spandau, L. (1997). *Konzeption für eine ökosystemare Umweltbeobachtung. Wissenschaftlich-fachlicher Ansatz* (UBA-Texte, Bd. 32). UBA.

Schönthaler, K., Meyer, U., Pokorny, D., Reichenbach, M., Schuller, D., & Windhorst, W. (2003). *Ökosystemare Umweltbeobachtung*. Schmidt.

Schönwald, A. (2015). Die Transformation von Altindustrielandschaften zwischen Kontinuität und Wandel. In O. Kühne, K. Gawroński, & J. Hernik (Hrsg.), *Transformation und Landschaft. Die Folgen sozialer Wandlungsprozesse auf Landschaft* (S. 63–73). Springer VS.

Schriewer, K. (2015). *Natur und Bewusstsein. Ein Beitrag zur Kulturgeschichte des Waldes in Deutschland*. Waxmann.

Schubert, H. (2004). Netzwerkmanagement – Planung und Steuerung von Vernetzung zur Erzeugung raumgebundenen Sozialkapitals. In B. Müller, S. Löb, & K. Zimmermann (Hrsg.), *Steuerung und Planung im Wandel. Festschrift für Dietrich Fürst* (S. 177–200). Springer VS.

Schüßler, I. (2012). Ermöglichungsdidaktik – Grundlagen und zentrale didaktische Prinzipien. In W. Gieseke, E. Nuissl von Rein, & I. Schüßler (Hrsg.), *Reflexion zur Selbstbildung. Festschrift für Rolf* (S. 131–151). Bertelsmann.

Schwarzer, M., Mengel, A., Konold, W., Reppin, N., Mertelmeyer, L., Jansen, M., Gaudry, K.-H., & Oelke, M. (2018). *Bedeutsame Landschaften in Deutschland. Gutachtliche Empfehlungen für eine Raumauswahl* (BfN-Skripten, Bd. 1: Schleswig-Holstein und Hamburg, Niedersachsen und Bremen, Mecklenburg-Vorpommern, Nordrhein-Westfalen, Sachsen-Anhalt, Brandenburg und Berlin). Bundesamt für Naturschutz.

Scott, A. (2011). Beyond the conventional: Meeting the challenges of landscape governance within the European Landscape Convention? *Journal of Environmental Management, 92*(10), 2754–2762. https://doi.org/10.1016/j.jenvman.2011.06.017.

Seibel, W. (2016). *Verwaltung verstehen. Eine theoriegeschichtliche Einführung*. Suhrkamp.

Seidenspinner, W. (2006). Authentizität. Kulturanthropologisch-erinnerungskundliche Annäherungen an ein zentrales Wissenschaftskonzeptim Blick auf das Weltkulturerbe. *Volkskunde in Rheinland-Pfalz, 20*, 5–39.

Selle, K. (1996). Kooperation im intermediären Bereich. Anmerkungen zum Wandel im Planungsverständnis. In A. Evers & T. Olk (Hrsg.), *Wohlfahrtspluralismus. Vom Wohlfahrtsstaat zur Wohlfahrtsgesellschaft* (S. 236–256). VS Verlag.

Selle, K. (2005). *Planen, Steuern, Entwickeln. Über den Beitrag öffentlicher Akteure zur Entwicklung von Stadt und Land*. Rohn.

Selle, K. (2019). *Öffentlichkeitsbeteiligung in der Stadtentwicklung. Anstiftungen zur Revision* (Vhw Schriftenreihe 15). Bundesverband für Wohnen und Stadtentwicklung e. V. (Vhw).

Selman, P. (2008). What do we mean by sustainable landscape? *Sustainability: Science. Practice and Policy, 4*(2), 23–28. https://doi.org/10.1080/15487733.2008.11908019.

Selman, P. (2010). Landscape planning – Preservation, conservation and sustainable development. *Town Planning Review, 81*(4), 381–406. https://doi.org/10.3828/tpr.2010.13.

Siehr, A. (2016). *Das Recht am öffentlichen Raum. Theorie des öffentlichen Raumes und die räumliche Dimension von Freiheit* (Jus publicum Beiträge zum Öffentlichen Recht, Bd. 260). Mohr Siebeck.

Sijtsma, F. J., Farjon, H., Tol, S. v., Kampen, P. v., Buijs, A., & Hinsberg, A. v. (2012). Evaluation of Landscape Impacts – Enriching the Economist's Toolbox with the Hotspotindex. In C. M. van der Heide & W. Heijman (Hrsg.), *The Economic Value of Landscapes* (S. 136–164). Taylor and Francis.

Silvertown, J. (2009). A new dawn for citizen science. *Trends in ecology & evolution, 24*(9), 467–471.

Simensen, T., Halvorsen, R., & Erikstad, L. (2018). Methods for landscape characterisation and mapping: A systematic review. *Land Use Policy, 75,* 557–569. https://doi.org/10.1016/j.landusepol.2018.04.022.

Sowińska-Świerkosz, B. N., & Chmielewski, T. J. (2016). A new approach to the identification of Landscape Quality Objectives (LQOs) as a set of indicators. *Journal of Environmental Management, 184*(3), 596–608. https://doi.org/10.1016/j.jenvman.2016.10.016.

SRU. (1991). *Allgemeine ökologische Umweltbeobachtung*. Metzler-Poeschel.

Stahlschmidt, P., Swaffield, S., Primdahl, J., & Nellemann, V. (2017). *Landscape analysis. Investigating the potentials of space and place*. Routledge.

Stanners, D., & Bourdeau, P. (1995). *Europe's environment. The Dobris assessment: An overview*. EEA.

Statistisches Bundesamt. (2018). Nachhatige Entwicklung in Deutschland. Indikatorenbericht 2018, Statistisches Bundesamt. https://www.destatis.de/DE/Themen/Gesellschaft-Umwelt/Nachhaltigkeitsindikatoren/Publikationen/Downloads-Nachhaltigkeit/indikatoren-0230001189004.html. Zugegriffen: 14. Febr. 2021.

Stegmann, V. (2014). *Bürgerschaftliches Engagement bei der Inventarisierung historischer Kulturlandschaftselemente*. Dissertation, Universität Kassel. Kassel.

Steiner, F., & Fleming, B. (2019). Design With Nature at 50: Its enduring significance to socio-ecological practice and research in the twenty-first century. *Socio-Ecological Practice Research, 1*(3–4), 173–177. https://doi.org/10.1007/s42532-019-00035-1.

Stemmer, B. (2016). *Kooperative Landschaftsbewertung in der räumlichen Planung. Sozialkonstruktivistische Analyse der Landschaftswahrnehmung der Öffentlichkeit*. Springer VS.

Stemmer, B., & Bruns, D. (2017). Kooperative Landschaftsbewertung in der räumlichen Planung – Planbare Schönheit? Partizipative Methoden, (Geo-)Soziale Medien. In O. Kühne, H. Megerle, & F. Weber (Hrsg.), *Landschaftsästhetik und Landschaftswandel (RaumFragen: Stadt – Region – Landschaft* (S. 283–302). Springer VS.

Stirnemann, P., & Sauerländer, D. (Hrsg.). (2000). *Landschaftswandel: Werkzeuge zum Messen und Bewerten von Veränderungen in der Landschaft*. Verlag Sauerländer.

Stöglehner, G., & Schmidt, J. (2007). Die Europäische Landschaftskonvention – Ein Impuls für die Sicherung der Kulturlandschaft in ländlichen Räumen? *Online-Fachzeitschrift des Bundesministerium für Land- und Forstwirtschaft, Umwelt und Wasserwirtschaft,* 1–17. Ländlicher Raum 1.

Stotten, R. (2019). Kulturlandschaft als Ausdruck von Heimat der bäuerlichen Gesellschaft. In M. Hülz, O. Kühne, & F. Weber (Hrsg.), *Heimat. Ein vielfältiges Konstrukt* (S. 149–162). Springer VS.

Swanwick, C. (2003). The assessment of countryside and landscape character in England: An overview. In K. Bishop & A. Phillips (Hrsg.), *From global to local: Developing comprehensive approaches to countryside and nature conservation* (S. 109–124). Earthscan.

Swanwick, C., Fairclough, G. J., & Sarlöv Herlin, I. (Hrsg.). (2018). *Routledge handbook of landscape character assessment*. Routledge.

Swanwick, C., & Land Use Consultants. (2002). *Landscape character assessment. Guidance for England and Scotland*. The Countryside Agency.

Synge, H. (1994). *Parks for life. Action for protected areas in Europe*. IUCN.

Tapsell, S. M. (1997). Rivers and river restoration: A child's-eye view. *Landscape Research, 22*(1), 45–65. https://doi.org/10.1080/01426399708706500.

Taylor, K., & Lennon, J. L. (Hrsg.). (2012). *Managing cultural landscapes (Key issues in cultural heritage)*. Routledge.

Thaa, W. (2013). „Stuttgart 21" – Krise oder Repolitisierung der repräsentativen Demokratie? *Politische Vierteljahresschrift, 54*(1), 1–20.

Thaßler, O. (2016). *Konstruierte Landschaften. Die Landschaften der Inseln Rügen, Hiddensee und Vilm in ihrer Bedeutung für die Landschaftsmalerei zwischen dem 18. und 21. Jahrhundert als Beitrag für die Landschaftsplanung*. Dissertation, Universität Kassel. Kassel.

Theile, S. (2018). *Social Media. Chancen und Herausforderungen für die räumliche Planung und Mitwirkung*. Dissertation, Universität Kassel. Kassel.

Thibault, S., & Verdelli, L. (2007). La Métropole jardin, un projet urbain régional jamais officiellement abandonné. La Loire et ses terroirs. *Loire et terroirs 60*, 19–24. https://hal.archives-ouvertes.fr/hal-00658673/document. Zugegriffen: 8. Febr. 2021.

Tolia-Kelly, D. P. (2010). *Landscape, race and memory. Material ecologies of citzenship* (Heritage, Culture and Identity). Ashgate.

Torri, M. G. (1998). Piccola storia del paesaggio (a 360°). In M. G. Torri (Hrsg.), *Nuovo paesaggio italiano* (S. 9–29). Editori di comunicazione.

Trepl, L. (2012). *Die Idee der Landschaft. Eine Kulturgeschichte von der Aufklärung bis zur Ökologiebewegung*. transcript.

Tudor, C. (2014). *An Approach to Landscape Character Assessment*. Natural England.

Tunstall, S., Tapsell, S., & House, M. (2004). Children's perceptions of river landscapes and play: What children's photographs reveal. *Landscape Research, 29*(2), 181–204. https://doi.org/10.1080/01426390410001690365.

Ueda, H. (2010). *A Study on Residential Landscape Perception through Landscape Image. Four Case Studies in German and Japanese Rural Communities*. Inaugural Dissertation. Kassel. https://kobra.bibliothek.uni-kassel.de/bitstream/urn:nbn:de:hebis:34-2009072029116/3/ThesisHirofumiUeda.pdf. Zugegriffen: 26. Apr. 2017.

Ueda, H. (2013). The concept of landscape in Japan. In D. Bruns & O. Kühne (Hrsg.), *Landschaften: Theorie, Praxis und internationale Bezüge. Impulse zum Landschaftsbegriff mit seinen ästhetischen, ökonomischen, sozialen und philosophischen Bezügen mit dem Ziel, die Verbindung von Theorie und Planungspraxis zu stärken* (S. 115–130). Oceano.

Unabhängiges Institut für Umweltfragen e. V. (2012). Aarhus-Konvention. http://www.aarhus-konvention.de. Zugegriffen: 5. Jan. 2021.

Ungar, S. (1999). *Environmental perception, cognition and appraisal. Environmental Psychology 4 Lecture Notes*. University Press.

Urmersbach, V. (2009). *Im Wald, da sind die Räuber. Eine Kulturgeschichte des Waldes* (Kleine Kulturgeschichten). Vergangenheitsverlag.

Usher, M. B., & Erz, W. (Hrsg.). (1994). *Erfassen und Bewerten im Naturschutz. Probleme – Methoden – Beispiele*. Quelle & Meyer.

van den Brink, A., Bruns, D., Tobi, H., & Bell, S. (Hrsg.). (2017). *Research in Landscape Architecture. Methods and methodology*. Routledge.

van Lammeren, R., Theile, S., Stemmer, B., & Bruns, D. (2017). Social media. In A. van den Brink, D. Bruns, H. Tobi, & S. Bell (Hrsg.), *Research in Landscape Architecture. Methods and methodology* (S. 136–161). Routledge.

Vester, H.-G. (1993). *Soziologie der Postmoderne*. Quintessenz.

Viehöver, W. (2005). Der Experte als Platzhalter und Interpret moderner Mythen. Das Beispiel der Stammzellendebatte. In A. Bogner & H. Torgersen (Hrsg.), *Wozu Experten? Ambivalenzen der Beziehung von Wissenschaft und Politik* (S. 149–171). VS Verlag.

Voigt, A. (2009). *Die Konstruktion der Natur. Ökologische Theorien und politische Philosophien der Vergesellschaftung* (Sozialgeographische Bibliothek, Bd. 12). Steiner.

Vollmers, B. (1997). Learning by Doing – Piagets konstruktivistische Lerntheorie und ihre Konsequenzen für die pädagogische Praxis. *International Review of Education, 43*(1), 73–85. https://doi.org/10.1023/A:1002918202220.

Walter, F., Marg, S., Geiges, L., & Butzlaff, F. (Hrsg.). (2013). *Die neue Macht der Bürger. Was motiviert die Protestbewegungen? (BP-Gesellschaftsstudie)*. Rowohlt.

Wang, C. (1999). Photovoice. A participatory action research strategy applied to women's health. *Journal of Women's Health, 8*(2), 185–192.

Wang, C. C., Morrel-Samuels, S., Hutchison, P. M., Bell, L., & Pestronk, R. M. (2004). Flint photovoice: Community building among youths, adults, and policymakers. *American Journal of Public Health, 94*(6), 911–913.

Ward Thompson, C. (2011). Linking landscape and health: The recurring theme. *Landscape and Urban Planning, 99*(3–4), 187–195. https://doi.org/10.1016/j.landurbplan.2010.10.006.

Ward Thompson, C. (2017). Landscape and Health. In A. van den Brink, D. Bruns, H. Tobi, & S. Bell (Hrsg.), *Research in Landscape Architecture. Methods and methodology* (S. 120–235). Routledge.

Wascher, D. M. (Hrsg.). (2005). *European landscape character areas. Typologies, cartography and indicators for the assessment of sustainable landscapes (Alterra Report, 1254 Bände)*. Information Press.

WCED World Commission on Environment and Development. (1987). *Report of the world commission on environment and development: Our common future*. Oxford University Press.

Weber, F. (2015a). Diskurs – Macht – Landschaft. Potenziale der Diskurs- und Hegemonietheorie von Ernesto Laclau und Chantal Mouffe für die Landschaftsforschung. In S. Kost & A. Schönwald (Hrsg.), *Landschaftswandel – Wandel von Machtstrukturen* (S. 97–112). Springer VS.

Weber, F. (2015b). Landschaft aus diskurstheoretischer Perspektive. Eine Einordnung und Perspektiven. *Morphé. Rural – Suburban – Urban* (1), 39–49. http://www.hswt.de/fileadmin/Dateien/Hochschule/Fakultaeten/LA/Dokumente/MORPHE/MORPHE-Band-01-Juni-2015.pdf. Zugegriffen: 30. Aug. 2017.

Weber, F. (2018). *Konflikte um die Energiewende. Vom Diskurs zur Praxis*. Springer VS.

Weber, F. (2019). Diskurstheoretische Landschaftsforschung. In O. Kühne, F. Weber, K. Berr, & C. Jenal (Hrsg.), *Handbuch Landschaft* (S. 105–117). Springer VS.

Weber, F., & Kühne, O. (2019). Essentialistische Landschafts- und positivistische Raumforschung. In O. Kühne, F. Weber, K. Berr, & C. Jenal (Hrsg.), *Handbuch Landschaft* (S. 57–68). Springer VS.

Weber, F., Kühne, O., Jenal, C., Aschenbrand, E., & Artuković, A. (2018). *Sand im Getriebe. Aushandlungsprozesse um die Gewinnung mineralischer Rohstoffe aus konflikttheoretischer Perspektive nach Ralf Dahrendorf*. Springer VS.

Weber, F., Kühne, O., Jenal, C., Sanio, T., Langer, K., & Igel, M. (2016). Analyse des öffentlichen Diskurses zu gesundheitlichen Auswirkungen von Hochspannungsleitungen – Handlungsempfehlungen für die strahlenschutzbezogene Kommunikation beim Stromnetzausbau. Ressortforschungsbericht. https://doris.bfs.de/jspui/bitstream/urn:nbn:de:0221-2016050414038/3/BfS_2016_3614S80008.pdf. Zugegriffen: 31. Aug. 2020.

Weber, F. (2013). *Naturparke als Manager einer nachhaltigen Regionalentwicklung. Probleme, Potenziale und Lösungsansätze*. Springer VS.

Weber, I. (2007). *Die Natur des Naturschutzes. Wie Naturkonzepte und Geschlechtskodierungen das Schützenswerte bestimmen* (Hochschulschriften zur Nachhaltigkeit, Bd. 37).

Weber, M. (1972 [1922]). *Wirtschaft und Gesellschaft. Grundriss der verstehenden Soziologie* (5., revidierte Auflage). J. C. B. Mohr (Paul Siebeck).

Weichhart, P. (1990). *Raumbezogene Identität. Bausteine zu einer Theorie räumlich-sozialer Kognition und Identifikation* (Erdkundliches Wissen, Bd. 102). Steiner.

Weingart, P. (2003). *Wissenschaftssoziologie* (Einsichten). transcript.

Weißler, A. (1907). *Preußisches Archiv: Sammlung der Gesetze und der das Rechtswesen betreffen den Verordnungen und Verfügungen Preußens und des Reichs. 14. Jahrgang.* Pfeffer.

Weltgesundheitsorganisation. (2012). Gesundheit 2020 und die Bedeutung der Messung von Wohlbefinden: Faktenblatt. https://www.euro.who.int/de/publications/abstracts/european-health-report-2012/fact-sheets/fact-sheet-health-2020-and-the-case-for-measuring-well-being. Zugegriffen: 15. Febr. 2021.

White, M. P., Alcock, I., Wheeler, B. W., & Depledge, M. H. (2013). Would you be happier living in a greener urban area? A fixed-effects analysis of panel data. *Psychological science, 24*(6), 920–928. https://doi.org/10.1177/0956797612464659.

Wijermans, M. P., & Meeus, J. H. A. (1991). *Karakteristieke landschappen van Europa* (WRR (Netherlands Advisory Council on Government Policy), W 58).

Williamson, O. E. (1979). Transaction-cost economics: The governance of contractual relations. *Journal of Law and Economics, 22*(2), 233–231.

Winchester, H. P. M., Kong, L., & Dunn, K. (2003). *Landscapes. Ways of imagining the world.* Routledge.

Wöbse, H.-H. (2002). *Landschaftsästhetik. Über das Wesen, die Bedeutung und den Umgang mit landschaftlicher Schönheit.* Ulmer.

Wojtkiewicz, W. (2015). *Sinn – Bild – Landschaft. Landschaftsverständnisse in der Landschaftsplanung: eine Untersuchung von Idealvorstellungen und Bedeutungszuweisungen.* Technische Universität Berlin.

Wojtkiewicz, W., & Heiland, S. (2012). Landschaftsverständnisse in der Landschaftsplanung. Eine semantische Analyse der Verwendung des Wortes „Landschaft" in kommunalen Landschaftsplänen. *Raumforschung und Raumordnung, 70*(2), 133–145. https://doi.org/10.1007/s13147-011-0138-7.

World Health Organization. (2006 [1946]). Constitution of the World Health Organization. Basic Documents. http://www.who.int/governance/eb/who_constitution_en.pdf. Zugegriffen: 17. Mai 2017.

World Health Organization. (2017). Towards more physical activity: Transforming public spaces to promote physical activity – A key contributor to achieving the Sustainable Development Goals in Europe. https://www.euro.who.int/en/health-topics/disease-prevention/physical-activity/publications/2017/towards-more-physical-activity-transforming-public-spaces-to-promote-physical-activity-a-key-contributor-to-achieving-the-sustainable-development-goals-in-europe-2017. Zugegriffen: 31. März 2021.

Wylie, J. (2005). A single day's walking: Narrating self and landscape on the South West Coast Path. *Transactions of the Institute of British Geographers, 30*(2), 234–247. https://doi.org/10.1111/j.1475-5661.2005.00163.x.

Wylie, J. (2007). *Landscape.* Routledge.

Wylie, J. (2019). Landscape and phenomenology. In P. Howard, I. Thompson, E. Waterton, & M. Atha (Hrsg.), *The Routledge companion to landscape studies* (2. Aufl., S. 127–138). Routledge.

Zhang, K., Zhao, J., & Bruns, D. (2013). Landschaftsbegriffe in China. In D. Bruns & O. Kühne (Hrsg.), *Landschaften: Theorie, Praxis und internationale Bezüge. Impulse zum Landschaftsbegriff mit seinen ästhetischen, ökonomischen, sozialen und philosophischen Bezügen mit dem Ziel, die Verbindung von Theorie und Planungspraxis zu stärken* (S. 133–150). Oceano.

Zimmermann, H.-P. (2009). *Zwischen Identität und Image. Die Popularität der Brüder Grimm in Hessen* (Hessische Blätter für Volks- und Kulturforschung, 44/45). Jonas.

Zonneveld, I. S. (1994). Basic priciple of classification. In F. Klijn (Hrsg.), *Ecosystem classification for environmental management* (S. 23–47). Kluwer Academic Publishers.

MIX
Papier aus verantwortungsvollen Quellen
Paper from responsible sources
FSC® C105338

If you have any concerns about our products,
you can contact us on
ProductSafety@springernature.com

In case Publisher is established outside the EU,
the EU authorized representative is:
**Springer Nature Customer Service Center GmbH
Europaplatz 3, 69115 Heidelberg, Germany**

Printed by Libri Plureos GmbH
in Hamburg, Germany